普通高等教育“十二五”规划教材

大学体育与健康教程

主　编　龚洪波　袁宏怡

同济大学 出版社
TONGJI UNIVERSITY PRESS

内容提要

本书以“终身体育目标达成”为基点，切实贯彻“健康第一”的指导思想，按照《全国普通高等学校体育课程指导纲要》的基本要求，结合《国家学生体质健康标准》的通知，系统地阐述了健康的基本理论知识及其体育锻炼的基本方法。旨在建立大学生“健康第一”的体育锻炼基本理念，拓宽大学生体育运动基本理论知识和体育锻炼的基本方法，同时，本书加强了体育竞赛组织工作的介绍，为学生组织简单的体育竞赛提供指导，从而奠定终身体育基础。

本书可作为大学公共体育课的实用教程，也可供体育爱好者参考使用。

图书在版编目(CIP)数据

大学体育与健康教程/龚洪波，袁宏怡主编. -- 上海:同济大学出版社，2013.9

ISBN 978-7-5608-5257-7

Ⅰ.①大… Ⅱ.①龚…②袁… Ⅲ.①体育—高等学校—教材②健康教育—高等学校—教材 Ⅳ.①G807.4

中国版本图书馆 CIP 数据核字(2013)第 184203 号

普通高等教育“十二五”规划教材

大学体育与健康教程

主编　龚洪波　袁宏怡

责任编辑 陈佳蔚　**责任校对** 徐春莲　**封面设计** 孙晓悦

出版发行　同济大学出版社　www.tongjipress.com.cn
(地址：上海市四平路 1239 号　邮编：200092　电话：021－65985622)
经　　销　全国各地新华书店
印　　刷　同济大学印刷厂
开　　本　787mm×1092mm　1/16
印　　张　20.25
印　　数　3101—9600
字　　数　567000
版　　次　2013 年 9 月第 1 版　2014 年 7 月第 2 次印刷
书　　号　ISBN 978-7-5608-5257-7

定　　价　34.00 元

编 委 会

主　编　龚洪波　袁宏怡

副主编　王　惠　彭晓伟　张雪琴

编　委　李汉桥　贺新家　黄　俊　张金华　于　鹏　王　瑛　郑　涛　马浩哲　郑　森

前　言

本书以“终身体育目标达成”为基点，切实贯彻“健康第一”的指导思想，按照《全国普通高等学校体育课程指导纲要》的基本要求，结合《国家学生体质健康标准》的通知，以健康为目的，以体育为手段，努力加强体育课程建设，提高教学质量，以求达到增强体质、增进健康，为“终身体育目标达成”奠定良好基础。

本书有以下的几个显著特点：

第一，突出新理念。

本书坚持“健康第一”的指导思想，突出了健康理论的地位，强调了体育锻炼与健康的关系，详细介绍了体育锻炼对健康的影响，强化了理论的系统性。

第二，基点明确。

本书强调“终身体育目标达成”，并以此为基点，突出体育锻炼的基本原则与方法，增强学生自我指导、自我检查，为学生“终身体育目标达成”奠定基础。另外，本书加强了体育竞赛工作组织的介绍，为学生组织简单的体育竞赛提供指导，从而夯实终身体育基础。

第三，坚持“三个突出，三个面向”。

本书突出“学”的特色，在“教”与“学”的关系上，面向学生，强调学生的自我指导、自我检查；突出公共教材的特色，在适用对象上面向全体学生；突出需求兼容性的特色，在运动项目的选择上面向大多数学生。

第四，体现理论的系统性、技能的实用性和形式的活泼性。

本书在介绍基础理论时，按照其内在的逻辑关系，由浅入深、由此及彼、由表及里；在介绍运动技能时，尽量采取图文结合的方式，以帮助学生掌握动作要领，增强可操作性。

本书在编写过程中汲取和借鉴了国内外一些专家和学者的研究成果，我们在此向他们表示最诚挚的感谢！

尽管编写组在编写过程中做了不懈努力，但由于能力所限，书中疏漏之处在所难免，恳请广大同仁和读者批评指正。

编　者

2013年7月

目 录

第一章 体育概述

第一节 体育的概念

“体育”一词在含义上有一个演化过程。它刚传入我国时，是指身体的教育，作为教育的一部分出现的，是一种与维持和发展身体的各种活动有关联的一种教育过程，与国际上理解的“体育”(phyical education)是一致的。近年来，不少学者对“体育”的概念提出了一些解释，但比较趋于一致的解释是：“体育是以身体活动为媒介，以谋求个体身心健康、全面发展为直接目的，并以培养完善的社会公民为终极目标的一种社会文化现象或教育过程。”体育的这一定义既说明了它的本质属性，又指出了它的归属范畴，同时也把自身从与其邻近或相似的社会现象中区别出来。随着社会的进步和体育事业的不断发展，其目的和内容都大大超出了原来“体育”的范畴，体育的概念也出现了“广义”与“狭义”解释。

一、广义概念

广义的体育是指以身体练习为基本手段，以增强人的体质，促进人的全面发展，丰富社会文化生活和促进精神文明为目的的一种有意识、有组织的社会活动。它是社会总文化的一部分，其发展受一定社会的政治和经济的制约，并为一定社会的政治和经济服务。包括体育教育、竞技运动和身体锻炼三个方面。

二、狭义概念

狭义的体育一般是指体育教育，是一个发展身体，增强体质，传授锻炼身体的知识、技能，培养道德和意志品质的教育过程；是对人体进行培育和塑造的过程；是教育的重要组成部分；是培养全面发展的人的一个重要方面。

第二节 体育的产生与发展

一、体育的产生

人类社会任何事物的产生和发展，包括体育，都是以社会需要为根本前提的。体育在人类社会中有着悠久的历史，考察它的产生要追溯到古代，因为那时人类已存在对体育的需要。但史前人类尚没有文字记载，因此，对史前体育的产生进行考察，只能采取两种方法：一是根据考古学家、历史学家收集到的各历史时期的文物进行研究，属于考古学研究法；二是利用现存的原始部落和部族进行考察，属于社会学研究法。几个世纪以来，世界上许多专家学者对体育起源问题进行过研究，也产生了不同的认识和观点。现将两种主要的观点作简单介绍。

(一) 生产劳动是产生体育的唯一源泉

持这种观点的学者认为，劳动是人类全部生活和活动的基础，体育是人类社会生活和活动的一部分，所以体育也应以劳动为基础，劳动是体育产生的唯一源泉，并认为早在劳动之前就出现体育的观点是唯心的，同时还认为军事、宗教、卫生、教育等对体育的产生发展有着促进作用，只是起到“催化剂”的作用，而不是本质作用，其本质作用应是生产劳动，生产劳动是产生体育的唯一源泉。

(二) 体育的产生是多源的

持这种观点的学者认为，体育的产生不是一源的，而是多源的，体育的产生来自人类社会的两种需要，一种是社会生产、生活的需要；另一种是人类的生理、心理活动的需要。

我们从原始人类的需要可以发现原始人类的身体活动大致有：一是为了谋生而进行的身体活动，如守猎、捕鱼、农耕等；二是为了防卫而进行的武力活动技能，如攻、防、格斗等；三是日常生活所必须的活动技能，如走、跑、跳、投、攀登等，这些都是为了满足人类生产和生活而进行的身体活动。此外，还有一些身体活动既不属于生产活动，又高于一般生活技能，如适应环境的需要，同疾病作斗争的需要，以及表达和抒发内心情感的需要等。

综上所述，体育作为人类有目的、有意识的一种社会活动，它的产生来源于人类社会的两种需要，一是为了适应社会的需要(包括社会生产和生活的需要)，另一是为了适应人的本身需要(包括生理和心理需要)而产生的。

二、体育的发展

随着人类社会产生而萌发的体育，同样也随着社会进步而发展完善，我们可将体育的发展分成萌芽时期的体育、形成独立形态的体育和渐成科学体系的体育三个阶段。

(一) 萌芽时期的体育

原始社会是人类社会的初级阶段，也是体育的萌芽时期。原始人的生活条件非常严酷，思维很不发达，生产工具简陋，他们主要靠身体活动来获得食物，维持生存，严格地说，这些身体活动还不能称为体育活动，只能称为生活和劳动。原始社会的生产力十分低下，不可能有明确的社会分工，许多社会活动之间没有明确的界限。原始社会的体育与教育、军事、宗教、医疗卫生、娱乐等活动互相联系、互相促进，共同进化发展。在原始社会，教育主要是一些生产技能的传授，而这些生产技能多是体力劳动，因此，体育既是教育的主要内容，也是教育的重要手段，很难将教育和体育截然分开。体育在这一时期的主要特征是平等性、非独立性和直接功利性。在原始社会极其艰苦的劳动中，体育的娱乐和竞技性即使存在，也不是体育的主要特征，因为原始社会萌芽时期的体育更接近于一种生活技能教育。

(二) 形成独立形态的体育

原始社会的瓦解是随着私有制的出现而开始的，而奴隶社会的产生给社会带来了一个重大变化就是产生了学校。只有这时，教育才有可能作为一种独立的社会现象，从生产劳动和社会生活的其他领域中分离出来。随着生产力的发展，剩余产品的逐渐增多，一方面为私有制的产生创造了条件，另一方面也为一部分人脱离生产劳动而专门从事教育和体育活动提供了可能。自从教育形成独立形态之后，体育始终是教育的重要内容，但这时的体育已不再是过去萌芽时期那种简单的为生存而进行的生活技能教育了。例如，在我国西周时期，奴隶主为培养统治人才，实施礼、乐、射、御、书、数“六艺” 教育，其中，射、御即以体育为主的教育内容。在西方的古希腊，无论是斯巴达教育体系，还是雅典教育体系，体育都是其中的基本内容。例如，当时唯心主义哲学家、教育家柏拉图在他的“身心调和论”的教育规划中提出：“3～6 岁的儿童在国家委派的教导员指导下进行游戏活动；7～12 岁进入国立学校学习阅读、书写、计算、音乐和唱歌；13～16 岁的少年进入体育学校从事专门的体育训练；17～20岁的青年进入青年军训团接受军事体操训练。”另外，在欧洲中世纪，封建领主对其子弟实行骑士教育，内容主要是“骑士七技”，即骑马、游泳、投枪、击剑、行猎、下棋、吟诗，其中体育占了很大的比重。在体育逐渐形成独立形态的发展过程中，不仅与教育发展紧密相连，同时与军事、医学、艺术、宗教、娱乐等活动的发展有着密切关系。体育正是在与这些活动相互影响、相互作用的过程中才形成自身体系的独立形态。

(三) 渐成科学体系的体育

随着资本主义产业革命的开始，机器大工业生产代替了手工作业，促进了生产力的发展和飞跃，为资本主义的兴起奠定了基础，而体育也正是在这一经济基础上，逐渐形成自身的科学体系。欧洲文艺复兴运动的代表之一，英国的哲学家、教育家洛克明确提出，把教育分为体育、德育和智育三个部分，并强调指出“健全的精神寓于健全的身体”，主张学校开设体育课程。启蒙运动的代表之一，法国的启蒙思想家、哲学家、教育家和文学家卢梭提出，“体育乃是个人由童年到成年整个发展过程中的一部分”。19世纪，由于西欧资本主义发展的不平衡和民族主义倾向，导致各国之间接连发生战争，刺激着各国军备的建设，认清了身体训练在军事中的重要性。正是由于上述三个主要原因，导致各国对体育都给予了高度重视，相继出现了德国体操、瑞典体操、英国的户外运动与竞技运动，并产生了一些体操家和一些理论著作，如被称为“德国体操之父”的古茨姆斯撰写了《青年人的体操》，被称为“社会体操之父”的杨氏撰写了《德国体操》，瑞典的体操家林德福尔摩斯撰写了《体操的一般原理》。这些实践和理论以后逐渐传到欧、亚、美各洲。至此已逐渐形成科学体系的体育。德国体操、瑞典体操、英国的户外运动与竞技运动被称为现代体育的“三大基石”。

三、现代体育的发展趋势

对现代体育发展趋势进行探讨，有助于从总体上认识体育的特点及其规律，进而认清体育的本质，更好地从事和开展体育活动。

(一) 体育将进一步国际化

先进的情报系统和全球性通讯网络的建立，使宇宙的空间相对缩小，高科技的交通，使万里之遥，朝发夕至。整个世界的物质越来越丰富，使不同种族和不同民族的人们更加热衷于具有和平意义和公平竞争的体育活动，体育国际化的趋势更为明显。近年来，随着国际体育竞赛种类的不断增加、赛事的频繁、规模的壮大、国际性体育学术研讨会的频繁举办以及国际奥林匹克委员会会员国的不断增加等都证明了这一点。

(二) 体育将进一步社会化、大众化

一方面，随着人们物质生活条件的提高，余暇时间的增多，“自我完善”意识的增强，越来越多的人意识到体育在日常生活中的重要性，将导致体育人口的增多。另一方面，社会的进步将提供丰富的运动场地和运动器材，为体育活动的拓展和延伸提供更为广阔的前景和优良的环境，体育活动将遍及社会的各个角落，体育将会“无处不在”。

(三) 体育将进一步科学化

新的科学技术和理论为体育的科学化提供了更大可能性。场地设备的更新和教学方法的改进，将提高体育教学效率。如电化教学，电脑进入运动场，将会使竞技比赛中的某些项目的评分更为公正和客观，而新型健身器材的发明和使用，会使体育锻炼更加有效。一些科学理论的新发现，如人体科学、遗传工程、心理学、管理决策等新的研究成果，甚至对人体的结构、功能、质量产生突破性的影响，为体育的科学化提供重要的理论依据。

(四) 体育手段和内容将更加多样化

社会生活和科学发展的多维性以及体育活动场所、体育组织和团体的遍在性，必将导致体育手段和内容的多样化，而这些多样化也正符合人们的观念、生活方式和兴趣爱好等多样化的发展趋势。体育手段和内容将更加多样化，主要表现在奥林匹克运动会的正式比赛项目和表演项目日趋增多，体育教学内容和手段有了更大的灵活性，身体锻炼和娱乐活动的形式和内容越来越丰富多彩。

(五) 体育将进一步终身化

体育不仅会"无处不在"，而且还将会"无时不有"，家庭体育、学校体育、社会体育从各自分离的状况将会不断得到弥补，形成家庭体育、学校体育、社会体育相连贯的新体系，使体育在人的一生中连续不断地进行。其中，学校体育将是终身体育的关键环节。

第三节 体育的组成

体育一经产生就含有丰富的内容，它的发展并不孤立，是人类本身和社会的需要。生产力的发展和提高，科学技术的进步和应用，又为体育的发展提供了良好的条件，使体育从发展之初到现在形成了为大家所重视的现代体育。所以它被人们公认为文明的窗口，科学和进步的标志。体育由学校体育、竞技体育和群众体有三部分组成。

一、学校体育

学校体育是学校教育的重要组成部分，也是全民体育的基础。它作为教育和体育的交叉点和结合部，又是国家体育事业发展的战略重点。它是按照学校的育人规律，围绕增强体质这个中心，在教师的指导下，有组织、有计划地传授体育知识、技术和方法，全面提高身体素质和运动技术水平，并与德育、智育、美育相结合，培养道德和意志品质，使学生成为德、智、体全面发展的高素质专业人才。

二、竞技体育

竞技体育是指在全面发展身体素质的基础上，最大限度地挖掘体力、智力、运动才能，以取得优异成绩为目标而进行的科学训练和竞赛活动。其特点是技艺高超，竞争性强，有严格的规则和场地要求；又是人的智能、运动才能的极端表现形式。由于竞技体育极易吸引广大观众，极富感染力又容易传播，在活跃社会文化生活、振奋民族精神、提高国际威望、促进各国人民之间的友谊、团结和交流等方面都有着特殊的作用。

三、群众体育

群众体育是以健身、娱乐、休闲、医疗和保健康复为目的的体育活动。由于它吸引的对象主要为一般民众，其中包括男女老幼及伤残者，活动领域遍及整个社会乃至家庭，所以活动内容最广、表现形式最新、趣味性强、参加人数最多。它作为学校体育的延伸，可使人们的体育生涯得以延伸。

第四节 体育的功能

体育功能是指体育以其自身的特点作用于人和社会所能产生的影响和效益。随着社会的进步，生产的发展，人类需要层次的提高，特别是近年来，体育科学的发展，使得体育自身的特征以及它与其他各种社会现象之间关系不断被揭示出来，体育功能也在不断地被认识、被开发。对体育功能的研究可以使我们进一步加深对体育的理解，进一步认识体育对社会发展、对人民生活的重要价值，从而更有效、更自觉地发挥体育的功能。

体育的功能取决于体育本身特点和社会需要。体育如果不具备自身固有的特点，就不可能产生任何功能，同时，体育如果没有社会需要的刺激，同样不能显示出它的社会功能。随着社会的发展和人们对体育功能认识的进一步深入和提高，体育的功能将会越来越多地被发现、被挖掘。

一、健身功能

从机械学的角度来看，人体是以骨骼为“框架”，以韧带为“绞链”，并以附着在骨骼上的肌肉为“动力”，进行各种各样的运动。体育是通过身体运动的方式进行的，它要求人体直接参与活动，因而体育运动能够增进健康、增强体质、改善机能能力等，这是体育的本质特点之一，这一特点决定了体育具有健身功能。

二、娱乐功能

随着现代化的长足发展，社会余暇时间越来越多，如何善度余暇已成为一个社会性的问题。丰富多彩、健康文明的余暇生活不仅使人们在繁忙的工作之后，获得积极性休息，而且还可以陶冶情操、美化生活。体育运动正是由于技术的高难性、惊险性，造型的艺术性，配合的默契性和易于接受的朴素性，使它成为人们余暇生活的一个重要组成部分。现代文明社会在时间、财力、场地等方面为人们从事身体娱乐活动提供越来越充裕的条件。以身体活动为主要媒介的娱乐活动较其他的娱乐活动还具有“双重功效”，适度的身体娱乐活动既能强身健体，又能赏心悦目。

三、培养竞争意识功能

人类的生活如同在竞技场上的比赛，大到与自然竞争，小到与对手竞争，无一不是在竞争中不断寻求完善自我和超越自我的生活。体育运动无论是参观者还是参加者，运动场无疑为人们的竞争提供了极佳的预演场所。许多哲学家早就把运动场当作社会的一个缩影，其实运动场本身就是一个特殊的社会环境。根据迁移规律，人们在运动场上所养成的良好品德和行为，可以迁移到日常生活中而受到社会的认可和接纳。同运动场上有胜负一样，在其他社会生活中有胜利之时，也有失败之处，胜利者固然值得敬佩，但失败者也同样受人尊敬。体育主要是重在参与，培养人们一种胜不骄、败不馁、奋发向上、顽强拼博的品质。从公平竞争的角度来讲，运动场是培养人们竞争意识的最佳场所。竞技体育通过运用竞技运动中的某些内容和手段，以夺取金牌为手段，而最终达到教育人类不断超越自我的竞争意识为目的，其意义远远超过夺取金牌本身。

四、促进个体社会化功能

个体社会化即人的社会化，是指由生物人变成社会人的过程。人刚出生时，只是一个生物人，要使之成为一个社会人，一个被社会或群体所接受认可的人，就必须学习社会或群体规范，具备作为一个社会或群体成员所必须具有的知识、技能、情感和行为。任何一个社会要想延续下去，就必须将其文化传递给下一代，因此，个体社会化对个体和社会都具有重要而深远的意义。在人的社会化过程中，体育运动起着十分重要的作用，不论是作为内容还是作为手段，体育运动都是必不可少的。体育在促进个体社会化中的作用主要表现在以下几个方面：

(一) 教导基本生活技能

许多动物一出世就有很强的自理能力，而人是本能比较缺乏的动物，刚出生的人，生理上完全不能自理，适应环境的能力很差，连最简单的坐、爬、立、走都不会，人的基本生活技能都是靠后天学习获得的。体育运动是人们获得基本活动技能的重要途径，对儿童来说，游戏是他们生活的主要内容之一，儿童是在游戏中学会走、跑、跳、投等最基本的生活技能。

(二) 教导社会规范，发展人际关系

体育运动本身是一个有章可循的、有一定约束力的社会活动，又是在一定的执法人——裁判员、教练员、体育教师的直接监督下有组织地进行，这对培养青年一代遵守社会生活准则起到了强化作用。

另外，在体育活动中，特别是体育竞赛中，人们聚集在一起，参加者之间相互交往交谈，比赛者在个体与个体之间、个体与集体之间、集体与集体之间相互作用更为频繁，不时地对参加者提出严峻的考验。如长跑到"极点"时，是坚持下去还是半途而废；对方犯规时，是不计较还是以牙还牙；裁判误判时，是大方宽容还是斤斤计较；集体配合不够默契、比赛失利时，是相互鼓励还是互相埋怨；等等。这些，都是青少年在社会实践中，学会处理人际关系，养成遵守社会规范的一种强化。

(三) 传授文化科学知识

社会在向人们传授人类文化遗产时，有关身体健康和体育知识、技术、技能是很重要的一部分。在人的社会化过程中，有关体育知识、技术、技能的传播，使他们懂得怎样才是健康的生活，使他们学会锻炼身体的方法，并通过这些体育知识、技术、技能的传授，发展他们的精神需要，培养他们接受人类文化遗产的能力。

五、教育功能

教育功能是体育最基本的社会功能之一，从原始社会出现体育的萌芽时期起，体育就一直作为教育的手段之一流传下来。现代体育教育已不仅注重促进生长发育、增强学生体质、掌握运动技能，而且更加注重培养终身体育的兴趣和习惯，改善生活方式，提高质量，以适应现代社会发展的需要。体育的教育功能也不仅局限于学校体育。在竞技体育中，运动员在激烈的竞争中，在同伴与同伴之间、对手与同伴之间、观众与运动员之间也会产生极其复杂的情感交流，激起了人们的荣誉感、责任心、集体观念、民族意识和奋发向上的进取精神。这种通过体育实践被诱发出来的社会情感的教育因素，使体育的社会影响变得更加深刻，会产生不可低估的社会教育作用。在社会体育中，无论从完善身体机能、改善身心健康、促进人际交往、磨练意志品质等方面都含有教育作用。因此，在学校体育、竞技体育和社会体育中无不显示出体育的教育功能。

六、政治功能

体育的政治功能有以下三个方面。

(一) 为国争光，提高民族威望，振奋民族精神

(二) 为外交和国际交往服务

1. 体育是一种文化交流工具

由于体育具有超越世界和社会障碍的国际语言，通过体育交往可以促进各国人民之间的了解和友谊，加强国与国之间的文化交流和团结，在沟通各国之间的关系，打开外交通道方面都曾起到积极的作用。如1971年的第31届世界乒乓球锦标赛，由毛泽东、周恩来同志策划的、轰动世界的“乒乓外交”，促成了美国尼克松总统来华访问，中美建交，在我国对外关系史上开创了新的一页。

2. 体育运动被用来作为某种特殊的政治手段

由于体育与政治之间关系的微妙，它可以被各种不同的政治所利用。如1968年、1972年奥运会上，由于社会主义国家和非洲一些国家的坚决反对，使南非种族主义者被拒之于奥运会之外。又如1980年，由于前苏联入侵阿富汗，60多个国家抵制了莫斯科奥运会，到了1984年，前苏联又笼络14个国家不参加洛杉矶奥运会。以上这些都有明显的政治背景，都是通过体育运动达到某种政治目的。

(三) 促进国内政治一体化

体育运动有一种内聚力，可以加强一个团体的向心力，促进团结。一个学校的运动会，可以加强班级学生间的团结；全国少数民族运动会，不仅可以促进各民族的文化交流和相互了解，还可以增进各民族的自豪感和对本民族文化传统的理解。我国在促进国家统一方面，体育又将以它独特的功能起到“先锋”作用。1980年，中国乒乓球队与台北桃园机场工作人员的亲切接触，被外电称为“乒乓内交”；在奥运会上，中国体育代表团与台北体育代表团多方接触，携手共勉。因此，体育运动是联系全国各民族的纽带，是沟通各阶层、各人民团体之间关系的桥梁，是促进国家统一的催化剂。

七、经济功能

体育运动的经济功能在我国改革开放的今天，已经被越来越多的人所认识、理解和接受。在市场经济的社会里，体育作为第三产业，以劳务的形式向社会提供服务，不能把体育看成是一种纯消费的事业。在当今国际上，一些经济发达的国家，非常注意发挥体育的经济功能，追求体育的经济效益。通过体育运动获取经济效益主要有以下一些途径：

(一) 在大型体育比赛中获取收入的措施

(1) 出售体育比赛的电视转播权。世界体育大赛的实况转播，目前已成为最吸引人也是收费最高的项目。如1984年洛杉矶奥运会，美国ABC公司以2.25亿美元的价格购买了大会的电视转播权；NBA每个赛季的国内电视转播权的售价高达6.5亿美元；1996年的亚特兰大奥运会，美国NBA公司以4.56亿美元的价格获得该届奥运会的电视转播权。

(2) 发行纪念币。如今在大型的国际体育比赛中都发行纪念币，纪念币一般是由黄金、白金和银制成的。纪念币具有珍贵的收藏意义，必要时又有流通价值，因此受到收藏家和体育爱好者的欢迎。如慕尼黑奥运会上，纪念币的收入约为2.06亿美元；蒙特利尔奥运会上，纪念币的收入总计为1.15亿美元；莫斯科奥运会上，纪念币总共获利2.6亿美元。

(3) 发售体育彩票。体育彩票是吸引人们对体育比赛的注意力，利用侥幸中奖的机遇来调节人们的心理，提高上座率，达到增加收入的一个重要手段，现已成为大型国际体育比赛贯用的增收措施之一。这项收入也极为可观，如慕尼黑奥运会彩票收入为1.20亿美元；蒙特利尔奥运会彩票收入为2.35亿美元；莫斯科奥运会彩票收入为1.50亿美元；汉城奥运会彩票收入为1.21亿美元。

(4) 组织门票收入。精彩的体育赛事是当今最吸引人关注的社会文化活动之一，只要组织得好，门票收入也是很可观的。

(5) 收纳广告费。在比赛场地设立广告牌，在比赛秩序册上穿插广告是招徕生意，推销产品的极好机会。因此，体育竞赛举办者收取广告费是名正言顺的。

(二) 在日常体育活动中增加收入的措施

(1) 提高体育设施的利用率。据资料统计，美国、法国、德国、日本等国体育设施的利用率非常高，每天大约使用 15 小时，安排得非常紧凑，如一些体育中心早上 7:00 至下午 4:00 供学生上课，下午 4:00 至 7:30 向大众开放，晚上 7:30 至深夜供运动员训练用。由于提高了使用率，即使收费很低，总收入也是可观的。

(2) 经常举办热门项目比赛。根据观众的需要和兴趣，经常组织一些热门的体育比赛活动，也是提高上座率，增加收入的措施之一。

(3) 举办娱乐体育活动。从目前来看，人们更多地需要通过体育来调节在现代社会生活条件下带来的精神压力，因此，身体娱乐活动深受欢迎。举办各种身体娱乐俱乐部是群众的需要，也是增加体育经济收入的途径之一。

(4) 发展体育旅游、谋求体育赞助、发售体育邮票、开设体育咨询等。以多种途径谋求体育经济收入，发挥体育经济效益的途径。

第五节　高等学校体育教育

一、高等学校体育的目的和任务

根据我国的教育方针和当代大学生身心发展的需要以及我国的国情，高校体育的目的是以身体练习为基本手段，培养学生的体育意识，有效地增强学生体质，促进学生身心全面发展，使其成为体魄强健的社会主义现代化事业的建设者和接班人。

为了实现上述目的，高等学校体育必须完成以下任务：

(1) 进一步促进学生身体的正常发育和机能的发展，全面发展身体素质，增强对自然环境的适应能力；

(2) 掌握体育基本理论和卫生知识，学会正确的运动技术、技能和科学锻炼身体的方法，养成自觉锻炼的习惯，为终身受益奠定基础；

(3) 培养良好的思想品质和道德素养；

(4) 发掘大学生的体育才能，提高运动技术水平，适应国际大学生比赛和交往的需要。

二、高等学校体育的基本途径

(一) 体育教学

体育教学是我国高校教学计划中的基本课程之一，是高校体育工作的中心环节，是实现高校体育目的的基本组织形式。通过体育教学，使学生懂得健身的意义，能运用所学的体育理论知识和自我监督、检测的方法来评价自身的心理、生理变化，指导自己进行科学锻炼，激发参加体育的兴趣和自我锻炼意识；教育学生理解和认识体育的多种功能，全面发展身心，促进健康，增强体质；结合体育的特点，促进智力发展，并进行思想品德和美学方面的教育。教育部于 2002 年颁发的《全国普通高校体育课程教学指导纲要》规定："普通高等学校的一、二年级必须开设体育课程(四个学期共计 144 学时)。修满规定学分、达到基本要求是学生毕业、获得学位的必要条件。"同时规定，"对三年级以上学生(包括研究生)开设体育选修课"。并且对体育课程的性质和目标，课程设置，时数分配，课程结构，课程内容与教学方法，课程建设与课程资源的开发，教材的选编原则与要求，课程的评价以及管理等方面的问题都作了明确要求和具体规定。

体育课分理论课和实践课。理论课是向学生系统地传授体育基础知识和科学锻炼身体的方法，激发学生对体育的兴趣，从而促使学生自觉地、经常地、科学地锻炼身体。而实践课则是实现体育教学的目的和任务，增强学生体质的基本途径。

（二）课外体育活动

课外体育活动是高校体育课程的延续和补充，是实现高校体育目的的重要组成部分。课内外结合是学校体育工作的特点之一，只有广泛开展多种多样、生动活泼的课外体育活动，才能达到增强学生体质、提高健康水平、培养学生自我锻炼的习惯、丰富课余生活的目的。课外体育活动主要有以下几种形式：

1. 早操

早操即清晨运动，是每天起床后坚持的室外活动，是大学生合理的作息制度中的重要组成部分。大学生坚持做早操，不仅是锻炼意志，养成良好的卫生习惯，促进身体健康的良好措施，也是每天从事脑力劳动的准备活动，它可以使神经兴奋，活跃生理机能，形成良好的生理状态。

早操活动时间一般以 15～20 分钟为宜。形式可以集体组织与个人活动相结合。内容多以健身跑、广播操、打拳、健美操以及各种身体素质锻炼为主。

2. 课间活动

课间活动（课间操）是文化课下课后在教室周围进行的几分钟轻微活动或两节课后休息期间进行的体育活动。目的是活动躯体，进行积极性的休息，为下一堂课的学习注入更充沛的精力。

课间活动时间一般为 3～10 分钟。形式以个人活动为主，以散步、广播操等为主要内容。

3. 课外体育锻炼

课外体育锻炼是大学生结束一天的课程学习后，利用每天下午第七、八节课的时间，进行有目的、有计划、有组织的体育活动。搞好课外体育锻炼，可以使大学生增强体质、增进健康、陶冶情操、丰富知识，达到身心完善、精神饱满的目的，它不仅是高校体育过程的重要方面，也是高校占领课余思想阵地，丰富校园文化生活，建设精神文明的重要手段之一。

课外体育锻炼时间一般在 1 小时左右。形式以班集体、单项体育协会组织活动为主，也可以结合个人锻炼，还可以结合小型多样的竞赛活动。各校还可以从实际出发，因人、因地、因时制宜地开展活动。

（三）课余体育训练与体育竞赛

课余体育训练与体育竞赛是高校利用课余时间对部分身体素质较好并有体育专长的大学生进行系统训练的一种专门教育过程，是实现高校体育目的的重要组织形式之一，它有助于提高我国大学生的运动技术水平。参加不同层次的竞赛，还能为学校培养一支体育骨干队伍，有利于推动学校群众性体育活动的开展。因此，《学校体育工作条例》规定：“学校应当在体育课教学和课外体育活动的基础上，开展多种形式的课余体育训练，提高学生的运动技术水平。”并强调：“普通高等学校经国家教育委员会批准，可以开展培养优秀体育后备人才的训练。”国家教委、国家体委于 1986 年 11 月发布《关于开展课余体育训练，提高运动技术水平的规划》以后，开始在大学试办高水平运动队。

第二章 大学生的身心健康

第一节 大学生身心健康概述

一、健康的定义

健康的英文是 health。在一些词典中,“健康”通常被简单扼要地定义为“机体处于正常运作状态,没有疾病”。这是传统的健康概念。通常我们确实是把疾病看成是机体受到干扰,导致功能下降,生活质量受到损害(主要由肉体疼痛引起)或早亡。

在《辞海》中健康的概念是:“人体各器官系统发育良好、功能正常、体质健壮、精力充沛并具有良好劳动效能的状态。通常用人体测量、体格检查和各种生理指标来衡量。”这种提法要比“健康就是没有病”完善些,但仍然是把人作为生物有机体来对待。因为它虽然提出了“劳动效能”这一概念,但仍未把人当作社会人来对待。对健康的这种认识,在生物医学模式时代被公认是正确的。

关于健康和疾病的概念,《简明不列颠百科全书》1985 年中文版的定义是:“健康,使个体能长时期地适应环境的身体、情绪、精神及社交方面的能力。”“疾病,是以产生症状或体征的异常生理或心理状态”,是“人体在致病因素的影响下,器官组织的形态,功能偏离正常标准的状态”。“健康可用可测量的数值(如身高、体重、体温、脉搏、血压、视力等)来衡量,但其标准很难掌握。”虽然这一定义提到了心理因素,但在测量和疾病分类方面没有具体内容。可以说这是从生物医学模式向生物、心理、社会医学模式过渡过程中的产物。一方面,这种转化尚缺乏足够的临床实践资料提供理论的概括;另一方面撰写者虽然接受了新的医学模式的思想,但难以作进一步的理论探讨。

因此,它还没有达到 1946 年世界卫生组织(WHO)成立时在它的宪章中所提到的健康概念:“健康乃是一种在身体上,心理上和社会上的完满状态,而不仅仅是没有疾病和虚弱的状态。”

事实上,要对此作出确切的定义很难。因为,即使没有明显的疾病,人对健康或不健康的感觉也具有很大的主观性。毫无疑问,觉得身体健康,不等于身体没有病。

世界卫生组织关于健康的这一定义,把人的健康从生物学的意义,扩展到了精神和社会关系(社会相互影响的质量)两个方面的健康状态,把人的身心、家庭和社会生活的健康状态均包括在内。根据“世界卫生组织”的解释:健康不仅指一个人身体有没有出现疾病或虚弱现象,而是指一个人生理上、心理上和社会上的完好状态,这就是现代关于健康的较为完整的科学概念。

二、组成健康的几个部分

现代健康的含义是多元的、广泛的,包括生理、心理和社会适应性三个方面,其中社会适应性归根结底取决于生理和心理的素质状况。心理健康是身体健康的精神支柱,身体健康又是心理健康的物质基础。良好的情绪状态可以使生理功能处于最佳状态,反之则会降低或破坏某种功能而引起疾病。身体状况的改变可能带来相应的心理问题，生理上的缺陷、疾病，特别是痼疾，往往会使人产生烦恼、焦躁、忧虑、抑郁等不良情绪，导致各种不正常的心理状态。作为身心统一体的人，身体和心理是紧密依存的两个方面。

维护健康的四大基石：平衡饮食、适量运动、戒烟限酒、心理健康。

心理健康是比较而言的，绝对的健康是不存在的，人们都处在较健康和极不健康的两端连续线中间的某一点上，而且人的心理健康状态是动态变化的，而非静止不动的。人的心理健康即可以从相对的比较健康变成健康，也可以从相对健康变得不那么健康，因此，心理健康与否是反映某一段时间内的特定状态，而不应认为是固定的和永远如此的。

三、健康常见衡量标准

一般说来，人体的健康指标是由身体的健康、精神的健康和社会的健康三方面因素构成。

(一) 身体的健康

衡量身体健康有以下几个方面：

(1) 没有疾病、无须治疗；

(2) 身体的发育正常；

(3) 有良好的生活节律，食欲、睡眠好；

(4) 体态、脸色好，有精神；

(5) 能很好地进行日常活动、消除疲劳快。

(二) 精神的健康

这包括一个人的行为思想与其基本价值观仿相一致，觉得生活充实有意义，对美和善的向往，能精力充沛地履行各种职能，完成各种任务，而且能从中发现并享受乐趣，感到自身的价值，使生活变得更有意义。

(三) 社会的健康

能够融洽地愉快地扮演生活中的各种角色，如朋友、邻居、同学、恋人等，在社会各领域的生活中发挥积极的作用。

世界卫生组织(WHO)认为健康应具备以下标志：

(1) 有充沛的精力，能够从容地应付日常生活和工作的压力而不感到过分紧张；

(2) 处中乐观、态度积极、乐于承担责任；

(3) 善于休息、睡眠良好；

(4) 应变能力强、能适应外界环境的各种变化；

(5) 能抵抗感冒等一般性传染病；

(6) 体重适当、身体匀称、站立时头、肩、背位置协调；

(7) 眼睛明亮，反应敏锐，眼睑不发炎；

(8) 牙齿清洁、无空洞、无痛感，齿龈颜色正常，无出血现象；

(9) 头发有光泽，无头屑；

(10) 皮肤有弹性，肌肉丰满，走路轻松。

这种新概念的提出，标志着健康不仅是没有疾病和伤害，而且包括身体、精神方面能迅速完全地适应自然和社会环境。

世界卫生组织的报告认为：

健康 = 15% 遗传因素 + 10% 社会因素 + 8% 医疗条件 + 7% 气候条件 + 60% 自我保健。

第二节 大学生身心健康要求

一、生理健康的要求

(1) 体温。正常体温为36℃～37℃，高于此为发热，低于此称为“低体温”。后者常见于高龄体弱老人及长期营养不良患者，也可见于甲状腺机能减退症、休克疾病患者。

(2) 脉搏。成人脉搏为60～100次/分钟，如发现过速、过缓、间歇强弱不定、快慢不等均为心脏不健康的表现。老年人心率一般较慢，但只要不低于55次/分钟就属正常范围。

(3) 呼吸。健康人呼吸平稳、规律，为15次/分钟左右，如发现呼吸的深度、频率、节律异常，呼吸费力、有胸闷、憋气感受，则为不正常表现，应就医。老年人心肺功能减退，活动后可有心悸气短的表现，休息后很快就能恢复就不应认为是疾病的表现。

(4) 血压。成年人血压不超过140/80 mmHg。老年人随年龄的增长血压也相应上升，但收缩压超过160 mmHg时，不论有无症状均应服药。

(5) 体重。长期稳定的体重是健康的指标之一。短时间内的消瘦见于糖尿病、甲亢、癌症、胃、肠、肝疾患。更年期女性该胖不胖也往往算病。体重短期内增加很多可能与高血脂、糖尿病、甲状腺机能减退症等疾患有关。

(6) 饮食。成年人每日食量不超过500克，老年人不超过350克。如出现多食多饮应考虑糖尿病、甲亢等病的存在。每日食量不足250克，食欲丧失达半个月以上，应检查是否有潜在的炎症、癌症。

(7) 排便。健康人每日或隔日排便一次，为黄色成形软便。老年人尤其是高龄老人，少吃、少动者可2～3天排便一次。只要排便顺利，大便不干，就不是便秘。大便颜色、性状、次数异常可反映结肠病变。

(8) 排尿。成年人每日排尿1～2升左右，每隔2～4小时排尿一次，夜间排尿间隔不定。正常尿为淡黄色，透明状，少许泡沫。如尿色尿量异常、排尿过频、排尿困难或疼痛均为不正常表现，应就医。

(9) 睡眠。成年人每日睡眠6～8小时，老年人应加午睡。入睡困难、夜醒不眠、白天嗜睡打鼾均为睡眠障碍的表现。

(10) 精神。健康人精神饱满，行为敏捷，情感合理，无晕无痛；否则应检查是否有心脑血管和神经骨关节系统疾病。

二、心理健康的要求

(1) 智力正常。智力正常是人正常生活最基本的心理条件，是心理健康的首要标准。世界卫生组织(WHO)提出的国际疾病分类体系，把智力发育不全或阻滞视为一种心理障碍和变态行为。

(2) 情绪稳定与愉快。情绪稳定与心情愉快是心理健康的重要标志，它表明一个人的中枢神经系统处于相对的平衡状态，意味着机体功能的协调。如果一个人经常愁眉苦脸，灰心绝望，喜怒无常，则是心理不健康的表现。心理健康者能经常保持愉快、开朗、自信、满足的心情，善于从生活中寻求乐趣，对生活充满希望。更重要的是情绪稳定性好。

(3) 行为协调统一。一个心理健康的人，其行为受意识支配，思想与行为是统一协调的，并有自我控制能力。如果一个人的行为与思想相互矛盾，注意力不集中，思想混乱，思维支离破碎，做事杂乱无章，就是心理不健康的表现。

(4) 良好的适应能力。人生活在纷繁复杂、变化多端的大千世界里，一生中会遇到多种环境及变化，因此，一个人应当具有良好的适应能力，无论现实环境有什么样的变化，都将能够适应，这也是心理健康的标志之一。

(5) 具有较强的意志品质。心理健康的意志有如下特点：目的明确合理，自觉性高；善于分析情况，意志果断；意志坚韧，有毅力，心理承受能力强；自制力好，既有现实目标的坚定性，又能克制干扰目标实现的愿望、动机、情绪和行为，不放纵任性。

(6) 人际关系和谐。一是乐于与人交往，既有稳定而广泛的人际关系，又有知己的朋友；二是在交往中保持独立而完整的人格，有自知之明，不卑不亢；三是能客观评价别人，以人之长补己之短，宽以待人，友好相处，乐于助人；四是交往中积极态度多于消极态度。

以上是心理健康的主要特征，但是心理健康并非是超人的非凡状态，一个人的心理健康也不一定在每一个方面都有表现，只要在生活实践中，能够正确认识自我，自觉控制自己，正确对待外界影响，使心理保持平衡协调，就已具备了心理健康的基本特征。

第三节　影响身心健康的因素

一、社会因素

50年前，溃疡病和高血压病患病率呈男性高于女性，约为4:1；而近年来男女患病比例已逐渐接近，溃疡病约为3:2，高血压病已接近1:1。据分析，可能是由于愈来愈多的妇女参加了工作和社会活动，因而增加了社会心理刺激的结果。另一项流行病学调查表明，发病机会最多者是中层社会中经济条件偏低者，为了竞争以获得较好的生活条件，他们要付出较多的努力，但他们的个人要求和需要并非经常可以得到满足，因而这种个人需求和社会压力之间的冲突就可以引起身心疾病。

人们对社会因素的应激可使血浆肾上腺素活性升高，如焦虑、紧张、陌生情况可增加肾上腺素分泌，恐惧、愤怒、挫折均可使血压升高，对有高血压素质（生理始基）者，血压持续增高的倾向更强。愤怒似乎与收缩压增高有关，如果愤怒被阻抑，或对自己的行为感到内疚，则可引起交感神经功能亢进，延续下去可发展为以血浆肾上腺素和去甲肾上腺素含量增高为特征的原发性高血压。

二、心理因素

一般能引起人产生损失感、威胁感和不安全感的心理刺激最易致病。人的心理活动通常与某种情绪活动相关联，如愤怒、恐惧、焦虑、忧愁、悲伤、痛苦等情绪虽然是适应环境的一种心要反应，但强度过大或时间过久，都会使人的心理活动失去平衡，导致神经系统功能失调，对健康产生不良影响。如果这些消极情绪经常反复出现，引起长期或过度的精神紧张，还可产生如神经功能紊乱、内分泌失调、血压持续升高等病变，从而导致某些器官、系统的疾病。

三、生理因素

(一) 生理始基(analogue)

生理始基即心身疾病患者在患病前的生理特点。为什么同样的心理社会刺激，如地震、洪水、战祸、灾荒等波及大量人口的刺激，其中只有少数人得了身心疾病？为什么这些患者的身心疾病又不都是一种病？如有人患溃疡病，有人患高血压，有人却患冠心病，这主要是由患者的生理特点不同所致，因而使他们具有对不同心身疾病有着不同的易患性(vulnerability)。如在溃疡发病过程中，胃蛋白酶的增高起重要作用，由于它消化了胃黏膜而造成溃疡。实际上，患者在病前，其蛋白酶的前体——胃蛋白酶原的水平就已经比一般人高，因此这种胃蛋白酶原的增高即可称之为溃疡病的生理始基。然而有溃疡病生理始基并不一定会有溃疡病，因为人群中有相当多的人具有这一特征，而其中只有一部分溃疡病患者是由于社会心理刺激对他们起着“扳机”(trigger)作用。说明只有生理始基和社会心理刺激同时存在的情况下，才会有溃疡病的产生。

现已发现，高甘油三酯血症是冠心病的生理始基，高尿酸血症是痛风症的生理始基，高蛋白结合碘者则为甲状腺机能亢进的生理始基。对生理始基的研究不仅对了解心身疾病的发病机制有重要意义，而且对这些疾病的预防也提供了极为重要的线索。

(二) 中介机制(mediator)

心理-社会因素以各种信息影响大脑皮层的功能，而大脑皮层则通过植物神系统、内分泌系统、神经递质系统和免疫系统这些重要的生理中介机制，影响内环境的平衡，使靶器官产生病变。

(1) 植物神经系统。当植物神经系统的功能发生过于急剧或持久的改变时，即可能造成心、肺、胃、肠、血管、腺体、皮肤、肌肉等器官和组织持久的活动过度或不足，导致品质性病变，这就是心身疾病发病机制的早期假说：心理因素→大脑皮质功能改变→植物神经功能改变→内脏功能障碍→内脏形态学改变。如结肠过敏症等。

(2) 内分泌系统。内分泌系统在维持内环境稳定方面起着重要作用。在情绪应激下，内分泌系统功能很容易发生变化，焦虑、忧郁等情绪反应都可以用17-羟固醇来判定其程度。可见，心理因素或情绪状态与内分泌功能状态之间的相互影响在心身疾病的发生发展过程中起着重要作用。

(3) 神经递质系统。在情绪应激时都伴有中枢儿茶酚胺浓度的升高，另一中枢神经递质——5-羟色胺的水平下降。中枢神经递质的改变，可以继发地导致植物神经功能和内分泌腺活动的改变，并可相互影响、相互制约，这些改变在心身疾病的发生发展过程中都起到一定的作用。

(4) 免疫系统。在社会心理应激情况下，可影响到T细胞的功能，导致免疫功能的紊乱或减退。

第三章 体育锻炼

第一节 体育锻炼概述

一、体育锻炼的概念

体育锻炼是指运用各种体育手段，结合自然力（阳光、空气、水等）和卫生措施，以发展身体体质、促进心理健康、丰富文化生活为目的的身体活动过程。人类的进化历史表明，人体的发展与一切动物体一样，是遵循"用进废退"的规律的。荟萃古今中外的养生之道，归结到一点，就是"生命在于运动"。

纵观人体发展的生命历程，影响身体健康的因素是多方面的。人们从吃好、睡足不能使富有者长生不老的事实中，从适应体力活动可导致劳动者延年益寿的经验中，逐步认识到适当的体育锻炼是增进健康、增强体质最积极最有效的手段。实践证明，体育锻炼必须讲究科学，只有选择有效的锻炼内容，安排可行的锻炼计划，才能取得最佳的锻炼效果。

二、体育锻炼的特点

体育锻炼是群众性体育活动的主要形式。有以下三个特点：

(1) 以健身为目的，追求锻炼的时效性。体育锻炼不在于创造运动成绩，而在于个人的实际出发，追求身体健康，精神愉快，提高对环境的适应能力以及对疾病的抵抗能力，从而提高学习和工作效率。

(2) 组织形式灵活，内容方法多样。体育锻炼是在业余时间进行的，项目多样，内容丰富，可根据自我要求选择内容和锻炼形式。

(3) 因人制宜，个别对待。根据个人的实际情况，安排适当的运动负荷，是体育锻炼日见成效的关键。"运动处方"则是个人体育锻炼与测评的良好方法，即是在教师或医生的监督和指导下，避免因不合理运动而损害健康，争取最佳锻炼效果的一种锻炼方案。

三、体育锻炼的理论依据

生物学的研究表明，新陈代谢对环境变化产生反应和适应，是引起机体发展的基本原因，也是体育锻炼增强体质的生物学依据。体育锻炼的理论依据主要有以下三个方面：

(一) 锻炼过程的新陈代谢理论

新陈代谢是指生物体不断与环境进行物质与能量交换，实现自我更新的过程。新陈代谢包括同化和异化两个方面。同化是有机体从外界环境中不断摄取营养物质。并把它们合称为机体自身的物质过程；异化是指集体自身的物质在不断的分解，释放出化学能之间的矛盾转化决定着物质强和减弱。

科学的体育锻炼能增强体质。由于身体活动增强了异化过程，随后能引起同化作用的增强，使体内组织细胞内部得到更多的补充，合成新的物质，使有机体获得更加旺盛的活力，从而促使机体得到发展，体制得到增强，因此，科学的体育锻炼，是塑造未来完美体型、提高民族体质的积极手段之一。

(二) 运动负荷的价值阈理论

运动负荷的价值阈，是指按一定的心率区间去确定运动负荷的计算标准。体育锻炼要针对个人的特点安排运动负荷，以获得最佳的锻炼效果。

生理学实验证明，心率在 110 次/分钟以下时，集体的血压、血液成分、尿蛋白和心电图等都没有明显变化，健身价值不大；心率在 120～140 次/分钟时每搏输出量最大，接近或达到一般人的最佳状态，健身效果显著；心率在 150 次/分钟以上时，每搏输出量出现缓慢下降，未能出现更好的健身迹象。因此，让心率保持在 120～140 次/分钟，并占一次锻炼时间的 2/3 左右为最佳。

对上述结论的分析，还必须考虑到由于个人的年龄、体质的不同，所承担有氧代谢的运动负荷也有所不同。运动服和的计量一般采用以下标准：

(1) 卡南氏公式，即接近极限负荷的脉搏次数，减去安静时的脉搏次数，乘以 70%，再加安静时的脉搏数；

(2) 以脉搏频率 150 次/分钟以下(平均 130 次/分钟)的运动负荷为指标，谋求有氧代谢能力；

(3) 以 180 减去锻炼者的年龄数作为锻炼者每分钟的平均脉搏数。

采用这三种方法所得出的数据与最佳价值阈相近。但无论采用何种计量方法，都必须考虑到自我的感觉(以舒适、不影响正常工作、学习和生活为准)。

(三) 人体适应环境能力的动态平衡理论

人体生活在一定的自然环境中，这一自然环境称为机体的外环境。与此相应，人体内各个细胞所生活的环境成为内环境，人体与环境经常处于动态平衡之中。内、外环境的变化称为刺激。在环境长期刺激下，人体的各个器官功能和形态发生相应的持久性变化称为适应。如长期生活在高原地区的人，其肺活量大，血红蛋白含量高，就是机体对高原生活变化所产生适应的结果。

生理学研究表明，刺激要能引起反应和适应，必须有一定的运动强度和一定的持续时间以及他们的变化率。也就是说，当机体对某一刺激产生适应或产生更高水平的适应后，就必须增加锻炼的强度和持续时间。适应的效果与刺激的形式也密切相关。实践证明，在自然环境和社会环境基本接近的前提下，能否经常科学地进行体育锻炼，对人体与环境间所表现的动态平衡能力存在着明显的差异。

第二节　体育锻炼规律与原则

一、体育锻炼规律

体育锻炼规律就是指在进行体育锻炼的前期，中期，后期所遵循的一个准则。遵循体育锻炼规律不仅可以提高锻炼者在整个锻炼过程中的锻炼效率和锻炼效果，同时也可以保护锻炼者尽量不受运动损伤。所以说体育锻炼规律是体育锻炼中最基本，最应该遵守的准则。

(一) 准备活动

在进行体育锻炼之前，要进行准备活动的热身。准备活动具有以下作用：

(1) 提高神经系统的兴奋性和各器官系统的活动能力；

(2) 可提高血液循环系统的机能；

(3) 提高呼吸系统的机能。

准备活动产生热量是人体体温提高,这对机体是有利的。除了以上作用外,它还可以增强肌肉、肌腱和韧带的活性,促使关节分泌更多的滑液,减少关节的摩擦力,加大关节的灵活性。这样可加大人体活动的幅度,提高速度、力量、灵敏和柔韧性等,从而预防肌肉、韧带和关节的损伤。

(二) 整理活动

体育锻炼后会产生疲劳。疲劳后的休息方式有两种:一种是"单纯的休息",另一种是"积极的休息"。"积极的休息"就是我们所说的整理运动。它是用强度不大、时间不长、项目不同的实践活动做为休息的手段。虽然人体的疲劳是一种综合性的反映,但运动的项目不同时,大脑皮层不同部位的神经细胞的疲劳程度不一样。改变运动方式,其他神经细胞就会兴奋起来,这样可以促使原来疲劳的神经细胞产生的抑制过程更加深,合成过程更快,从而较快达到消除疲劳的目的。此外,运动时肌肉连续过快地收缩,缺乏放松,引起肌肉过度疲劳。整理活动可以放松处于紧张的肌肉,帮助乳酸的分解、消除疲劳。因此,欲达到体育锻炼的目的,必须学会科学的锻炼方法,正确做好运动前的准备活动和运动后的整理运动。

(三) 运动量的自我控制

运动强度的大小一般用最大摄氧量的百分比来衡量,方法比较复杂。在世界运动中可以用测心率来代替,通过多年的实践经验检验,此方法应用简便、结果可靠,也很安全。方法如下:

体质较好的人:180－年龄＝最高心率

体质较弱的人:170－年龄＝最高心率

也可以通过自我感觉来衡量运动量。锻炼后感到全身舒适,精力充沛、食欲增加、睡眠改善;或虽有疲劳感,但经过一夜的休息之后,疲劳感消失,不影响正常工作、学习,说明运动量大小适宜。反之,如出现头晕、恶心、胸闷、气喘、四肢无力等现象;锻炼后明显肌肉酸痛、全身无力、精神恍惚、萎靡不正、食欲减退、睡眠失常、面容憔悴、身体消瘦、体重下降等,说明运动量过大,应及时减量。

(四) 饮食规律

(1) 不宜空腹。运动时机体代谢旺盛,能量消耗增多,如果运动前有饥饿感,或已到进餐时间,说明体内能量(肝糖原)储备不足,应在运动前安排适量进餐。一般可在运动前饮适量的浓糖水或吃点易消化含糖多的碳水化合物(糕点、饼干等)。为防止低血糖的发生,不宜空腹运动。

(2) 不宜饱腹。有人认为,运动需要消耗大量的能量,人体的能量完全依靠食物,若锻炼者锻炼前吃大量食物,则会引起运动中的不适。运动前的进餐原则是以不妨碍机体运动和不加重机体应激反应,有利体内的代谢为原则。

(3) 运动后进食。运动后血液大多滞留在肌肉组织,胃肠部血液相对较少,如运动后立即进食会影响消化功能,因此,应在运动结束后半小时进食为佳。

(五) 补水

水是机体的重要组成部分,水占人体体重的50%～70%。水是良好的溶剂,它参与物质的代谢过程,食物的消化、吸收、运输、排泄;水的比热容大,参与体温调节,以保持体温的稳定,因此,水是蒸发散热(排汗)、调节体温的一种重要方式。每蒸发1克水可带走(散发)0.45千卡热量,水能保持各种酶和腺体的活性与分泌。人体的一切正常生理、生化活动都离不开水的参与。

当脱水量约占体重的1%(约700毫升)时就会引起口渴，人体处于轻度缺水；当脱水量超过5%时，身体就会感到不适，属于中度缺水；当超过7%时，就会影响到机体的正常功能；当脱水量达15%时，属于重度脱水，需要通过静脉注射的方式来补水。

人体补水的最好方式就是少量多次。运动中每间隔15～20分钟饮水150～200毫升较为适宜。人体吸收水的速度是每小时最多800毫升。为了防止在运动中脱水，可以在运动前1小时饮水300～500毫升，或运动前15～20分钟过饮水150毫升左右。运动后饮水也要采用少量多次的方法，补水时含糖量最好是2.5%，不宜超过5%。在寒冷的环境中可达5%～15%。水或饮料的温度以8℃～14℃为宜，水温过低，会使肠道血管收缩而引起痉挛或使消化功能紊乱。

总而言之，在持续60分钟以上的运动中补充水和饮料，对于防止生理机能下降，延缓疲劳发生均有显著作用，要按科学方法来补充水分。

二、体育锻炼的原则

体育锻炼的原则是指体育锻炼客观规律的反映，是指导人们从事体育锻炼实践、有效地增强体质、达到理想效果所必须遵循的基本原则，同时也是保护自我，提升自我综合素质的基本要素。它包括自觉性原则、坚持性原则、全面性原则、合理性原则、循序渐进性原则重点性原则。

(一) 自觉性原则

自觉性原则，即主动意识原则。是指人在进行体育锻炼的趋向中是主动意识所驱动的，是锻炼者主管的实际需要，是自觉的行动。锻炼者要有自己明确的有关锻炼的作息和目标。本着“生命在于运动”的科学原则，自觉地进行体育锻炼。体育锻炼是一个自我修炼、自我完善的过程，这也是对人们心理上的一个考验。体育锻炼总是陪伴着克服自身的惰性，战胜各种困难从而达到理想目的一种方法。当代的大学生，特别是对于我国的大学生来说，加强体育锻炼是一个非常重要的环节。大学生可以把体育锻炼的精神融入到今后的学习、工作、生活中去，才能让今后的生活质量保持一个较高的水平。

(二) 坚持性原则

坚持性原则亦可理解为“善始善终”。是指一旦体育锻炼开始进行，就应该按照规定的计划持之以恒地坚持下去，把它看作生活中一个不可缺少的部分。

体育锻炼是一个全身各个器官，组织，在神经支配的条件下进行的，它们是需要时间逐步形成协调配合的。每一次的锻炼对于身体来说都是一个增强式的刺激，也就是说锻炼实质上就是一个损伤机体，而后机体进行再塑造的过程。这种连续不断的刺激作用下，身体所产生的应急机制就会积累下来，这种积累就会使机体的结构和功能产生新的反映，体质也就会不断地增强。如果用“三天打鱼，两天晒网”的锻炼态度来进行体育锻炼的话，机体各部分将会由一个较高的平衡水平逐渐减退最终根据环境因素保持在其中一个水平上，这体现了“用进废退”的道理。

(三) 全面性原则

全面性原则是指为了促进身体的全面协调发展而选择多样的锻炼内容和手段。其追求的是身心全面和谐发展，是身体形态、机能、身体素质以及心理素质等方面的全面协调的发展。不同的运动项目对身体的锻炼效果是不一样的，如增强式训练中俯卧撑击掌锻炼的是人体躯干的整体爆发力；卧式的支撑练习则锻炼的是人体躯干的整体稳定性和耐力。所以说，再进行体育锻炼的过程中，应选择适当的几个体育项目进行锻炼，以其一为主体，其他为辅助的锻炼模式进行锻炼，体质才会得到全面协调的发展。

(四) 合理性原则

合理性原则即适宜运动负荷原则，也称适量性原则。是锻炼锻炼者的生理和心理的负荷量。一般要求锻炼者感到一定程度的疲劳，同时这种疲劳又能被受体所承受，不影响正常的工作、学习和生活。锻炼者的性别、年龄、体质、健康状况以及锻炼基础不同，运动负荷也有所不同。过强的运动强度容易造成锻炼者身体的突发性损伤以及疲劳性损伤，过弱的运动强度则不能达到锻炼的目的。

(五) 循序渐进性原则

循序渐进性原则指的是锻炼者根据自身实际情况，遵循人体自然发展规律、集体适应性规律和超量恢复原理，即不能急于求成，也不能停滞不前。集体所承担的运动负荷是根据超量恢复的远离变化的，人在经过一段时间的锻炼后，原来的负荷变得不再适应，需要适当调整，合理安排负荷。负荷是否适宜，对锻炼效果的大小起很大作用。运动负荷的大小因人、因时而宜，即使是同一个人，在不同技能状态，不同时间，不同环境下所能承受负荷量也不尽相同。因此，进行体育锻炼时首先应注意强度要适量，必须根据锻炼者自身的实际情况确定运动服和的大小，做到量力而行；其次要注意锻炼后疲劳感的适度；此外每次锻炼要遵守人体生理机能活动能力的变化规律。

(六) 重点原则

重点原则就是指在锻炼过程中，应针对某个方面进行重点的锻炼，不能每一个部分都是重点，也不能每一个部分都是辅助。例如，拳击运动员以上肢力量训练为重点，其他训练为辅助的训练模式；跆拳道运动员是以下肢力量训练为重点，其他训练为辅助的训练模式。在人体运动生理中，如果把每一个部位的锻炼都看作是锻炼的重点，那么其心脏功能会受到极大的影响，从而影响身体的健康。所以，根据个人的需求选择适合自己的锻炼方案和强度在体育锻炼中的必须要考虑的一个部分。

综上所述的各条原则相互联系，在实际运用中不可顾此失彼，争取达到最佳的锻炼效果。

第三节　体育锻炼的内容与手段

一、体育锻炼的内容

体育锻炼的内容多样化是现代体育锻炼的基本形式。一般地说，可按照不同锻炼的目的和要求、竞技项目、发展不同身体素质等进行分类。对于大学生来说，适合该人群的锻炼分类还是按不同锻炼的目的和要求分类为佳。具体如下：

(一) 健身运动

健身运动主要是促使身体正常发育，身体各部分协调发展，增强人体各器官系统的机能，发展身体素质和提高基本活动能力。其内容可以从竞技体育和民族体育项目中选用，也可以采用走、跑、骑自行车、游泳等日常生活中进行锻炼。

(二) 健美运动

健美运动是为了塑造形体和行程正确姿势而进行的体育锻炼。健美运动不仅可以增进健康、增强体质、发达肌肉、改善形体、陶冶情操，还可以培养审美和创造美的能力。如为了使肌肉发达，可采用杠铃、哑铃、综合练习器等辅助器械进行练习；为了形成良好的体形与姿态，可以成套的徒手操、持轻器械的健美操、韵律操练习。

（三）娱乐性体育

娱乐性体育是为了调节精神、丰富生活、增进健康而采用的体育活动，如体育游戏、高尔夫球、保龄球、台球、门球、踢毽子、网球、跳橡皮筋、外出徒步、下棋、旅游等。

（四）格斗性体育

格斗性体育是掌握和运用格斗的攻防技术（包括军事技术）的体育锻炼。既达到强身健体，又掌握一定的技击动作，还能自卫的目的。如擒拿、散打、拳击等。

（五）医疗康复体育

医疗康复体育是指体弱有病的人进行祛病强身、恢复身体机能的体育锻炼活动，一般要在医生和专业人员监督引导下进行。内容包括步行、跑步、气功、太极拳、按摩、保健操、身体拉伸练习、矫正体操等。

体育锻炼的内容多种多样，具体锻炼时要根据锻炼者身体情况、环境条件、文化要求等加以选择。

二、体育锻炼的手段

体育锻炼的手段是指根据人体发展规律，运用各种身体联系和自然因素来培育身体的途径和方式。体育锻炼的手段是贯彻体育锻炼原则，达到体育锻炼目的的桥梁。不同的锻炼手段对身体功能的影响不同，不同的锻炼项目对身体功能也有不同的要求。因此，锻炼的手段讲求因人而异，从实际出发。通常分为三个大类：一般锻炼手段，发展身体素质手段，自然力锻炼手段。

（一）一般锻炼手段

1. 重复锻炼法

重复锻炼法是指按一定负荷标准，反复多次进行同一动作的联系方法。反复的次数和时间是决定健身效果的关键，确定和调节重复的次数和时间时，应考虑项目特点，要注意克服厌倦情绪，防治机械呆板。

2. 间歇锻炼法

间歇锻炼法是指进行重复锻炼时，上下两次之间严格规定每次练习的强度、时间以及各练习间的休息间歇时间的联系方法，它是提高锻炼效果的一种常用的方法。间歇时间长短，主要以运动负荷价值阈为准。一般来说，负荷超过上限时，间歇时间应长些，防止体力的过度消耗；在负荷下限时，间歇时间应短些。两次锻炼的时间不能间隔过长，宜在前次效果未减退时进行。

3. 变换锻炼法

变换锻炼法是指在锻炼过程中，采用变换条件、变换环境、变换要求和变换手段等的一种锻炼方法。采用变换锻炼法可以有效地调节生理负荷、调节锻炼情绪、强化锻炼意向、克服疲劳和厌倦情绪。一般运用各种辅助性和诱导性练习及游戏等，配合音乐，利用空气、阳光和水来进行锻炼。

4. 循环锻炼法

循环锻炼法是指各种类型的动作、具有不同练习效果的手段组成一组锻炼项目，按一定的顺序循环地进行锻炼的方法。这种锻炼方法具有综合锻炼的效果。循环锻炼法所布置的各个练习点，内容搭配要选用已经掌握的简单易行的动作，同时要规定好练习的次数、规格要求。

由于动作内容、使用器械的不同，练习时可以激发联系者的兴趣、减轻疲劳，提高运动密度，有显著的健身价值。在运用时要注意动作质量，防止片面追求动作密度和数量的倾向。

（二）发展身体素质手段

身体素质是指人体在运动、劳动和日常活动中，在中枢神经调节下，器官系统所表现出的技能能力，主要包括力量、速度、耐力、灵敏和柔韧五个方面的素质。身体素质是衡量一个人体质状况的重要标志。大学阶段是发展大学生各项身体素质的重要阶段，在此期间全面地发展身体素质，将对终身锻炼的能力产生决定性作用。

1．力量素质锻炼

力量素质是指肌肉紧张或收缩时克服内外阻力的能力。人体的一切动作都是通过肌肉活动来实现的，这就要求各个部分的肌肉具有相应的力量来克服各种阻力。因此，力量素质是人们日常生活、生产劳动和体育锻炼所必须的素质。

（1）按肌肉收缩的形式，力量可分为静力性力量和动力性力量。静力性力量是肌肉做等长收缩（保持一定长度）时所产生的力量，即动作外观上不发生变化，肢体不产生明显的位移，如体操中的支撑、平衡、倒立等动作；动力性力量是肌肉做等张收缩（长度改变）时所产生的力量，即肢体产生明显的位移，使人体或器械产生加速运动，如跑、跳、投等。

动力性力量又可分为重量性力量和速度性力量。重量性力量是动作速度不变，力量大小由肌肉工作时所推动的器械重量来衡量，如举重等；速度性力量是由人或器械运动的加速度值来评定的一种力量，如投掷、踢球、跳跃等。

（2）按人体表现出来的力量与本人体重的关系，力量可分为绝对力量和相对力量。绝对力量是不与本人体重相关所表现的力量；相对力量是指每公斤体重所表现的力量。

（3）按力量的表现形式，力量还可以分为速度力量和力量耐力。速度力量是力量与速度综合在一起的力量素质的表现，反映一个人快速用力的能力；力量耐力则是指人体在克服一定外部阻力并能坚持尽可能长的时间或重量尽可能多的次数多的能力。

2．速度素质锻炼

速度素质是指人体以最短的时间完成动作的能力，它人的基本素质之一。通常将速度素质分为反应速度素质、动作速度素质和位移速度素质三种。

反应速度素质是指人体对各种信号刺激发生反应的能力。如短跑运动员的起跑反应等，它以神经过程中反应时为基础，反应时短，反应速度快；反应时长，则反应速度慢。动作速度素质是指人体快速完成某一动作时的能力。如跳跃运动员的踏跳速度、投掷运动员器械出手时的速度等。位移速度素质是指在周期性运动中，单位时间内人体快速移动的能力。如各种跑步、游泳等。

3．耐力素质锻炼

耐力素质是指人体长时间进行肌肉活动的能力，即人体在工作过程中克服疲劳的能力，俗称耐久力。它是人体各个器官系统机能和心理素质的综合表现，也是衡量人体机能水平、体质强弱的重要标志。从生理学角度来讲，耐力可分有氧耐力和无氧耐力。

有氧耐力是指计提在供氧充足的情况下克服疲劳的能力。有氧耐力的锻炼主要是提高有机体供氧功能，促进肌肉新陈代谢能力。无氧耐力是指机体在供氧不足（存在氧债）的情况下克服疲劳的能力。无氧耐力的锻炼主要是提高有机体对氧债的承受能力。

4．灵敏素质端锻炼

灵敏素质是指人体在各种突然变换环境的条件下，迅速、准确、协调地改变姿势和运动方向的能力，它是运动技能和各种素质在运动过程中的综合表现。灵敏性包括三层含义：一是掌握复杂动作的协调性的能力；二是迅速学会和完善动作技巧的能力；三是随情况变化的要求，迅速而正确地变化技巧的能力。

5. 柔韧素质锻炼

柔韧素质是指人体各个关节的活动幅度、肌肉和韧带的伸展能力，是关节的结构，关节周围组织体积的大小，跨关节的韧带、肌腱、肌肉与皮肤的伸展性三方面因素的综合表现。应注意柔韧练习总的时间不宜过长。

（三）自然力锻炼手段

人们有目的地利用自然力锻炼身体，有助于提高人体对各种不良气象因素（冷、热、阳光辐射、低气压）的抵抗力，改善血液循环和中枢神经系统的功能，增进健康。降低发病率。自然力锻炼包括日光浴、空气浴、水浴，俗称"三浴"锻炼法。

1. 日光浴

日光浴是按照待定的要求和需要，使皮肤直接在太阳下照晒，以达到增强体质的目的。日光中的紫外线、红外线和可见光有助于身体的新陈代谢，增强身体的免疫力，促进钙、磷的吸收。因此，日光浴能防止软骨病和佝偻病。

日光浴最好在清洁、平坦、干燥、绿化较好、空气较为流通的高山、湖滨、庭院进行，不宜在沥青地面和水泥地面上进行；时间最好在上午 8～10 时，每次 15～30 分钟即可。专门性的日光浴采用坐姿或卧姿，头部不可照射，尽量裸露身体，戴墨镜。如果出现头痛、心慌、恶心等不适现象，应立即停止日光浴。在空腹、饱腹、疲劳等情况下不宜进行日光浴，三个月大的婴儿和妇女在月经期以及分娩后一个月内，不宜进行日光浴。

2. 空气浴

空气浴是让人的皮肤接触到新鲜空气，以提高人体对外界的适应能力，改善血液循环。空气浴的作用取决于气温、气压、风速和空气中的化学成分。

空气浴主要有凉空气浴（15℃～20℃）和冷空气浴（6℃～14℃），从温暖季节开始逐步向寒冷季节过度。空气浴锻炼最好的时机是在旭日东升的清晨，在树木茂盛的地方进行，并与跑步、广播体操等活动结合起来。遇大风、大雾天气时最好不要做空气浴，大汗或身体过度疲劳时不要做空气浴，饭前饭后 1 小时也不宜进行空气浴。

3. 水浴

水浴是利用水的温度、机械作用和化学作用进行锻炼或防治慢性病的锻炼手段。水浴主要是冷水浴。其方式有冷水擦身、冷水洗脸、冷水洗脚、冷水淋浴、冷水浸浴。用雪擦身和冬泳是非常剧烈的自然力锻炼，只有身体非常健康和多年进行系统水浴锻炼，并经医生允许的人方可采用。水浴的主要因素是水温而不是时间点的长短。持续时间以不出现寒颤和口唇青紫为度，水浴后做一些适量运动，使身体发热，即使穿好衣服。

第四节　体育锻炼促进身心健康

有氧运动、休闲运动和民族传统体育运动是进行体育健康促进的主要手段。体育健康促进方法可以从生理健康和心理健康的角度进行阐述，通过适当的运动形式达到理想的健康效果。

一、体育锻炼对运动系统的促进

体育锻炼能保持肌肉张力，减小肌肉萎缩和退行性变化，保持韧带的弹性和关节的灵活性。

(一) 体育锻炼对关节的促进

体育锻炼既可以增强关节的稳固性，又可以提高关节的灵活性。关节稳固性的加大，主要是增强了关节周围肌肉力量的结果，同时与关节和韧带的增厚也有密切的关系。关节灵活性的提高，主要是关节囊韧带和关节周围肌肉伸展性加大的结果。如游泳或体操运动时，肩、手肘、足踝关节运动幅度都加大，从而使灵活性提高。人体的柔韧性提高了，肌肉活动的协调性加强了，就有助于适应各种复杂动作的要求。

(二) 体育锻炼对及纤维的促进

经常锻炼，及纤维变粗，肌肉血液供应好，毛细血管增多，促使肌肉强壮。

(三) 体育锻炼可以促进大量毛细血管开放

体育锻炼对于人体组织细胞的物质代谢过程，特别是脂肪代谢，以及血管壁的弹性都起着良好的作用，也是新陈代谢旺盛的人体身体健康的保证。

(四) 体育锻炼可以显著降低血脂含量

体育锻炼会使低密度脂蛋白减少，高密度脂蛋白增加，它对防治动脉硬化有着重要意义。另外，从事体育锻炼还可以增强血液中抗凝血系统的功能，降低血液中尿酸含量，预防血小板聚集，以免发生血管栓塞。

(五) 体育锻炼还可以使人体安静时脉搏延缓和血压降低

通常人安静时脉搏为 70～80 次/分钟，经过长期体育锻炼后，可使安静时脉搏减缓到50～60 次/分钟。脉搏频率的减少能使心脏收缩后有较长的休息时间，为心脏功能提供了贮备力量。当人体进行激烈运动时，心脏就能承受大运动量的负荷。在剧烈运动时，经常锻炼的人脉搏达到 200 次/分钟以上无明显不适，而一般人在 180 次/分钟就会出现心脏血液输出量减少，面色苍白、恶心、不适等症状。

在进行运动时，经常锻炼的人每分钟脉搏次数增加较少，而恢复较快；不常进行体育锻炼的人脉搏次数增加较多，恢复较慢。正常人轻度运动时，脉搏增加越少，恢复时间越短，说明循环技能越好。

经过长期的体育锻炼，在完成定量工作时，心血管功能的变化可呈现以下特点：

(1) 运动快。在完成一定工作活动时，能迅速动员心血管的机能活动，以适应机体承受负荷的需要。

(2) 潜力大。在极度紧张的活动中，心血管可发挥最大的潜力，充分调动人体的储血力量。

(3) 恢复快。在体力活动之后，虽然心血管机能变化很大，但能很快恢复到安静状态的水平。

二、体育锻炼对呼吸系统的促进

运动时要消耗能量，体力活动越激烈，氧的消耗就越多，呼吸活动也会通过各种调节方式明显得到加强。运动对呼吸机能的作用是复杂的，除了能最大限度地改善人体的吸氧能力，降低呼吸中枢对二氧化碳的兴奋性，并增强人体对缺氧的耐受力外，还能促使呼吸机能出现“节省化”。实验证明，由于运动员呼吸机能的高度发展，呼吸和动作配合得到协调完善，在进行定时活动时，呼吸系统的各项指标的变化都比一般人要小。体育锻炼能提高呼吸机能，主要表现为呼吸肌发达，收缩力增强，最大通气量增大，肺活量增大。安静时，一般人呼吸浅而快，男子为16～20次/分钟，相较男子，女子每分钟快1～2次；一般成年男女肺活量为2 500～4 000毫升，而经常锻炼的人可达到4 500～6 500毫升；一般人最大通气量为80升/分钟左右，最大吸氧量为2.5～3.5升，只比平时大10倍；而进场锻炼的人通气量可达100～120升/分钟，最大吸氧量可达4.5～5.5升，比安静时大20倍。

此外，由于长期坚持锻炼，负氧质量增大，对缺氧耐受力增强，养的吸收利用率较高，调节呼吸的节奏和形式的能力也较强。

三、体育锻炼对消化系统的促进

体育锻炼对消化器官的机能有良好的促进作用，它能使肠胃的蠕动加强，消化液的分泌增多，因而使消化和吸收的能力提高，从而增加食欲。但是，食后立即进行比较剧烈的运动或比较剧烈的运动后立即进食，都对消化系统有不良影响。在剧烈运动时，大脑皮层运动中枢兴奋占优势，以至减弱和一直了其他功能的活动，是消化中枢处于抑制状态，因而减弱了胃肠的蠕动，并减少了消化液的分泌。

四、体育锻炼对人体中枢神经系统的促进

体育锻炼可以改善和提高中枢神经系统的工作能力，使中枢神经及其主导的大脑皮层的兴奋性增强，抑制加深，使得兴奋和抑制更加集中，从而改善神经系统的均衡性和灵活性，提高大脑分析和综合的能力，增强机体适应性变化能力和工作能力。经常从事体育锻炼的人和运动员灵活性高、反应速度快，反应时间短。

五、体育锻炼对提高人体免疫能力的促进

从预防医学的角度出发，可把体育锻炼看作是一种增强人体非特异性免疫的手段。免疫系统对运动的应答反应受多重因素的影响。一般认为，适宜的运动可增强免疫功能，提高机体的抗病能力。

适度运动能对机体免疫功能产生良好的作用，这是由于运动可作为运气免疫系统应答性反应的刺激源直接刺激集体的免疫系统。免疫系统通过其复杂的识别系统感受运动时机体内环境的变化，从而激发一系列免疫反应，包括产生特异的抗体。长期反复适宜的运动负荷刺激，可使机体的免疫状态始终维持在一个较高的水平。

六、体育锻炼对人体心理健康的促进

（一）改善情绪状态

情绪状态是衡量心理健康的最主要指标。体育锻炼似乎体内某些与情绪调节有关的激素分泌增加，使人的情绪高涨、兴奋性增强。进行体育锻炼时机体会分泌出很多让人情绪高涨的物质，能够有效地预防焦虑、抑郁和精神紧张的发生。

（二）确立自我概念

自我概念是指个体主观上对自己的身体、思想和情感的真题评价，它是由多种自我认识所组成的。体育活动使人改变自己的身体形象，达到改善身体表象的作用。所谓身体表象，是指头脑中形成的身体图像。有许多学生存在着身体表象障碍，这种情况相当普遍，并且随着年龄的增大，这种身体表象障碍就越明显，人群中占的比例也就越高。通过适当的体育活动，改善自身身体表象，就能克服心理上的障碍，达到身体自尊，这又是现代体育与健康教学要研究的

重要课题之一。

(三) 消除疲劳

随着科学技术的发展,人们生活节奏的加快,疲劳引起的亚健康已经成为了一种社会文明病。一个人若长期处于疲劳状态就会影响自己的健康,得不到控制的疲劳会逐渐影响和破坏机体各组织器官及神经的正常状态,导致功能紊乱,直至积劳成疾。现代生理学研究揭示,适当的运动可以促进全身血液循环,给大脑输送更多氧气和营养,有利于驱除脑力疲劳和提高思维效率。同样,重体力劳动后进行轻微的运动,比安静休息时更能较快地清除肌肉中积聚的乳酸等代谢产物,从而加速体力恢复的过程。

(四) 培养意志品质

意志品质是指学生的果断性、坚韧性、自制力以及勇敢顽强和主动独立等精神。意志品质既是在克服困难的过程中表现出来的,有时在克服困难的过程中培养起来的。运动中不断经历的成功和失败,可增强运动者的自信心和心理承受能力。缺乏锻炼的人,情绪的不稳定性远比经常锻炼的人高,由于经常锻炼,其思维的敏捷性也相对提高。

(五) 治疗心理疾病

体育锻炼不仅仅是一种体能的锻炼,而是一种心理调节和情绪宣泄的重要途径,体育活动已经被公认为是一种良好的治疗心理疾病的方法。美国的一项调查显示,1 750 名心理医生中,80%的人认为体育活动是治疗抑郁症的有效手段之一,60%的人认为应将体育活动作为一种治疗方法来消除焦虑症。

第五节　体育锻炼的效果评定

体育锻炼效果的评定是科学地进行体育锻炼内容的组成部分之一。通过评定,能了解锻炼的效果,激发自觉性和积极性,并提供锻炼者自身体质变化的信息,便于进行自我监督,更合理地选择锻炼内容和方法,从而使以后在锻炼中收到更好的效果。

一、评定的内容

人是一个统一的整体,人体的各器官系统之间存在着互相关系。因此,体育锻炼对人体的作用是多方面的。评定可分为定量和定性两方面内容,如图 3-1 所示。

- 评定内容
  - 定量内容
    - 身体形态(身高,体重,胸围……)
    - 身体机能(脉搏,血压,肺活量……)
    - 身体素质(力量,速度,耐力……)
  - 定性内容
    - 食欲
    - 睡眠
    - 精神状态
    - 对自然环境变化的适应能力
    - 克服疲劳的能力
    - 记忆力
    - 工作,学习效率……

图 3-1

二、常用的体育锻炼效果评定的方法

(一) 指数、指标对照评定法

1. 身体形态指数

(1) 身体指数。又称为身高体重指数。它是评定身体发育水平和身体发展水平的指标之一。常用克托利特(Quitelet, L. A)公式,即以体重(克)÷身高(厘米)来表示。我国成年男子的身体指数应在348～450之间;成年女子在325～420之间;16～22岁的青年男女应在325～420之间。男子超过450,女子超过420则过于肥胖,男女低于300则过于瘦弱。

(2) 胸围指数。又称胸围身高指数。它是评定人体胸廓和胸部肌肉发育及发展水平的指标。常用艾里斯曼公式,即胸围(厘米)－1/2身高(厘米)来表示。我国男女的胸围指数大于等于1者属发育良好;介于0～1之间为发育中等;小于等于零者说明发育较差,胸廓狭窄。

(3) 体型指数。它是评定人体形态状况的指标。常用皮格涅特-威尔维克(Pignet-Vervaeck)指数公式(简称PV指数),即PV指数＝(体重＋胸围)÷身高×100。实际上体型指数是胸围、身高与体重、身高的综合。因此,PV指数是把人体三个主要形态指标综合起来说明人体的结实程度。这一指数与人体健康有着密切的关系,在反映体格、体质上是一个很好的指标。男女体重平均值如表3-1所示。

表3-1　　按PV指数体形分类评价表

性别	平均值 ($\overline{X}$)	标准差 (S)	匀称型 ($\overline{X}$±0.5S)	粗壮型 ($\overline{X}$+0.5S～$\overline{X}$+2S)	瘦长型 ($\overline{X}$－0.5S～$\overline{X}$－2S)	肥胖型 (>$\overline{X}$+2S)	瘦弱型 (<$\overline{X}$－2S)

2. 身体机能指标

(1) 心率。心率是指心脏每分钟搏动的次数。它是检查心脏功能重要指标之一,在锻炼过程中心率反映机体即时生理负荷的状态。我国不同年龄组安静时心率正常值如表3-2所示。承认的心率大于110次/分钟为心动过速。训练有素的运动员,安静时的心率比一般人慢而均匀有利,常在40～60次/分钟。

表3-2　　不同年龄组安静时心率正常值

年龄/岁	1～2周	～1	2～3	4～5	7～9	10～12	13～	成人
次/分钟	120～140	120	110	100	90～93	80～86	75～79	60～80 (70～75)

(2) 肺活量指数。肺活量是指人体尽全力吸气后再尽全力呼出气体的总量。评定人体肺功能的肺活量指数为

$$肺活量指数 = 肺活量(毫升) \div 体表面积(平方厘米),$$

式中,体表面积＝0.006 1×身高(厘米)÷0.012 8×体重(公斤)－0.152 9。

我国成年男子的肺活量指数应在2 310以上,女子应在1 800以上。低于此标准说明肺功能差。

(3) 运动负荷指数(以心率为准)。它是测定运动强度是否适合的重要指标。以运动中的心率(次/分钟)÷安静时心率(次/分钟)来表示。表3-3可作为大学生课堂运动强度评定参考。

表 3-3　　大学生课堂运动强度指数

强度	大	较大	中	小	较小
指数	>2	1.8～2	1.5～1.8	1.2～1.5	<1.2

(4) 台阶试验指数。它是评定心血管功能的一种较好的指标。台阶试验指数(ST)为

$$ST=\frac{台阶运动持续时间(秒)\times 100}{2\times 恢复期三次心率之和}。$$

台阶试验的评定标准如表 3-4 所示。

表 3-4　　台阶试验指数(ST)对照表

优	良	中	中下	劣
>90	80～89	65～79	55～64	<55

(二) 标准对照评定法

标准对照评定法是把在锻炼前后测得的同一项目的数据与预先制定的"标准"进行比较了解锻炼效果的一种方法。

1.《体煅》标准对照评定法

我们现行的《体煅》标准是对比评定体质状况和锻炼效果最好的标准之一。评定可结合每年"达标"测试进行,有以下方法。

(1) 对照《体煅》标准评定身体的综合发展水平,将"达标"测验的各类内容的单项最高分相加,作为评定总分,即

$$S=\sum_{i=1}^{n}S_i。$$

式中,S 为达标测验总得分;S_i 代表为个单项的最高分。

评定标准如表 3-5 所示。

表 3-5　　综合发展水平评价表

S 值范围	身体素质综合发展水平
$S\geqslant 450$	很好
$400\leqslant S<450$	好
$400>S\geqslant 300$	一般
$300>S\geqslant 250$	差
$250>S$	很差

(2) 对照《体煅》标准评定身体素质的某单项发展水平和锻炼对耐力素质提高效果可以取 800 米跑(女),或 1 000 米、1 500 米跑(男)测验的得分 M,对照表 3-6。

表 3-6　　单项发展水平评价

M 值范围	单项身体素质发展水平
$M\geqslant 90$	很好
$90>M\geqslant 80$	好
$80>M\geqslant 60$	一般
$60>M\geqslant 50$	差
$50>M$	很差

2. 十二分钟慢跑评定法

测定某人在12分钟内跑的距离来评定健康状况。美国库珀制定的标准现已被我国所采用(表3-7)。

表3-7　　十二分钟慢跑体制评定表　　单位:米

体质状况 \ 性别 \ 年龄		30岁以下	30~39岁	40~49岁	50岁以上
非常不好	男	<1 600	<1 500	<1 350	<1 280
	女	<1 500	<1 350	<1 200	<1 050
不好	男	1 600~1 950	1 500~1 800	1 350~1 650	1 280~1 580
	女	1 500~1 800	1 350~1 650	1 200~1 500	1 050~1 350
及格	男	2 050~2 380	1 850~2 100	1 680~2 050	1 600~1 950
	女	1 850~2 150	1 680~2 050	1 550~1 800	1 400~1 650
良好	男	2 400~2 780	2 150~2 600	2 080~2 450	2 000~2 380
	女	2 200~2 600	2 100~2 450	1 850~2 300	1 680~2 150
优秀	男	>2 800	>2 650	>2 480	>2 400
	女	>2 650	>2 480	>2 320	>2 160

(三) 综合评定法

综合评定法是全面检查与评定体质状况和锻炼效果的方法之一。采用综合评定法来确定锻炼效果时,除了上面提到的从身体的形态、技能、身体素质等方面进行定量的评定外,还有一些内容,如人的精神状态、食欲、睡眠、对自然环境变化的适应能力、克服疲劳能力、记忆力、思维活动的灵活性等方面难以测定数据,只能进行定性分析,或者对这些项目分别给出权系数使其量化,在实践中逐步修改全系数和评分标准,并进行跟踪观测和评定,把多种指标和因素综合起来分析,是评定的方法日臻完善。

第六节　体育锻炼计划和健身运动处方

一、体育锻炼计划

体育锻炼有了明确的目标以后,还必须有切实可行的计划,并付诸实施,才能保证目的得到实现,使锻炼更符合科学性,避免盲目性。

锻炼计划可分为阶段锻炼计划和每次锻炼计划两种。

(一) 阶段锻炼计划

1. 确定体育锻炼的阶段目标

在确定阶段目标时,要充分分析主、客观的情况,因人而异,运动量由小到大、由易到难,使阶段任务订的切合实际。

例如,在校学生可作如下安排:

第一阶段,以发展身体素质、基本掌握教学大纲规定的内容、部分或全部达到相应级《国家体育锻炼标准》(简称《体煅》,下同)为目的;

第二阶段,以进一步提高身体素质和基本活动能力、较全面地掌握教材内容、全部达到相应级《体煅》为目的；

第三阶段，以全面提高身体素质和基本活动能力、争取提高《体锻》等级或健美为目的。部分学生可进一步掌握动作技能和运动技巧，提高运动水平，创造优异成绩。

2. 确定阶段的划分与锻炼时间

阶段的划分，要从个人的工作、学习和生活的实际出发。在校的学生可以把一个学期作为一个阶段，也可以按季节或气候的变化划分为几个阶段，如四年制大学生可以分为四个阶段或八个阶段。

锻炼时间可根据作息时间来确定。在校学生可按学校的作息时间安排（如早操、课外活动等），确定自己的锻炼时间。一般不宜安排在睡觉以前，以免影响睡眠。冠心病者，不宜把锻炼时间安排在清晨，因为清晨起床后几小时是冠心病发作的高峰期。

3. 确定每一阶段锻炼的主要内容

每一个锻炼者应根据自己的体质和健康状况、年龄、性别、兴趣爱好、技能特长，以及场地、器械、气候条件确定锻炼的主要内容。对大学生来说，夏天可多进行游泳等项目的锻炼；冬天除了有条件开展室内运动项目（如乒乓球、举重、体操、艺术体操等）的锻炼外，我国南方可进行长跑、足球等项目锻炼，而北方则可进行滑冰、滑雪等练习；春秋两季，可进行篮球、排球、足球、自行车、田径、爬山、武术等各种项目的锻炼。具体执行中，应制定出达到的指标，以便于进行检查。还应进行全面锻炼，以利于增强体质。

4. 确定锻炼次数、练习时间的长短和运动负荷的大小

锻炼次数的确定可按每周几次计，每次锻炼时间的长短和运动负荷量应结合自己的生活与身体的实际情况来确定。一般来说，每天进行锻炼（锻炼时间 30～60 分钟左右）对身体最有利，至少隔日一次。每次锻炼后应有疲劳感，运动负荷应逐渐增加，以保证有充沛精力去完成繁重的学习任务。

（二）每次锻炼计划

根据阶段计划的要求而制定的每次锻炼计划是使阶段计划具体化。制定时要简单、明确。

首先，按阶段计划规定的目标、内容等，确定每次的锻炼内容的搭配、具体方法、各项目具体时间的分配、重复的数量（距离、次数、重量等）。

其次，制定实施方案。包括准备活动、主要内容（基本部分）和整理活动三部分。在体育锻炼时，应重视准备活动和整理活动的作用和意义。每次主项锻炼之前，必须有 8～10 分钟的时间做准备活动，完成主要内容后，应有 5～6 分钟的整理活动。准备活动和整理活动的强度不宜过大，一般控制在最高心率的 60%左右（一般青年人最高心率约为 200 次/分钟）。

例如，某大学生（20 岁左右），某阶段锻炼的目的是提高心肺功能和力量素质。某具体实施方案如下：

① 准备活动：慢跑 3～5 分钟，徒手操（或广播操）5～8 分钟。

② 主要内容：跑步、举重。

a. 100 米反复跑 4～6 次，跑后即刻心率为 25～28 次/10 秒，当心率降至 17～20 次/10 秒时，进行下一次练习；

b. 8～10 分钟定时跑，间歇时间 3～5 分钟，转入举重；

c. 举重以连续举 8 次出现疲劳的重量作为锻炼者中上强度负荷量，进行 3～5 组的练习，间歇时间 1～3 分钟；

③ 整理活动：用各种调整呼吸和放松肌肉练习 5～6 分钟。

(三) 执行锻炼计划时应注意的要点

(1) 锻炼计划已经制定,就应该坚持不懈,严格执行,注意质量,切勿时紧时松,确保锻炼收到实效。

(2) 执行计划过程中,不能盲目追求运动量和运动成绩,要以增强体质为出发点,有利于调节脑力劳动,提高学习效率,使体育锻炼与工作、学习相互促进、相得益彰。

(3) 执行计划要与义务监督、自我监督相结合,随时了解和掌握自己的身体状况,防止过度疲劳与运动创伤的发生,以利于提高短线效果,不断增强体质。

(4) 执行过程中,由于身体状况和客观原因的变化,可适当调整、修改计划。也可以随时检查计划是否合理。发现不当之处要及时作调整,使计划逐步完善,更加切实可行,但切忌随意更改,并最好做锻炼日记,以便于检查、总结。

二、健身运动处方

(一) 运动处方概述

早在20世纪50年代,美国生理学家卡杜维奇就曾提出过运动处方(exercise prescription)的概念。1969年,世界卫生组织(WHO)使用了运动处方术语,从而使这一概念在国际上得到确认。运动处方的完善概念可以概括为:"对从事体育锻炼者或病人,根据医学检查资料(包括运动试验机体力测验),按健康、体力以及心血管功能状况,结合生活环境条件和运动爱好等个体特点,用处方的形式规定适当的运动种类、时间及频率,并指出运动中的注意事项,以便有计划地经常性锻炼,达到健身或治病的目的,即运动处方。"

(二) 健身运动处方的内容

1. 运动种类

(1) 运动的分类

对于"运动"的概念,在物理学、生物学、社会学、心理学等领域各有不同的含义,所以有必要搞清楚运动处方领域内的"运动"概念。结合我们亚洲人的特点来说,可参用日本学者小川方德将模仿类的运动分为日常运动、劳动运动、体育运动及表现运动四类。其中表现运动是指人类以相互传达信息、交流感情等为手段的运动。

(2) 运动的三个种类

从运动生理学中氧的代谢程度来看,对健康有效的运动项目可分为三类,即有氧运动、无氧运动和混合运动(表3-8)。

表3-8 有氧、无氧及混合运动项目示例

有氧运动	无氧运动	混合运动
步行	短距离全力跑	足球
慢跑	举重	橄榄球
自行车	拔河	手球
网球	跳跃项目	篮球
排球	投掷	冰球
高尔夫球	肌力训练	间隙运动
远足	潜泳	

在运动实践中,不少运动项目是有氧和无氧运动不规则混合存在的,而且也有同一项目由

于方法不同而成为有氧运动或无氧运动。如长跑、轻松慢跑是有氧运动，而竞赛时全力跑即为无氧运动。按体力水平(尤其是有氧运动)不一样划分也不一样，体力强的人为有氧运动，而体力差的人则为无氧运动。因此运动项目不能一概判断是有氧运动还是无氧运动。

(3) 运动种类的选择

在健身运动处方中，对锻炼者提供最适宜的运动项目可以说是最终的目标。

① 选择运动种类的条件

a. 经过医学检查已许可；

b. 运动强度、运动量符合本人的体质；

c. 过去的运动经验、本人喜爱的项目；

d. 运动锻炼的环境、就近有场所；

e. 运动设备、用具齐全；

f. 有同伴；

g. 有指导者。

当然，不一定所有条件都具备，但 a、b 条是必须具备的。多数情况下 c-g 条不能完全具备。这样就导致部分人虽然有运动的志愿，但不能完成实践的情况存在。从运动医学的角度来说，以增进健康为目的所进行的运动应考虑以下三种条件：恒常运动；有一定节律的持续运动，无呼吸紊乱或憋气现象；近乎全身运动，不是局部运动。

② 运动处方的运动种类

目前新兴的运动处方要求包括三种运动种类，即有氧运动、伸展运动及力量运动，以达到全面锻炼的最佳效果。

有氧运动的耐力性运动项目包括步行、慢跑、游泳、自行车、滑冰、划船、跳绳、上下楼梯及室内功率自行车、步行车等。

伸展运动包括广播体操、太极拳、五禽戏、八段锦、健身迪斯科、跳舞及各种医疗体操和矫正体操等。

力量运动采用取中等强度的、足以发展和维持去脂体重(用皮褶计测量皮下脂肪厚度，利用相应公示推算人体脂肪含量，人体体重减去人体脂肪重量即为去脂体重)的力量训练，必然会成为普通人健身运动处方的重要内容。

2. 运动强度

运动强度是单位时间内的运动量而运动量是运动强度和运动时间的乘积，运动强度是运动处方定量化与科学性的核心问题，而运动量也是取得锻炼效果与安全性的关键，二者的表示方法有多种，可根据需要分别使用。

运动强度＝运动量÷运动时间，

运动量＝运动强度×运动时间。

运动强度可分为绝对运动强度和相对运动强度两种。绝对运动强度指物理的负荷强度，如以 60 米/分钟的速度步行、自行车功率、3 348 焦耳(80 卡)/分钟、能量代谢率(RMR)等的处方属于此类。绝对强度的优点是表示处方的强度简单明了，且是对体力的绝对评价。其缺点就是忽视了个人能力，因为机体负担对个体有很大差异。

运动量也称运动负荷，是由强度、密度、时间、数量及运动项目的特点等因素构成的。他们互相联系和制约，改变任何因素，都会直接影响运动量的大小。

3. 按心率确定运动强度的方法

(1) 年龄减算法(Juangmann)标准

$$心率 = 180(或\ 170) - 年龄数。$$

如果 60 岁以上或体质较差的中老年人，则用 170 减年龄。此法适用于身体健康的人。

(2) 体力、年龄、性别、运动强度与心率的关系

美国学者按运动时心率负荷和强度关系提出如下标准(表 3-9)。

表 3-9　　体力、年龄、性别、运动强度与心率的关系

<table>
<tr><td rowspan="3">运动强度</td><td>百分比</td><td colspan="2">100%</td><td colspan="2">80%</td><td colspan="2">60%</td><td colspan="2">40%</td><td colspan="2">20%</td></tr>
<tr><td>负荷强度</td><td colspan="2">最大强度</td><td colspan="2">强度</td><td colspan="4">中等强度</td><td colspan="2">轻度</td></tr>
<tr><td>运动大致目的</td><td colspan="2">运动强度的极限值</td><td colspan="4">中老年人增进健康应在此范围内持续运动</td><td colspan="2">初学者一次水平运动</td><td colspan="2">这种程度算不上运动</td></tr>
<tr><td rowspan="8">体力年龄组的心率 次/分钟</td><td>性别
年龄/岁</td><td>男</td><td>女</td><td>男</td><td>女</td><td>男</td><td>女</td><td>男</td><td>女</td><td>男</td><td>女</td></tr>
<tr><td>10～</td><td>202</td><td>195</td><td>174</td><td>168</td><td>146</td><td>141</td><td>117</td><td>114</td><td>88</td><td>87</td></tr>
<tr><td>20～</td><td>195</td><td>186</td><td>168</td><td>161</td><td>141</td><td>136</td><td>114</td><td>110</td><td>87</td><td>85</td></tr>
<tr><td>30～</td><td>188</td><td>175</td><td>162</td><td>152</td><td>137</td><td>129</td><td>111</td><td>106</td><td>86</td><td>83</td></tr>
<tr><td>40～</td><td>181</td><td>165</td><td>157</td><td>144</td><td>133</td><td>123</td><td>108</td><td>102</td><td>84</td><td>81</td></tr>
<tr><td>50～</td><td>175</td><td>155</td><td>152</td><td>136</td><td>129</td><td>117</td><td>106</td><td>98</td><td>83</td><td>79</td></tr>
<tr><td>60～</td><td>168</td><td>145</td><td>146</td><td>127</td><td>125</td><td>112</td><td>103</td><td>94</td><td>82</td><td>77</td></tr>
<tr><td>70～</td><td>161</td><td>136</td><td>141</td><td>121</td><td>121</td><td>106</td><td>100</td><td>90</td><td>80</td><td>75</td></tr>
<tr><td></td><td>很轻松</td><td colspan="2">运动感觉</td><td colspan="2">非常费力</td><td colspan="2">很费力</td><td colspan="2">慢跑程度</td><td colspan="2">轻松运动</td></tr>
</table>

国内外科研成果表明，最适宜的锻炼强度在 65%～75%，即心率在 130～150 次/分钟之间。日本池上教授认为，运动心率在 110 次/分钟时，心脏每搏输出量最大，健身效果最好；心率在 160～170 次/分钟时，虽无不良异常反应，但也未出现更好的健身效果；心率达到 180 次/分钟时，体内免疫蛋白减少，易感染疾病，并易产生疲劳或运动疾病。

4. 运动时间

运动时间是指每次持续运动的时间，由于运动时间和运动强度的乘积决定运动量，因此即使等量的运动量，因运动目的不同而有运动强度和时间不同的处方。以健身为目的的运动，以强度小而时间长的处方效果好(中老年人)。对于大学生来说，短时间剧烈运动的反复多次的处方对增进健康有很好的作用。据研究，每次进行 20～60 分钟的耐力性运动是比较适宜的。从运动生理来说，5 分钟是全身耐力运动所需的最短时间，60 分钟对于坚持正常工作的人是最大的限度时间。库珀研究认为，心率达到 150 次/分钟以上时，最少持续 5 分钟才可开始收到效果，如果心率在 150 次/分钟以下，就需要 5 分钟以上才会有效果。

(1) 必要的运动时间

必要的运动时间是根据运动强度、运动频度、运动目的、年龄及身体条件等而有所不同的，不能一概而定。这要看某种强度的刺激对呼吸、循环功能、从运动开始至达到恒常运动所需的时间。为了给呼吸、循环系统有效的刺激，使各种生理功能充分发动起来，达到恒常运动的时间，轻运动时间为 5 分钟左右，强运动时间为 3 分钟左右。由此可见，5 分钟以内的运动对呼

吸、循环系统的刺激还是不够充分。因此,在达到恒常运动以后需要继续运动一段时间,这样合计运动时间则为10分钟以上,再加上准备活动以及整理活动至少需要5～8分钟,所以实际所需要的时间为15～20分钟,这是比较可行的最低限度。

(2) 时间与强度的配合

每次持续时间和运动强度的配合,可明显地改变运动量。一般来说,健康成年人宜采用中等强度、较长时间的运动;体力弱而时间充裕的人,可采用小强度、长时间的配合;体力好但时间不多的人,就可采用大强度、较短时间的配合(表3-10)。

表3-10　　运动时间与运动强度(%V_{O_2} max)的配合

运动时间/分钟	5	10	15	30	60
小强度	70	65	60	50	40
中强度	80	75	70	60	50
大强度	90	85	80	70	60

日本体育科学中心建议人们采用三种中等运动量的锻炼,即15分钟70%最大摄氧量、30分钟60%最大摄氧量、60分钟50%最大摄氧量。

5. 运动频度

运动频度指每周的锻炼次数。有学者研究观察得出,当每周锻炼多于3次时,最大摄氧量的增加逐渐趋于平坦;当每周锻炼次数增加到5次以上时,最大摄氧量的提高就很小;而每周锻炼小于2次时,通常不引起改变。由此可见,每周锻炼3～4次是最适宜的频度。但由于运动效应和蓄积作用,间隔不宜超过3天。作为一般健身保健,如果能坚持每天锻炼一次当然更好。这里不包括从事运动训练的专业人员。

关于必要的运动频度,据日本池上教授的研究结果认为:一周运动一次时,运动效果不蓄积,肌肉酸痛和疲劳每次都发生。运动后1～3天身体不适宜易发生伤害事故;一周运动2次,疼痛和疲劳减轻,效果一点一点蓄积,但不显著;一周运动3次,基本上是隔日运动,不仅效果可充分蓄积,也不产生疲劳。如果增加频率为每周4次或5次,效果也相应提高(表3-11)。

表3-11　　可以取得效果的运动方案

运动量	取得相同效果的方案				
锻炼持续时间/分钟	180	90	45	20	10
运动强度(最大用力)/%	20	30	40	50	60
心率/(次·分)	110	120	130	140	150

6. 注意事项及微调

在锻炼过程中,应注意以下三点:仪式要指出禁忌的运动项目和运动中易引起危险的动作;二是要让锻炼者知道运动中自我观察的指标及指标异常时停止运动的标准;三是锻炼前应做好充分的准备活动,锻炼后应做好充分的整理活动。

由于各人的身体条件和环境条件各不相同,不存在万能的运动处方。接受运动处方锻炼的人,在按处方锻炼的过程中,可能出现不适合自己的地方,可以自己进行微调,以求适合自己的条件。若一次微调不成功,可在事件中反复进行修正,最终一定能找到最适合自己的、独特的运动处方。也只有这样的运动处方,才是最安全、最有效、最愉快的运动处方。

最后,我们对运动处方的内容做一个小结。运动处方的效果取决于锻炼的次数、运动的强度、运动持续的时间、活动的形式等。

(1) 锻炼次数。每周3～5次。

(2) 运动强度。60%～85%最大心率;安静心率+(最大心率-安静心率)×(60%～80%);180(或170)-年龄。

(3) 运动持续时间。20～60分钟的有氧运动。若运动强度低,则持续时间应长些,反之则短些。

(4) 活动形式。任何使用大肌肉群,有节律、能持续进行的饿运动,如步行、慢跑、自行车、游泳、跳绳、健身操、登楼梯等,军事健身锻炼的适宜运动方式。

(5) 力量锻炼。能充分发展和保持理想身体成分的力量锻炼,是健身锻炼不可缺少的重要内容。每周至少应锻炼两次,每次应包括全身大肌肉群的力量练习8～10组,一组练习至少应重复8～12次。锻炼计划中还应包括含柔韧性练习及10～15分钟的准备活动和5分钟左右的整理活动。

第七节　大学生体育锻炼常用方法

当代大学生学习任务重,课外活动时间较多,所以自我安排的时间也就相应增多。许多大学生也开始意识到大学生活中自己的身体素质问题。如何根据自己的情况进行适合自身的体育锻炼,已成为现在大学生们关注的一个问题。

身体素质是指人体活动的基本能力,是人体在运动、劳动和生活中所表现出来的力量、速度、耐力、灵敏及柔韧等身体运动的能力。大学生身体素质的锻炼就是指运用各种适合大学生身体练习的方法和手段,全面提高和改善大学生的身体素质、形态、机能,提高机体字中枢神经系统控制下的工作能力的过程。

身体的各项素质不是孤立存在和发展的,任何一项运动都受到两种或两种以上的身体素质的共同作用,因此身体素质练习贯穿整个大学生体育锻炼中且其具有全面性和科学性。

一、力量素质锻炼常用方法

(1) 杠铃深蹲。双脚开立与肩同宽,肩扛杠铃,双手握在杠铃的杆上,抬头、挺胸,躯干保持伸直,下蹲至大腿与地面成45°的姿势后,恢复到开始姿势。下蹲时吸气,站起来时呼气。杠铃半蹲适合发展臀部和大腿前部肌肉群的力量。

(2) 杠铃半蹲。与杠铃深蹲步骤一样,强度较小,适宜多组练习。

(3) 负重弓箭步走。双脚开立与肩同宽,肩负杠铃,支撑腿快速蹬地,摆动腿大幅度向前迈步落地支撑。此方法适合发展臀部和大腿前部肌群力量。

(4) 负重交换腿跳。肩负杠铃或其他重物,快速跳起交换双腿位置。此方法适合发展下肢对抗缓冲、支撑身体力量和身体爆发力。

(5) 负重交换腿上下台阶。肩负杠铃,一只脚踩在一定高度的台阶上,另一只脚才在地面上,两脚同时蹬地并跳起,下降过程中,双脚交换位置。此方法适合发展下肢对抗缓冲、支撑身体力量和身体爆发力。

(6) 俯卧撑屈伸。双手撑地,与肩同宽,两脚并拢伸直放在高约1米的器械上,全身挺直成俯卧姿势。练习时两臂尽量弯曲,肘高于臀部,胸部接触支撑面后快速用力撑起,还原成开始姿势。此方法适合发展胸大肌、肱二头肌、肱三头肌和三角肌的力量。

(7) 双手用力推墙壁。面对墙壁，距离约为1米，两脚并拢，两手掌约与肩宽支撑于墙壁，上。要求：两臂弯曲并猛力推墙，身体自然后退。两手推墙时，由手掌迅速过渡到之间用力。此方法适合发展胸部、腹部、肩部和臀部力量。

(8) 哑铃推举。两脚左右开立，两手屈臂持哑铃于肩上，连续快速向上方推举。哑铃推举适合发展胸部、腹部、肩部和臂部力量。

(9) 横向飞鸟。自然站立，两手持哑铃前平举向两侧做摆震扩胸到最大限度。横向飞鸟适合发展肩上部肌群力量。

(10) 爬绳。双臂微屈，双手握住绳索，双手依次向上握住更高位置，拉引身体上升。此方法适合发展肩部和臀部肌群的牵引力量。

(11) 双手向前推实心球。双脚前后开立成半蹲，两手持球于胸前，肘部抬起稍低于肩，通过迅速蹬腿、挺身将球向前上方推出，推出时手用力拨球。此方法适合发展腿、髋、躯干和上肢的爆发力。

(12) 原地侧向推实心球。身体左侧对向投掷方向，两脚开立比肩稍宽，左脚脚尖与右脚脚根在同一直线上，上体稍向右转，体重落在弯曲的右腿上。右腿积极蹬地、送髋，配合伸展躯干和手臂将球向前推出。此方法适合发展腿、髋、躯干和上肢的爆发力。

(13) 双手向后抛实心球。背对透支方向，双脚左右开立与肩同宽，两手持球团身下摆到两小腿之间，双脚迅速蹬地、挺身、两臂伸直用力讲求向前上方抛出。此方法适合发展腿、髋、躯干和上肢的爆发力。

(14) 双手向前抛实心球。面对投掷方向，双脚左右开立与肩同宽，两手持球团身下摆到两小腿之间，双脚迅速蹬地、挺身、两臂伸直用力讲求向前上方抛出。此方法适合发展腿、髋、躯干和上肢的爆发力。

(15) 摆臂。双脚前后开立，双手持小哑铃，双臂屈肘(肘关节固定)以肩关节为轴，双臂前后快速大幅度摆动。摆臂适合发展肩前部、后部肌群力量和爆发力。

(16) 引体向上。双手与肩同宽直臂握住单杠，肩部肌群发力，屈肘向上引体。引体向上适合发展肩部肌群拉引力量。

(17) 双杠屈臂撑。双手握杠，直臂在双杠上支撑身体，屈肘向下降低身体重心，然后再撑起身体。该方法适合发展肩部和臀部肌群的支撑力量。

二、速度素质锻炼常用方法

(一) 反应速度联系方法

(1) 信号刺激法。利用突然发出的信号提高人体对简单信号的反应能力。

(2) 运动感觉反应练习。这种方法是通过提高练习者时间感知能力，进而提高反应能力。主要经过以下三个阶段：第一阶段是练习者对信号做出快速应答，然后告诉他具体的反应时间；第二阶段是练习者对信号做出快速应答，让他将自己预测的时间与具体反应时间做比较，核对误差；第三阶段是练习者按事先确定的时间完成动作。

(3) 选择性练习。随着信号复杂程度的变化，让练习者做出相反的应答动作。

(二) 动作速度练习的方法

(1) 快速地重复完成某一个动作的练习。

(2) 利用外界助力控制练习者的动作速度。

(3) 降低或改变练习者的要求和条件。

(三) 位移速度练习方法

(1) 利用85%～95%的强度，反复跑50米。

(2) 用最快速度在10～15米内快速折返跑或进退跑。

(3) 快速前并步或侧身并步绕障碍物的移动练习。

(四) 速度素质练习方法

(1) 半蹲踞式姿势。听到枪声迅速向上起跳并触及高物(适合练习反应速度)。

(2) 直立姿势开始，逐渐向前倾斜接着快速跑出(适合练习反应速度)。

(3) 小步跑接加速跑。在原地或行进间做小步跑，听到信号后突然加速冲刺跑10～20米，反复练习(适合练习反应速度)。

(4) 高抬腿跑接加速跑。在原地或行进间做高抬腿跑，听到信号后突然加速冲刺跑10～20米，反复练习(适合练习反应速度)。

(5) 俯撑起跑。从俯撑开始，听到信号后迅速收腿起跑10～20米(适合练习反应速度)。

(6) 转身起跑。背对前进方向站立，听到信号后迅速转体180°，启动加速跑20～30米(适合练习反应速度)。

(7) 双手推滚球接着起跑追赶滚动球的练习(适合练习反应速度)。

(8) 双手向前上抛出球接着跑出去追赶并接住球的练习(适合练习反应速度)。

(9) 在2°～3°的斜坡跑道上，快速完成上坡或下坡加速跑练习，距离40～50米(适合练习反应速度)。

(10) 坐姿或站姿快速摆臂。坐姿或站姿，做快速前后摆臂练习20秒左右，节奏由慢至快或快慢结合。摆臂动作正确、有力。重复2～3组，组间休息5～7分钟(适合练习动作速度)。

(11) 原地快速高抬腿。站立听信号后做高抬腿10～30秒，大腿抬至水平，上体正直。可重复练习4～6次，每组间歇5～7分钟(适合练习动作速度)。

(12) 快速小步跑。小步跑15～30米，两腿频率越快越好。要求以大腿工作、小腿放松，膝踝关节放松，脚落地"扒地"。重复4～6次，每组间歇5～7分钟(适合练习动作速度)。

(13) 快速小步跑转高抬腿跑。快速小步跑5～10米后，转高抬腿跑20米。小步跑要放松而快，转高抬腿跑时频率不变，只是幅度加大。重复3～5次，每次间歇5～7分钟(适合练习动作速度)。

(14) 快速小步跑转加速跑。快速小步跑10米左右转入加速跑。加速跑时频率节奏不变，跑出20～30米放松。重复3～5次，每次间歇5～7分钟(适合练习动作速度)。

(15) 高抬腿跑转加速跑。快速高抬腿跑10米左右转加速跑，频率节奏及前摆腿的高度不变。重复3～5次，每次间歇7～10分钟(适合练习动作速度)。

(16) 高抬腿跑接快速车轮跑。原地快速高抬腿5～10秒，接车轮跑15秒。3～5次一组，重复2～3组，每组间歇7～10分钟(适合练习动作速度)。

(17) 前倒起跑。两腿前后开立，身体自然向前倾倒，至中心前倒失去控制时迅速起跑20～30米。每组2～3次，重复2～3组，每组间歇5～7分钟(适合练习动作速度)。

(18) 跨步跳接加速跑。开始跨步跳，听到信号后变加速跑。要求速度越快越好。跨步跳不少于15米，加速跑不少于30米，重复2～3组，每组间歇3～5分钟(适合练习动作速度)。

(19) 单足跳。站立，两肩前平举，快速单足跳10米，放松走回。要求跳动时由摆动腿发力，动作频率越快越好。重复4～7次，可计时进行(适合练习动作速度)。

(20) 快速后蹬跑。慢跑5～7步后，做行进间快速后蹬跑20～30米。要求蹬摆协调，后蹬充分向前。重复2～3次一组，重复2～3组，每组间歇5～7分钟(适合练习位移速度)。

(21) 后蹬跑变加速跑。行进间后蹬跑20米，听到信号后变加速跑20～30米。要求后蹬动作规范，用力方向向前，加速跑速度越快越好。重复2～3次为一组，重复2～3组，每组间歇7～10分钟(适合练习位移速度)。

(22) 单足跳变加速跑。开始做10～15米单足跳，听信号后变加速跑20～30米。要求以左右脚各做一次练习后交换，加速跑要达到最快速度。每组2～4次，重复2～3组，每组间歇5～7分钟(适合练习位移速度)。

(23) 连续加速跑。逐渐加速跑至最高速度，然后随惯性高速跑3～4步后随惯性放松至慢跑后再加速跑，连续练习(一般为30米加速跑，保持高速跑5～8米，放松跑15～20米，然后第二次加速跑)。每组2～3次，重复2～3组，每组间歇5～7分钟(适合练习位移速度)。

(24) 行进间跑。加速跑20～30米，在达到规定行进间的距离前达到最高速度，在规定距离内保持最高速度跑，在跑出规定距离后随惯性至放松慢跑，每组2～3次，重复2～3组，每组间歇7～10分钟(适合练习位移速度)。

(25) 重复跑。以95%或以上的速度，重复多次短于专项距离的跑。也可以重复跑一组不同的距离。每组3～5次，重复2～3组，每组间歇10分钟(适合练习位移速度)。

(26) 上坡跑。站立式起跑沿7°～10°的斜坡跑道上加速跑30米、60米、80米。要求大腿高抬加强后蹬力量。每组3～5次，重复2～3组，每组间歇5～7分钟(适合练习位移速度)。

(27) 下坡跑。站立式或蹲踞式起跑沿5°～10°的斜坡跑道下坡跑30～60米。要求随下坡惯性积极加快频率及速度。每组3～5次，重复2～3组，每组间歇5～7分钟(适合练习位移速度)。

(28) 顺风跑。顺风全速跑(或蹲踞式起跑)30米、60米，可计时跑。要求积极加快步频。每组3～5次，重复2～3组，每组间歇5～7分钟(适合练习位移速度)。

(29) 牵引跑。用绳子系在练习着的腰部，另一端系在牵引器上，做20～60米跑练习。注意牵引速度要符合练习着水平。每组2～3次，重复2～3组，每组间歇5～7分钟(适合练习位移速度)。

(30) 接力跑。8×50米接力跑，4×100米接力或绕田径场连续循环接力跑，也可画20米半径的小圆进行圆圈接力跑。每组2～3次(传接棒)，重复2～3组，每组间歇5～7分钟(适合练习位移速度)。

(31) 快速弯道跑。在弯道上，身体向圆心方向倾斜，右脚用前脚掌内侧，左脚用前脚掌外侧蹬地，右臂前摆时稍向左前方，后摆时肘关节稍向后方。每组3次，重复2～3组，每组间歇2分钟(适合练习位移速度)。

(32) 排尾变排头跑。练习者成一路纵队进行行进间慢跑，排尾的人听到信号后向前加速快速跑至派头，循环往复，重复3～5组，每组间歇3～5分钟(适合练习位移速度)。

三、耐力素质锻炼常用方法

(1) 持续慢跑。练习着用较慢的速度做30分钟或更长时间的持续跑(适合发展有氧耐力)。

(2) 定时定距跑。在场地或公路上做定时跑固定距离的练习。如要求在14～20分钟内跑3 600～4 600米。强度为50%～60%(适合发展有氧耐力)。

(3) 重复跑。在跑道上进行，重复跑的距离、次数与强度也应根据专项任务与要求而定。

一般重复跑距离为600米、800米、1 000米、1 200米等，重复次数一般为4～10次，强度为50%～60%(适合发展有氧耐力)。

(4) 越野跑。在公路、树林、草地、山坡等场地进行。距离一般在4 000米以上，有时多达1 000～2 000米。如以时间计算，一般在20分钟以上，也可达1小时以上。强度为40%～50%(适合发展有氧耐力)。

(5) 法特莱克跑。在场地、田野、公路上进行，自由变速的越野跑或越野性游戏。最好在公园、树林中进行，约30分钟，或时间更长。强度为50%左右(适合发展有氧耐力)。

(6) 定时走。在粗嘎不平的、公路或其他自然环境中按规定时间做自然走或稍快些自然走。一般走30分钟左右，强度为40%～50%(适合发展有氧耐力)。

(7) 大步走。交叉步走或竞走，在场地、公路或其他自然环境中做大步快走，交叉步走或几种走交替进行。每组1 000米左右，4～6组，间歇3～4分钟，强度为40%～50%(适合发展有氧耐力)。

(8) 沙地连续走或负重走。在沙滩沙地徒手快走或负重(杠铃)走。徒手快走每组400～800米，负重走每组202米，做5～7组，每组间歇3～4分钟。强度为45%～50%(适合发展有氧耐力)。

(9) 沙地竞走。海滩沙地上的竞走练习，每组500～1 000米，4～5组，每组间歇3分钟。强度为45%～60%，心率控制在160次/分钟以下(适合发展有氧耐力)。

(10) 水中定时游。不规定游泳姿势及速度，规定在水中游一定的时间，如不间断地游15分钟、20分钟等。强度为40%～50%(适合发展有氧耐力)。

(11) 3分钟以上跳绳或调、跳绳跑。原地正摇跳绳3分钟或跳绳跑5分钟，4～6次，间歇5分钟，强度为45%～60%。要求每次结束时，心率为140～150次/分钟，恢复至120次/分钟一下开始下一次练习(适合发展有氧耐力)。

(12) 5分钟以上的循环联系。根据专项选择8～10个练习，组成一套循环练习，反复循环进行5分钟以上。做3～5组，每组间歇5～10分钟。心率在活动结束时控制在140～160次/分钟左右，休息恢复到120次/分钟以下，开始下一组练习。强度在40%～60%(适合发展有氧耐力)。

(13) 1分钟立卧撑。撑由直立姿势开始，下蹲两手撑地，然后收腿成蹲撑，再还原成直立。每次做1分钟，做4～6组，每组间歇5分钟，强度为50%～55%。要求动作规范，必须站起来才算完成一次练习。每组间歇10分钟(适合发展肌肉耐力)。

(14) 重复爬坡跑。在15°～20°的山坡上进行上坡跑，重复5次或更多次，跑距250米或更长些，间歇3～5分钟。强度为60%～70%。也可根据训练目的决定强度，可用心率控制强度(适合发展肌肉耐力)。

(15) 连续半蹲跑。成半蹲姿势(大小腿成100°角左右)，向前跑50～70米，重复5～7次，每组间歇3～5分钟，强度为60%～65%。不规定速度，走回来时尽量放松，再进行下次练习前，可做15秒贴墙手倒立(适合发展肌肉耐力)。

(16) 连续跑台阶。在高20厘米的台阶或高50米的看台上，连续跑30～50步，如跑20厘米高地台阶，没步跳2级。重复6次，每次间歇5分钟，强度为55%～65%。要求动作不能间断，但不能规定时间，向下走尽量放松，心率恢复到100次/分钟时可开始下一次练习，也可穿沙背心练习(适合发展肌肉耐力)。

(17) 原地间歇高抬腿跑。原地或前支撑做高抬腿练习。每组10～150次，做6～8组，每组间歇 2～4 分钟，强度为 55%～60%，要求动作规范，不要求时间，但动作要不间断地完车改，也可以负重练习，但每组练习次数及组数可以适当减少（适合发展肌肉耐力）。

（18）原地间歇车轮跑。原地做车轮跑，每组 50～70 次，强度为 50%～60%，也可扶墙借助支撑物完成（适合发展肌肉耐力）。

（19）后蹬跑。后蹬跑每次 100～150 米或负重后蹬跑 60～80 米，做 6～8 组，每组间歇 3～5 分钟，强度为 50%～60%（适合发展肌肉耐力）。

（20）连续换腿跳平台。平台高 30～45 厘米，单脚放在平台上，另一脚在地上支撑，两脚交替跳上平台个 30～50 次，要求两臂协调配合，上体正直，重复 3～5 组，每组间歇 3 分钟，强度为 55%～65%（适合发展肌肉耐力）。

（21）长距离多级跳。在跑道上做多级跳，每组跳 80～100 米，30～40 次，做 3～5 组，每组间歇 5 分钟，强度为 60%～70%，注意组间的恢复情况（适合发展肌肉耐力）。

（22）连续深蹲跳。原地分腿站立，连续做原地深蹲跳起或在草地上向前深蹲跳，要求落地即起。每组 20～30 次或 30～40 米，重复 3～5 组，每组间歇 5～7 分钟，强度为 55%～65%（适合发展肌肉耐力）。

（23）双摇跳绳。原地做正摇跳绳，跳一次摇两圈绳，连续进行。每组跳 30～40 次，做4～6 组，每组间歇 5 分钟。强度为 55%～60%。该练习心率必须恢复到 120 次/分钟以下时，方可进行下一组练习（适合发展肌肉耐力）。

（24）连续跳深。站在 60～80 厘米高的台阶或跳箱上双脚向下跳，落地后迅速接着想上跳 30～50 厘米高的台阶或跳箱上。连续跳 20～30 次为一组，3～5 组，每组间歇 5 分钟。强度为 60%～65%（适合发展肌肉耐力）。

四、柔韧素质锻炼常用方法

（1）正压腿。面对一定高度的物体站立，一腿抬起，把脚跟放在物体上，脚尖勾紧，两手扶按在膝关节上，两腿伸直，腰背挺直，髋关节摆正，上体前屈并向前、向下做压振动作，两腿交替进行（适合发展下肢柔韧性）。

（2）测压腿。侧对一定高度的物体，一腿支撑，另一腿后抬起，脚背放在物体上，腿和脚背都要伸直，腰背保持直立，髋关节正对前方，然后上体向放在物体上的腿侧内倾、压振，左右腿交替进行（适合发展下肢柔韧性）。

（3）前压腿。练习者一腿屈膝支撑，另一腿向前伸直，脚跟触地，脚尖勾紧上翘，踝关节紧屈，两手抓紧前伸的脚，上体前俯；两臂屈肘，两手用力后拉，同时上体尽力屈髋前俯，用头顶或向下额触及脚尖。略停片刻后上身直起，略放松后接着做下一次。两脚交替进行（适合发展下肢柔韧性）。

（4）仆步压腿。两脚左右开立，左腿屈膝全蹲，全脚着地；右腿挺膝伸直，脚尖内扣，尽量远伸，向下压振。亦可两手分别抓住左右脚，做向下压振或左右转换身体重心的动作（适合发展下肢柔韧性）。

（5）前俯腰。主要用来练习腰部向前运动的能力和柔韧性。具体方法是：并步站立，两腿挺膝夹紧，两手十指交叉，两臂伸直上举，手心向上。然后上体弓腰前俯，两手心尽量向下贴近地面，两膝挺直，髋关节屈紧，腰背部充分伸展。持续一定时间后再放松起立。还可以双手触地时向左右侧转腰，两手心触及两脚外侧的地面，增强腰部伸展时左右转动的柔韧性（适合发展腰部柔韧性）。

(6) 后甩腰。并步站立，练习时一腿支撑，另一腿向后向上直腿摆动，同时，两臂伸直，随身体向后屈，做向后的摆振动作(适合发展腰部柔韧性)。

(7) 下蹲挺髋。原地蹲下，起立时先向前移动重心，提踵，以前脚掌着地，向前跪膝挺胸，由下蹲慢向上起立，身体挺胸后仰，向前挺髋(适合发展髋柔韧性)。

(8) 腰旋转。两脚左右开立，略宽于肩，两臂自然垂于体侧，以髋关节为轴体前俯，然后以腰为轴，顺时针或逆时针方向旋转；同时，双臂随上体做顺时针或逆时针的环绕动作，以增加腰部旋转的幅度和力度(适合发展髋柔韧性)。

(9) 拉肩。双手握住单杠直立，双脚支撑，不移动双脚，上体向前倒或向后倒，使肩充分拉伸(适合发展肩关节柔韧性)。

第四章 体育锻炼营养、卫生与保健

第一节 体育锻炼与营养

体育锻炼与营养都是促进身体健康的重要因素。体育运动可以改善、发展与提高人体各组织器官的功能,而人们从食物中摄取的营养素,是构成和修补组织器官的原料,调节器官功能的主要物质。营养不仅与发病率及身体发育有关,而且影响运动的能力,所以体育锻炼与营养两者不可偏废。

一、营养与营养素

生命的存在,有机体的生长发育,各种生理活动及体力活动的进行,都有赖于体内的物质代谢过程,体内进行的物质代谢必须不断地从外界摄取一定数量的新物质。获得和利用食物的综合过程,即称为营养。

营养素是指能在人体内消化吸收供给热能,构成机体组织,调节生理机能,为人体进行正常物质代谢所必须的物质。人体所需要的营养素分为六大类。

(1) 糖。糖供能约占人体每日总发热量的50%~70%,且经济、方便、来源广、供能快。糖能构成体内细胞中的核糖核酸、糖蛋白、糖元等。糖能维持心肌和骨骼肌的功能,当心肌缺糖元时表现为心绞痛,骨骼肌缺糖元时表现为耐力不足,糖是大脑的唯一能源,血糖水平正常才能保证大脑的功能,糖可增加肝糖元的贮存,加强肝功能,参与肝脏的解毒功能。此外,糖能节省脂肪的分解,减少酸中毒的可能。

(2) 蛋白质。蛋白质占人体成分的18%,如肌红蛋白、血红蛋白等,在调节生理机能方面可维持胶体渗透压、维持酸碱平衡、承担氧气运输、形成抗体等。此外,蛋白质也可供能,但耗氧较糖多。

(3) 脂肪。脂肪构成机体组织,有保护作用和保温作用,供脂溶维生素的溶解,能增加食物的美味,产生饱腹感。

(4) 维生素。维生素按其溶解性质可分为水溶维生素(如维生素 B_1、B_2、B_6、B_{12}、C、PP)和脂溶维生素(如维生素 A、D、E、K)。各种维生素在体内有其特殊功用,缺乏时易患营养缺乏病。维生素共同的功用是调节物质代谢,保证生理功能。

(5) 无机盐。即矿物质,是构成机体组织和调节生理机能的重要物质。其中含量较多的有钾、钠、钙、磷、硫、氯 7 种;其他含量较少的称“微量元素”如铁、碘、锌、氟等。无机盐在食物中分布很广,一般都能满足机体需要,其中较易发生缺乏的为铁和钙。缺铁易导致缺铁性贫血,缺钙则影响骨骼、牙齿的生长发育,同时骨骼肌兴奋性增高出现抽痉,而心肌则表现为收缩无力。

(6) 水。水约占体重的55%~67%。水参与体内物质代谢(如消化、吸收、生物氧化、排泄)。水可调节体温(如出汗),水还可维持正常的血容量。

二、运动与营养的关系

体育运动和营养两者都是维持身体健康的主要因素。营养素是构成机体组织的物质基础，体育运动可以增强机体活动的功能，但营养对于运动有更重要的意义。运动参加者体内代谢加剧，能量消耗较大，所以必须供给充足的能量才能满足机体的需要。科学的锻炼同合理的营养相结合，才能更有效地增强体质和提高运动水平并加速运动后体力的恢复。

三、营养缺乏症

营养缺乏到一定程度时，机体表现出营养缺乏的症状。常见的有以下几种。

(1) 热能缺乏症。指膳食中热能长期供给不足。主要表现为体重明显减轻、头晕、全身无力、怕冷、倦睡、浮肿、贫血、皮肤苍白等。有时女子闭经，对疾病抵抗力减弱。

(2) 蛋白质缺乏症。早期仅下肢出现凹陷性水肿，严重者可出现全身性水肿、贫血、疲乏等。

(3) 铁缺乏症。主要引起缺铁性贫血，表现出心慌、气喘、皮肤黏膜、指甲苍白及匙状指。严重者可导致贫血性心脏病。

(4) 维生素A缺乏症。主要引起“夜盲症”，即眼睛的暗适应机能障碍。此外，初期时表现皮肤干燥，脱屑及眼干燥，泪腺分泌减少。

(5) 维生素 B_1 缺乏症。主要引起“脚气病”(“脚气病”不同于“脚癣”)。表现为消化不良，食欲减退，精神欠佳，疲乏无力。长期缺乏维生素 B_1(如长期食用精白米、精白面粉)而引起肌肉萎缩、水肿、失眠、心慌、气促、胸闷等。

(6) 维生素 B_2 缺乏症。主要引起眼结膜炎、眼角膜炎、口角炎、舌炎、唇炎及脂溢性皮炎及阴囊脱屑、干痒甚至糜烂等(脂溢性皮炎指在皮脂分泌较多的皱襞处，如鼻唇沟、眉间、耳后、头皮边缘等部位，油脂分泌增加，并呈现轻度红斑及皮脂积留现象)。

(7) 维生素C缺乏症。主要引起“坏血病”。表现为齿龈松肿、出血、血管壁脆性增加(如皮下出血点及紫癜，毛囊周围瘀血点等)，抵抗力降低，肌肉关节酸痛等。

第二节　体育锻炼与卫生

“生命在于运动”，而运动必须有一定的规律性，只有掌握体育锻炼的一般生理卫生知识，科学地进行体育锻炼，才能起到健身强体、防病治病的作用。

一、体育锻炼的准备

体育锻炼可以增强体质、提高人体的健康水平，已被大量科学实验所证实。随着现代生活水平的提高，余暇时间的增多，人们越来越意识到参加体育锻炼的必要性和可能性。对于一般人来说，在开始参加体育锻炼前，除了进行一般的身体检查和必要的咨询外，首先要做好以下准备。

(一) 培养锻炼兴趣

在从事体育锻炼前，应首先培养锻炼者对体育活动的兴趣，这是长期进行体育锻炼的前提。培养体育锻炼兴趣的方式有很多，如观看体育比赛、与亲朋好友进行体育活动等。有了浓厚的体育锻炼兴趣，就能自觉地投入到体育锻炼之中，从而取得理想的体育锻炼效果。

(二) 选择活动项目

在进行体育活动时，除根据自己的兴趣选择活动项目外，还要考虑体育锻炼者自身的条件。青少年活泼好动，可以选择一些强度较大、带有游戏性质的活动项目，如打篮球、踏足球、爬山、游泳、健美操等；老年人身体机能较差，应选择一些活动量相对较小而且不容易出现运动操作的活动项目，如太极拳、跑步等；对于一些为预防或治疗某些疾病而进行的康复性体育活动，则应根据锻炼者的身体状况选择锻炼项目，并且应在医生或运动医学工作乾的指导下进行。同时，锻炼者还应根据不同的季节、气候条件确定体育锻炼项目，如冬季可进行长跑、足球、滑冰等运动，夏季可进行游泳、篮球、排球等活动。总之，运动项目可多样化，选择的运动项目要对整体机能产生良好影响。

（三）确定运动强度

为增强体质而进行的体育锻炼主要是为了提高人体的健康水平，而不是为了创造运动成绩，所以体育锻炼的运动强度不宜过大，特别是中老年人和体育康复者更应如此。体育锻炼中控制运动强度最简单的办法是测定体育锻炼时的脉搏。虽然不同年龄和机能状况的人在体育锻炼时的最佳脉搏有所不同，但对一般体育锻炼者来说，体育锻炼时的脉搏控制在140/分钟左右较为合适。由于体育锻炼时运动强度相对较小，因而运动的持续时间则应相对较长。每天至少应在半小时以上。对于刚参加体育锻炼的人来说，一开始锻炼的时间宜短不宜长，以后随身体机能的适应，锻炼时间可逐渐加长。

二、体育锻炼中的卫生要求

（一）体育锻炼前要做好准备活动

体育锻炼前进行充分的准备活动对于体育锻炼者来说是非常重要的，由于不重视锻炼前的准备活动而导致各种运动操作，不仅影响锻炼效果，而且影响锻炼兴趣，对体育活动产生畏惧感。因此，每个体育活动爱好者在每次锻炼前都必须做好充分的准备活动。

1. 准备活动的主要作用

(1) 提高肌肉温度，预防运动操作。体育锻炼前进行一定强度的准备活动，可使肌肉内的代谢过程加强，肌肉温度增高。一方面可使肌肉的黏滞性下隆，提高肌肉的收缩和舒张速度，增强肌力；另一方面还可以增加肌肉、韧带的弹性和伸展性，减少由于肌肉剧烈收缩造成的运动操作。

(2) 提高内脏器官的机能水平。内脏器官的机能特点之一为生理惰性较大，即当活动开始，肌肉发挥最大功能水平时，内脏器官并不能立即进入“最佳”活动状态。在正式开始体育锻炼前进行适当的准备活动，可以在一定程度上预先起动内脏器官的机能，使内脏器官的活动一开始就达到较高水平。另外，还可以减轻开始运动时由于内脏器官的不适应所造成的不舒服感。

(3) 调节心理状态。体育锻炼不仅是身体活动，而且也是心理活动。体育锻炼前的准备活动即可以起到这种心理调节作用，接通各运动中枢间的神经联系，使大脑皮层处地最佳的兴奋状态投身于体育锻炼之中。

2. 如何进行准备活动

一般来说，准备活动时主要应考虑准备活动的内容、时间和量。

(1) 内容。准备活动可分为一般准备活动和专项准备活动。一般准备活动主要是一些全身性身体练习，主要包括跑步、踢腿、弯腰等。专门性准备活动是指与所从事的体育锻炼内容相适应的运动练习，如打篮球前先投篮、运球，跑步前，先慢跑等。除非进行一些专门性运动和比赛，一般人体育锻炼时只需进行一般性准备活动，即可进行正式的体育活动内容。

(2) 时间和量。准备活动的量和时间随体育锻炼的内容和量而定，由于以健身为目的的体育锻炼量较小，所以准备活动的量也相对较小，时间不宜过长。半小时的体育锻炼，其准备活动的时间一般为10分钟左右。气温较低时,准备活动的时间也适当长一些,量可大一些。气温较高时,时间可短一些,量可小一些。

(3) 时间间隔。与运动员正式参加比赛不同,一般人进行准备活动后就可马上从事体育锻炼,运动员准备活动后适当的休息是为了使身体机能有所恢复,以便在比赛中创造优异成绩。

(二) 怎样选择体育锻炼的时间

参加体育锻炼的时间主要根据个人的生活习惯、身体状况或工作性质而定,一般很难统一。但就多数体育锻炼者来说,体育锻炼的时间多安排在清晨、下午和傍晚。不同的锻炼时间有不同的特点,练习者可根据自己的实际情况选择。

1. 清晨锻炼

许多人喜欢在清晨进行体育锻炼,这首先是由于清晨的空气新鲜,早锻炼有助于体内的二氧化碳排出,吸入较多的氧气,有利于体内的新陈代谢加强,提高锻炼的效果;其次,清晨起床后大脑皮层处于抑制状态,通过一定时间的体育锻炼,可适度提高大脑皮层的兴奋性,从而有利于一天的学习与工作。

但是,由于清晨锻炼多在空腹情况下进行,所以运动量不要太大,时间也不宜长。否则,长时间地运动会造成低血糖,不仅影响锻炼效果,而且会使身体产生不适感。另外,对工作学习紧张、习惯于晚起床的人来说,没有必要每天强迫自己进行早锻炼。

2. 下午锻炼

主要适合有一定空余时间的人进行体育锻炼,特别适合大、中、小学的师生。下午进行体育锻炼时,运动强度可大一些,青年学生可打球、做游戏;老年人可打门球,跑步。对心血管病人来说,下午运动最安全。医学研究表明,心血管的发病率和心肌劳损的发生率均在上午6~12时最高,所以,为了避免这一"危险"时辰,运动医学工作者认为,心血管病人的适宜锻炼时间应在下午。

3. 傍晚锻炼

晚饭后也是体育锻炼的大好时光,特别是对那些清晨和白天工作、学习十分忙的人来说尤为如此。傍晚进行适当的体育锻炼,即可以健身强体,又可以帮助机体消化吸收。傍晚运动的主要形式为散步,北方一些地区在傍晚集体扭大秧歌,也适合于中老年人的活动特点。傍晚进行体育活动的时间一般不要超过1小时,运动强度也不可大,心率应控制在120次/分钟。强度过大的运动会影响胃肠道的消化吸收,同时,傍晚锻炼结束与睡觉的间隔时间要在1小时以上,否则,会影响夜间的休息。

(三) 体育锻炼时如何控制运动量

体育锻炼时,合理控制运动量是影响运动效果的重要因素之一。活动量太小,达不到锻炼身体的目的;运动量过大,又会引起过度疲劳,影响身体健康。所以,体育运动爱好者在开始体育锻炼前就应学会监测运动量的方法。体育锻炼中常见的监测运动量的方法有以下几种。

1. 测运动时脉搏

在体育锻炼时或体育锻炼后即刻,立即测10秒的心率和脉搏,就一般体育锻炼者来说,运动后即刻的心率最好不要超过25次/10秒。即使是特殊需要,体育锻炼者运动时的心率也不要超过30次/10秒。

2. 根据年龄控制运动量

年龄与体育锻炼中的运动量有密切的关系,随着年龄的增加,人体的运动能力逐渐下降,体育活动量也应随着减小。现在,体育活动中经常用"180一年龄"的值作为体育锻炼者的最高心率数，即 30 岁的人在进行体育锻炼时其心率数不要超过 150 次/分钟，而 70 岁的人参加体育锻炼时的最高心率不要超过 110 次/分钟，这一公式已广泛应用到以健身为目的的体育锻炼之中。

3. 根据第二天“晨脉”调节运动量

“晨脉”是指每天早晨清醒后（不起床）的脉搏数，一般无特殊情况，每个人的晨脉是相对稳定的。如果体育锻炼后，第二天晨脉不变，说明身体状况良好或运动量合适；如果体育锻炼后，第二天的晨脉较以前增加 5 次/分钟以上，说明前一天的活动量偏大，应适当调整运动量；如果长期晨脉增加，则表示近期运动量过大，应该减少运动量，或暂时停止体育锻炼，待晨脉恢复正常时，再进行体育锻炼。

4. 主观感觉

体育锻炼与运动员的运动训练不同，其基本原则是锻炼时要轻松自如，并有一种满足感，这也是锻炼者进行运动量监测的一项主观指标。体育锻炼对身体机能是综合刺激，身体机能的反应也是多方面的，锻炼者可根据自身条件对身体机能进行综合评价，必要时，则应在医务工作者的监督下进行。

（四）体育锻炼时要注意合理的呼吸方法

体育锻炼时掌握了合理的呼吸方法，可以有效地提高锻炼效果。对于体育爱好者来说，掌握合理的呼吸方法应注意以下几方面的问题。

1. 采用口鼻呼吸法，减小呼吸道阻力

人体在进行体育锻炼时，氧气的需要量明显增加，所以仅靠鼻实现通气已不能满足机体的需要。因此，人们常常采用口鼻同用的呼吸方法，即用鼻吸气，用口呼气。活动量较大时，可同时用口鼻吸气，口鼻呼气，一方面可以减小肺通气阻力，增加通气，另一方面，通过口腔增加体内散热。有研究证实，采用口鼻呼吸方式可使人体的肺通气量较单纯用鼻呼吸增加一倍以上。在严冬进行体育锻炼时，开口不要过大，以免冷空气直接刺激口腔黏膜和呼吸道而产生各种疾病。

2. 加大呼吸深度，提高换气效率

人体在刚开始进行体育活动时往往有这种体会，即运动中虽然呼吸频率很快，但仍一种呼不出、吸不足、胸闷、呼吸困难的感觉。所以，体育锻炼时要有意识地控制呼吸频率，呼吸频率最好不要超过 25～30 次/分钟，加大呼吸深度，使进入肺内进行有效气体交换的量增加。过快的呼吸频率还会由于呼吸肌的疲劳造成全身性的疲劳反应，影响锻炼效果。

3. 呼吸方式与特殊运动形式相结合

不同的体育锻炼方式对人体的呼吸形式有不同的要求，人体的呼吸形式可分为胸式呼吸、腹式呼吸和混合呼吸。在运动中，呼吸的形式、时相、速率、深度以及节奏等，必须随技术运动进行自如的调整，这不仅能保证动作质量，同时还能推迟疲劳的出现。

（五）体育锻炼时出现不舒服感觉的措施

人体在体育锻炼过程中有时会出现一些不舒适感觉，这主要是由于活动时安排不当造成的，但在个别情况下也可能是某些疾病引起的。所以，锻炼者要能够及时判断运动中出现的各种瓜，以便科学地从事体育锻炼，防止意外事故的发生。体育锻炼中的不舒适感觉及其一般处理大约有以下几种情况。

1. 呼吸困难、胸闷

运动量过大，机体短时间不能适应突然增大的运动量，而出现呼吸困难、胸闷、动作迟缓、肌肉酸痛等症状，甚至不想继续运动，这种现象在运动生理学中被称为“极点”。当出现上述症状后，一般不用停止体育锻炼，可适当降低运动强度，一般几分钟后，不适感觉即可消失。

2. 运动中腹痛

运动中腹痛主要有两种情况：一是胃痉挛，如果运动中出现这种情况，可暂时停止运动，做一些深呼吸运动，严重者，可作热敷，喝少量温开水，以使症状得到缓解，在以后的运动中，要注意锻炼卫生，改掉不良的锻炼习惯。二是肝脏充血，出现这种情况，轻者可降低运动强度，休息后再继续锻炼；如果连续几天体育锻炼均出现右上腹疼痛，则应去医院检查。

3. 肌肉疼痛

体育锻炼中肌肉疼痛有以下几种情况。

(1) 运动时肌肉突然疼痛，且肌肉僵硬。这种现象为肌肉痉挛，多出现在骤冷天气和天气炎热大量排汗时。肌肉痉挛多发生在小腿肌肉，或足底。出现肌肉痉挛后，只在缓慢用于牵拉弃挛的肌肉，即可使症状缓解，轻者继续运动，重者可放弃当天的运动，第二天仍可继续参加锻炼。

(2) 肌肉突然疼痛，而且有明显的压痛点。肌肉拉伤后应立即停止体育锻炼，并进行冷敷、包扎等应急性措施，到就近医院治疗。

(3) 肌肉酸痛。一般在刚开始体育锻炼后几天，连续出现的广泛性肌肉酸痛，无明显的压痛点。这种疼痛是体育锻炼过程中的一个生理反应过程，一般在第一次运动后的第二天出现，2～3 天疼痛最明显，一般一周后消失。对于这种情况，没有必要停止体育锻炼，其处理办法可见本节第(九)部分。

(4) 慢性肌肉劳损，长时间出现局部性肌肉酸痛，而且连续锻炼不减轻。慢性劳损的主要特征是不活动劳损局部疼痛，而当身体进入活动状态后，疼痛症状减轻或消失。慢性劳损的恢复时间较长，一旦发现，就应彻底改变错误动作，形成正确的动力定型，以防劳损的发展。同时，及时去医院治疗。

(六) 体育锻炼后不要暴饮暴食

经常从事体育锻炼，可促进胃肠道的蠕动和消化液的分泌，对消化吸收机能可产生良好影响。但是，如果在体育锻炼后不注意饮食卫生，暴饮暴食，则会严重影响锻炼者的身体健康。

合理的饮食习惯应包括以下几点。

(1) 体育锻炼后，不要急于进食，要使心肺功能稳定下来，胃肠道机能逐渐恢复后再用餐。这段时间一般为半小时，如果是下午的较剧烈体育锻炼，间隔的时间应相对更长。

(2) 与体育锻炼后进食不同，体育锻炼后的补水是可行的，只要口渴，在运动后即刻补水，甚至可在运动中补水。在天气较热的情况下，大量排汗引起体内缺水，不及时补水，可能会造成机体脱水、休克等下状。因此，运动后或运动中的补水是可行的。马拉松比赛途中的饮水站，也说明运动中补水是非常必要的。

(3) 补水要注意科学性，不可暴饮。体育锻炼后的补水原则是少量多次，可以在运动后每 20～30 分钟补水一次，每次饮水量 250 毫升左右，夏季时水温 10℃左右，其他季节最好补充温水。另外，运动中排汗的同时也伴随着无机盐的流失，因此，运动后最好饮用0.2%～0.3%的盐水，也可选用橙汁、桃汁等原汁稀释饮料，不要饮含糖量过高(大于 6%)的饮料，尽可能不饮用汽水。

(七) 剧烈运动后切勿立即坐下休息

在进行体育锻炼后，特别是剧烈运动后，有些人习惯于坐在地上，或是直接躺下来休息，认为这样可以加速疲劳的消除，其实，这样不仅不能尽快地恢复身体机能，反而会对身体产生不良影响。体育锻炼后应作一些整理活动，这样，一方面可以避免头晕等症状的发和现时还可以通过改善血液循环，尽快消除疲劳，提高锻炼效果。

在进行整理活动时应注意以下几方面的问题。

(1) 在任何形式运动后都可以做一些放松跑、放松走等形式的下肢运动，促进下肢静脉血的回流，防止体育锻炼后心输出量的过度下降。

(2) 通过“转移性活动”，加速疲劳的消除。所谓转移性活动是指在下肢活动后，进行上肢性整理活动，右臂活动后做左臂的整理活动，通过这种积极性休息使身体机能尽快恢复，大量研究已经证实转移性活动确实可起到加速疲劳消除的作用。

(3) 整理活动的量不要过大，否则，整理活动又会引起新的疲劳。在进行整理活动时，应当有一种心情舒畅、精神愉快的感觉。如果体育锻炼本身的运动量不大，如散步等，就没有必要进行整理活动。

(4) 大强度体育锻炼后，如长距离跑、球类比赛后，应当进行全身性整理活动，必要时，锻炼者之间可进行相互间的整理活动和放松活动。

(八) 体育锻炼后的营养补充

人体在体育锻炼后，除采用休息和积极性体育手段加速身体机能的恢复外，还可以根据不同形式的体育锻炼特点，补充不同的营养物质，以加速疲劳的消除。以营养因素作为身体机能的恢复手段时，应根据不同的运动形式补充不同的营养物质。

(1) 在进行力量性练习时，如举重、健美、俯卧撑等，运动中消耗的主要是蛋白质，而肌纤维的增粗、肌肉力量的增加也需要体内蛋白质的合成。所以，在进行力量练习后，应多补充蛋白质类物质。除要补充猪肉、牛肉、鱼、年奶等动物性蛋白外，还要补充豆类等植物性蛋白，以保证机体丰富而又多品种的蛋白质供给。

(2) 在耐力性练习过程中，如长跑、游泳、滑雪等，机体主要进行的是糖类物质的有氧代谢，消耗的主要是淀粉类物质，因此，在运动后可适当多补充些米、面等淀粉类物质。国外有些优秀的长跑运动员在进行耐力训练和正式比赛的前夕，有意识地多补充含糖较多的淀粉类物质，以增加体内的糖原始储备，提高训练的效果，在比赛中创造优异成绩。

(3) 在进行较剧烈体育锻炼时，如球类比赛、快速跑、健美操等，机体主要靠糖的无氧代谢提供能量，糖在体内进行无氧代谢时，会产生一种叫做乳酸的酸性物质，这种物质在体内的积累，会造成机体的疲劳，并使恢复时间增加。所以，进行较剧烈的运动后多补充一些碱性食物，如蔬菜、水果等，而动物性蛋白等肉类物质则偏“酸”，在运动后的当天可适当减少。

(4) 无论机体进行什么形式的运动，运动后都要补充维生素类物质，多吃些含维生素丰富的食物，如绿叶蔬菜、水果、豆类及粗粮等。对于体育活动者来说，运动后一般只需补充天然维生素，没有必要补充维生素制剂。

(九) 运动后肌肉酸痛的处理

刚开始进行体育锻炼的人，运动后的第二天甚至以后几天，常常有肌肉酸痛的感觉。有些经常参加体育锻炼的人，在突然增加运动量时，也会有同样的感觉，有些人担心自己受伤了而不敢继续进行体育锻炼，其实，这种担心是多余的。

1. 肌肉酸痛的原因

运动后出现肌肉酸痛多属于生理现象，是机体对训练的正常反应。目前对运动后的肌肉疼痛有多种解释，虽然目前有关运动后肌肉疼痛的准确原因尚不清楚，但比较一致的观点认为，这种疼痛不是病理性的，仍可继续进行体育锻炼。

2. 肌肉出现疼痛后可主要采取的措施

(1) 运动后可采用积极性恢复手段，如做一些压腿、展体等被动性牵拉活动，以使紧张的肌肉充分伸展、放松，改善肌肉组织的血液循环，以缓解肌肉疼痛，使肌肉尽快恢复。在肌肉疼痛完全消失之前，可重复这些牵拉动作，直到不适感觉完全消失。

(2) 出现肌肉疼痛症状后，不要停止体育锻炼，而应当继续坚持锻炼，这样有助于尽快消除肌肉疼痛。只是运动的强度可以小一些，时间可稍微短一些，多做一些伸展性练习，坚持几天，疼痛症状就会消失。如果停止锻炼，即使疼痛消失，再进行锻炼可能还会出现同样的症状，而且恢复的时间也相对较长。

(3) 可配合使用按摩、热敷、或冲热水澡等恢复手段，加快肌肉不适感的消除。

第三节　体育锻炼与环境

一、运动环境对人体健康与运动能力的影响

(一) 冷环境的影响

寒冷环境中运动时会带来不利因素，如机体散热快，周围血管收缩，皮肤血流量少，肌肉黏滞性增加，从而影响运动技能的发挥和易致运动损伤和运动性疾病。

(二) 热环境的影响

热环境中剧烈运动时，大量排汗，体液丢失较大，循环血量减少，则运动能力下降，甚至诱发热痉挛、热衰竭、中暑等。

(三) 高原环境的影响

高原低氧环境中运动，对呼吸循环功能影响较大。刚进入其环境不久，常有胸闷、气喘、头昏、口干等不适感觉。长时间后，机体产生适应性变化，血液中 HB 上升、RBC 携氧能力加强、对缺氧的耐受力增强。

二、运动建筑设备的基本要求

(一) 运动建筑设备的一般要求

1. 位置选择

要避开污染区，交通方便，利于群众开展体育活动，靠近水源。

2. 座落方向

室外运动场的长轴最好与子午线平行，即南北方向或长轴与主导风向垂直，室内场馆利用自然采光时，宜坐北朝南，若用人工照明的，可不考虑坐落方向。

3. 采光与照明

自然采光的采光系数标准为 1∶3～5。人工照明的要求是光线必须充足，室内照明度不能小于 50 lx，光线要均匀，不闪烁，不眩目刺眼，不产生浓影，接近日光谱。

应按当地自然条件采取一定的采暖与降温的措施，保证室内气温在 23℃～25℃。

4. 通风

室内通风可采用人工通风和自然通风两种方式来更新室内空气。

(二) 室外运动场地与设备的要求

1. 田径场

应合理布局合乎规格，方便使用，跑道应平整，富有弹性，无浮土，无积水，应有 100 米以上直线跑道。跳跃场地的助跑道方向应避开阳光的直接照射。踏跳板应与地面平齐，沙坑的边

缘宜木质做成且与地面平齐，坑内应填满3份锯末与7份沙子，应掘松耙平。跳高、撑杆跳高的沙坑应放置海棉包，并高出地面1～1.5米，撑杆跳应有特制的穴。投掷区必须明确划分，投掷时严禁他人穿行。铁饼和链球场地应设护笼，即铁丝挡网，以免伤人，投掷器械应当符合年龄、性别及技术要求。室外单双杠、高低杠、抓举、吊环等固定器械要经常检查有无损坏，螺丝松动，锈蚀，发现问题要及时修理。

2. 球场

篮、排球场地应平坦结实，无碎石，浮土，不滑，最好是三合土地面。足球场最好有草皮，球场周围2.5米内不应有任何障碍物。

(三) 室内运动建筑设备要求

1. 体操馆

使用面积应人均占地4平方米，木制地板应平坦坚固，无裂缝，墙壁应平坦，馆内光线应充足，符合采光系数标准和人工照明要求。室内最好用吸尘器或湿式抹扫，不能用滑石粉代替镁粉。器械安装应牢固，必要处(如助跑板、弹跳板)应钉防滑皮。器械下方应放海绵垫，两垫之间不要有间隙。

2. 球类馆

地面应平整结实不滑，无浮土，安装木质地板，光线应充足，符合采光系数标准和人工照明要求。室内灯光安装距地面的高度：篮球馆最少不应低于7.5米；排球馆不低于8.5米，要通风透气，保持室内空气新鲜，球场边线至墙壁距离不小于2米。

3. 游泳馆(池)

其顺序应是更衣室→存衣室→厕所→准备活动室→淋浴室→涉水室→游泳池。深浅水池应严格分开，池水应清洁，水质透明，无臭无异味，不允许有藻类繁殖或肉眼可见的浮游生物，池水的理化指标应符合卫生要求，即pH值为7.2～8.0。余氯量不低于0.3毫克/升，细菌总数少于100个/毫升，大肠杆菌3个/升，水温18℃～25℃，室温25℃。池壁、池底应平滑，馆内应有准备活动的场地。池底应有一定倾斜度，但不宜太陡，池水要定期净化和消毒。馆内人工照明不能少于200 lx，应有急救设备和救生员。

第四节　运动性疾病和运动性损伤

在体育锻炼或日常的生活、工作中，难免会遇到运动损伤或运动性疾痛，本章将介绍有关的保健知识和处理方法。

一、运动损伤

(一) 运动损伤概述

体育运动过程中发生的损伤，称为运动损伤。运动损伤的分类较多，常用的有以下几种分类。

(1) 按损伤组织的种类分，可分为肌肉肌腱损伤、滑囊损伤、关节损伤和韧带损伤、骨折、关节脱位、内脏损伤、脑震荡、神经损伤等。

(2) 按损伤组织创口界面，可分为开放性损伤和闭合性损伤。开放性损伤是指损伤组织有裂口与外界空气相通，如擦伤、刺伤、切伤与开放性骨折等；闭合性损伤是指损伤的组织无裂口与外界空气相通，如挫伤、肌肉韧带损伤与闭合性骨折等。

(3) 按运动能力丧失的程度分,可分为轻伤、中等伤和重伤。伤后仍然能够按时教学训练计划进行体育锻炼的为轻伤;伤后不能按时教学训练计划进行体育锻炼,需要减少或停止患部活动的为中等伤。伤后完全不能运动的为重伤。

(4) 按损伤病程分,可分为急性损伤和慢性损失。急性损伤是指人体在一瞬间遭受直接暴力或间接暴力的损伤;慢性损伤又分为劳损和陈旧性损伤。劳损是因局部负荷过度或多次微细损伤积累而成,陈旧性损伤常因急性损伤处理不当转变而成。

(二) 运动损伤的原因

了解运动损伤发生的原因是预防运动损伤的前提,造成运动损伤的原因很多,归纳起来主要有以下几个方面。

(1) 思想上不够重视;

(2) 准备活动缺乏或不合理;

(3) 技术上的错误;

(4) 运动负荷(尤其是局部负担量)过大;

(5) 身体功能和心理状态不良;

(6) 动作粗野或违反规则;

(7) 环境等因素的影响。

(三) 运动损伤的预防

1. 预防运动损伤的意义

体育锻炼对身体的影响有有益、无益或有害等三种结果。只有把握科学锻炼身体的方法,才能真正达到有益的效果。在体育锻炼过程中,预防是主动的,通过提高预防意识、加强预防措施,可以把运动伤害事故消灭在萌芽状态。如果在体育锻炼时,不重视预防工作,不采取积极的预防措施,就可能发生各类损伤事故,轻者影响学习和工作,重者造成残疾甚至危及生命,对国家和个人都带来不应有的损失。大量事例表明,人为因素是发生伤害事故的根本原因,因此,积极主动地预防运动损伤,就要提高思想认识和预防意识,并采取切实有效的措施,努力消除各种致伤因素,从而达到以防为主,防患于未然的目的。

2. 运动损伤的预防要求

(1) 树立安全观念,克服麻痹思想,发扬互相帮助、互相保护的风尚。

(2) 针对个体特点,合理安排运动量,防止过度疲劳或局部负担过重。在学习新动作时,要遵循从易到难、从简到繁、从分解到完整的学习过程原则。

(3) 做好准备活动,提高中枢神经系统的兴奋性,加强各器官系统之间的系统活动,克服各种功能惰性,增强肌肉弹性,提高运动能力并保持准备运动和正式运动的内容相一致。

(4) 加强保护与帮助及自我保护能力的培养。保护和自我保护能力是预防运动损伤的重要手段。

(5) 加强保健指导。

(6) 注意环境和场地设备卫生。

二、常见运动损伤及处理

(一) 软组织损伤的处理

软组织损伤是运动损伤中常见的一种,根据损伤组织是否有创口与外界相通,可以分为闭合性软组织损伤和开放性软组织损伤两大类。

1. 闭合性软组织损伤的处理

(1) 急性损伤

急性损伤是由于遭受一次较大外力作用所致。发病急,病程短,临床症状和体征较明显。若处理不当,常可演变成慢性损伤或留下不同程度的功能障碍。因此,及时而正确地处理急性软组织损伤是避免伤势扩大和减少后遗症(重者出现关节僵直和运动功能受限)的重要环节。

根据损伤的病理发展过程,急性软组织损伤的处理,大致可分为早、中、后三个时期。

① 早期(受伤后24~48小时)。也称为急性炎症期。此期间组织内出血和局部出现红、肿、痛、热及功能障碍等征象。处理原则主要是制动、止血、防肿、镇痛和减轻炎症。治疗方法一是采用冷敷,即受伤局部用冷自来水冲淋15分钟或用冰水、冰袋、白酒、50%~75%酒精冷敷。应急时,可就近买棒冰捆绑在肢体受伤部位。有条件时可用冷镇痛气雾剂、"好得快"等喷射受伤部位,喷射距离约10厘米,喷射时间约3~5秒,重复使用至少间隔半分钟(此方法不宜使用面部和创口)。冷敷时要注意防止冻伤,尤其是在寒冷的冬天。急性软组织损伤1~2天内原则上不能搓拿和热敷。方法二是加压包扎,它是处理急性软组织损伤的关键,包扎得当可止血、防肿和缩短伤后康复时间。冷敷后,伤处可用绷带、手帕、布条加压包扎约24小时。包扎时要注意松紧适当,包扎太松起不到加压作用,太紧会引起局部血液循环障碍。一旦出现肢端青紫、麻木感,应及时松开,重新包扎。方法三是制动和抬高伤肢,当肢体受伤较重时,为防止局部继续出血,减少肿胀和疼痛,一般应限制肢体活动和抬高患肢数日,促进血液、淋巴回流,有利于消肿。然后外敷伤药。疼痛较重者,可服止痛片,淤血较重者可服跌打丸、七厘散等。在损伤急性期,伤后一般不做按摩,否则会加重出血和组织液渗出,使肿胀加重。

② 中期(受伤后24~48小时)。此期间伤部出血停止,急性炎症逐渐消退,但仍存淤血、肿胀和功能障碍。处理原则主要是改善伤部的血液和淋巴循环,促进组织的新陈代谢,使淤血与渗出液迅速吸收以及坏死组织及时消除,促进再生修复。处理方法有理疗按摩、针灸、药物痛点注射、外贴活血膏或外敷活血药等综合治疗,其中热疗、按摩在此期间治疗中极为重要。同时根据伤情的好转,尽早进行伤肢的功能锻炼,以促进愈合和功能恢复。

③ 后期。此期损伤组织基本修复,肿胀、压痛等局部征象已经消失,但可能有粘连或瘢痕形成,功能尚未完全恢复,锻炼时或运动后仍感疼痛、酸胀无力,个别严重者出现伤部僵硬或活动受限等现象。处理原则是恢复和增强肌肉、关节功能。处理方法以按摩、理疗和功能锻炼为主,并配合中药熏洗和保护支持带的应用等。

(2) 慢性损伤

慢性损伤可由急性损伤因处理不当或运动过早转变而来,或因长期局部负荷过度,由微细损伤的积累形成劳损。慢性损伤的处理主要是减轻患部肢体负担,改善伤部的血液循环和新陈代谢。处理方法与急性损伤中后期基本相同,以按摩和痛点注射药物的治疗效果较好。

2. 开放性软组织损伤的处理

局部皮肤或黏膜破裂,伤口与外界相通,常有组织液渗出或血液自创口流出。应急处理的要点是及时止血和处理创口,预防感染。先止血后处理创口是处理开放性软组织损伤的基本原则。在体育运动中,常见的开放性软组织损伤有擦伤、切伤、刺伤和撕裂伤。

(1) 擦伤

皮肤受到外力急剧摩擦所引起表面被擦破出血或有组织液渗出称为擦伤。创口较浅、面积较小的擦伤,可用生理盐水或冷开水洗净创口或用70%酒精棉球消毒,然后涂抹红汞或紫药水,待干即可。不必包扎,使之在空气中很快形成干痂,避免细菌侵入和繁殖。创口内若存有煤渣、细沙等异物时应由医生处理。

(2) 切伤、刺伤和撕裂伤

撕裂伤是因钝物打击引起皮肤和软组织的撕裂，伤口边缘不整齐，组织损害广泛，严重者可导致组织坏死。刺伤是因尖细物件刺入人体所致。切伤是因锐器切入皮肤所致。若伤口小，经止血，消毒处理后，可用黏膏粘合；伤口较大则需赴医院缝合，使用抗菌素治疗等。

(二) 常见的运动损伤

1. 胫腓骨疲劳性骨膜炎

胫排骨疲劳性骨膜炎是初参加运动训练的人或因跑跳练习过多而引起小腿骨疼痛的常见损伤。

(1) 损伤机制

目前公认胫腓骨疲劳性骨膜炎是因局部骨组织过度负荷所致，但对引起过度负荷的外力来源及作用方式各自解释不一。患单纯性骨膜炎后，若能及时调整下肢负荷量，减少跑跳运动，在炎症消退和组织修复过程中，同样可以产生适应性变化，使骨组织的负荷能力提高。

(2) 征象

一般无直接外伤史，但有跑跳运动过多的经历，发病缓慢，征象逐渐加重，疼痛是本病的主要自诉症状。初期多在运动中或运动后出现小腿骨疼痛，休息后症状可消失，若再继续参加负荷较大的跑跳运动，疼痛逐渐加重，部分患者会出现夜间疼痛现象，个别严重者跛行。急性期多有局部凹性水肿，以小腿下段较明显。胫骨内侧面、内后缘或腓骨下端有压痛。病程较长的患者，在胫骨内侧面上常能触摸到小结节或肿块，压之锐痛。

(3) 处理

早期症状较轻的病人，无需特殊治疗，仅用弹力绷带将小腿裹扎，减少下肢运动，休息时抬高患肢，多可痊愈。经常疼痛或运动后疼痛较重的患者，应休息并用弹力绷带裹扎小腿，抬高患肢，可配合中药外敷或熏洗、理疗、按摩、针灸、碘离子透入等。治愈后重新参加锻炼时，运动负荷要逐步增加，以免再发生。

(4) 预防

该伤主要是由于训练方法和运动量安排不当所致。因此要合理安排运动负荷，全面发展，避免局部负荷过度；正确掌握跑跳技术，注意动作的放松和落地缓冲；避免在过硬场地上进行跑跳练习；做好准备活动；防止受寒，运动后采用自我按摩等各种手段及时消除小腿肌肉的疲劳，是预防胫腓疲劳性骨膜炎的重要措施。

2. 肌肉损伤

肌肉损伤除由直接外力作用引起肌肉挫伤外，主要是在间接外力作用下使肌肉发生拉伤。常见的拉伤是大腿后群肌、腰背肌、大腿内侧肌肉等。

(1) 损伤机制

肌肉损伤可分为急性和慢性两类。引起肌肉急性损伤分为主动用力拉伤和被动拉伤。主动用力拉伤是指肌肉做主动的猛烈收缩时，收缩力超过了肌肉本身的承担能力所致。被动拉伤是指肌肉受力牵伸时超过了肌肉本身的伸展限度所致。

(2) 征象

肌肉拉伤后，伤处疼痛、肿胀、压痛或痉挛，触之发硬。受伤的肌肉做主动收缩或被动拉长的动作时，疼痛加重。严重拉伤时，患者在受伤当时可听到断裂声，疼痛和肿胀明显，皮下瘀血显著。运动功能发生严重障碍，肌内会出现收缩畸形。肌纤维部分断裂时伤处可摸到凹陷。

若肌腹中间完全断裂时，会出现“双驼峰”畸形；一端完全断裂时，肌肉收缩成“球状”畸形。

(3) 处理

肌肉微细损伤或少量肌纤维断裂时，应立即冷敷，加压包扎并提高伤肢。24 小时后可外敷中药，痛点进行药物注射、理疗或按摩等。肌纤维大部份断裂或肌肉完全断裂时，经加压包扎等急救处理后，应立即将患者送至医院及早做手术缝合。

(4) 预防

在剧烈运动前，要充分做好准备流动，尤其是要结合练习的部位做热身活动。锻炼过程中要注意肌肉的状况，若出现肌肉僵硬或疲劳时，可进行按摩并减少运动强度；要合理、科学、正确地掌握运动技术要领；注意锻炼环境的温度、湿度和运动场地情况。治愈后再参加锻炼时要注意循序渐进，以防再伤。

3. 脑震荡

(1) 损伤机制

脑震荡是脑损伤中最轻而又较多见的一种。脑受到外力打击中后神经细胞和神经纤维所引起的意识和功能的一时性障碍，不久即可恢复，多无明显的解剖病理的改变。在体育运动过程中，足球撞击、棒球打击或体操练习时从高处跌下撞地等，都可能发生脑震荡。

(2) 征象

伤后立即出现意识障碍。一般意识障碍都较轻，有短时性意识丧失(昏迷)或神志恍惚。意识障碍的时间长短不一，短则几秒钟，长则几分钟乃至 20～30 分钟不等。在意识丧失时，伤员呼吸表浅，脉率缓慢，肌肉松弛，瞳孔稍放大但左右对称，神经反射减弱或消失。意识清醒后出现逆行性健忘，患者不能回忆受伤经过和情境，但能清清楚楚地回忆受伤以前的事情。头痛、头晕，在伤后数日内较明显，表情紧张、活动或变换体位时，症状加重；恶心、呕吐，伤后数天内多可逐渐减轻和消失。此外，还伴有情绪不称、易激动、不耐烦、注意力不集中和耳鸣、心悸、多汗失眠等植物性神经功能紊乱的症状。

诊断脑震荡的依据是头部有明确的外伤史；伤后即刻确有短时间的意识障碍；意识清醒后出现逆行性健忘；神经系统检查和血压、脉率、呼吸、脑脊液压及其细胞数等均属正常。

(3) 处理

急救时，应让患者平卧、安静，不可坐起或立起。头部冷敷，身上保暖。若有昏迷可指掐人人中、内关穴，呼吸发生障碍时，可施行人工呼吸。

伤员昏迷的时间超过 4 分钟以上或两侧瞳孔大小不对称或耳、鼻、口内出血及眼球青紫或伤员清醒后剧烈头痛、呕吐或再度昏迷者，都说明损伤较严重，应该立即送医院进行处理。在转送医院时，患者要平卧，头痛两侧要用枕头或衣服垫起使之固定，避免颠簸振动。意识不清者，要注意保持呼吸道的通畅，患者侧卧，以防止呕吐物吸入气管或舌头后坠而发生窒息，要密切观察病情的变化。

对无严重征象、短时间意识丧失后很快恢复的患者，经医生诊断后，也应平卧送回休息，并应卧床休息到头痛、头晕等关头完全消失。可用“闭目举臂单腿站立平衡试验”来决定可否参加体育活动，切忌过早参加体育活动和过多的脑力活动。

4. 骨折

骨或骨小梁发生断裂称为骨折。按骨折的原因，分为外伤性骨折和病理性骨折，体育运动中所发生的骨折，多为暴力作用引起的外伤性骨折。按骨折的时间，分类新鲜骨折和陈旧性骨折。按骨折的程度，分为完全骨折和不完全骨折。按骨折周围软组织的病理，分为闭合性骨折和开放性骨折。按骨折线的开头，分为横形骨折、斜形骨折、螺旋形骨折等。

(1) 损伤机制

引起外伤性骨折的暴力，按其作用的性质和方式可分为直接传达、牵拉和积累性暴力四种。

(2) 征象

骨折可分为局部征象和全身关头两个方面。局部征象有疼痛、肿胀和皮下瘀血，功能障碍、畸形(完全骨折时，骨折断端移位，出现伤肢缩短、侧突或成角或旋转畸形)，异常活动和骨擦声、压痛与震痛等。最后确诊需经 X 线拍片，进一步了解骨折局部的病理善变化。严重的骨折常伴有明显的出血剧痛、神经损伤而发生休克及发烧、口渴、便秘等全身症状。

(3) 处理

① 防止休克。严重骨折、多发性骨折或同时发生其他并发症的患者，易发生休克。急救时要注意预防休克，再处理骨折。

② 就地固定。骨折后及进固定，可避免断端移动，防止加重损伤，减轻疼痛，便于患者转运。因此，未经固定，不可随意移动患者，尤其是大腿、小腿和脊柱骨折的患者，避免伤势加重。

③ 先止血再包扎伤口。患者有伤口出血时，应先止血，清洗创面，再包扎伤口并固定。

(4) 注意事项

固定用的夹板的长短、宽窄要适宜，便于骨折处上下两个关节都固定，若无夹板时，可用树枝、竹片等代用品，夹板要用绷带或软布包垫，夹板的两端、骨突部和空隙处要用棉花或软布填妥，防止引起压迫性损伤。

5. 膝关节半月板损伤

半月板是膝关节内的半月形软骨板。损伤多发生于足球、篮球、体操和田径等项目。

(1) 损伤机制

膝关节屈伸过程中若同时伴有膝关节的扭转内外翻动作时，半月板就会出现不一致的矛盾活动，使半月板在股骨、胫骨平台之间生发剧烈研磨，造成损失。当膝关节屈曲，小腿固定于外展、外旋位，大腿突然内收，内旋并伸直膝关节时，就可能引起内侧半月板损伤。若小腿固定于内收、内旋位，大腿突然外展，外旋并伸直膝关节时，就可能引起外侧半月板损伤。此外，膝关节突然猛力过伸及肌腱的前后割裂，可引起半月板前角损伤或半月板边缘分离。

(2) 征象

多数患者有明确的外伤史。半月板损伤时常合并滑膜损伤或半月板活动牵拉滑膜而产生剧烈疼痛。受伤早期由于产生急性创伤性滑膜炎和韧带损伤，出现关节积血肿胀；慢性期因半月板异常活动牵扯滑膜而出现少量积液，膝关节活动时，伤侧可听到清脆的响声，并伴有疼痛。在行走或做某个动作时，由于破裂的半月板突然移位，卡在股骨髁与平台之间，出现膝关节突然不能屈伸的“交锁”现象。对一些可疑病例可作关节照影、超声波和关节镜检查，进一步确诊。

(3) 处理

急性期，主要目的是治疗急性创伤性骨膜炎，以制动、消炎、止痛为主，若关节血肿明显者，应在无菌条件下用粗针头抽出积血，然后用石膏或棉花夹板加压包扎固定 2～3 周，同时局部可以外敷活血、消肿、止痛的中草药。慢性期应根据症状的轻重不同，首先要严格避免做重复受伤动作，以免再次受伤，影响愈合；其次可采用按摩、理疗、外敷中草药等。若症状严重，肿痛明显，经常交锁妨碍体育锻炼和活动，应手术切除受伤的整个半月板，以免引起继发性滑膜炎和关节软骨损伤。

(4) 预防

锻炼前,应充分做好准备活动,提高关节的灵活性和协调性,在锻炼中要掌握自我保护的方法。疲劳时避免剧烈的运动或减少运动量和动作难度。平时要加强下肢肌肉的力量训练,提高关节的稳定性和灵敏性。伤病初愈后参加体育锻炼时,运动负荷要循序渐进,以免受伤。

6. 腰闪伤

急性腰闪伤包括肌肉、韧带、筋膜及关节扭伤等,主要发生于腰骶部和骶髂关节。

(1) 损伤机制

重力超越了躯干一时所能承担的能力,在挑、搬、拉、举重物时腰部突然用力,引起部分肌纤维撕裂,造成腰肌急性拉伤;脊柱运动一时超越了正常的生理范围,尤其是动作错误和疲劳时更易发生腰闪伤;突然用力过猛或举重时负重过大,腰腹肌力量不足,支持不住重物,使身体重心不稳而发生突然扭转引起腰部扭伤;肌肉发生不协调的收缩或腰部受到力的作用而发生突然的不协调运动,即可引起腰闪伤。

(2) 征象

部分症状较重病例在受伤时自感腰部有撕裂响声,有激烈的疼痛感,腹压加大的动作,如咳嗽、喷嚏都可以使疼痛加重;症状较轻者受伤时常无疼痛感,运动结束后或次日晨间起床时才感疼痛。损伤在骶髂部,疼痛可放射到大腿内侧或小腿外侧。伤侧下肢活动功能将受影响,甚至出现神经性间歇性跛行。椎间关节扭伤或错位,间盘突出症患者,常有棘突偏歪现象。

(3) 处理

腰部急性扭伤后,一般需卧硬板床休息,腰后垫上一小枕头,使肌肉、韧带处于松弛状态,可采用按摩、药物、针灸等方法进行治疗。轻度腰闪伤可悬垂摆动放松或抑背抖动放松,重度腰闪伤应到医院治疗。

(4) 预防

运动前要充分做好准备活动,提高肌肉的力量和协调性。在进行负重力量练习时,注意力要高度集中。要及时纠正技术动作上的缺点或错误,注意搬运重物时的姿势,使重物慢慢离开地面。要加强腰腹肌力量的锻炼,增强肌肉韧带的伸展性。要合理安排运动量,避免在疲劳情况下练习腰部的高难动作。腰部损伤后应及时治疗,并在彻底治愈后才能参加剧烈运动。

三、常见运动性疾病的预防和处理

运动性疾病是指因运动负荷安排不当、体育卫生知识缺乏、自我保健意识不强等多因素造成体内功能紊乱所出现的疾病或症状。常见的有过度紧张、昏厥、低血糖症、运动中腹痛、肌肉痉挛、中暑、游泳性中耳炎、运动性贫血等。

(一) 过度紧张

过度紧张是运动训练和比赛中一时运动量过大,超过了机体承受能力而引起的一种病理状态。

1. 病因

过度紧张多见于锻炼较少、训练水平不高、生理状态不良或伤病中断训练后突然参加剧烈活动,机体不适应或过分疲劳引起紧张反应,也可因饭后不久进行剧烈运动而引起。

2. 征象

过度紧张常在剧烈运动或比赛后即刻或短时间内发病。表现为头晕、眼前发黑、面部苍白、全身无力、站立不稳，严重者有恶心呕吐、脉搏快速细弱、血压明显下降、嘴唇青紫、呼吸困难、心前区痛、心脏扩大等急性功能不全等征象，甚至昏厥。

3. 处理

轻度的过度紧张应命名患者安静平卧，注意保暖，可服用热糖水或镇静剂，一般经短时间休息即可恢复。对严重的心功能不全的患者应使其处平卧位，保持安静，并针刺或掐点内关、足三里等穴位；若昏厥时，可加用指掐人中、百会、合谷、涌泉等穴位；对于呼吸或心跳停止者，应作人工呼吸与你外心脏脐压术，并迅速请医生处理。

4. 预防

体育锻炼基础较差者，不可勉强参加紧张的训练或比赛，应加强体育锻炼的医务监督。锻炼或比赛前要充分做好准备活动，平时要加强身体全面锻炼，遵循循序渐进的原则。伤病初愈或因其他原因中断体育锻炼后重新参加锻炼时，要逐渐增加运动量，避免立即进行大强度训练或剧烈比赛。

(二) 低血糖症

正常人每100毫升血液中的葡萄糖含量为80～10毫克。当每100毫升血液中的葡萄糖含量低于55毫克时，就会出现一系列症状，称为低血糖症；当低于10毫克时，就会出现深度昏迷，称为低血糖性休克。本病多发生于长跑、超长跑、自行车、长距离滑冰、滑雪等项目的比赛过程中或结束后不久。

1. 病因

长时间进行剧烈运动使体内血糖大量消耗和减少；运动前或运动时饥饿，体内肝糖储备不足，又不能及时补充血糖的消耗；赛前补充糖过多、精神过于紧张、赛后强烈的失望情绪或患病(如胰岛疾病、严重肝脏疾病)，引起中枢神经系统调节糖代谢的功能紊乱，使胰岛素分泌量增加等，是造成运动时低血糖症状的重要原因。

2. 征象

轻度者有强烈的饥饿感、疲乏无力、心慌、头晕、面色苍白、出冷汗。较重者神志模糊、言语不清、烦躁不安或精神错乱(如赛跑者返身向反方向跑)、四肢发抖、步态不稳甚至昏倒。

3. 处理

让患者平卧、保暖、神志清醒者可饮糖水或进食少量流质食物，一般经短时间处理后症状就能消失。昏迷者可静脉注射50%葡萄糖40～100毫升，同时针刺(或指掐)人中、涌泉、合谷等穴，并迅速请医生来处理。

4. 预防

平时缺乏锻炼、空腹饥饿或患病未愈者，不要参加长时间的剧烈运动。进行长时间耐力2小时(或赛前15分钟)可按每千克体重进食1克糖。参加长距离(10 000米跑、马拉松等)跑的训练者，途中应有含糖饮料的供给。

(三) 运动中腹痛

运动中腹痛是指由于体育运动而引起或诱发的腹部疼痛。发病率较高的是中长跑、马拉松、竞走、自行车、划船等项目。多发生在运动过程中或运动结束时。腹痛的部位多在心窝部、右上腹，其次是左上腹和脐周部。一般男性多发于女性。

1. 病因

引起运动中腹痛的原因，大致可分为腹腔内疾患、腹腔外疾患和与运动有关的运动性腹痛三大类。

发病原因与缺乏锻炼有关，特别是初参加体育锻炼的人，由于心脏功能差，心脏搏动无力，影响静脉血回流从而引起肝、脾郁血肿胀，增加肝脾被膜的张力而发生腹痛。饭后过早参加运动、运动前吃得过饱、喝水过多或空腹运动都可引起胃部胀痛。运动前不做准备活动或准备活动不充分即进行剧烈的运动，由于运动负荷增加过快，心肺功能跟不上肌肉工作的需要，致使呼吸肌缺氧，加剧腹痛的产生。内脏器质性病变(如胆囊炎、溃疡病、慢性阑尾炎和肝脾疾病等)，运动时可使病位受到刺激而产生腹痛。

2. 征象

腹痛的部位主要以发病原因而定，由肝脾郁血引起的腹痛，肝病在右肋部、脾痛在左肋部，疼痛性质为胀痛或牵扯性痛。饮食时间安排不当，可能引起胃痉挛，其疼痛部位在上腹部，腹痛大多在运动中或后不久出现。

3. 处理

运动中出现腹痛中时，应适当减慢速度，加强呼吸，调整呼吸与运动节奏(如 3 步一吸气或 4 步一吸气)，按压疼痛部位或弯腰慢跑一段距离，一般疼痛可减轻或消失。如疼痛仍不减轻，就应停止运动，口服解痉药物(如普鲁苯辛等)，点掐或针刺足三里、内关、大肠俞等穴，并热敷腹部。如仍无效果，应请医生进行诊断和处理。

4. 预防

要遵守科学锻炼原则，循序渐进地增加运动负荷，全面提高心肺功能。要合理安排膳食和运动时间，饭后应休息 1.5～2 小时才可进行剧烈运动。运动前要充分做好准备活动，内脏器官疾病患者，应及早就医，彻底治疗。在疾病未愈前不要参加剧烈的长时间的运动或应在医生指导下进行体育活动。

(四) 肌肉痉挛

肌肉痉挛(俗称抽筋)，是肌肉不自主地强直性收缩。运动中以小腿腓肠肌最易发生肌肉痉挛，其次是足底的屈拇肌和屈趾肌。肌肉痉挛在游泳、足球、篮球、长跑运动中较为多见。

1. 病因

在寒冷的环境中运动时，若不做准备活动或准备活动不充分，身体因突然受寒冷的刺激，通过神经系统传至肌肉，使肌肉兴奋性增高，造成肌肉强直性收缩而引起肌肉痉挛。

2. 征象

痉挛的肌肉僵硬，疼痛难忍，所涉及的关节暂时屈伸功能受限，一时不易缓解。痉挛缓解后，局部仍有酸痛不适感。

3. 处理

解除肌肉痉挛的有效方法是被动伸展痉挛的肌肉。此外，还可配合点穴或针刺(承山、委中、阿氏穴等)缓解肌肉痉挛。游泳时发生肌肉痉挛，首先不要惊慌，如果自己无法处理或缓解，要立即呼救。

4. 预防

要加强体育锻炼，提高身体对寒冷的适应能力。运动前必须充分做好准备活动，尤其是对易发生痉挛的肌肉，运动前做适当的按摩，夏季运动出汗过多时，要及时补充水、盐份和维生素 B_1。游泳下水前，应用冷水淋湿全身，使人体对冷水的刺激有所适应，水温较低时，游泳时间不易太长。冬季运动要注意保暖，疲劳时不要进行剧烈运动。

(五) 中暑

中暑是因高温环境或受到烈日的暴晒而引起的疾病。

1. 病因

当人在运动时，体内代谢过程加速，产生热量增加，人体借助于皮肤血管扩张、血液流动加速、汗腺分泌增加以及呼吸加快等，将体内产生的热量送达体表，通过辐射、传导、对流及蒸发等方式散热，以保持体温在正常范围内，当气温超过皮肤温度（一般为32℃以上），或环境中有热辐射源（如电炉、明火），或空气中温度过高通风又不良时，人体内的热难于通过辐射、传导、蒸发、对流等方式散发，甚至还会从外界环境中吸收热，造成体内热量贮积，从而引起中暑。

2. 征象

中暑的临床表现，按病情轻重可分为先兆中暑、轻度中暑和重症中暑。

(1) 先兆中暑。患者大量出汗、口渴、头昏、眼花、耳鸣、胸闷、心悸、恶心、四肢无力、注意力不集中、体温在37.5℃以下，称为先兆中暑。

(2) 轻度中暑。除有先兆表现外，体温升至38℃以上，面部潮红、皮肤灼热、面色苍白、呕吐、皮肤湿冷、血压下降、脉搏细弱及有早期循环衰竭的表现，称为轻度中暑。

(3) 重症中暑。除轻症症候群中暑的表现外，伴随昏迷、痉挛或高热，称为重症中暑。

3. 处理

当有先兆或轻度中暑时，应让患者迅速离开高热环境，移至阴凉通风处休息，解开衣领，并给予清冷饮料、浓茶、淡盐水和人丹、解暑片（每次1～4片）或藿香正气丸（每次1粒）等解暑药物。对于有早期周围循环衰竭表现的患者和重症中暑患者，头部应垫高，松解衣服、扇风、头部作冷敷，用50%酒精或白酒擦身，少量多次地给予凉淡盐开水或清凉饮料，如有昏迷，可指掐人中、涌泉等穴位，应一面急救，一面迅速送医院治疗。

4. 预防

在高温炎热的夏天，应合理安排好生活作息制度，保证充足的睡眠和休息。平时要坚持在较热的环境中锻炼，逐步提高身体的耐热能力。运动量大的项目应放在早晚进行，运动时间不宜过长。在烈日下锻炼宜穿浅色、单薄、宽舒的服装，并随时准备好清场地应有良好的通风和降温设备。身体疲劳或患病时，不宜参加剧烈运动。

（六）游泳性中耳炎

中耳的普通炎症性疾病统称为中耳炎。中耳炎是最常见的耳部疾患，以慢性居多。游泳性中耳炎是游泳时随水进入中耳而引起的中耳炎症。

1. 病因

游泳时，水进入外耳道，外耳道积水时间较长，鼓膜泡软，此时如用棉花棒或用手指去耳道内盲目乱掏，极易损伤鼓膜，水中的致病菌便会侵入鼓膜，从而引起中耳炎。

2. 征象

急性中耳炎早期一般无全身症状，外耳道皮肤因感染发生肿胀时，将直接压迫皮肤下的神经末梢，可引起耳内剧烈疼痛。尤其是在张口咀嚼、打哈欠或压迫耳屏时，疼痛会加重，并伴有听力减退，有时还会引起发热和头痛。当鼓膜破裂时，则有黄色脓液自外耳道流出。急性炎症如治疗不及时、彻底，可转变成慢性中耳炎。

3. 处理

患中耳炎后要及时请医生治疗。一般可卧床休息，适当多喝开水，口服止痛片，同时注射抗生素。如鼓膜已破，可用3%双氧水清洗脓液，外用消毒剂如碳酸甘等，或用抗菌素溶液滴耳，然后用消毒棉条填外耳道。此外，在乳突部做热敷及红外线照射，也可加快患部血液循环，促使消肿消炎。

4. 预防

不要在不清洁的江河湖中游泳。游泳时，必须注意正确的呼吸方法，不能在水中嬉戏，避免呛水。游泳之前应用涂有凡士林的棉花球或橡皮耳塞将外耳塞好，以防污水进入。游泳后若耳内灌水，可采用头偏向耳朵有水的一侧，进行原地跳，水即流出，再小心地用棉花擦干外耳道，或在耳内滴入几滴硼酸酒精，切忌挖耳。凡患感冒、上呼吸道感染、中耳炎时不能游泳。

（七）昏厥

由于脑部一时性供血不足或血中化学物质变化所致的意识短暂丧失的现象，称为昏厥。

1. 病因

情绪过于激动、受惊、恐怖、悲伤或看到别人出血，都可反射性引起血管急性扩张、血压下降，产生一时性脑部缺血；长时间站立或过久下蹲后骤然起立，使肌肉泵和血管调节功能失调，致使回心血量骤减以动脉血压下降，也会引起一时性脑缺血；疾跑后急停，下肢肌肉内的毛细血管和静脉失去肌肉收缩对它们节律性挤压作用，加上血液本身的重力关系，大量血液积聚在下肢血管中，使回心血量和心输出量骤减，导致脑供血不足，造成重力性休克；此外，低血糖、低碳酸血症、中暑、心或脑血管疾病等，亦可引起昏厥。

2. 征象

昏厥前病人面色发白、头晕、眼前发黑、出冷汗、全身无力。昏倒后，意识丧失、手足发冷、血压降低或正常、脉率增快或正常、呼吸增快或缓慢。一般昏倒数秒钟，经平卧休息，脑缺血消除，知觉迅速恢复。有可能清醒后精神不佳，仍有头晕、全身无力等暂时现象。

3. 处理

把患者处于仰卧位和下肢抬高，松解衣领和腰带，注意保暖，并做双下肢向心性重推拿或揉捏，必要时嗅以氨水或点掐（针刺）人中、百会、涌泉等穴。有条件应给氧气和静脉注射25%～50%葡萄糖40～60毫升。如有呕吐，应将患者头偏向一侧，以免因舌头后坠及呕吐物堵塞气道而妨碍呼吸。如呼吸停止，立即进行人工呼吸，若伴有心跳停止，应同时进行胸外心脏挤压。醒后可给以热饮料，注意休息。若神志未能迅速恢复者，应送医院作进一步处理。

4. 预防

要坚持体育锻炼，增强体质，提高心血管功能。疾跑后，尤其是长距离跑后不要站立不动，应继续慢跑并作深呼吸，逐渐地停下来。对发生过昏厥者应作全面的检查。进行剧烈运动后，应休息约半小时后再洗澡或淋浴（因立即淋浴有可能造成心肌缺血、心排血量减少），以防昏厥的发生。若有昏厥先兆时，应立即平卧。

（八）运动性贫血

我国成年健康男性每100毫升血液中含血红蛋白量为1.25～16克，女性为11.5～15克。若低于这一生理数值，则被视为贫血。因运动引起的这种血红蛋白量减少，称为运动性贫血。

1. 病因

由于运动时人体对蛋白质与铁的需求量增加，一旦需求量得不到满足时，即可引起运动性贫血。运动时，脾脏释放的溶血卵磷脂能使红细胞的脆性度增加，加上剧烈运动时血流加快，易引起红细胞破裂，从而导致运动性贫血。少数学生由于偏食或爱吃零食，影响正常营养摄入，或长期慢性腹泻，影响营养吸收，运动时也常出现贫血现象。

2. 征象

运动性贫血发病缓慢，平时表现有头晕、恶心、气喘、体力下降，运动后出现心悸、心率加快、脸色苍白等。

3. 处理

如运动中(后)出现头晕、无力、恶心等现象时,应适当减少运动量,必要时暂停运动。补充富含蛋白质和铁的食物,口服硫酸亚铁片剂和维生素C,对缺铁性贫血的治疗有明显的效果。

4. 预防

锻炼时,要遵循循序渐进原则,并克服偏食习惯。

(九) 运动后肌肉酸痛

在一次活动量较大的锻炼以后,或是隔了较长时间未锻炼,刚开始锻炼之后,常常会出现运动后肌肉酸痛,这种酸痛不是发生在运动中或运动后即刻,而是发生在运动后结束1～2天之后,因此也称为肌肉延迟性疼痛。

1. 原因

一是肌肉对负重负荷及收缩放松活动未完全适应,引起局部肌纤维及结缔组织的细微损伤,以及部分肌纤维产生痉挛所致。二是代谢产物积聚过多(如乳酸),以致肌纤维的化学成分有变化。神经末梢受刺激引起酸痛感。酸痛后,经过肌肉内局部细微结构的修复或聚积代谢产物的排除,肌肉组织会变得较前强壮,以后再经历同样负荷就不易再发生酸痛。

2. 预防与消除方法

(1) 预防肌肉酸痛

① 根据不同体质,不同健康状况科学地安排运动负荷。

② 锻炼时,尽量避免长时间集中练习身体某一部位,以免局部肌肉负担过重。

③ 准备活动中,注意对即将练习的负荷重的局部肌肉活动得更充分,这对损伤有预防作用。

④ 整理活动除进行一般性放松练习外,还应重视进行肌肉的伸展牵拉练习,这种伸展性练习有助于预防局部肌纤维痉挛,从而避免酸痛的发生。

(2) 缓解和消除肌肉酸痛

① 热敷。可对酸痛的局部肌肉进行热敷,促进血液循环以及代谢过程,有助于损伤组织的修复及痉挛的缓解。

② 伸展联系。可对酸痛局部进行静力牵拉练习,保持伸展状态2分钟,然后休息1分钟,重复进行。每天做几次这种练习,有助缓解痉挛,但做时注意不可用力过猛,以免牵拉时再使肌纤维损伤。

③ 按摩。按摩有使肌肉放松、促进肌肉血液循环的作用,有助于损伤的修复及痉挛的缓解。

④ 口服维生素C。口服维生素C有促进结缔组织中胶原合成的作用,有助于加速受损伤结缔组织的修复,从而减轻和缓解酸痛。

⑤ 针灸、电疗等手段对缓解酸痛也有一定作用。

第五章 体育竞赛

第一节 体育竞赛概述

一、学校体育竞赛的定义

学校体育竞赛是充分利用学生的课余时间,组织学生以争取优胜为目的,以运动项目、游戏活动、身体练习为内容,根据正规的、简化的或自定的规则进行个人或集体的体力、技艺、智力和心理的相互比赛。

二、学校体育竞赛的组成

学校体育竞赛作为学校体育的一部分,必然不能脱离学校体育的范畴,因此,学校体育竞赛可以分为学校田径运动会、学校体育单项目比赛、课外体育活动中的趣味性娱乐性竞赛、体育节以及体育文化的知识竞赛等。

三、学校体育竞赛的功能特征

学校体育竞赛作为学校体育的组成部分,必然具备了某些学校体育的功能特征,但同时也更为具体化,主要体现在以下几个方面。

(一) 综合性

从学校体育竞赛的组成看,它不仅仅是传统意义上田径项目的比赛,更是集竞技、休闲、娱乐、趣味于一体的综合性学校体育活动,也正适合学校全面教育、学生全面发展的目标。

(二) 竞争性

学校体育竞赛之所以称为竞赛,是其具有一般体育竞赛的特征。学校体育竞赛中所表现出的对抗、争先、竞争意识符合学生的心理特征,同时,在竞赛中学生们都会尽可能发挥自己最大的潜能,不断地坚持、突破、超越,从而在学校体育竞赛中得到锻炼和提高。

(三) 协作性和教育性

在学校体育竞赛的项目中,有很多需要一个团队共同完成的集体项目,这就需要团队中每个人都要尽自己最大努力,同时还要注意和其他人的协作,进而增强集体荣誉感,提升思想道德修养。

(四) 娱乐性和趣味性

学校体育竞赛不但是多方面的综合性的竞赛,同时也是一个群众性竞赛,重在吸引众人参与。因此,竞赛中可通过降低(或自行制定)竞赛规则、布置人性化场地设施、丰富竞赛内容等措施,使竞赛简单易行,并适宜操作,从而做到学校体育竞赛集大众性、趣味性和娱乐性于一体,提高学生的运动热情。

四、学校体育竞赛的分类

按竞赛的组织机构级别,可分为国家级别学校体育竞赛、省、市级别学校体育竞赛、校级学校体育竞赛;按照比赛项目的数量,可分为综合性体育运动会、单项体育竞赛;按照竞赛的性质,可分为竞技性学校体育竞赛、趣味性学校体育竞赛。

第二节 体育竞赛的组织工作

学校体育竞赛的目的就是增强体质,提高运动技术水平,创造优异的运动成绩,丰富校园文化生活。学校体育竞赛组织工作的成功与否将直接影响到竞赛能否顺利进行与能否达到举办竞赛活动的目的。因此,体育竞赛的组织工作至关重要。

一、竞赛前的工作

(一) 确定组织方案

学校体育竞赛计划的安排和有关方面的竞赛任务是确定组织方案的重要依据。

1. 竞赛的名称和目的任务

竞赛的名称和目的任务应根据竞赛的内容、性质、时间和规模来确定,同时要结合当时的形势和中心任务。如若比赛有赞助商,应考虑他们的利益。

2. 竞赛的规模和时间

竞赛项目和参赛者的多少直接关系到比赛场馆的需求和时间的长短。在比赛之前竞赛组织部门要根据竞赛项目的设立,对参赛者的数目要有充分的预计,以便确定竞赛的天数。

3. 拟订竞赛的组织机构

拟订和建立竞赛的组织机构是学校体育竞赛组织工作的重要环节。机构设置要合理、精炼,职能划分要明确,要保证竞赛任务的圆满完成。

各职能部门的工作范围如下:

(1) 组织委员会

组织委员会是竞赛组织工作的最高领导机构。其职能有:审议批准下设各机构的负责人及人员名单(包括确定仲裁委员、裁判长等);审议批准竞赛活动的各项实施方案以及裁决竞赛工作中出现的重大问题。

(2) 办公室

办公室是竞赛组织工作的综合办事机构。其职能有:拟定竞赛有关文件;组织会议(包括开幕式、闭幕式);联络调控、文档管理以及接待等工作。

(3) 竞赛处

竞赛处是竞赛组织工作的业务机构。其职能有:制定竞赛规程、组织报名、编排比赛日程、编印秩序册以及比赛进行中的组织管理工作和比赛结束后的工作。

(4) 新闻宣传处

新闻宣传处是竞赛工作的宣传机构。其职能有:准备宣传材料、组织新闻传播、召开新闻发布会、思想教育和环境的布置等工作。

(5) 行政后勤处

行政后勤处是竞赛组织工作的保障机构。其主要职能有:进行财务管理、负责场地器材、卫生等工作的实施。

(6) 安全保卫处

安全保卫处负责竞赛工作中的安全工作。其主要职能有:制定安全保卫计划、落实对竞赛设施生活设施的安全检查和保卫、维持赛场秩序、及时处理突发事件等工作。

4. 经费预算

经费预算是执行经费开支的重要依据。各职能机构要根据本部门的需要，本着勤俭节约的精神，对自己的每一项经费开支进行认真预算，制定经济计划和严格管理的办法。经费预算可以留有一定的余地，以保证竞赛活动的顺利进行。

(二) 制定竞赛规程

竞赛规程是根据竞赛计划而制订的有关学校体育竞赛的具体政策与规定。它是学校体育竞赛的指导性文件，也是竞赛组织者和参加者进行工作和比赛的法律性文件。

1. 制订竞赛规程的依据

(1) 依据学校体育竞赛计划

竞赛规程是多年度或本年度竞赛计划的延伸，它的内容要与学校竞赛计划的安排相适应。其内容可以根据现实的情况进行修正和补充，但不能脱离计划的安排。

(2) 依据学校体育竞赛的目的和任务

竞赛规程的所有内容都是为了使竞赛活动得以顺利进行、圆满结束，都是为了使竞赛活动达到竞赛的预期目的。

(3) 依据学校体育竞赛的客观条件

竞赛规程的制订要充分考虑竞赛的经费开支、场地设施及学校的需求和参赛者等有关人员的实际情况，同时也要与有关竞赛的规律和要求相结合。

2. 制订竞赛规程的原则

(1) 完整性原则

竞赛规程是管理竞赛和参与竞赛的法律法规性文件，制订竞赛规程是必须注意其完整性。竞赛规程的条文要规范、条款要清楚。防止出现内容遗漏、条款没有说明清楚的现象。

(2) 可行性原则

竞赛规程的内容既要考虑达到竞赛的目的，完成竞赛的任务，又要考虑到财力、人力、物力的开支、使用和时间的安排。同时，竞赛项目安排是否合理、运动员的技术水平等也是其考虑的范围。既要考虑到竞赛内容的竞技性，又要考虑到竞赛内容的群众性和娱乐性。竞赛规程的制订要做到切实可行。

(3) 公平性原则

竞赛规程是所有参与竞赛活动的人们共同遵守和执行的规范和准则，其内容应使大家在客观条件相同的前提下进行公平竞赛。规程一经确定，竞赛各方必须严格执行。如有的细节确实需要进行修正、补充，也必须经组委会及竞赛部门审议批准后方可执行。

(4) 连续性原则

竞赛规程中的时间安排、竞赛办法等内容，对于运动员训练周期的安排、运动水平的发挥都有着一定的关系。对于每年都要举行的比赛，竞赛规程不要做大的改动，以保证规程的连续性和群众性。

3. 竞赛规程的内容

竞赛规程一般有以下的内容组成。各学校在制订竞赛规程是可以根据具体情况对其内容进行取舍和补充。

(1) 竞赛名称

根据竞赛的任务、性质和内容确定竞赛名称。名称要用全称，如“××杯足球赛”。在竞赛的文件、会标及宣传材料等方面，名称要统一。

(2) 目的任务

根据竞赛活动的要求，简要说明举办竞赛的目的和任务。如增强学生体质，普及全民健身运动；检验教学训练工作，提高运动水平等。

(3) 主办单位和承办单位

注明竞赛主办单位和承办单位，如“全国足球甲级联赛”由中国足协主办，由主场会员协会组成的联赛赛区委员会承办。

(4) 时间和地点

竞赛时间要明确比赛开始至结束的年、月、日，如有比赛安排有预赛、决赛的，要分别写明确预、决赛的开始时间和结束时间。写明举办竞赛的具体地点。

(5) 竞赛项目和组别

要明确竞赛设置的项目，如田径比赛共设哪些项目以及所用器械的规格等；明确竞赛分哪些组别，各组设立哪些项目、要求等。

(6) 参赛办法

① 参加单位、人数和运动员资格

明确哪些单位可以参加比赛，规定各单位领队、教练、工作人员人数和运动员人数；规定运动员的参赛资格和标准。

② 报名、报到时间和报名规定

明确规定报名的开始和截止时间，规定报到的时间与报到须知。有的竞赛要明确每项比赛可以报几名运动员参加，每名运动员可以参加几项比赛等参赛的有关规定。有的竞赛的抽签时间和地点也可以在这里注明。

③ 对服装、器材的要求

明确规定服装的套数、颜色、号码尺寸、比赛器材的规格标准等。

(7) 竞赛办法

① 确定比赛采用的规则

可以根据竞赛的不同性质对现行的规则做一定的修改和补充，但必须在竞赛规程中写清楚。

② 确定竞赛采用的竞赛制度

确定竞赛采用的竞赛制度，如循环赛、淘汰赛或混合赛等。若比赛分阶段进行，要写清楚各阶段的竞赛制度、两阶段比赛的衔接办法、成绩计算和名次排列。

③ 具体的编排原则和方法

选择具体的编排原则和方法。如循环赛编排采用哪种轮转方法；单淘汰赛设立几名种子，怎么确定种子等。

④ 明确计分方法和确定名次的方法

各种不同竞赛项目有不同的计分方法；接力、破纪录如何加倍计分；排列名次的方法以及积分相同时如何判定名次的方法；团体总分如何计算等。

⑤ 比赛中违反规定的处罚方法

明确规定比赛中违反规定的处罚方法。如弃权的处理、违纪的扣分等。

(8) 录取名次与奖励

规定竞赛录取名次和奖励的办法。包括对团体奖、单项技术奖、道德风尚奖等的奖励名额和各种奖项的奖励内容(奖杯、奖状等)。

(9) 裁判员

如需参赛单位选派裁判员的,要写明人数、等级及报到时间和学习时间。

(10) 其他事项

如需对有关问题进行说明;未尽事宜,另行通知;规程解释权的归属单位。

田径竞赛规程范例见附录一。

(三) 组织编排工作

1. 了解和熟悉情况

学习竞赛规程和竞赛规则,了解竞赛内容、形式、时间安排、比赛单位、组别、项目、参赛办法、奖励及计分办法;要掌握竞赛的场地器材情况和裁判员的人数、水平等情况。同时准备有关用具,绘制各种比赛用表。

2. 检查报名情况,审查报名资格

检查报名是否逾期,检查各单位报名是否符合竞赛规程的规定。学校体育竞赛要注意检查有无漏报、错报情况,已经发现,要尽快与报名单位取得联系,及时补报和改正,以便让更多的让人参与竞赛活动。要严格审查运动员的参赛资格,若有疑问,及时了解清楚,尽快做出处理,以保证竞赛的顺利进行。

3. 编排号码对照表,统计各类参赛者的人数,填写竞赛表格和卡片

编排运动员姓名号码对照表,号码顺序可以按各队报名先后的顺序排定,也可以按组委会规定的顺序排定。

进行各项统计工作,如田径比赛需统计各单位参加人数;各项目的运动员人数和运动员兼项人数等。以便掌握情况,为编排工作做准备。

按要求填写各种竞赛表格和卡片,卡片填写好经过核对后,按项目归类,以备编排时用。

4. 编排竞赛秩序册和制定竞赛日程

(1) 编排竞赛秩序

编排竞赛秩序首先根据竞赛规程的规定和不同的竞赛项目及场地器材的情况,计算出比赛的需用时间。球类竞赛项目要计算常数和轮数;田径、游泳等竞赛项目则计算比赛单元、比赛场次。然后遵循各项竞赛的编排要求和编排方法将竞赛项目和参赛者安排到比赛的具体位置上,编排时通常是采用抽签的方法把参赛者定位或分组定位。各体育竞赛项目的不同,其抽签的实施方法也各不相同。竞赛秩序编排后,还要确定具体的比赛时间、地点、道次(场次)等,并在此基础上制定出竞赛日程。

(2) 制定竞赛日程

编排和制定竞赛日程是要考虑到各参赛者竞赛时间、场地的机会均等(如,白天、晚上;室内、室外等);要考虑到比赛的密度、强度及休息时间的合理安排;要考虑到各项目的交叉和衔接;要考虑到比赛的精彩程度(各比赛项目预赛、决赛的安排要错开)。

(四) 编印秩序册

竞赛秩序册是组织完成一次竞赛活动的综合性的完整文件。竞赛秩序册是竞赛的组织者组织管理比赛的依据,也是教练员、运动员、裁判员参加比赛的依据。它既是比赛的时间表与项目安排表,又是比赛的成绩册。竞赛秩序册要在比赛开始前发给参赛者。

秩序册一般有以下内容。

(1) 封面。内容有:比赛名称、时间、地点、主办单位、协办单位、赞助单位等。封面上要印

有运动会会徽和“秩序册”三个大字。

(2) 目录。按顺序排列秩序册的所有内容。

(3) 竞赛规程和补充规定。它是组织和参加竞赛的指导性文件。

(4) 竞赛组织委员会成员名单和办事机构成员名单;各单项竞赛委员会、仲裁委员会成员名单和裁判长、裁判员名单。

(5) 各代表队名单。按有关规定顺序排列,内容有:队名、领队、教练、医生和运动员名单。运动员名单内容有:号码、姓名、出生年月日、身高、体重、名族和参赛项目等。

(6) 大会活动日程。包括运动员、裁判员报到的时间、训练的时间;组委会会议及裁判长、领队、教练员联席会议和有关抽签的安排;竞赛安排;比赛结束及离开时间;有关注意事项。

(7) 竞赛日程。具体明确各个比赛项目、各场比赛的时间、地点、比赛队、服装要求等。

(8) 各项竞赛分组。田径、游泳等竞赛项目需要分组分道。

(9) 比赛成绩表。绘制各种成绩表格,根据比赛的结果进行填写。

(10) 参赛各类人员统计表。

(11) 最高纪录或最好成绩。公布以往比赛最高纪录或最好成绩。

(12) 比赛场地平面图。

(五) 检查场地和器材

赛前必须对场地和器材进行细致地检查,发现有不符合竞赛标准的要及时解决。

(六) 组织裁判员学习、安排赛前训练

竞赛前要组织裁判员学习,统一判罚尺度,保证严肃、认真、公正、准确地执行任务。有的比赛需要安排赛前适应性训练的,要考虑到各种不同场地、不同时间的机会均等。

(七) 召开组委会及联席会议

召开组委会会议或裁判长、领队、教练员联席会议。由组委会成员介绍竞赛活动的组织工作情况;裁判长明确执行的规则及要求;听取意见和解决有关问题(如更换运动员、运动员号码错误等);组织抽签,进行参赛者定位或分组定位。

二、竞赛中的工作

(一) 全局一致、各方协调

竞赛活动是一项综合性工程,组织竞赛、临场管理、宣传报道、后勤保障、医护保卫等工作缺一不可。竞赛的组织者要与竞赛的各个环节保持信息的畅通,要深入赛场,掌握第一手材料,加强各方面的协调配合,不断改进工作,保证对竞赛全局的控制。一旦发现问题,立刻进行解决,切实保证比赛的顺利进行。

(二) 加强临场管理

临场管理是组织好体育竞赛的关键环节,它直接影响比赛的顺利进行。裁判员需要公证执法;运动员需要规范职业道德;工作人员需要做到热情服务。对临场比赛中出现的技术问题,对违反体育道德的现象,对场地器材、安全保卫中可能出现的隐患,都要及时发现,尽快解决。竞赛组织者要提倡、表彰精神文明,鼓励拼搏进取,同时对违规违法的人或事要坚决、严肃处理,不得徇私,不得延误、影响比赛等。

(三) 完成成绩统计和处理工作

任何项目的竞赛都要对比赛的全过程及每个阶段的成绩做出准确的统计和记录,以此作为录取名次、决定比赛结果的依据。同时也便于成绩公告和汇编成成绩册。有的项目还要把

上一阶段的比赛成绩作为下一阶段比赛编排分组的依据，必须尽快完成。成绩的统计和处理工作一定要做到准确、快捷。

(四) 成绩公告

每项比赛结束后，各单项竞赛部门要将该项的比赛成绩尽快送交给大会竞赛部门，再由大会竞赛部门将各项成绩汇总，准确、快捷地印制、发送当日的成绩公报，使参加竞赛的单位、运动员和观众及时了解竞赛的进程和结果，以便进行分析研究与宣传报道。

三、竞赛后的工作

(一) 排定名次，做好颁奖工作

比赛结束，竞赛部门要尽快核对各项比赛的成绩，排定名次，交裁判长在闭幕式上宣布。要根据竞赛规程的规定提前准备好奖品，以便在闭幕式进行颁奖。精神文明奖可在比赛进行中就开始评选，比赛结束时其评选活动也应结束，和其他奖项同时颁发。

(二) 印发竞赛成绩册

竞赛组织者要对比赛的成绩进行审查核对，确认无误后装订成册，尽快发给各参赛单位。球类项目比赛的成绩可以在竞赛秩序册中记录下来，但如田径、游泳等项目的各赛次的成绩以及最后比赛的结果就需要有一本完整的成绩册。

(三) 做好总结工作

竞赛活动结束后，竞赛有关部门要对竞赛工作做一个全面、认真的书面总结，肯定成绩，找出不足，提出建议。总结上交给主办单位；同时要将竞赛的各种文件、记录表格、原始成绩等一起归类存档，以便今后查阅和工作。

第三节　体育竞赛方法

体育竞赛方法是指从比赛的开始、比赛进行直至比赛结束的过程中，为合理比较参赛者的运动水平，公正排定参赛者的比赛名次所采取的组织和编排方式。这种组织编排及完成竞赛的方法，我们又称它为竞赛制度，简称“赛制”。

一、体育竞赛方法的分类

在体育竞赛中常用的竞赛制度有：循环赛制、淘汰赛制、混合赛制、佩奇赛制和扩展赛制等，如图 5-1 所示。组织竞赛时，组织者应根据比赛的目的和任务，参赛人数、参赛项目、时间长短、场地条件及训练水平等实际情况来考虑选用哪一种赛制。

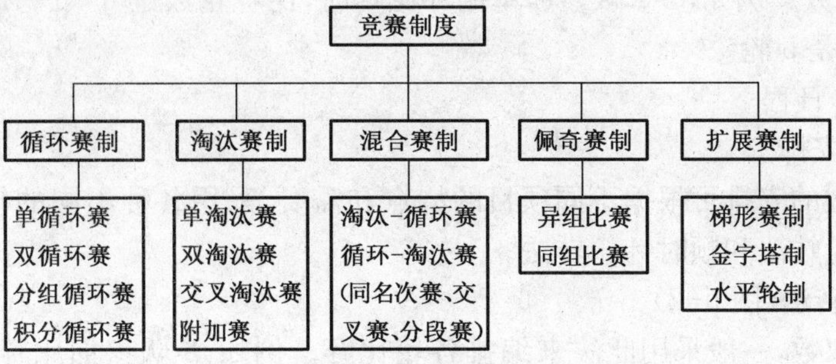

图 5-1　竞赛制度分类

二、选择体育竞赛方法的基本原则

(一) 机会均等原则

"机会均等"包括两方面内容:一是通过竞赛规程的制定、竞赛制度的选择、科学合理的抽签及编排等技术操作,尽量使参赛各方都能在机会均等、同等条件下进行比赛;二是规则内容要适用参赛各方,同时,裁判员对各方的执法尺度也应是完全一致。当然,做到绝对的机会均等是有困难的,但竞赛组织者要为参赛者提供最大限度的机会均等条件。

(二) 竞赛结果基本符合参赛者运动水平

竞赛结果,参赛者的成绩排序,应该基本符合参赛者的运动水平,这是体育竞赛基本的、必要的前提,也是体育竞赛的普遍规律。机会均等原则也是对竞赛结果合理性的保证。同时,竞赛结果还受到心理、环境、临场发挥、裁判、观众等多方面因素影响,竞赛结果具有不确定性。

三、体育竞赛方法

(一) 循环赛制

循环赛制(简称循环赛)是指所有参数者(队或人)相互之间都轮流进行比赛,最后按照其在循环比赛中得分的多少排定名次的竞赛方法。本书只对单循环赛、分组循环赛进行阐述。

1. 单循环赛

所有参赛者相互之间都轮流比赛一次,最后按其在同一循环比赛中得分的多少排定名次的竞赛方法,称作单循环赛。

(1) 竞赛场数计算

两个参赛者相互比赛一次,称作一场比赛。计算循环赛比赛总场数,主要是便于根据实际比赛场数的多少,计划好比赛场地和时间、人力、物力的安排。

单循环比赛场数　　　　$X = N(N-1) \div 2$。

其中,N 为参赛者数。例如,8 个队参加单循环赛,比赛的总场数为 $8 \times (8-1) \div 2 = 28$ 场。

(2) 竞赛轮数计算

所有参赛者都比赛完一场(包括轮空者)称为一轮比赛。计算循环赛的轮数,主要是根据不同项目比赛一轮所需时间的不同(如足球比赛 1～2 天比赛 1 轮,乒乓球比赛则 1 天可以比赛 2～3 轮)来安排比赛日程。

当参赛者是双数时,比赛轮数　　　　$Y = N-1$;

当参赛者是单数时,比赛轮数　　　　$Y = N$。

其中,N 为参赛者数。例如,8 个队参加单循环比赛时,比赛轮数是 8－1＝7 轮;5 个人参加单循赛时,比赛轮数是 5 轮。

(3) 制定竞赛日程

① 比赛轮次安排

单循环赛轮次的安排可根据不同项目的特点和需要,采用各种不同的轮转编排方法。这里只讲述逆时针轮转法和顺时针轮转法。

a. 逆时针轮转法(图 5-2)

若参赛者为双数,一般采用此法来编排各轮比赛。例如,6 队参加比赛,先选出 1、2、3、4、5、6 的位置号(序号),第一轮比赛先将 1、2、3 号自上而下依次写在左侧,再将 4、5、6 号自下而上与 3、2、1 号对应写在右侧，然后用横线分别将左右两个对着的号码连接起来，即为第一轮的比赛顺序。将第一轮比赛表中的 1 号固定不动，其余号码按逆时针方向轮转一个位置，即为第二轮比赛秩序，依次类推。

若参赛者为单数，则在最后一个数后补个“0”，各轮次仍按以上方法进行轮转，遇到“0”的参赛者，则这轮“轮空”。

第一轮	第二轮	第三轮	第四轮	第五轮
1—6(0)	1—5	1—4	1—3	1—2
2—5	6(0)—4	5—3	4—2	3—6(0)
3—4	2—3	6(0)—2	5—6(0)	4—5

图 5-2　逆时针轮转法

b. 顺时针轮转法(图 5-3)

若参赛者是单数，如仍按逆时针轮转将会出现一些因轮空休息而带来的不合理现象，会造成其中某一队(运动员)连续多次遇到的对手，都是前一轮轮空的队(运动员)，使该队(运动员)以劳待逸，疲于应付。克服这一不合理现象的方法是采用顺时针轮转法，其第一轮比赛与双数队相同，只在最后一个数后补“0”。第二轮是固定“0”号不动，其余号码按顺时针方向转动一个位置，各轮次以此类推。还可以采用固定右上角“0”号不动，其他号则用逆时针轮转来进行编排。

第一轮	第二轮	第三轮	第四轮	第五轮
1—0	2—0	3—0	4—0	5—0
2—5	3—1	4—2	5—3	1—4
3—4	4—5	5—1	1—2	2—3

图 5-3　顺时针轮转法

② 参赛者定位

单循环赛根据参赛者数编排好轮次后，应将各参赛者安排进入比赛秩序表里，其定位方法有两种。

a. 抽签的方法

在对参赛者的实力情况不了解和竞赛规程规定必须进行抽签时采用。抽签时，首先按参赛者数做好相应数目的号签，在号签上写上位置号；然后由参赛者随机进行抽签，抽到号码后即对号入座，排入秩序表内的相应比赛位置上。

b. 将上一次竞赛名次作为各参赛者进入秩序表的号码

如第一名为 1 号、第二名为 2 号、第三名为 3 号，以此类推，分别对号入座，排入秩序表内的相应比赛位置上。

③ 制定竞赛日程表(表 5-1)

比赛秩序表编排好后，把各轮次的比赛制定成竞赛日程表印发给参赛者。在制定竞赛日程表时因注意做到公平、合理，在场地(如室内、室外等)、时间(如白天、晚上等) 和比赛间隙的休息时间等各方面的安排上，力求各参赛者最大限度的机会均等。

表 5-1　　比赛日程表

轮次	日期	时间	组别	比赛队(运动员)	场地	备注

(4) 单循环赛成绩记录表

比赛成绩记录表的内容有比赛单位名称、比分(双方比赛结果)、积分、积分相等时排定名次的方法、名次等。体育竞赛项目众多,计算成绩的方法也各不相同,但都必须在竞赛规程中将计分方法、确定名次的方法做明确的规定。特别是要把在有多个参赛者积分相同的情况下如何最后确定名次的方法说明清楚,如表 5-2 所示。

表 5-2　　比赛成绩记录表

队名 / 比分				积分	得失分率		名次
					相互间	全部比赛	

2. 分组循环赛

当参赛者数量较多、比赛时间较短时,可以分阶段进行。在第一阶段或多个阶段中把参赛者分成若干小组进行单循环赛,按其在小组循环比赛中积分多少排定名次的竞赛方法,称作分组循环赛。

分组循环赛时,为了使各组运动员的水平接近,合理分组,一般采用"确定种子"分组或"蛇行排列"分组的办法。

(1) 确定种子分组

"种子"即公众承认的运动成绩优秀者。种子的资格,竞赛组织者可以依据参赛者在上届比赛的名次或实际的运动水平来确定。种子的数目一般是组数的倍数。分组时首先将种子抽签平均分到各组中去,然后再抽签确定其他参赛者的组次和位置。例如,16 支队参加比赛,设 4 名种子,分四组。先将 4 名种子随机抽签分入四个组,再将其他 12 支队随机抽签平均分入四组(签牌分为四组,每组有 3 个相同的签号);如 8 名种子,则先将种子随机抽签分入四个组(如果需要也可以分批抽签:先抽 4 名,再抽 4 名),其他队再随机抽签进入各组。若 8 名种子的顺序是按照运动水平依次排列的,则可以用蛇形排列的方法将种子分入各组。

(2) 蛇形排列分组

蛇行排列分组是将参赛者按照上届比赛的名次或参赛者实际运动水平从高至低依次排列,再依次衔接进行分组,这样分组各组的运动水平最为接近。例如,16 个队分成 4 组,其蛇形排列分组的方法如表 5-3 所示。

表 5-3　　蛇形排列分组表

第一组	第二组	第三组	第四组
1	2	3	4
8	7	6	5
9	10	11	12
16	15	14	13

(3) 确定名次

若分组循环赛的以后阶段比赛仍都采用单循环赛进行，则以最后阶段循环比赛的成绩排定名次。若比赛采用混合赛制，则以最后阶段所采用赛制的比赛成绩排定名次。

3. 循环赛编排时的注意事项

(1) 编排时，参赛者进入比赛顺序的序号抽签和进入各组的分组抽签应尽量由参赛者亲自参加，以免对抽签的结果有所异议；若技术代表、竞赛部门代为抽签，则要注意公开、公平、公正。抽签结果确定后要尽快通知参赛者。

(2) 循环赛必须按轮次的顺序逐轮进行。每一轮的比赛，必须全部结束，方可进入下一轮的比赛，这样才能使各参赛队的比赛进度保持一致。即使因为某种特殊原因，需要调整比赛时，也必须将整个轮次的所有比赛与另一轮的所有比赛一起对调。否则会造成比赛队休息时间的不均等，还有可能提供一些被利用的“机会”，干扰比赛结果。

(3) 注意各队在每场比赛结束后，有基本均等的休息时间。不同运动项目的比赛，场与场之间每队最低限度的休息时间是不相同的。其中足球的间隙时间最长；排球、篮球、手球等次之；乒乓球等小球项目则较短。编排时应注意保证各队的间歇时间，尽可能使比赛双方休息的时间相近，以防造成恢复体力时的不均等待遇。编排时，对比赛条件、场馆、观众、时间的安排要统筹兼顾，使各队基本上达到条件均等。在安排比赛次序时，各轮次都应有势均力敌、精彩激烈的比赛场次，将比赛逐步推向高潮。

(二) 淘汰赛制

淘汰赛制(简称淘汰赛)，是指所有参赛者按照排定的顺序进行比赛，胜者进入下一轮，负者退出此赛，直至产生最后一名获胜者(冠军)的竞赛办法。本书只对单淘汰赛和交叉淘汰赛进行详细介绍。

1. 单淘汰赛

参赛者失败一次即退出比赛，比赛直至产生最后获胜者的竞赛方法，称作单淘汰赛。

(1) 场数计算

单淘汰比赛场数＝参赛者数－1。

例如，有 32 人参加单淘汰赛，共要比赛 31 场。

(2) 轮数计算

单淘汰的比赛轮数＝所选择的作为号码位置数的 2 的乘方数的指数。

单淘汰比赛的轮数与比赛中为参赛者选择的号码位置数有直接的关系。不论参赛者有多少，其选择的号码位置数必须是 2 的乘方数，所选定的号码位置数是 2 的几次方，比赛轮数就是几轮。例如，有 16 人参加比赛，选择的号码位置数是 16，16 是 2 的 4 次方，那么就有 4 轮比赛。

(3) 选择号码位置数和分区

① 选择号码位置数

进行单淘汰比赛时，要给每位参赛者编上一个号码，安排一个比赛位置。单淘汰赛参赛者的号码位置数，必须是 2 的乘方数。如$2^2=4$，$2^3=8$，……，也就是说，如果是 8 人参加比赛，8 恰好是 2 的乘方数，则选择 8 为号码位置数，每人一个号码，一个位置，比赛 3 轮结束，如图 5-4 所示。

若参赛者的人数不是 2 的乘方数，则选择最接近参赛者数的 2 的乘方数为号码位置数。

例如，13 人参加比赛，则选择 16 为号码为号码位置数，比赛 4 轮结束。

② 分区

单淘汰比赛时要把号码位置分成几个相等的部分，称为“分区”。把全部号码位置分成两半，每半区称作 1/2 区，又称作上半区、下半区；再把上半区和下半区各分成两半，每个区称作 1/4 区，以此类推，如图 5-5 所示。

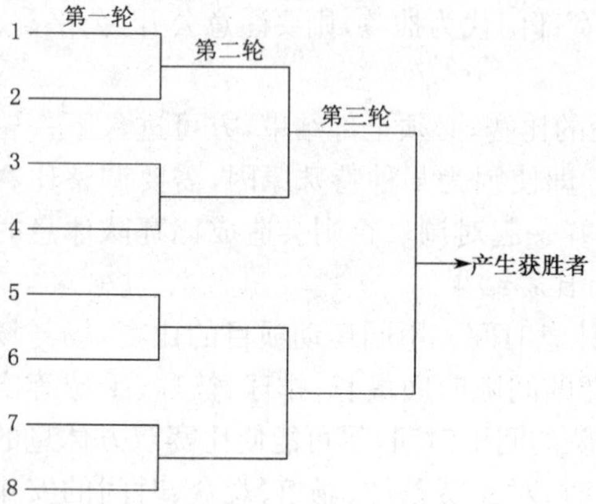

图 5-4　8 人单淘汰赛秩序图

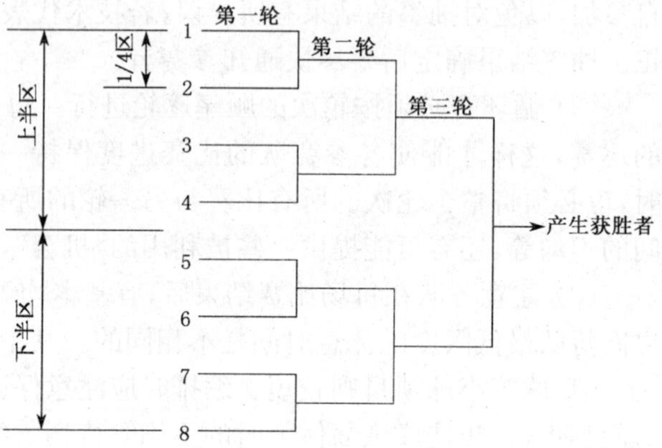

图 5-5　单淘汰赛分区图

(4) 种子定位

① 查表定位

单淘汰比赛时，如果参赛者数恰好是 2 的乘方数，那就可以选择与参赛者相同的数为号码位置数，使每个参赛者都有一个号码位置，两两相对进行比赛。但为了避免水平高的参赛者过早相遇、过早淘汰的不合理现象，在比赛前就必须设立“种子”。种子资格可依据上届比赛的成绩或实际的运动水平确定；种子的数目应根据参赛者数目的多少来决定，一般也是 2 的乘方数；种子的序号按照其运动水平的高低依次排定。种子要公平、合理地分布到比赛的各个区中去，种子的号码位置，可以查“种子位置表”确定。

“种子位置表”的查法是按比赛所设种子数目，从表中依次逐行由左向右取出小于或等于比赛号码位置数的号码，这些号码就是种子定位的号码。例如，有 120 人进行单淘汰赛，必须选用 128 个号码位置。若设 8 名种子，则可从表中依次取出小于或等于 128 的 8 个号码位置：1、128、65、64、33、96、97、32 这些就是种子所在位置的号码，如表 5-4 所示。

表 5-4　种子位置表

1	256	129	128	65	192	193	64
33	224	161	96	97	160	225	32
17	240	145	112	81	176	209	48
49	208	177	80	113	144	241	16
9	248	137	120	73	184	201	56
41	216	169	88	105	152	233	24
25	232	153	104	89	168	217	40
57	200	185	72	121	136	249	8

② “跟种子”定位

除了查表给种子定位外，还可按照种子排位的高低，采用“跟种子”的方法将全部种子定位，其结果与查“种子位置表”的种子定位是一致的。

如果设立 4 名种子，“跟种子”定位方法首先将 1 号种子定位在上半区的顶部 1 号位置，将 2 号种子定位在下半区的底部 16 号位置。其次是将 3 号种子“跟”2 号种子定位在下半区的顶部 9 号位置，将 4 号种子“跟”1 号种子定位在上半区的底部 8 号位置。若选择的号码位置数 64、128、256，种子的数目再多一些，也可以按照“跟种子”的规律进行种子定位，如图 5-6 所示。

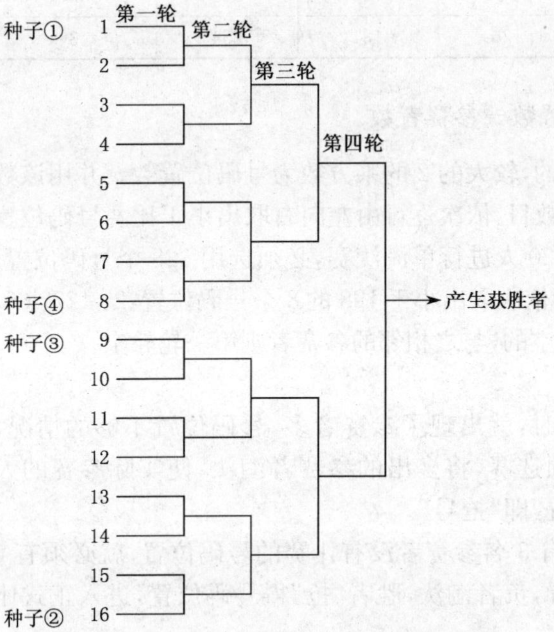

图 5-6 “跟种子”定位图

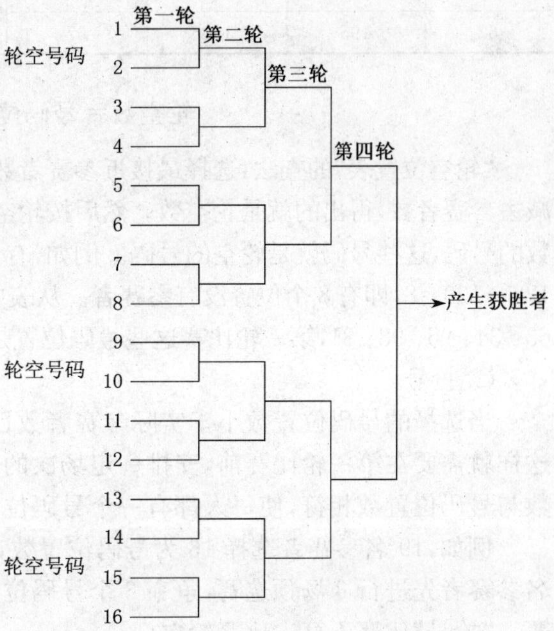

图 5-7 13 人单淘汰赛轮空号码位置图

（5）轮空和抢号

① 轮空

当选择的号码位置数大于实际参赛者数目时，就会多出一些号码，空着没有参赛者进入，这就出现了“轮空”。轮空就是指在第一轮的比赛中有的参赛者没有对手，休息一轮。例如，13 人参加比赛，选择 16 为号码位置数，就会有 3 名参赛者在第一轮没有比赛而轮空，如图 5-7 所示。轮空号码的位置，可以查“轮空位置表”确定，如表 5-5 所示。

表 5-5 轮空位置表

2	255	130	127	66	191	194	63
34	223	162	95	98	159	226	31
18	239	146	111	82	175	210	47
50	207	178	79	114	143	242	15
10	247	138	119	74	183	202	55
42	215	170	87	106	151	234	23
26	231	154	103	90	167	218	39
58	199	186	71	122	135	250	7
6	251	134	123	70	187	198	59

续表

38	219	166	91	102	155	230	27
22	235	150	107	86	171	214	43
54	203	182	75	118	139	246	11
14	243	142	115	78	179	206	51
46	211	174	83	110	147	238	19
30	227	158	99	94	163	222	35
62	195	190	67	126	131	254	3

轮空数＝号码位置数－参赛者数。

“轮空位置表”的查法：选择最接近参赛者数的，较大的2的乘方数为号码位置数。并用该数减去参赛者数，得出的就是轮空数。然后按轮空数目，依次逐行由左向右取出小于比赛号码位置数的号码，这些号码就是轮空的号码。例如，有120人进行单淘汰赛，必须选用128个号码位置，128－120＝8，即有8个位置没有参赛者。从表中依次取出小于128的8个号码位置：2、127、66、63、34、95、98、31，第一轮比赛这些号码位置是空的，与之相邻的参赛者则第一轮轮空。

② 抢号

当选择的号码位置数小于实际参赛者数目时，就出现了参赛者多，号码位置不够的情况，这样就需要在第一轮比赛前，安排一定场次的预选赛，将多出的参赛者淘汰，使实际参赛的人数与号码位置数相符，使每人都有一个号码位置，即“抢号”。

例如，19名参赛者选择16为号码位置数，有3名参赛者没有比赛的号码位置，就必须有6名参赛者先进行3场预选赛，争夺3个号码位置，负者淘汰，胜者“抢”得号码位置，进入正式比赛。“抢号”比赛不算入比赛轮次。

抢号场数＝参赛者数－号码位置数。

抢号的位置就是轮空的位置，抢号位置也可以查轮空表获得。

例如，上例中的3个抢号位置数查表可得，是2、15、10。实际上，抢号＝轮空。

(6) 抽签的方法

抽签是确定参赛者在淘汰赛中各自号码位置的一种方法。抽签的原则：把种子与种子合理分开，把同一单位的种子合理分开；把同一单位的参赛者均匀分布在各个区。抽签是组织编排工作中的重要环节之一，在可能的情况下，参赛者应自己参加抽签。一般比赛的抽签工作，通常由技术代表、竞赛部门代抽。

在体育竞赛中，采用不同的竞赛方法，以及竞赛的规模和规格的不同，抽签的具体实施方法也有很大区别。尤其是个人项目竞赛的抽签，不但在理论上较复杂，而且在实践中，也是一项难度很大的工作。要做好淘汰赛个人竞赛项目的抽签工作，不但要熟悉抽签的理论，还要通盘熟知抽签的各项准备工作和具体实施方法。

① 拟定抽签方案

竞赛规程中对竞赛办法的规定和各参赛单位的报名情况，是研究抽签方案的两个重要依据。因此，在接受报名和审核报名单的基础上，开始进行以下工作。

a. 在对参赛者进行资格审查后，统计出各个比赛项目的参赛者有多少，以供确定具体的编排方案和抽签方法；

b. 确定比赛的号码位置数和“轮空”或“抢号”的位置；

c. 确定种子数量和名单；

d. 研究分区方案和抽签顺序及方法。根据参赛者数目情况，制定出相应的分区控制表。然后可依各参赛单位在竞赛规程中的排列顺序、报名时间的先后、种子数目的多少、参赛者的多少或单位字头的笔划数等方法，来确定抽签的顺序。

② 准备抽签所需用具

a. 抽签用的“签卡”。包括“号签”，上面书写位置号或组号；“名签”上面书写参赛者姓名、单位及在队内的技术序号；“区签”，包括上、下半区、1/4 区和 1/8 区。“区签”在抽区时可反复使用，但“号签”和“名签”应每位选手一张。

b. 抽签记录表。种子抽签和非种子抽签定位时，应将抽签结果当场记录在抽签记录表上，它是进行编排赛序的依据，也是核对抽签结果的唯一凭据。

c. 分区控制表。每个项目都有其单独使用的分区控制表，正式抽签前应将分区控制表事先填好，便于根据表上人数一次抽签。

d. 其他。存放签卡的小盒和盘子等。

③ 抽签和实施方法

a. 种子的抽签与进位。按种子的号码位置抽签进入，也可以按种子实力水平排列顺序，直接将全部种子定位。

b. 非种子的抽签与定位。按抽签方案确定的顺序，将各单位参赛者先分区，后定位。

c. 各单位的参赛者要分批进行抽签。如先抽该单位 1、2 号运动员，分别进入上、下半区的一个 1/4 区；再抽该单位 3、4 号运动员，分别进入没有 1、2 号运动员的另外两个 1/4 区；再将 5～8 号运动员分别抽入没有 1～4 号运动员的另外四个 1/8 区，以此类推。

d. 控制平衡与复合检查。为使各单位的运动员都能合理分开，抽签时需要进行必要的控制来保持平衡；抽签后要检查种子是否合理分开，同单位运动员是否合理分开。

(7) 附加赛

单淘汰赛最后的胜者为冠军，负者为亚军，两场半决赛的负者为并列第三名，四场 1/4 决赛的负者为并列第五名。当有的比赛需要决出第三名，有的决赛甚至要决出第 1～8 名时，就需要进行附加赛。附加赛是单淘汰赛的延伸，以便扩大录取优胜名次的范围。附加赛场次的增加，是根据比赛所需决定名次的多少来决定的。一般决出 1～8 名的单淘汰比赛。

单淘汰赛附加赛秩序表如图 5-8 所示。表中比赛的胜者以实线向右方向移动，负者以虚线向左方移动，最后比赛决出 1～8 名。增加附加赛时，并不增加比赛的轮数。采用单淘汰赛

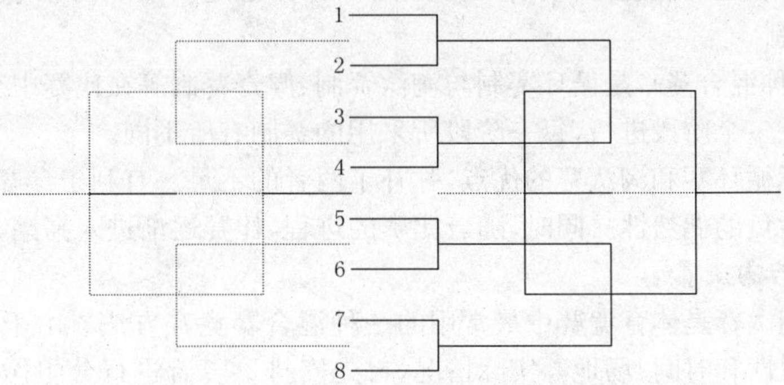

图 5-8 单淘汰赛附加赛秩序图

增加附加赛时，比赛场数的计算为

比赛场数 = 轮数只参赛者数 ÷ 2 = 轮数 × 首轮场数。

例如，8 人进行比赛，决出 1～8 名。比赛场数 = 3 × 8 ÷ 2 = 3 × 4 = 12。

2. 交叉淘汰赛

将上一阶段比赛中不同名次的选手互相交叉进行比赛，胜者继续比赛，负者即被淘汰，称作交叉淘汰赛。例如，第一阶段将参赛者分成 A、B 两组进行单循环赛，决出小组全部名次；第二阶段 A、B 两组前两名进行交叉淘汰(A1—B2、A2—B1)。两组胜者决出冠亚军，负者淘汰或决出三、四名。

3. 淘汰赛编排时的注意事项

淘汰赛的抽签工作结束后，要对全部比赛的场次进行编排，即确定全部比赛的日期、时间和场地，这是一项十分重要和细致的工作。如何在规定的时间内，科学合理地在一定数量的场地上，按一定的秩序进行比赛，是需要经过认真考虑的。

(1) 在球类个人项目的淘汰赛中(如羽毛球、乒乓球等)由于竞赛项目和场次多，而且各单项比赛需要交叉进行，编排时容易出现重场、漏场和连场的问题，因此要注意全面检查，反复核对，杜绝差错。

(2) 比赛应逐轮进行，以保持比赛进度一致。当遇到有“抢号”场次时，应提早安排；遇到“轮空”场次时，则“轮空”后的一场比赛，可适当推后一些进行，这样可以保证运动员有足够的间隙时间休息。

(3) 安排好队和个人单项比赛的“决赛”。一项球类竞赛的“决赛”是整个比赛的最高潮，应安排在观众最多的时间和竞赛最后进行，而且最好是单独进行。为了确保比赛的效果，各项决赛的具体时间可以在决赛前再确定，不一定在赛前就排定，要尽量保证有更多的观众观看比赛。

(4) 凡属有兼项比赛的球类项目的淘汰赛中，编排方案应立足于假设选手在任何一个项目中的任何一场比赛中都有望取胜，以此来编排每个选手可能出现的最大比赛强度和极限量。注意不能突破规则和规程规定的该项目比赛的极限量。对于在一段时间中，可能进行两场或更多场次比赛的项目，选手在相邻两场比赛之间，应保证得到不少规定的休息时间，同时也要避免过长的休息时间。

(5) 对于一个场馆内安排若干个比赛场地小球个人项目竞赛，特别要注意科学、合理地使用比赛场地。场地设置的数量不宜频繁变动。一般是随着比赛进程逐步减少场地的数量，避免忽多忽少。比赛场地的安置，要便于四周观众观看，不能过多集中在某一侧。

(三) 混合赛制

混合赛制(简称混合赛)，是循环赛制与淘汰赛制、佩奇赛制等在比赛中交叉使用的竞赛方法。比赛分两个或多个阶段进行，每一阶段所采用的赛制有所不同。

混合赛综合了循环赛和淘汰赛的优点，弥补了两者的不足。有利于参赛者相互交流，最大限度地减少比赛胜负的偶然性。同时，随着比赛的进程，比赛逐渐进入高潮，精彩激烈。

1. 先循环赛后淘汰赛

先循环赛后淘汰赛是体育竞赛中最常用的一种混合赛竞赛方法。由于参赛者较多，考虑到比赛结果的合理性和时间、场地等实际情况，首先安排参赛者进行分组循环赛，排定各小组的比赛名次，然后再根据竞赛规程的要求，录取规定的小组名次进入下一阶段的淘汰赛，决出全部比赛最后的名次。

例如，世界杯足球赛决赛阶段的比赛，第一阶段32支队分成8个小组进行单循环赛，然后录取每组的前2名，共16支队进人第二阶段的淘汰赛，最后决出全部比赛的1～4名。

2. 先淘汰赛后循环赛

先淘汰赛后循环赛在比赛中很少采用。往往在参赛者很多，又想使比赛结果相对更加合理时运用。例如，某一地区进行象棋选拔赛，报名数百人，第一阶段进行单淘汰赛，当比赛还剩下8～16人时，为使选拔的结果更加合理，选出的选手更强、更全面，则可以进行单循环赛，决出全部比赛最后的名次。

3. 混合赛决赛阶段竞赛方法

(1) 同名次赛

如上一阶段比赛分成两组，则由两组的第一名相互比赛，决出1～2名；由两组的第二名相互比赛，决出3～4名；以此类推，决出其他的名次。

如下一阶段比赛分成四组(或更多组)，则由四组的第一名采用单循环赛或其他竞赛方法进行比赛，决出1～4名。

(2) 交叉赛

如上一阶段比赛分成A、B两组，则每组的前2名进行交叉比赛，即A组第一对B组第二，B组第一对A组第二进行比赛，两场胜者决出1～2名，两场负者决出3～4名；每组的3、4名，5、6名也按照上述方法相互进行交叉比赛，决出其余的名次。

如上一阶段比赛分成四组(或更多组)，则要在竞赛规程中就明确规定相互交叉比赛的对手和位置。当上一阶段比赛结束，进入决赛阶段的参赛者即进入规程中所指定的位置进行比赛，最后决出比赛名次。有的比赛规定了一定的位置，由取得相关名次的参赛者抽签进入。

(3) 分段赛

将上一阶段各组比赛的1、2名(或1、2、3名)分成一组进行比赛，决出所有名次；也可以将各组其他名次分段进行分组比赛，决出其余的名次。

第六章　大学生体质健康测试

第一节　大学生体质健康标准测试概述

一、学生体质健康测试的历史发展

自20世纪建国后，六十多年来，我们国家和政府非常重视青、少年学生的体质健康。原国家教委、原国家体委等有关部门从鼓励和推动学生积极参加体育锻炼，增强学生体质的目的出发，在不同时期先后制定了《劳卫制》、《国家体育锻炼标准》、《大学生体育合格标准》、《中学生体育合格标准》、《小学生体育合格标准》及初中毕业生升学体育考试办法等一系列制度，并于2002年开始在全国试行《学生体质健康标准》。这些制度的制定和实施，对于增强学生体质，促进我国学校体育工作具有积极作用。我国学生体质健康测量与评价制度的演变和发展，是与我国不同时期社会、经济、科技、文化和教育的发展水平相适应的；是与全国提高青少年的身体健康素质、满足国家对受教育者的全面发展和培养人才战略的基本要求相一致的。

二、大学生体质健康标准测试的意义

(1) 促进学生积极锻炼，不段纠正和改变目前学生体质健康状况出现的问题，从而使学生拥有健康的体魄和健全的人格，将“健康第一”的指导思想落到实处，充分发挥学校体育在素质教育中的作用。

(2) 测试内容突出了对发展和改善学生健康有直接影响且关系密切的身体成分、心肺循环系统的功能、肌肉的力量和柔韧性，体现了现代社会对健康的具体要求，满足社会发展对于公民体质健康评价的要求。

(3) 大学生体质健康测试是激励学生积极进行身体锻炼的教育手段，不是为测试而测试。采用个体评价标准，学生能清晰地看出个体差异与自身某些方面的不足，这十分有利于通过测试促进学生积极参加体育锻炼，促进身体健康，成为具有正确的体育意识和健康的生活方式的未来高素质人才。

第二节　大学生体质健康标准测试的内容

一、《国家学生体质健康标准》大学生评价项目(表6-1)

在评价后，以100分进行记分，各项评价分数的权重系数：身高标准体重10分；台阶指数或耐力测试30分；肺活量体重指数20分；50米跑或立定跳远20分；握力体重指数或仰卧起坐(女生)或坐位体前屈20分。

表 6-1　《国家学生体质健康标准》大学生测试项目

必测项目	选测试项目	备　注
身高标准体重 肺活量体重指数	1 000 米跑(男) 800 米跑(女) 台阶试验指数	选评一项
	坐位体前屈 仰卧起坐(女) 引体向上(男) 掷实心球 握力体重指数	选评一项
	50 米跑 立定跳远 跳绳 篮球运球 足球运球 排球垫球	选评一项

二、测试指标的意义

根据我国国情、在内容的科学性、全面性和可操作性的前提下,《国家学生体质健康标准》中所选择的测试项目,突出了发展和改善身体健康素质的内容要素,旨在促进对学生健康有直接影响且关系密切的身体成分、心血管系统的功能、肌肉的力量和耐力以及柔韧性的改善、发展与提高。选测项目的设立旨在引导学生全面地锻炼身体;减轻学生、教师和学校测试工作的负担:强调全面锻炼身体的过程;实现教学内容和测试项目分开,克服考什么学什么、测什么练什么的应试教育弊端,保证体育与健康课教学活动的正常进行。达测项目由各地(市)级教育行政部门在测试前随机确定。

(一) 身高标准体重

身高与体重测试相配合测试主要是评定学生的身体匀称度,评价学生生长发育的水平及营养状况。

身高标准体重是指身高与体重两者的比例应在正常的范围。它通过身高与体重一定的比例关系,反映人体的围度、宽度和厚度以及人体的密度。是评价人体形态发育水平和营养状况及身体匀称度的重要指标。人的体形肥胖、健壮或瘦弱,都是针对身高与体重的比例是否协调与适中而言。经常检测身高标准体重,对于掌握自己的体重是否适宜,是否需要调整饮食,评定运动量的大小和生理机能的变化等,都有重要的意义。且身高标准体重测量方法简便易行,它可间接反映人体的身体成分。如果你所测得的身高标准体重数值小于或大于同年龄段的身高标准体重的范围,就说明你身体的匀称度欠佳,需要通过调整饮食结构或积极参加体育运动来增加肌肉组织或减少体内多余的脂肪。

身体成分是指人体总体重中脂肪成分和非脂肪成分的比例,它可以十分准确地评价人体的胖瘦状况。通常用体脂百分比,即总体重中体脂的比例来表示。

(二) 肺活量体重指数

测试目的是测试学生的肺通气功能。肺活量是评价人体呼吸系统机能状况的一个重要指标。科学家指出:肺活量低的人难以与肺活量高的人一样同享高寿。肺活量的大小与体重、身高、胸围等因素有着密切的关系。因此,为了将学生身体发育的不同步因素在肺脏机能的评价中得以体现，在《标准》测试中选用了肺活量体重指数。

肺活量体重指数＝肺活量（毫升）/体重

（三）台阶试验指数

测试目的是测试定量负荷后心率变化情况，评价学生的心血管机能。

台阶试验指数是反映人体心血管系统机能状况的重要指数。台阶试验指数值越大，则反映你心血管系统的机能水平越高，反之则机能水平越低。

经常参加有氧代谢运动，可以提高心血管系统的机能水平，其表现为在完成台阶试验定量负荷工作时脉搏搏动次数下降，在试验结束后脉搏的搏动次数恢复到安静状态所用的时间缩短，台阶试验指数增高。有氧代谢代谢运动是指运动时人体需氧量和摄氧量达到动态平衡的运动。做有氧运动时，体内不产生乳酸堆积，心率和呼吸保持在稳定的状态，因而持续运动时间长，安全性高，脂肪消耗多，有利于改善心血管系统的功能。

（四）50 米跑

测试目的是测试学生速度、灵敏素质及神经系统灵活性的发展水平。50 米跑成绩可综合反映神经过程的灵活性、身体的协调性、关节和肌肉的柔韧性以及肌肉的力量和耐力。因此，50 米跑的测试成绩既能部分地反映身体运动的综合素质，也是人从事体育活动、学习运动技能所必须具备的身体基本素质。为终身体育打下良好的基础。

（五）立定跳远

立定跳远主要是测量向前跳跃时下肢肌肉的爆发力及身体协调能力的发展水平。力量（最大力量）在体育运动和日常生活中都是非常重要的身体素质。腿部的爆发力是以腿部的力量为基础，没有力量就谈不上爆发力，也谈不上肌肉的耐力。

（六）握力体重指数

测试目的是测试学生上肢肌肉力量的发展水平。握力体重指数反映的是肌肉的相对力量，即每公斤体重的握力。握力主要反映人前臂和手部肌肉的力量，同时也与其他肌群的力量有关，而且还是反映肌肉总体力量的一个很好的指标。

握力体重指数＝握力（千克）/体重×100

（七）仰卧起坐

主要是测试学生的腹肌耐力。仰卧起坐测试是评价力量和耐力的方法之一。由于它能比较安全的测试肌肉的力量和耐力，同时在做仰卧起坐时主要是腹肌在起作用，髋部肌肉也参与工作，因此这种测试既评价人腹肌的耐力，也反映了髋部的耐力。由于女生这两部分肌肉的力量和耐力与其某些生理功能有密切的联系，因此将仰卧起坐单独列为女生的一个选测项目。

（八）坐位体前屈

坐位体前屈测试反映的是关节和肌肉的柔韧性。柔韧性差意味着相应的关节和肌肉缺乏运动。长时间缺乏发展柔韧性的练习，可导致关节或关节周围软组织发生变性、挛缩，甚至粘连，因而限制了关节的运动幅度，牵拉时必然产生疼痛，所以扩大关节运动的幅度即扩大了人体活动的无痛范围。身体柔韧性差会影响体育活动、学习、工作。甚至会影响人们的健康与生活质量，所以柔韧性是身体健康素质的要素之一，必须引起你的高度重视。

（九）800 米或 1 000 米跑

测试目的是测试学生耐力素质的发展水平，特别是心血管呼吸系统的机能及肌肉耐力。耐力跑是国内外评价心血管系统机能水平最简便的方法之一。心血管机能水平高的人在跑相同距离时所用的时间相对要少。因此，如果你的心血管系统机能较强，就能在耐力测试中取得好成绩。假如你用了100%的“力量”还不能取得理想成绩，说明你心血管系统的机能欠佳，有相当大的发展空间，通过循序渐进的有氧耐力锻炼、科学地控制饮食和降低体重就可以得到改善和提高。

第三节　大学生体质健康标准测试的操作方法

在实施《国家学生体质健康标准》的过程中，掌握各项目正确的测试方法是所有体育教师和测评人员迫切需要了解的内容。测试工作必然和所使用的测试仪器有一定的关系，现在测试器材多种多样，有全手工操作的，也有电子仪器。手工操作与电子仪器的操作流程不完全相同。如使用带有IC卡的测试仪器就可以减少测试人员的记录和计算工作。但无论使用何种仪器，对测试人员的基本的操作要求是一致的，本节对《国家学生体质健康标准》中各个项目基本的测试方法及其操作要求进行介绍。对于不同的测试器材，可参考相应测试器材的说明书。

一、身高

(一) 测试目的

测试学生身高，与体重测试相配合，评定学生的身体匀称度，评价学生生长发育的水平及营养状况。

(二) 场地器材

身高测量计。使用前应校对0点，以钢尺测量基准板平面至立柱前面红色刻线的高度是否为10.0厘米，误差不得大于0.1厘米。同时应检查立柱是否垂直，连接处是否紧密，有无晃动，零件有无松脱等情况并及时加以纠正。

(三) 测试方法

受试者赤足，立正姿势站在身高计的底板上（上肢自然下垂，足跟并拢，足尖分开成60°角）。足跟、骶骨部及两肩胛区与立柱相接触，躯干自然挺直，头部正直，耳屏上缘与眼眶下缘呈水平位。测试人员站在受试者右侧，将水平压板轻轻沿立柱下滑，轻压于受试者头顶。测试人员读数时双眼应与压板水平面等高进行读数，记录员复述后进行记录。以厘米为单位，精确到小数点后一位。测试误差不得超过0.5厘米。

(四) 注意事项

(1) 身高计应选择平坦靠墙的地方放置，立柱的刻度尺应面向光源。

(2) 严格掌握“三点靠立柱”、“两点呈水平”的测量姿势要求，测试人员读数时两眼一定与压板等高，两眼高于压板时要下蹲，低于压板时应垫高。

(3) 水平压板与头部接触时，松紧要适度，头发蓬松者要压实，头顶的发辫、发结要放开，饰物要取下。

(4) 读数完毕，立即将水平压板轻轻推向安全高度，以防碰坏。

(5) 测量身高前，受试者应避免进行剧烈体育活动和体力劳动。

二、体重

(一) 测试目的

测试学生的体重，与身高测试相配合，评定学生的身体匀称度，评价学生生长发育的水平及营养状况。

(二) 场地器材

杠杆秤或电子体重计。使用前需检验其准确度和灵敏度。准确度要求误差不超过0.1%,即每百千克误差小于0.1千克。误差的检验方法是:以备用的10千克、20千克、30千克标准砝码(或用等重标定重物代替)分别进行称量,检查指标读数与标准砝码误差是否在允许范围。灵敏度的检验方法是:置100克重砝码,观察刻度尺变化,如果刻度抬高了3毫米或游标向远移动0.1千克而刻度尺维持水平位时,则达到要求。

(三) 测试方法

测试时,杠杆秤应放在平坦地面上,调整零点至刻度尺水平位。受试者赤足,男性受试者身着短裤;女性受试者身着短裤、短袖衫,站在秤台中央。测试人员放置适当砝码并移动游标至刻度尺平衡。读数以千克为单位,精确到小数点后一位。记录员复诵后将读数记录。测试误差不超过0.1千克。

(四) 注意事项

(1) 测量体重前受试者不得进行剧烈体育活动或体力劳动。

(2) 受试者站在秤台中央,上下杠杆秤动作要轻。

(3) 每次使用杠杆秤时均需校正。测试人员每次读数前都应校对砝码标重以避免差错。

三、台阶试验

(一) 测试目的

测试学生在定量负荷后心率变化情况,评价学生的心血管机能。

(二) 场地器材

台阶或凳子,节拍器(或录音机及磁带),秒表,台阶试验仪。

(三) 测试方法

初中、高中和大学各年级男生用高40厘米台阶(或凳子),初中、高中和大学各年级女生及小学五、六年级男女生用高35厘米的台阶(或凳子)做踏台上、下运动。测试前测定安静时的脉搏,然后受试者做轻度的准备活动,主要是活动下肢关节。上、下台阶(或凳子)的频率是30次/分钟,因而节拍器的节律为120次/分钟(每上、下一次是四动)。受试者按节拍器的节律完成试验。

被测试者从预备姿势开始,首先被测试者一只脚踏在台阶上,然后踏台腿伸直成台上站立,接着先踏台的脚先下地,再接着还原成预备姿势。用2秒上、下一次的速度(按节拍器的节律来做)连续做3分钟。做完后,保持静止休息状态,测量运动结束后的1分钟至1分半钟、2分钟至2分半钟、3分钟至3分半钟的3次脉搏数。并用下列公式求得评定指数,计算结果包含有小数的,对小数点后的1位进行四舍五入取整进行评分。

评定指数=踏台上、下运动的持续时间(秒)×100/ 2×(3次测定脉搏的和)。

(四) 注意事项

(1) 心脏有病的学生不能参加测试。

(2) 按2秒上、下一次的节律进行。当受试者跟不上节奏时应及时提醒,如果三次跟不上节奏应停止测试,以免发生伤害事故。

(3) 上、下台阶时,膝、髋关节都应伸直。

(4) 被测试者不可自己测量脉搏。

(5) 如果受试者不能完成3分钟的负荷运动,以实际上下台阶的持续时间进行计算,计算公式同上。

四、肺活量

(一) 测试目的

测试学生的肺通气功能。

(二) 场地器材

电子肺活量计。

(三) 测试方法

房间通风良好;使用干燥的一次性口嘴(非一次性口嘴,则每换测试对象需消毒一次,每测一人时将口嘴下倒出唾液并注意消毒后必须使其干燥)。肺活量计主机放置平稳桌面上,检查电源线及接口是否牢固,按工作键液晶屏显示"0"即表示机器进入工作状态,预热5分钟后测试为佳。

首先告知受试者不必紧张,并且要尽全力,以中等速度和力度吹气效果最好。令被测试者面对仪器站立、手持吹气口嘴,面对肺活量计站立试吹1～2次,首先看仪表有无反应,还要试口嘴或鼻处是否漏气,调整口嘴和用鼻夹(或自己捏鼻孔);学会深吸气(避免耸肩提气,应该像闻花式的慢吸气)。受试者进行一两次较平日深一些的呼吸动作后,更深得吸一口气,屏住气向口嘴处慢慢呼出至不能再呼为止,防止此时从口嘴处吸气,测试中不得中途二次吸气。吹气完毕后,液晶屏上最终显示的数字即为肺活量毫升值。每位受试者测三次,每次间隔15秒,记录三次数值,选取最大值作为测试结果。以毫升为单位,不保留小数。

(四) 注意事项

(1) 电子肺活量计的计量部位的通畅和干燥是仪器准确的关键,吹气筒的导管必须在上方,以免口水或杂物堵住气道。

(2) 每测试10人及测试完毕后用干棉球及时清理和擦干气筒内部。严禁用水、酒精等任何液体冲洗气筒内部。

(3) 导气管存放时不能弯折。

(4) 定期校对仪器。

五、50米跑

(一) 测试目的

测试学生速度、灵敏素质及神经系统灵活性的发展水平。

(二) 场地器材

50米直线跑道若干条,地面平坦,地质不限,跑道线要清楚。发令旗一面,口哨一个,秒表若干块(一道一表)。秒表使用前,应用标准秒表校正,每分钟误差不得超过0.2秒。标准秒表选定,以北京时间为准,每小时误差不超过0.3秒。

(三) 测试方法

受试者至少两人一组测试。站立起跑,受试者听到"跑"的口令后开始起跑。发令员在发出口令同时要摆动发令旗。计时员视旗动开表计时,受试者躯干部到达终点线的垂直面停表。以秒为单位记录测试成绩,精确到小数点后一位,小数点后第二位数按非零进1原则进位,如

10.11 秒读成 10.2 秒记录之。

(四) 注意事项

(1) 受试者测试最好穿运动鞋或平底布鞋,赤足亦可。但不得穿钉鞋、皮鞋、塑料凉鞋。

(2) 发现有抢跑者,要当即召回重跑。

(3) 如遇风时一律顺风跑。

六、25 米×2 往返跑

(一) 测试目的

本项目是 50 米跑的替代项目,适合场地小的学校选测。

(二) 场地器材

30 米左右跑道若干条,每道宽 2～2.5 米,地面要平坦,地质不限,跑道线要清楚。在跑道两端划两条距离 25 米的平行线,分别作为起(终)点线和折返线,并在折返线线内 1 米处插一根标杆(杆高 1.2 米以上),作为折返标志。发令旗一面,口哨一个,秒表若干块(一道一表)。秒表使用前,应用标准秒表校正,要求同 50 米跑测试。

(三) 测试方法

测试分组进行,每组至少两人。每条跑道由一人记录。受试者站在起跑线后准备,听到“跑”的口令后开始起跑。折返时,受试者按逆时针方向绕过标杆,不得碰扶标杆,不得串道。测试人员在发出口令的同时开表计时。当受试者胸部到达终点线的垂直面时停表。以秒为单位记录测试成绩,精确到小数点后一位,小数点后第二位数按非零进 1 原则进位,如 10.11 秒读成 10.2 秒记录之。

(四) 注意事项

(1) 折返时,受试者应当统一按逆时针绕杆往返跑,以避免两名或多名受试者在测试过程中冲撞受伤。

(2) 其他注意事项参见 50 米跑的注意事项。

七、800 米或 1 000 米跑

(一) 测试目的

测试学生耐力素质的发展水平,特别是心血管呼吸系统的机能及肌肉耐力。

(二) 场地器材

400 米、300 米、200 米田径场跑道,地质不限。也可使用其他不规则场地,但必须丈量准确,地面平坦。秒表若干块,使用前需要校正,要求同 50 米跑测试。

(三) 测试方法

受试者至少两人一组进行测试,站立式起跑。当听到“跑”的口令后开始起跑。计时员看到旗动开表计时,当受试者的躯干部到达终点线垂直面时停表。以分、秒为单位记录测试成绩,不计小数。

注意事项和成绩记录方法同 50 米×8 往返跑。

八、立定跳远

(一) 测试目的

测试学生下肢爆发力及身体协调能力的发展水平。

(二) 场地器材

沙坑、丈量尺。沙面应与地面平齐,如无沙坑,可在土质松软的平地上进行。起跳线至沙坑近端不得少于 30 厘米。起跳地面要平坦,不得有坑凹。

(三) 测试方法

受试者两脚自然分开站立,站在起跳线后,脚尖不得踩线(最好用线绳做起跳线)。两脚原地同时起跳,不得有垫步或连跳动作。丈量起跳线后缘至最近着地点后垂直距离。每人试跳三次,记录其中成绩最好一次。以厘米为单位,不计小数。

(四) 注意事项

(1) 发现犯规时,此次成绩无效。三次试跳均无成绩者,应允许再跳,直至取得成绩为止。

(2) 可以赤足,但不得穿钉鞋、皮鞋、塑料凉鞋参加测试。

九、掷实心球

(一) 测试目的

测试学生的上肢爆发力,适用于初中、高中、大学学生。

(二) 场地器材

长度在 30 米以上的平整场地一块,地质不限,在场地一端划一条直线作为起掷线。实心球若干,大学各年级测试球重为 2 千克。

(三) 测试方法

测试时受试者站在起掷线后,两脚前后或左右开立,身体面对投掷方向,双手举球至头上方稍后仰,原地用力把球投向前方掷出。如两脚前后开立投掷,当球出手的同时后脚可向前迈出一步,但不得踩线。每人投掷 3 次,记录其中成绩最好的一次。记录以米为单位,取一位小数。丈量起掷线后缘至球着地点后缘之间的垂直距离。为了准确丈量成绩,应有专人负责观察实心球的着地点。

(四) 注意事项

(1) 受试者需原地投掷,不得助跑。

(2) 实心球必须从肩上方投出。

(3) 如受试者前后开立投掷,当沙包出手的同时后脚可向前迈出一步,但不得踩线。

(4) 发现踩线等犯规时,则此次成绩无效。三次均无成绩者,应允许再掷,直至取得成绩为止。

十、握力

(一) 测试目的

测试学生上肢肌肉力量的发展水平。

(二) 场地器材

电子握力计或弹簧式握力计。

(三) 测试方法

受试者两脚自然分开成直立姿势,两臂自然下垂。一手持握力计全力紧握(此时握力计不能接触受试者的衣服和身体),记下握力计指针的刻度(或握力器所显示的数字)。用有力(利)手握两次。取最大值,以公斤为单位,保留 1 位小数。

(四) 注意事项

保持手臂自然下垂姿势，手心向内，不能触及衣服和身体。

十一、引体向上

(一) 测试目的

测试学生的上肢肌肉力量的发展水平。

(二) 场地器材

高单杠或高横杠，杠粗以手能握住为准。

(三) 测试方法

受试者跳起双手正握杠，两手与肩同宽成直臂悬垂。静止后，两臂同时用力引体(身体不能有附加动作)，上拉到下颌超过横杠上缘为完成一次。记录引体次数。

(四) 注意事项

(1) 受试者应双手正握单杠，待身体静止后开始测试。

(2) 引体向上时，身体不得做大的摆动，也不得借助其他附加动作撑起。

(3) 两次引体向上的间隔时间超过 10 秒停止测试。

十二、坐位体前屈

(一) 测试目的

测量学生在静止状态下的躯干、腰、髋等关节可能达到的活动幅度，主要反映这些部位的关节、韧带和肌肉的伸展性和弹性及学生身体柔韧素质的发展水平。

(二) 场地器材

坐位体前屈测试计。

(三) 测试方法

受试者两腿伸直，两脚平蹬测试纵板坐在平地上，两脚分开约 10～15 厘米，上体前屈，两臂伸直前，用两手中指尖逐渐向前推动游标，直到不能前推为止。测试计的脚蹬纵板内沿平面为零点，向内为负值，向前为正值。记录以厘米为单位，保留一位小数。测试两次，取最好成绩。

(四) 注意事项

(1) 身体前屈，两臂向前推游标时两腿不能弯曲。

(2) 受试者应匀速向前推动游标，不得突然发力。

十三、仰卧起坐

(一) 测试目的

测试学生的腹肌耐力。

(二) 场地器材

垫子若干块(或代用品)，铺放平坦。

(三) 测试方法

受试者仰卧于垫上，两腿稍分开，屈膝呈 90°左右，两手指交叉贴于脑后。另一同伴压住其踝关节，以固定下肢。受试者坐起时两肘触及或超过双膝为完成一次。仰卧时两肩胛必须触垫。测试人员发出“开始”口令的同时开表计时，记录 1 分钟内完成次数。1 分钟到时，受试者虽已坐起但肘关节未达到双膝者不计该次数，精确到个位。

(四) 注意事项

(1) 如发现受试者借用肘部撑垫或臀部起落的力量起坐时，该次不计数。

(2) 测试过程中，观测人员应向受试者报数。

(3) 受试者双脚必须放于垫上。

十四、跳绳

(一) 测试目的

测试学生的下肢爆发力和身体协调能力。

(二) 场地器材

地面平整、干净的场地一块，地质不限。主要测试器材包括秒表、发令哨、各种长度的跳绳若干条。

(三) 测试方法

两人一组，一人测试，一人记数。受试者将绳的长短调至适宜长度，听到开始信号后开始跳绳，动作规格为正摇双脚跳绳，每跳跃一次且摇绳一回环(一周圈)，计为一次。听到结束信号后停止，测试员报数并记录受试者在1分钟内的跳绳次数。测试单位为次。

(四) 注意事项

测试过程中跳绳拌脚，除该次不计数外，应继续进行。

十五、篮球运球

(一) 测试目的

测试学生综合身体素质和篮球基本技能水平。测试年级为小学五、六年级及初中、高中、大学各年级。

(二) 场地器材

测试场地长20米，宽7米，起点线后5米设置两列标志杆，标志杆距左右边线3米。各标志杆距杆3米，共5排杆，全长20米，并列的两杆间隔1米。测试器材包括秒表(使用前应进行校正，要求同50米跑)、发令哨、30米卷尺、标志杆10根(杆高1.2米以上)，篮球若干个。小学五、六年级采用小篮球，球重为450～500克，球圆周为68～70厘米；初中、高中和大学为篮球。测试用球应符合国家标准。

(三) 测试方法

受试者在起点线后持球站立，听到出发口令后，按规定方向单手运球依次过杆，高中学生和大学生每次过杆时需换手运球。发令员发令后开表计时，受试者与球均返回起终点线时停表。每名受试者测两次，记录其中成绩最好一次。以秒为单位记录测试成绩，精确到小数点后1位，小数点后第2位数按非零进1原则进位。

(四) 注意事项

(1) 测试中篮球脱手后，如球仍在测试场地内，受试者可自行捡回，并在脱手处继续运球，不停表。

(2) 测试过程中出现以下现象均属犯规行为，取消当次成绩：出发时抢跑、运球过程中双手同时触球、膝盖以下部位触球、漏绕标志杆、碰倒标志杆、人或球出测试区域、未按要求完成全程路线、通过终点时人球分离等。

(3) 受试者有两次测试机会,两次犯规无成绩者可再测直至取得成绩。

十六、足球运球

(一) 测试目的

测试学生足球基本技能水平,测试年级为中学和大学各年级。

(二) 场地器材

在坚实、平整场地或足球场上进行,测试区域长 30 米,宽 10 米,起点线至第一杆距离为 5 米,各杆间距 5 米,共设 5 根标志杆,标杆距两侧边线各 5 米。测试器材包括足球若干个(测试用球应符合国家标准),秒表(使用前应进行校正,要求同 50 米跑),30 米卷尺,5 根标志杆(杆高 1.2 米以上)。

(三) 测试方法

受试者站在起点线后准备,听到出发口令后开始向前运球依次过杆,不得碰杆。受试者和球均越过终点线即为结束。发令员发令后开始计时,受试者与球均返回终点线时停表。每人跑两次,记录其中成绩最好的一次成绩。以秒为单位记录测试成绩,精确到小数点后一位。小数点后第二位数按非零进 1 原则进位。

(四) 注意事项

(1) 测试过程中出现以下现象均属犯规行为,取消当次成绩:出发时抢跑、漏绕标志杆、碰倒标志杆、故意手球、未按要求完成全程路线等。

(2) 受试者有两次测试机会,两次犯规无成绩者可再测直至取得成绩。

十七、排球垫球

(一) 测试目的

测试学生排球基本技能水平。

(二) 场地器材

在坚实、平坦的场地或排球场上进行,初中、高中和大学的测试区域为 3 米×3 米。初中、高中、大学的测试器材为排球。测试用球应符合有关国家标准。

(三) 测试方法

受试者在规定的测试区域内原地将球抛起,个人连续正面双手垫球,要求手型正确、击球部位准确、达到规定的高度,球落地即为测试结束,按次计数。受试者每次垫球应达到的高度,高中和大学男生为 2.43 米,高中和大学女生为 2.24 米。每名受试者测试两次,记录其中成绩最好的一次。测试单位为次。

(四) 注意事项

(1) 测试过程中如出现以下现象均只作为调整,不计次数:采用传球等其他方式触球、测试区域之外触球、垫球高度不足等。

(2) 为方便判定垫球高度,可将排球场的球网调整到相应的高度,或者在测试区域外相距 0.5 米处插两根标杆,标杆顶端用橡皮筋或标志线相连,将标杆调整到相应的高度进行判定,测试时通过比较垫球的高度和球网或标志线的高度进行判定。

第四节　大学生体质健康标准测试成绩评定

一、身高标准体重测试标准(表 6-2,表 6-3)

表 6-2　　大学男生身高标准体重

身高段/厘米	营养不良/千克	较低体重/千克	正常体重/千克	超重/千克	肥胖/千克
	50分	60分	100分	60分	50分
144.0～144.9	<41.5	41.5～46.3	46.4～51.9	52.0～53.7	≥53.8
145.0～145.9	<41.8	41.8～46.7	46.8～52.6	52.7～54.5	≥54.6
146.0～146.9	<42.1	42.1～47.1	47.2～53.1	53.2～55.1	≥55.2
147.0～147.9	<42.4	42.4～47.5	47.6～53.7	53.8～55.7	≥55.8
148.0～148.9	<42.6	42.6～47.9	48.0～54.2	54.3～56.3	≥56.4
149.0～149.9	<42.9	42.9～48.3	48.4～54.8	54.9～56.6	≥56.7
150.0～150.9	<43.2	43.2～48.8	48.9～55.4	55.5～57.6	≥57.7
151.0～151.9	<43.5	43.5～49.2	49.3～56.0	56.1～58.2	≥58.3
152.0～152.9	<43.9	43.9～49.7	49.8～56.5	56.6～58.7	≥58.8
153.0～153.9	<44.2	44.2～50.1	50.2～57.0	57.1～59.3	≥59.4
154.0～154.9	<44.7	44.7～50.6	50.7～57.5	57.6～59.8	≥59.9
155.0～155.9	<45.2	45.2～51.1	51.2～58.0	58.1～60.7	≥60.8
156.0～156.9	<45.6	45.6～51.6	51.7～58.7	58.8～61.0	≥61.1
157.0～157.9	<46.1	46.1～52.1	52.2～59.2	59.3～61.5	≥61.6
158.0～158.9	<46.6	46.6～52.6	52.7～59.8	59.9～62.2	≥62.3
159.0～159.9	<46.9	46.9～53.1	53.2～60.3	60.4～62.7	≥62.8
160.0～160.9	<47.4	47.4～53.6	53.7～60.9	61.0～63.4	≥63.5
161.0～161.9	<48.1	48.1～54.3	54.4～61.6	61.7～64.1	≥64.2
162.0～162.9	<48.5	48.5～54.8	54.9～62.2	62.3～64.8	≥64.9
163.0～163.9	<49.0	49.0～55.3	55.4～62.8	62.9～65.3	≥65.4
164.0～164.9	<49.5	49.5～55.9	56.0～63.4	63.5～65.9	≥66.0
165.0～165.9	<49.9	49.9～56.4	56.5～64.1	64.2～66.6	≥66.7
166.0～166.9	<50.4	50.4～56.9	57.0～64.6	64.7～67.0	≥67.1
167.0～167.9	<50.8	50.8～57.3	57.4～65.0	65.1～67.5	≥67.6
168.0～168.9	<51.1	51.1～57.7	57.8～65.5	65.6～68.1	≥68.2
169.0～169.9	<51.6	51.6～58.2	58.3～66.0	66.1～68.6	≥68.7
170.0～170.9	<52.1	52.1～58.7	58.8～66.5	66.6～69.1	≥69.2
171.0～171.9	<52.5	52.5～59.2	59.3～67.2	67.3～69.8	≥69.9
172.0～172.9	<53.0	53.0～59.8	59.9～67.8	67.9～70.4	≥70.5
173.0～173.9	<53.5	53.5～60.3	60.4～68.4	68.5～71.1	≥71.2
174.0～174.9	<53.8	53.8～61.0	61.1～69.3	69.4～72.0	≥72.1
175.0～175.9	<54.5	54.5～61.5	61.6～69.9	70.0～72.7	≥72.8
176.0～176.9	<55.3	55.3～62.2	62.3～70.9	71.0～73.8	≥73.9
177.0～177.9	<55.8	55.8～62.7	62.8～71.6	71.7～74.5	≥74.6
178.0～178.9	<56.2	56.2～63.3	63.4～72.3	72.4～75.3	≥75.4
179.0～179.9	<56.7	56.7～63.8	63.9～72.8	72.9～75.8	≥75.9
180.0～180.9	<57.1	57.1～64.3	64.4～73.5	73.6～76.5	≥76.6
181.0～181.9	<57.7	57.7～64.9	65.0～74.2	74.3～77.3	≥77.4

续表

身高段/厘米	营养不良/千克	较低体重/千克	正常体重/千克	超重/千克	肥胖/千克
	50分	60分	100分	60分	50分
182.0～182.9	<58.2	58.2～65.6	65.7～74.9	75.0～77.8	≥77.9
183.0～183.9	<58.8	58.8～66.2	66.3～75.7	75.8～78.8	≥78.9
184.0～184.9	<59.3	59.3～66.8	66.9～76.3	76.4～79.4	≥79.5
185.0～185.9	<59.9	59.9～67.4	67.5～77.0	77.1～80.2	≥80.3
186.0～186.9	<60.4	60.4～68.1	68.2～77.8	77.9～81.1	≥81.2
187.0～187.9	<60.9	60.9～68.7	68.8～78.6	78.7～81.9	≥82.0
188.0～188.9	<61.4	61.4～69.2	69.3～79.3	79.4～82.6	≥82.7
189.0～189.9	<61.8	61.8～69.8	69.9～79.9	80.0～83.2	≥83.3
190.0～190.9	<62.4	62.4～70.4	70.5～80.5	80.6～83.6	≥83.7

表 6-3　　大学女生身高标准体重

身高段/厘米	营养不良/千克	较低体重/千克	正常体重/千克	超重/千克	肥胖/千克
	50分	60分	100分	60分	50分
140.0～140.9	<36.5	36.5～42.4	42.5～50.6	50.7～53.3	≥53.4
141.0～141.9	<36.6	36.6～42.9	43.0～51.3	51.4～54.1	≥54.2
142.0～142.9	<36.8	36.8～43.2	43.3～51.9	52.0～54.7	≥54.8
143.0～143.9	<37.0	37.0～43.5	43.6～52.3	52.4～55.2	≥55.3
144.0～144.9	<37.2	37.2～43.7	43.8～52.7	52.8～55.6	≥55.7
145.0～145.9	<37.5	37.5～44.0	44.1～53.1	53.2～56.1	≥56.2
146.0～146.9	<37.9	37.9～44.4	44.5～53.7	53.8～56.7	≥56.8
147.0～147.9	<38.5	38.5～45.0	45.1～54.3	54.4～57.3	≥57.4
148.0～148.9	<39.1	39.1～45.7	45.8～55.0	55.1～58.0	≥58.1
149.0～149.9	<39.5	39.5～46.2	46.3～55.6	55.7～58.7	≥58.8
150.0～150.9	<39.9	39.9～46.6	46.7～56.2	56.3～59.3	≥59.4
151.0～151.9	<40.3	40.3～47.1	47.2～56.7	56.8～59.8	≥59.9
152.0～152.9	<40.8	40.8～47.6	47.7～57.4	57.5～60.5	≥60.6
153.0～153.9	<41.4	41.4～48.2	48.3～57.9	58.0～61.1	≥61.2
154.0～154.9	<41.9	41.9～48.8	48.9～58.6	58.7～61.9	≥62.0
155.0～155.9	<42.3	42.3～49.1	49.2～59.1	59.2～62.4	≥62.5
156.0～156.9	<42.9	42.9～49.7	49.8～59.7	59.8～63.0	≥63.1
157.0～157.9	<43.5	43.5～50.3	50.4～60.4	60.5～63.6	≥63.7
158.0～158.9	<44.0	44.0～50.8	50.9～61.2	61.3～64.5	≥64.6
159.0～159.9	<44.5	44.5～51.4	51.5～61.7	61.8～65.1	≥65.2
160.0～160.9	<45.0	45.0～52.1	52.2～62.3	62.4～65.6	≥65.7
161.0～161.9	<45.4	45.4～52.5	52.6～62.8	62.9～66.2	≥66.3
162.0～162.9	<45.9	45.9～53.1	53.2～63.4	63.5～66.8	≥66.9
163.0～163.9	<46.4	46.4～53.6	53.7～63.9	64.0～67.3	≥67.4
164.0～164.9	<46.8	46.8～54.2	54.3～64.5	64.6～67.9	≥68.0
165.0～165.9	<47.4	47.4～54.8	54.9～65.0	65.1～68.3	≥68.4
166.0～166.9	<48.0	48.0～55.4	55.5～65.5	65.6～68.9	≥69.0
167.0～167.9	<48.5	48.5～56.0	56.1～66.2	66.3～69.5	≥69.6
168.0～168.9	<49.0	49.0～56.4	56.5～66.7	66.8～70.1	≥70.2

续表

身高段/厘米	营养不良/千克	较低体重/千克	正常体重/千克	超重/千克	肥胖/千克
	50分	60分	100分	60分	50分
169.0～169.9	<49.4	49.4～56.8	56.9～67.3	67.4～70.7	≥70.8
170.0～170.9	<49.9	49.9～57.3	57.4～67.9	68.0～71.4	≥71.5
171.0～171.9	<50.2	50.2～57.8	57.9～68.5	68.6～72.1	≥72.2
172.0～172.9	<50.7	50.7～58.4	58.5～69.1	69.2～72.7	≥72.8
173.0～173.9	<51.0	51.0～58.8	58.9～69.6	69.7～73.1	≥73.2
174.0～174.9	<51.3	51.3～59.3	59.4～70.2	70.3～73.6	≥73.7
175.0～175.9	<51.9	51.9～59.9	60.0～70.8	70.9～74.4	≥74.5
176.0～176.9	<52.4	52.4～60.4	60.5～71.5	71.6～75.1	≥75.2
177.0～177.9	<52.8	52.8～61.0	61.1～72.1	72.2～75.7	≥75.8
178.0～178.9	<53.2	53.2～61.5	61.6～72.6	72.7～76.2	≥76.3
179.0～179.9	<53.6	53.6～62.0	62.1～73.2	73.3～76.7	≥76.8
180.0～180.9	<54.1	54.1～62.5	62.6～73.7	73.8～77.0	≥77.1
181.0～181.9	<54.5	54.5～63.1	63.2～74.3	74.4～77.8	≥77.9
182.0～182.9	<55.1	55.1～63.8	63.9～75.0	75.1～79.4	≥79.5
183.0～183.9	<55.6	55.6～64.5	64.6～75.7	75.8～80.4	≥80.5
184.0～184.9	<56.1	56.1～65.3	65.4～76.6	76.7～81.2	≥81.3
185.0～185.9	<56.8	56.8～66.1	66.2～77.5	77.6～82.4	≥82.5
186.0～186.9	<57.3	57.3～66.9	67.0～78.6	78.7～83.3	≥83.4

二、肺活量体重指数、台阶测试、50米跑、立定跳远、1 000米及800米跑、握力、坐位体前屈测试标准(表6-4,表6-5)

表6-4　　大学男生各测试项目评分标准

等级	单项得分	肺活量体重指数	1 000米/(分·秒)	台阶试验	50米跑/秒	立定跳远/米	握力体重指数	坐位体前屈/厘米
优秀	100	84	3′27″	82	6	2.66	92	23
	98	83	3′28″	80	6.1	2.65	91	22.6
	96	82	3′31″	77	6.2	2.63	90	22
	94	81	3′33″	74	6.3	2.62	89	21.4
	92	80	3′35″	71	6.4	2.6	87	20.6
	90	78	3′39″	67	6.5	2.58	86	19.8
良好	87	77	3′42″	65	6.6	2.56	84	18.9
	84	75	3′45″	63	6.8	2.52	81	17.5
	81	73	3′49″	60	7	2.48	79	16.2
	78	71	3′53″	57	7.3	2.43	75	14.3
	75	68	3′58″	53	7.5	2.38	72	12.5
及格	72	66	4′05″	52	7.6	2.35	70	11.3
	69	64	4′12″	51	7.7	2.31	66	9.5
	66	61	4′19″	50	7.8	2.26	63	7.8
	63	58	4′26″	48	8	2.2	59	5.4
	60	55	4′33″	46	8.1	2.14	54	3

续表

等级	单项得分	肺活量体重指数	1 000米/(分·秒)	台阶试验	50米跑/秒	立定跳远/米	握力体重指数	坐位体前屈/厘米
不及格	50	54	4′40″	45	8.2	2.12	53	2.4
	40	52	4′47″	44	8.3	2.09	51	1.4
	30	51	4′54″	43	8.5	2.06	49	0.5
	20	49	5′01″	42	8.6	2.03	47	−0.8
	10	47	5′08″	40	8.8	1.99	44	−2

表 6-5　　大学女生各测试项目评分标准

等级	单项得分	肺活量体重指数	800米/(分·秒)	台阶试验	50米跑/秒	立定跳远/米	握力体重指数	坐位体前屈/厘米
优秀	100	70	3′24″	78	7.2	2.07	74	21.1
	98	69	3′27″	75	7.3	2.06	73	20.8
	96	68	3′29″	72	7.4	2.05	72	20.3
	94	67	3′32″	69	7.5	2.03	71	19.8
	92	65	3′35″	64	7.7	2.01	69	19.2
	90	64	3′38″	60	7.8	1.99	67	18.6
良好	87	63	3′42″	59	7.9	1.97	66	17.7
	84	61	3′46″	57	8	1.93	63	16.3
	81	59	3′50″	55	8.2	1.89	61	15
	78	57	3′54″	52	8.3	1.84	58	13.1
	75	54	3′58″	49	8.5	1.79	55	11.3
及格	72	53	4′03″	48	8.6	1.76	53	10.1
	69	51	4′08″	47	8.7	1.72	50	8.3
	66	49	4′13″	46	8.8	1.69	48	6.5
	63	46	4′18″	44	8.9	1.63	44	4.1
	60	43	4′23″	42	9	1.58	40	1.7
不及格	50	42	4′30″	41	9.1	1.56	39	1.5
	40	41	4′37″	40	9.3	1.53	38	1.3
	30	39	4′44″	39	9.5	1.5	36	1
	20	37	4′51″	38	9.8	1.46	34	0.6
	10	35	5′00″	36	10	1.42	32	0.2

第七章　田径运动

第一节　田径运动概述

田径运动是一项历史悠久而且非常普及的体育运动，由多个单个运动项目组成，以不同形式反映人体运动中的基本能力，可以说是各项运动的基础，因此享有“运动之母”之称。

田径运动这个古老的体育项目，随着人类社会的发展，其本身的项目在不断拓展，并成为体育中的第一大项。田径运动就其本质而言，是由走、跑、跳、投的基本运动形式，以时间、高度、远度衡量运动效果所构成的体育项目。

田径运动通常以其基本特征进行分类。最简单的分类是按照竞赛成绩计算方法，以计时、测距和计分的方法，分为田赛、径赛、全能三大类，还可以进一步以动作的特征细分，分为走、跑、跳、投和全能五类，如图 7-1 所示。

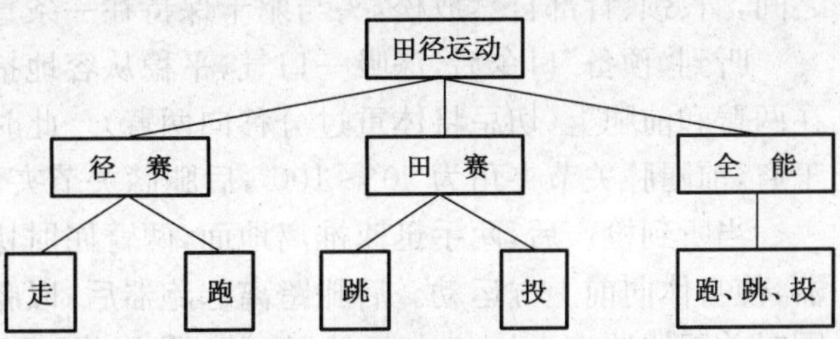

图 7-1　田径运动分类

第二节　短跑基本技术

短跑属于径赛项目，它一般包括 60 米、100 米(4×100 米)、200 米和 400 米(4×400 米)等项目。短跑属于无氧代谢的周期性运动项目，其最大的特点是用最短的时间发挥最高的速度，完成一定(较短)距离的运动。

短跑的全程技术可分为起跑、起跑后的加速跑、途中跑和终点跑四个部分。

一、起跑

起跑的任务是对发令信号做出迅速的反应，使身体迅速摆脱静止状态并获得较大的向前冲力，为起跑后的加速跑创造有利的条件。起跑方式可分为站立式和蹲踞式起跑两种。田径竞赛规则规定，在短跑比赛中运动员必须采用蹲踞式起跑技术，必须使用起跑器。

(一) 起跑器安装

起跑器安装方法主要有“普通式”和“拉长式”两种。

1. 普通式

起跑器前抵足板距起跑线约一脚半长，后抵足板距前抵足板也约一脚半长。前抵足板与地面夹角为 30°～45°，后抵足扳与地面夹角为 70°～80°。两个抵足板的中轴线间隔约 7 厘米。

2. 拉长式

起跑器前抵足板距起跑线约两脚长，后抵足板距前抵足板约一脚长。其他要求同普通式。

(二)起跑技术

起跑是全程跑的开始部分,起跑技术对起跑后的加速跑有直接影响。起跑过程包括"各就位"、"预备"、"鸣枪"(或"跑")三个阶段。起跑分为蹲踞式起跑和站立式起跑,如图 7-2 所示(本书主要介绍蹲踞式起跑技术)。

当听到"各就位"口令后,轻快地走到起跑器前,两手撑地,两脚依次踏在前、后抵足板上,脚尖与地面接触,后膝跪地,然后两臂伸直,四指并拢与拇指成"八"字形有弹性地支撑在起跑线后,两手间距离略宽于肩,重心落在两手、前脚掌和后膝之间,肩、颈、背部自然放松,头与躯干保持在一条直线上。

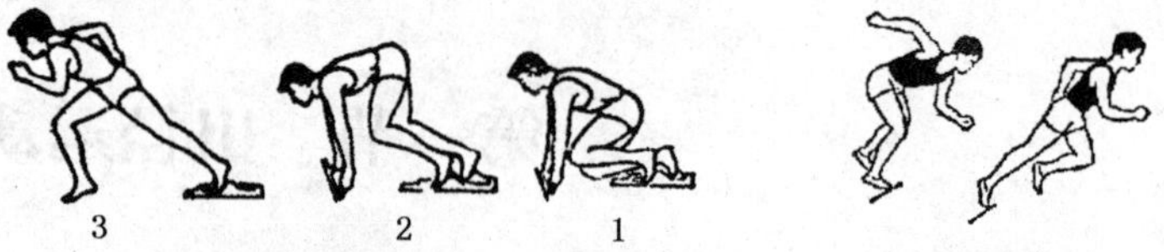

图 7-2 起跑方式

听到"预备"口令后,深吸一口气,平稳从容地抬起臀部,身体重心向前上方移动,使重心落在两臂和前腿上(切忌将体重过分移向两臂)。此时,肩部略超出起跑线,臀部与肩同高或略高于肩,前腿膝关节夹角为 90°～100°,后腿膝关节夹角为 110°～130°,注意力集中听枪声。

当听到枪声后,两手迅速推离地面,两臂屈肘快速有力地前后摆动,同时两腿迅速蹬起跑器,使身体向前上方运动。后腿蹬离起跑器后,以膝关节领先迅速前摆,脚掌离地面不应过高,同时前腿快速有力地依次蹬伸髋、膝、踝关节,后蹬角为 42°～45°,上体前倾与地面夹角为 15°～20°。

二、起跑后的加速跑

起跑后的加速跑是从前脚蹬离起跑器到进入途中跑之前的一个跑段,其任务是利用起跑获得的初速度,在较短的距离内尽快加速并发挥较高的速度。该跑段的距离约为 25～30 米,男子用 13～15 步、女子用 15～17 步完成。

后腿在蹬离抵足板并完成前摆动作后,积极下压着地,着地点应尽量靠近身体重心投影点,随后迅速转入后蹬。两臂沿跑进方向快速有力地摆动,前摆时肘关节角度小于 90°,后摆时稍大于 90°。起跑后步长逐渐加大、步频逐渐加快、上体逐渐抬起、两脚落点逐渐靠近一条直线、大腿前摆过程中膝关节折叠角度呈逐渐减小等特征,如图 7-3 所示。(注:起跑后的最初几步,两脚沿着两条相距不宽的直线前进,随着跑速的加快,两脚落点逐渐靠近一条直线。)

图 7-3 起跑后的加速跑

三、途中跑

途中跑是全程跑的主要部分,也是全程跑中速度最快、距离最长的跑段,如图 7-4 所示。该阶段的主要任务是继续发挥和保持最高跑速。其技术特点:高重心、协调、直线、向前和平稳。

(一) 上肢技术

图 7-4　途中跑

途中跑时，躯干保持正直或稍前倾、挺胸、收腹、拔腰，头部正直，颈部放松摆臂动作以肩为轴，两手腕、手指自然伸直或半握拳，轻快有力地贴身前后摆动。前摆时，手的高度略超过下颌；后摆时，摆至上臂约与肩同高。肘关节角度在摆动过程中是有变化的，在垂直部位时，上臂与前臂的夹角为 130°～150°；前摆结束时，夹角为 60°～90°；后摆结束时，夹角约为 90°。

(二) 下肢技术

以髋为轴的高速摆动是途中跑技术的本质特征。为了便于叙述，将途中跑的动作结构分为后蹬与前摆、腾空剪绞、着地缓冲三个部分。

1. 后蹬与前摆

当身体重心移过支撑点垂直面时，即进入了支撑腿的后蹬动作，而另一侧的摆动腿膝关节充分折叠并超越支撑腿。快速有力地向前上方摆动，带动同侧骨盆前送。

2. 腾空剪绞

支撑腿蹬离地面后，人体便进入腾空即无支撑状态。此时，由于支撑腿蹬后的惯性作用和大腿的摆动，小腿迅速向大腿靠拢，大、小腿边前摆边折叠时，摆动腿大腿积极下压，膝关节放松，小腿随大腿下压的惯性向前下方摆出，做积极的下落动作，着地前膝关节几乎伸直。两腿快速的“剪绞”动作。

3. 着地缓冲

腾空即将结束时，摆动腿积极下落，用前脚掌富有弹性地着地，着地点距身体重心投影点 27～37 厘米，着地角为 65°～68°。着地动作积极有利于缩短前支撑时间和减小由此产生的阻力。缓冲主要是着地的支撑腿由于重力的作用而形成膝关节和踝关节的弯曲动作，这不仅有利于身体重心迅速前移并通过支撑点上方，也预先拉长了下肢的伸肌群，为后蹬动作创造了有利条件。但应注意，缓冲时，膝关节不应过分弯曲，否则会导致身体重心起伏过大。

在支撑腿着地缓冲过程中，另一侧摆动腿大、小腿折叠迅速向前摆动，当腿摆至接近垂直于地面时，大、小腿折叠达到最小限度，脚跟几乎贴近臀部。折叠越好，越能缩短摆动半径，加快前摆速度。

四、终点跑

图 7-5　终点跑最后一步

终点跑是全程跑的最后阶段(最后 15～20 米的距离)，其任务是尽可能保持途中跑的最高速度跑。终点跑应力求在疲劳情况下保持途中跑的正确技术，动员全部力量，以最快的速度跑过终点。技术上要求上体适当前倾，并注意加强后蹬和两臂的用力摆动。到离终点最后一步时，上体迅速前倾，用躯干部位撞终点线，如图 7-5 所示。跑过终点后应逐渐减速，不要突停，以免跌倒受伤。

五、短跑训练

(一) 短跑技术训练

在短跑技术训练中，应着重身体各部位的正确姿势和跑的协调放松能力的训练。突出对脚的着地方式、蹬伸速度、蹬摆配合、步频与步长的适宜比例等关键技术训练，加强起跑与加速度跑技术和全程跑节奏训练。

1. 起跑和起跑后加速跑技术训练要点

(1) 协调放松，便于快速起动；

(2) 舒适合理，便于发力；

(3) 有良好的出发初始角度；

(4) 有良好的第一步技术。

2. 途中跑技术训练

(1) 训练要点

① 整体协调、放松、有弹性；

② 快蹬、快摆、快节奏；

③ “扒地”后蹬，折叠高抬要到位；

④ 相关力量、频率和柔韧性。

(2) 训练方法

① 跑的专门练习及专门练习过渡到跑的练习；

② 60～80 米的加速跑；

③ 强化某一跑的动作练习，如负重摆臂、推人前跑等。

(二) 主要训练手段与方法

速度不是单一的素质，它是集力量、速率、协调、耐力等于一体的复杂组合，包括反应能力、加速能力、保持最高速度能力、总体协调能力等。

1. 反应能力

(1) 训练要点

用尽可能短的时间打破平衡、快速起动(反应时间一般为 0.10～0.18 秒，起动时间一般为 0.27～0.36 秒)。

(2) 训练方法

原地负重跳起，立定跳远，立定多级跳，跳绳听信号起动，各种听信号起动或听枪声起动。例如，快速做与教练员口令相反的动作：俯卧、仰卧、蹲立、背向听枪声起跑等；各种听信号起动的游戏等。

(3) 注意事项

① 注意练习中技术动作的合理性；

② 注意练习过程中的安全性(如场地空旷，路线无障碍等)；

③ 注意起动动作的快捷性。

2. 加速能力

(1) 训练要点

在较短的距离内，尽快发挥最高跑速。其中有技术因素亦有素质影响，技术方面，加速跑前 2～4 步起主要作用的是速率和后蹬力量，而以后起主导作用的是步频和节奏，训练中适宜的步幅与步频增长以及躯干的逐渐抬起是重点；在速度训练中，除技术动作外，还要加强中枢神经系统的灵活性、协调性，肌肉的力量，动作的速率等方面练习。

(2) 训练方法

采用 30～80 米的起动跑、冲刺跑、行进间跑、接力跑、下坡跑(20～30 米)、顺风跑、牵引

(引导)跑、段落组合跑(20 米+40 米+60 米+80 米)、重复跑、段落变速跑(20 米慢跑+50 米大步跑+50 米快跑)以及各种快频率的专门练习,降低难度练习(仰卧快速上蹬腿,1 秒和数秒原地快跑摆臂跳绳等)和跨跳练习等。

(3) 注意事项

① 速度训练应保持良好的精神状态,一般放在基本训练的前半部分;

② 在训练中要强调快速,更要强调协调、放松、富有弹性;

③ 注意力量和爆发力的同步发展;训练中要注意控制数量、强度,把握好休息间隔,避免产生过度疲劳。

3. 速度耐力

(1) 训练要点

合理选择练习距离,追求适合个人特点的步长和步频的最佳比例。

(2) 训练方法

超主项距离的重复跑,如 150 米(10~15 次)、200 米(8~12 次)、300 米(6~8 次)。还可采取分段快跑,如 150 米快跑+50 米放松大步跑+100 米快跑等。

近主项距离的间歇跑,如 100 米(25%强度)9 次+100 米(全速)、100 米(25%强度)4 次+100 米(全速)两组、150 米(75%强度)(8~10 次)+ 150 米(全速)或 150 米(75%强度)4 次+150 米(全速)两组等。时间间隔为终点走到起点,立即进行下一练习(两个练习之后可增加间歇时间)。

近主项距离的变速跑,如 100 米(75%强度)+ 100 米慢跑 12 次左右、150 米(75%强度)+ 150 米慢跑 10 次左右、200 米(75%强度)+ 100 米慢跑 7 次左右。

各种距离组合跑,如递增跑,从 100 米起,以 50 米递增到 500 米,或递减跑,从 500 米起,以 50 米递减,直到 100 米等;近主项距离的上坡跑(150~200 米)、连续接力跑等。

(3) 注意事项

① 各种练习应相互结合、交叉采用,以免形成不良技术定型;

② 间歇时多采取走和慢跑形式的积极性休息;

③ 为避免慢频率的动力定型,训练后应进行几次加速跑或快速跳跃练习;

④ 距离越长的练习越要注意后程技术的正确性。

4. 力量

(1) 训练要点

包括速度力量和最大力量两种,重点增加爆发力和相对力量,并强调一个“快”字。速度力量的发展,主要是克服自身体重,用负小重量的快跑、跳跃或近似短跑动作结构的专门练习来实现;最大力量的发展主要是通过较大重量的重复练习来实现。重点围绕膝关节和踝关节发展力量。

(2) 训练方法

徒手或持小哑铃(1~1.5 千克)快摆臂 10 秒(4~6 次);俯卧推手击掌(10~15 次)4 组;快速俯卧撑(20~30 次)5 组;快速卧推杠铃(30~40 千克)(5~10 次)5 组;快速两头起 100 次 5 组;负 1~1.5 千克沙护腿,高抬腿跑 10 秒 4 次;负 1 千克沙护腿(30~60 米)加速跑 4 次;负 3~4 千克腰带 30~80 米加速跑 4 次;负重或不负重的上坡跑;两人一组的推人跑;沙地上负重快速直膝跳 10 秒 6 次;立定跳、立定多级跳;快速蛙跳((5~10 级)5 次;单足跳、跳栏架、跳深;原地拉橡皮带前摆腿或后摆臂;各种杠铃的练习和联合器械的练习;大腿后群肌肉练习。

(3) 注意事项

① 注意全身各部位力量均衡发展；

② 先发展速度力量，后发展最大力量；

③ 单个力量练习时间不应超过10秒；

④ 注意运动员承受能力，避免人为伤害事故。

第三节　中长跑基本技术

中长跑是中距离跑和长距离跑的简称，属800米以上距离的径赛运动项目。中距离跑项目有男、女800米和1 500米；长距离跑项目有男子5 000米和10 000米，女子3 000米5 000米和10 000米。

一、中长跑基本技术

1. 上体姿势与摆臂姿势

上体正直或稍前倾，头部与脊柱成一条直线，胸部正对前方，下颌微收，两眼平视，颈部放松，整个躯干自然而不僵硬。要格外注意上身不要过大的左右晃动。两臂弯曲约成90°，两手放松或半握拳，肩带放松，以肩关节为轴，自然地做前后摆动。前摆时稍向内，后摆时稍向外。摆动幅度随速度变化而变化，速度快时臂的摆幅大。

2. 呼吸

中长跑的距离长，消耗能量大，对氧气的需求量也大，因此掌握正确的呼吸方法至关重要。中长跑能量消耗大，机体要产生一定的氧债，为了加大肺通气量，呼吸时采用口鼻同时进行呼吸的方法。呼吸节奏应和跑步节奏相配合，一般采用两步一呼、两步一吸，或三步一呼、三步一吸，随着速度的加快和疲劳的出现，呼吸的频率有所增快。呼吸要注意加大呼吸深度。

3. "极点"和"第二次呼吸"

中长跑时，由于氧气的供应落后于身体的需要，跑到一定距离时，会出现胸部发闷，呼吸节奏被破坏，呼吸困难，四肢无力和难以再跑下去的感受，这种现象称之为"极点"。这是中长跑的正常现象。当"极点"出现后，要以顽强的意志跑下去，同时加强呼吸，调整步速。这样经过一段时间后，呼吸变得均匀，动作又感到轻松，一切不适感觉消失，这就是所谓的"第二次呼吸"状态。

注意：在中长跑过程中，多因准备活动不充分，容易发生腹痛情况，主要是由胃肠痉挛引起，此时切不可紧张，用手按住痛的部位，减慢跑速，多做几次深呼吸，坚持一段时间，疼痛就会消失。

二、中长跑主要训练手段与方法

1. 上体姿势与摆臂姿势练习

通过控制住腰部关节和肩关节，跑步中练习上身不左右晃动技术。通过原地练习以肩关节为轴的摆动和跑步过程中以肩关节为轴的摆动来训练。

2. 匀速跑练习

长时间地匀速跑是发展有氧耐力的有效手段。练习时心率应达到130～150次/分钟。

3. 反复跑练习

反复跑是发展专项耐力的有效手段。常用的练习方法有5×200米、4×400米、3×800

米、4×1 000 米等。

第四节　跨栏跑基本技术

跨栏跑是人在快速跑进中连续跨越固定数量、固定高度和固定间隔距离的栏架的短距离田径运动径赛项目。跨栏跑技术是人们在长期的生活实践中跨越障碍物时所掌握的基本技能演变和发展而来。目前奥运会所设立的正式比赛项目有男子 110 米栏、女子 100 米栏和男、女子 400 米栏共四项。

所有的跨栏跑比赛,从技术方面分析,有直道跨栏跑技术和弯道跨栏跑技术;从跨栏跑全程分析,包括起跑至第一栏技术、过栏技术和栏间跑技术。

一、起跑至第一栏技术

起跑至第一栏加速跑的任务是快速启动,积极加速,为顺利跨过第一栏和建立全程跑节奏打好基础。

所有跨栏跑项目的起跑必须采用蹲踞式起跑。起跑器安装方法和起跑动作与短跑基本相同。110 米栏和 100 米栏起跑至第一栏一般跑 8 步,起跨腿在前;少数身材比较高大的运动员跑 7 步,摆动腿在前。

技术要领:直道栏起跑后加速跑时,两腿、两臂协调一致,积极用力蹬摆,与短跑相比各步后蹬角度略大,身体重心位置较高,躯干抬起较早,跑到第六步后,身体姿势已接近短跑途中跑姿势,并准备起跨过栏。起跑后各步步长均匀增大,栏前最后两步跑进更为积极,最后一步靠加快两腿剪绞动作和起跨腿积极着地而较前一步缩短步长约 10～20 厘米,准确踏上起跨点,加快起跨速度。

二、过栏技术

过栏是从起跨脚踏上起跨点到过栏后摆动腿的脚接触地面的过程,通常被叫做跨栏步。过栏的任务是使身体迅速越过栏架,为栏间跑创造条件。跨栏技术分为起跨攻栏、腾空过栏、下栏着地三个阶段。

(一) 起跨攻栏技术

起跨是指从起跨脚踏上起跨点到后蹬结束离地时止的整个支撑过程。

技术要求:快速起跨,形成良好的“攻栏姿势”。

技术要领:起跨前应保持较高的跑速,起跨腿后蹬要迅速有力,蹬地结束瞬间起跨腿髋、膝、踝关节充分伸展,并与躯干、头基本成一条直线。摆动腿在体后折叠,足跟靠近臀部,以髋为轴,大腿带动小腿积极向前摆至膝超过腰部高度。在两腿蹬摆配合完成起跨动作过程中,上体随之加大前倾,摆动腿异侧臂屈肘向前上方摆出,肘关节达到肩的高度,另一臂屈肘摆至体侧,整个身体集中向前用力,平衡舒展,起跨结束时形成一个良好的“攻栏姿势”。

(二) 腾空过栏技术

腾空过栏是从起跨腿离开地面到过栏后摆动腿着地为止的技术阶段。腾空过栏时身体重心沿着起跨时形成的抛物线轨迹向前运动。身体重心抛物线轨迹是由腾起角决定的,而腾起角取决于水平速度与垂直速度的比值。虽然腾空后身体重心轨迹不可改变,但运动员可以通过身体姿势的变化改善身体与栏架的相对位置,从而维持身体平衡与加快过栏速度,如图 7-6

所示。

1. 完整技术

技术要求：缩短腾空时间，减小速度损失。

技术要领：起跨腿前脚掌内侧着地起跨，过栏后摆动腿积极下压以前脚掌高支撑着地。

图 7-6 过栏技术（单位：m）

2. 摆动腿技术

技术要求：垂直栏面积极前伸，带动身体保持最大前倾，过栏瞬间主动下压，减少栏上滞留时间。

技术要领：起跨腿蹬离地面后，摆动腿大腿继续向前上方摆动直到膝关节超过栏板高度，小腿迅速前摆，脚背勾起。在摆动腿前摆的同时，异侧臂和肩也伸向栏板上方，使肘超过膝，异侧臂与摆动腿基本平行。同侧臂后摆，上体加大前倾，躯干与摆动腿形成锐角，眼视前方。当摆动腿的脚部刚一达到或超过栏面瞬间，摆动腿积极主动下压，加快着地速度。

3. 起跨腿技术

技术要求：折叠向前提拉，准备积极着地。

技术要领：蹬离地面后，迅速抬起折叠，踝关节勾脚脚趾向上翘，过栏时大、小腿折叠几乎与地面平行，过栏后膝关节领先积极向前上方提拉。

(三) 下栏着地技术

着地是从摆动腿过栏后的着地到栏间跑的第一步离地瞬间。

技术要求：主动着地，快速过渡到栏间跑。

技术要领：用前脚掌后扒着地，落地腿撑地伸直，使身体重心处于在较高的位置上，起跨腿提拉到身体正前方，大腿高抬积极跑出第一步。

三、栏间跑技术

栏间跑技术是指过栏后摆动腿的脚着地点至起跨腿的脚踏上下一个起跨点这段距离中所表现出来的技术动作特征。栏间跑的主要任务是尽可能地加快栏间跑节奏，准确地运用栏间距离，提高跑速，为顺利跨过下一栏创造有利条件。

栏间跑技术基本上同短跑。为了减少身体重心上下起伏，栏间要保持高重心，大腿高抬，用前脚掌着地。由于栏间距离和跑的步数固定，步长也比较稳定，所以提高栏间跑速度主要靠加快步频和改进跑的节奏来实现。

四、跨栏跑训练

跨栏跑是一项集速度、力量、技术等为一体的运动项目，训练中要紧密围绕“力量是基础、速度是核心、技术是表现、节奏是关键”的训练指导思想，在全面身体训练的基础上突出专项素质与“速度优先”的原则。

(一) 发展必要的身体素质

重点是力量、弹跳力和柔韧性素质，主要包括躯干力量，踝、膝、髋和脚掌肌肉力量以及髋关节的灵活性和肌肉韧带的柔韧性。发展力量主要有负重下蹲起、半蹲跳、弓箭步交换跳等负重练习；发展弹跳力主要有立定跳、立定三级跳、蛙跳、跨步跳、障碍跳等跳跃练习；发展柔韧性主要有前后、左右踢腿，前后、左右劈叉腿，坐位体前屈，跨栏坐等练习。

(二) 改善跑的技术,发展跑的能力

可采用距离不同、方式多样的加速跑,短距离变速跑,提高频率的下坡跑、顺风跑,踏标志的计时跑,行进间计时跑等练习来发展速率,改善跑的技术,提高跑的能力。

(三) 提高跨栏技术能力

(1) 严格基本技术要求;

(2) 发展身体素质与学习和改进技术密切结合;

(3) 处理好基本技术与完整技术的关系;

(4) 提高跑、跨结合的能力。

(5) 注重个体差异。

在提高运动员的跨栏技术时,应结合不同训练对象的身体形态与素质特征,发展个人技术风格。

第五节　跳远基本技术

跳远是一个速度力量的田赛类项目,它是在通过助跑获得一定速度的基础上,在起跳前尽可能保持最高速度的情况下,通过快速有力的起跳,获取最远抛射距离的项目。

跳远由助跑、起跳、腾空和落地四个部分动作组成,它们是一个完整的统一体。因此,正确地完成跳远技术的各个部分动作,以及实现各部分动作的有机结合是跳远技术的关键。

一、助跑技术

助跑的任务是获得最高的水平速度,为准确踏板和快速有力地起跳创造有利的条件。

(一) 助跑的方法

1. 助跑起动方式

助跑的起动方式有两种:原地起动和行进间起动。原地起动是从静止姿势开始,一般采用两脚平行或前后分立、两腿微屈的半蹲姿势;行进间起动是走几步、跑几步或走跳结合踏上起跑点后,开始起动加速。原地起动步幅比较稳定,速度变化较小,对保证助跑准确性有利。行进间起动跑起来自然放松,但助跑速度不易很好地控制,助跑的准确性欠缺。

2. 助跑的加速方式

助跑的加速方式有两种,即积极加速和逐渐加速方式。逐渐加速方式也称平稳加速方式。积极加速方式从助跑一起动就跑得很积极,步频始终保持在较高水平,这种方式能迅速摆脱静止状态并获得较高的助跑速度,适合于绝对速度较快的运动员;逐渐加速方式一般在加大或保持步长的基础上提高步频,逐渐加速的方式加速时间较长,加速过程是逐渐而平稳进行的,因此跑的动作放松自然,优秀运动员大多都采用这种方式

(二) 助跑距离

助跑的距离与运动员跑的能力有关。一般男子的助跑距离为 35~45 米,跑 18~24 步;女子的助跑距离为 30~40 米,跑 16~22 步。每个运动员的助跑距离是不一样的,应根据加速方式和跑的能力确定适合于自己的适宜距离。此外,在训练和比赛中,还要根据变化的外界条件,如风力、风向、气温、助跑道的质地以及自身的状况和感觉,适时适度地进行调整,以保证助跑及踏板的准确性。助跑时,有的运动员还采用设第二标志的方法,其目的是校验助跑步点的准确性和保证助跑最后几步积极加速的上板助跑节奏。第二标志一般设置在助跑最后 6 步左

右的位置。

(三) 最后几步的助跑技术

最后几步的助跑是整个助跑技术的关键，运动员既要发挥和保持最高速度，又要为起跳做好充分准备。因此，在这一阶段，运动员在步长稳定的基础上加快步频，形成快速进入起跳的助跑技术节奏。

二、起跳

起跳是跳远的关键技术环节。起跳时，应充分利用助跑所获得的速度，在极短的时间内，按顺序完成一系列正确的起跳动作，获得尽可能大的腾起初速和适宜的腾起角度向空中腾起。起跳动作分为起跳脚着地、缓冲和蹬伸三个阶段，如图 7-7 所示。

图 7-7　起跳

(一) 起跳脚着地

助跑的最后一步，为了加快着板速度，起跳腿大腿前摆抬得较低，积极下落着地，脚跟与脚掌几乎同时接触起跳板。此时，躯干与地面的角度为 90°～107°，小腿与起跳板的夹角为 65°左右，膝关节角为 175°～178°。

(二) 缓冲

起跳脚着地至膝关节弯曲程度最大时，这一动作过程为缓冲阶段。缓冲的作用主要在于减缓起跳的制动力，减少助跑的损失，积极前移身体，为蹬伸创造有利的条件。起跳的缓冲不是一个被动的过程，而应该是一个积极完成退让性工作的主动过程。起跳缓冲时膝关节角呈 138°～145°，随着起跳技术的完善，起跳缓冲时膝关节的弯曲程度趋于减小，这有利于完成爆发式的起跳蹬伸动作。因此，要提高起跳效果，增大腾起初速度，首先要提高缓冲效果。

(三) 蹬伸

蹬伸阶段是由起跳腿膝关节最大弯曲时开始，至起跳腿蹬离地面瞬间止。起跳蹬伸时，起跳腿的髋、膝、踝关节要充分蹬直，躯干和头部保持正直，摆动腿大腿摆至接近水平位置，小腿自然下垂，双臂前后摆起，肩、腰向上提起，蹬伸动作越快越充分，起跳效果越好。

起跳过程中摆动腿的摆动对减少着地时的制动力、提高起跳速度和增加起跳效果起很大作用，因此，起跳的蹬伸阶段也可以称为起跳的蹬摆阶段。起跳时，不仅起跳腿要快速有力地蹬伸，还要注意摆动腿“摆”与起跳腿“蹬”的协调配合；同时，上肢肩、腰的伸展，双臂的充分前上摆，也要和下肢的蹬摆动作协调配合，完成整个起跳的蹬伸动作。

三、腾空

起跳离地后，人体向空中腾起，并在空中完成各种动作过程为腾空阶段。腾空初始，身体保持着起跳结束时出现的跨步姿势，称为“腾空步”，腾空步之后的空中动作有“蹲踞式”、“挺身式”和“走步式”三种。

(一) 蹲踞式

起跳腾空后，上体正直，保持腾空步，当身体达到最高点后，起跳腿开始向前上方提举，逐渐向摆动腿靠拢，形成“蹲踞”姿势，随后两腿向上收，两臂由前向下、向后摆动，同时前伸小腿落地，如图 7-8 所示。

图 7-8　蹲踞式跳远

(二) 挺身式

起跳腾空后,起跳腿蹬直自然留在身后,摆动腿膝关节放松,下放后摆到身体的垂直面之后,整个身体充分伸展,形成“挺胸展髋”的挺身姿势,两臂自然后摆,收腹举腿,双腿前伸落地,如图 7-9 所示。挺身式的优点在于空中能充分拉长整个身体,加大了身体前旋半径,减慢了身体前旋角速度,有利于维持身体平衡,动作自然舒展。

图 7-9　挺身式跳远

(三) 走步式

起跳腾空后,摆动腿以髋为轴下放并向后摆动,同时起跳腿大腿带小腿屈膝前摆,在空中完成一个自然的换步动作,随后摆动腿继续前摆靠拢起跳腿接着完成落地动作,如图 7-10 所示。空中完成一个换步动作的为两步半走步式,空中完成两个换步动作的为三步半走步式。

图 7-10　走步式跳远

走步式的摆臂是以直臂大幅度环绕动作的形式与下肢走步动作协调配合完成的。走步式动作的特点在于助跑起跳、蹬伸与摆动各部分技术动作衔接紧密,动作自然连贯。

四、落地

落地的任务是争取更好的跳远成绩。良好的空中动作是合理落地的基础。落地前,应注意膝关节主动向胸部运动,上体不要过分前倾,双腿向上抬起并向前方伸出,双臂快速向后方摆动再摆向前。落地时,尽量减小双腿与地面的夹角,在保证不失去平衡后坐的前提下远伸双腿,增加跳跃距离。双脚落入沙坑后,应及时屈膝缓冲,髋关节快速向前移动,前摆的双臂再快速后摆,使身体特别是臀部迅速移过落地点。

五、跳远训练

(一) 身体训练

跳远运动员的身体训练,应全面发展各项身体素质和技能,增进身心健康。随着训练年限的增长和训练水平的提高,要逐步增加专项身体训练的比重,发展跳远运动员所必需的专项素质和专项能力,为以后的专项训练和进一步提高跳远成绩打下坚实的基础。

1. 发展速度

充分利用速度敏感期,发展动作速度和反应速度。发展动作速度可采用快速重复进行的各种练习，如快速高抬腿、加速跑和短程快速起跳等；发展反应速度时，可采用活动性游戏、球类、体操等多种项目。在发展跑的速度训练中，应以提高步频为主，并与掌握正确的跑的技术紧密结合。

2. 发展弹跳力

跳远运动员弹跳力的好坏取决于肌肉收缩的力量和速度。可采用徒手和负轻器械的各种跳跃练习，如立定跳远、立定三级跳远、单足跳、跨步跳、两腿交换跳、跳栏架等发展弹跳力。在发展跳远专项所需部位的肌肉力量时，可采用各种跳跃练习和跳远练习，如连续上步起跳、三步起跳、短距离助跑起跳等。

3. 发展灵敏和协调能力

灵敏和协调能力是在各种变换条件的情况下迅速、准确地控制和改变自己身体运动的能力。跳远运动员发展灵敏和协调素质常用的练习有：跑、跳、投掷和各种辅助练习；球类、体操、技巧等其他项目的各种基本练习；活动性游戏；变换方向、速度、节奏和距离的各种练习等。

（二）主要练习手段与方法

1. 跳远的技术训练

随着跳远运动技术水平的提高，技术训练的内容、负荷、方法和手段上更具有针对性，更能体现跳远的“快速力量”专项技术特点。

（1）助跑技术训练

采用行进间30米跑提高加速能力；采用行进间60米加速跑练习；采用80～120米发展专项耐力；全程助跑起跳计时练习；变换节奏练习。

（2）起跳技术训练

6～8步起跳练习；6～8步助跑单足跨跳练习；中距离助跑起跳练习；全程助跑起跳练习。

（3）空中技术训练

6～8步俯角板起跳空中技术练习；中程助跑起跳空中技术练习。

（4）落地技术训练

立定跳远练习；立定三级跳练习。

2. 跳远的素质训练

（1）速度素质的训练

跳远是快速力量类项目，速度素质是跳远项目的核心素质，跳远运动员专项速度能力是提高跳远运动员速度训练的主要训练内容。

跑的速度训练：30米起跑；60米放松节奏跑；100米计时跑；牵拉30米行进间跑；动作速度训练；各种重复摆动练习；橡皮筋牵拉摆腿练习；重摆动练习。

反应速度训练：各种组合练习、综合练习；各种活动性练习。

（2）力量素质的训练

力量素质是运动员对抗阻力的能力，克服自身阻力，提高动作速度的速度力量是跳远运动员的核心力量，最大力量是快速力量的基础，力量耐力是跳远力量训练的保障。

快速力量训练：抓举练习；提拉练习；快速负重半蹲练习；沙坑内快速起跳练习。

绝对力量的训练：负重深蹲；负重半蹲；负重腰腹肌练习；非平衡性力量训练；震动训练。

力量耐力练习：抗阻力重练习；姿势负练习；核心力量练习。

（3）灵敏、协调素质的训练

灵敏、协调能力是跳远运动员重要运动素质，训练方法、手段很多，有各种球类活动、体操练习和柔韧性练习，这些练习大部分在准备活动、整理活动和调整训练中进行。

第六节 背越式跳高基本技术

跳高过程中由于各技术阶段任务的不同，为了便于进行技术分析，我们把跳高技术这个有机的整体分为助跑、起跳、过杆和落地四个部分。过杆技术分跨越式、剪式、滚式、俯卧式和背越式等，目前最多采用的是背越式跳高，本节主要介绍背越式跳高。

一、助跑

助跑的任务是为了使运动员获得适合自己力量与技术的理想速度，获得良好的阶段节奏，使运动员进入适宜的起跳位置，为起跳做好准备，如图 7-11 所示。

背越式跳高运动员采用弧线助跑，大多数运动员跑 8～12 步，少数运动员跑 6～7 步。助跑的长度为 16～30 米。起动时助跑方向在 70°～90°，在开始进入弧线时的助跑方向在 25°～35°，放脚方向在 15°～35°或与横杆平行。

助跑可分为第一阶段和第二阶段。

(一) 第一阶段

运动员踏上第一标志线开始，助跑至倒数第四步为助跑第一阶段。该阶段为直线助跑，主要使运动员获得适合于自己力量与技术并符合助跑第二阶段要求的理想速度，获得良好的助跑节奏，为进入助跑第二阶段取得适宜的位置，并为第二阶段助跑做好准备。

(二) 第二阶段

运动员助跑的倒数第四步至倒数第二步摆动腿的脚着地为助跑第二阶段。主要使运动员在过渡阶段前获得适合于自己力量与技术的理想的起跳前的速度并获得良好的助跑节奏，使运动员获得适宜的起跳位置，为起跳做好准备。

背越式跳高助跑第二阶段采用的是弧线助跑，以外侧脚的前脚掌内侧、内侧脚的前脚掌外侧着地，脚着地点离身体重心投影点较近，后蹬角度较大，摆动侧髋高于并领先于起跳侧髋，摆动侧肩高于并领先于起跳侧肩，身体重心较高，整个身体内倾，以自然降低身体重心，增加起跳时身体重心垂直工作距离。

二、起跳

起跳的任务是使运动员获得适宜的身体重心腾起角，在起跳离地瞬间使运动员获得最高的身体重心高度，并获得较快的起跳垂直速度，以便获得最高的身体重心腾起高度。

(一) 起跳的动作结构

1. *起跳脚着地瞬间动作结构*

背越式跳高倒数第二步摆动腿采用“硬撑式”的快速摆动，膝关节弯曲度小，以摆动脚前脚掌内侧着地，后蹬角度较大，有利于起跳腿的快速踏跳动作。

2. *起跳腿垂直支撑瞬间动作结构*

背越式起跳在垂直支撑瞬间起跳腿的膝关节角度为 140°～148°，摆动腿弯曲大，上体稍在起跳腿的内侧，髋关节夹角为 130°～140°，摆动侧髋仍领先并高于起跳侧髋，摆动侧肩仍领先并高于起跳侧肩，身体重心基本在支撑点上面稍偏

图 7-11 助跑与起跳

内，整个身体内倾。

3. 起跳腿离地瞬间动作结构

背越式跳高起跳腿离地瞬间起跳腿的3个关节充分蹬直，摆动腿向上稍内屈摆动，膝在踝的里面，摆动侧髋高于起跳侧髋，髋侧背对横杆，摆动侧肩高于起跳侧肩，肩侧背对横杆，眼看弧内斜上前方。

(二) 摆动

1. 摆动腿的摆动

背越式跳高采用的是屈腿或折叠式的摆动方法。直腿摆动的惯性力可占体重的137%～148%，屈腿摆动的惯性力可占体重的70.6%。

2. 两臂的摆动

摆臂的方法有交叉双臂摆动和交叉单臂摆动两种。无论是哪种摆臂方法都应与摆动腿摆动一样，在起跳蹬伸结束阶段与摆动腿相配合，采用制动动作，以增加起跳的蹬地力量。

三、过杆

过杆技术可分为攻杆阶段和过杆阶段，如图7-12所示。

(一) 攻杆阶段

攻杆是起跳结束后身体向横杆上方腾起的过程。起跳结束后身体在摆动侧臂的引导下，保持起跳结束时的身体姿势(此时身体的倾角呈94°)，以头顶部和脊椎为冲击轴向横杆上方腾起并完成背对横杆的旋转动作。

(二) 过杆阶段

过杆是指运动员身体越过横杆的过程。当运动员的头部超越横杆后，两肩开始放松，头部积极后仰，两臂也由肩上方开始向身体两侧下放，当胸部越过横杆后积极向上顶髋，头和两肩继续后仰，两大腿下放，两小腿放松下垂完成杆上“桥”的动作。

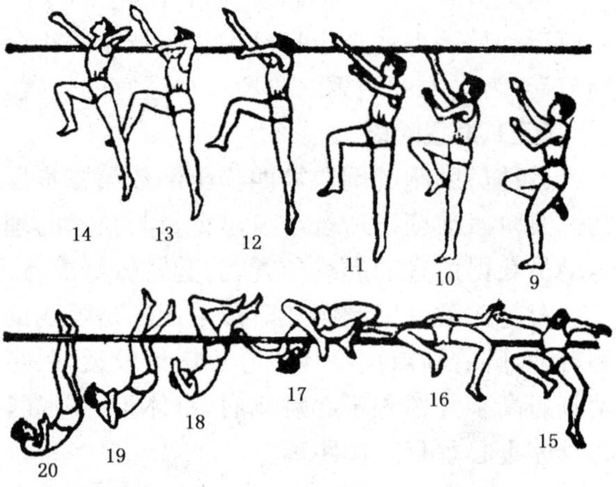

图7-12　过杆技术

四、落地

落地是指运动员过杆后身体重心下落到身体着地的过程。当运动员的臀部和大腿越过横杆后，身体重心已经下落，此时应在挺髓的基础上，以大腿带动小腿加速向后上方甩腿，使整个身体脱离横杆，然后低头含胸，屈肩伸膝，以肩背部及双臂着垫并借过杆旋转力顺势后翻，做好缓冲。

五、背越式跳高训练

(一) 背越式跳高技术训练

1. 起跳技术

(1) 小弧线2步起跳技术的练习，主要练习放脚踏跳、摆动腿和两臂的摆动以及身体姿态的控制；

(2) 小弧线 4 步助跑起跳练习，主要练习在保持良好的身体姿态和助跑节奏的前提下快速起跳的能力；

(3) 全程助跑加轻起跳练习，主要练习快速助跑和快速起跳相结合的能力；

(4) 全程助跑起跳摸高练习，主要练习在全程快速助跑前提下全力起跳的能力。

2. 过杆技术

(1) 仰卧矮高台杆上肌肉感觉练习，主要体会在杆上时身体各部位的肌肉感觉；

(2) 两步助跑跳上矮高台成仰卧练习，同样体会身体各部位的肌肉感觉；

(3) 4 步助跑起跳跳过矮高台杆技术练习；

(4) 4 步助跑过低杆练习；

(5) 全程助跑过低杆练习；

(6) 全程助跑过杆(不同高度)技术练习。

(二) 主要练习手段和方法

1. 速度素质

跳高运动员的速度素质包括位移速度、动作速度和反应速度。在训练中应结合跳高的技术特点，重点发展跳高专项速度素质。

(1) 位移速度练习

30 米弯道计时跑；30 米直道计时跑；30 米直道＋30 米弯道计时跑；上坡跑或下坡跑；150 米跑；200 米跑。

(2) 动作速度练习

各种快速重复动作的练习，如原地快速摆臂和摆腿练习，快速高抬腿练习，起跳腿踏上跳箱盖快速蹬伸练习等；持轻器械或轻负重的快速摆动和起跳练习；20～30 米起跑计时练习。

(3) 反应速度练习

各种活动性游戏、球类、体操等练习；各种组合性、综合性练习；听信号或看信号完成各种练习；各种变换速度和节奏的练习。

2. 力量素质

力量素质主要包括肌肉的最大抗负荷能力(绝对力量)、肌肉弹性成分吸收储存和释放弹性能的能力(弹性力量)、肌肉力量的最大输出速率(快速力量)等。

(1) 绝对力量练习

负重深蹲；负重半蹲；负重提踵；各种负重或徒手的腰腹肌练习；负重卧推。

(2) 弹性力量练习

弹性负重深蹲：练习负荷为最大负荷的 40%～60%，要求运动员在深蹲的最低部位时依靠重力在下肢肌肉不主动发力的情况下，做振幅为 10 厘米左右的 2～3 次连续的起伏振动动作(上体的形态保持不变)，然后借肌肉弹性发力蹬伸。

跳深练习：从台阶上连续向下跳的练习方法，利用运动员自身体重在向下跳的过程中的重力作用，刺激肌肉中的弹性成分。着地时以前脚掌着地，膝关节角度为 140°～150°，膝关节角度尽量保持不变，以便保证肌腱等弹性成分所受的刺激强度。

弹性负重深蹲跳：负重方式与练习弹性负重深蹲类似，采用轻负荷(杠铃重 20～40 千克)，深蹲提踵，利用杠铃的重量做振幅为 10 厘米左右的连续向前蹲姿跳跃运动。

(3) 快速力量练习

快速负重深蹲计时，每组练习 4～6 次，负荷为最大负荷的 30%～60%；快速负重半蹲计时，每组练习 4～6 次，负荷为最大负荷的 60%～80%；抓举练习；负重快速踏上跳箱盖蹬伸练习；前抛或后抛铅球。

3. 灵敏性、协调性和柔韧性素质

灵敏性、协调性素质是运动员完成及控制自身动作能力的保证，训练方法很多，像各种球类运动、简单的练习体操、准备活动中的游戏等。发展柔韧性素质一般在准备活动中或训练结束后进行，像各种拉长练习、摆振练习、背桥练习等。

4. 耐力素质

跳高比赛时间长，需要运动员具备长时间保持高强度运动的能力。因此，跳高运动员应有良好的耐力素质。

常用的练习方法有：长时间、小强度各种形式跑的练习；各种组合式循环练习；长时间的球类活动；长时间、小强度的各种跳跃练习。

第七节　铅球基本技术

铅球技术是单手持球放在肩上锁骨窝处，站在直径为 2.135 米的圆圈内靠近后沿处，经过滑步（或旋转）后，单手从肩上推出，使铅球落在规定的投掷区内。根据出手前的滑步动作的不同，可以分为侧向滑步、背向滑步和旋转式推铅球等几种。下面介绍背向滑步推铅球的技术要领（以右手铅球为例）。

一、握持铅球

握球的手指自然分开，把铅球放在食指、中指和无名指的指根上，大拇指和小指支撑在球的两侧，以防止球的滑动，同时也便于控制出球的方向，如图 7-13 所示。

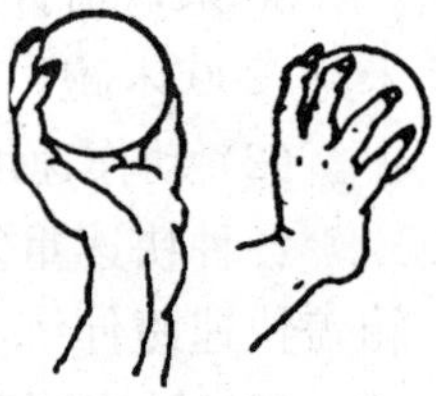

图 7-13　握球

握好球后，将球放在锁骨窝处，贴于颈部，下颌向右转，右臂屈肘，掌心向前，上臂与肩齐平或略低于肩，左臂自然上举，两眼平视前方。

二、滑步前的准备姿势(图 7-14)

1. 高姿势

持球后，背对投掷方向，站在圈内靠近后沿处，两脚前后站立，相距 20～30 厘米左右，右脚尖靠近投掷圈内沿（脚也可稍向内转）左腿在后并自然弯曲以前脚掌或脚尖着地，上体正直放松，左臂自然上举，体重落在伸直的右腿上。

2. 低姿势

持球后背对投掷方向，站在圈内靠近后沿处，两脚前后站立，相距 50～60 厘米左右（根据身高和下蹲的程度而定）。左脚在后，以前脚掌或脚尖着地，右脚尖贴近圆圈指向投掷相反方向（脚也可稍内转）。左臂自然下垂，左肩稍向内扣，两腿弯曲，上体前屈。

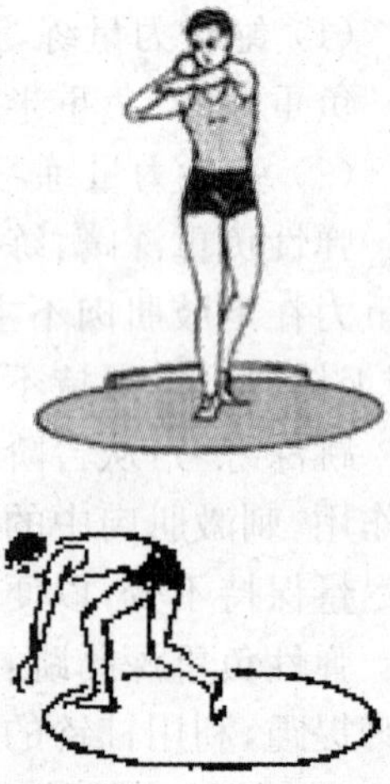

图 7-14　滑步前的准备姿势

三、滑步

滑步动作是由身体重心后移、左腿向投掷方向伸摆开始，经过蹬伸右腿、回收右脚来完成的。滑步的目的在于使铅球获得一定的水平速度，并为最后用力创造良好的条件。预备姿势完成后，臀部带动身体重心略向投掷方向移动，使其移离身体的支撑点；接着左腿以大腿带动小腿迅速向抵趾板方向摆出并外旋，右腿积极蹬伸，并及时拉收、内旋，两腿摆蹬协调配合，推动身体向投掷方向快速移动，形成最后用力前的良好姿势。

决定滑步效果的因素主要有三个方面：一是左腿摆动的力量、速度和方向；二是右腿蹬地的力量、速度和角度；三是左腿摆动与右腿蹬地的协调配合。

滑步的基本要求：先摆(左腿)后蹬(右腿)，以摆带蹬，蹬摆结合。

四、最后用力(图 7-15)

最后用力是从左脚落地前开始至铅球离手结束。最后用力是铅球技术的关键环节，它对铅球出手初速度的贡献率高达 80%～85%。动作正确与否直接影响着铅球出手初速度、出手角度和出手高度。最后用力可分为准备和加速两个部分。准备部分是从左脚落地到身体形成侧弓，此时身体左侧的有关肌群形成最大拉紧状态，为最后的加速用力创造了有利的条件。加速部分是躯干形成侧弓后，在左腿有力的支撑下，利用右腿快速蹬伸和躯干的反振作用，顺势转肩伸臂，以快速有力的推拨球动作完成整个投掷动作。

图 7-15　最后用力

最后用力动作要诀：蹬、转、送、抬、挺、撑、推、拨。

五、维持身体平衡

铅球出手后，为了防止犯规，运动员通常采用换步和降低身体重心的方法缓解向前的冲力，避免出圈犯规。

六、推铅球技术训练

(一) 专项力量训练

推铅球时，按其与专项成绩的相关系数看，起主导作用的肌群分别是肩部肌群、躯干肌群、腿部肌群。训练中，三个肌群的力量练习应按一定的比例协调发展，即首先要发展那些有助于改进和完善与专项技术及动作速度有关的肌群的力量，其次，应密切结合个人特点，不同训练阶段和时期有不同的安排比例。

(二) 专项投掷训练

专项投掷训练与专项技术训练密切相关，所采用的器械也相同，但任务和目的有区别。它主要是为了解决技术训练中不能完全解决的问题，通常是针对某一细节问题而进行的。

1. 原地正面反振躯干铅球

推球前，上体后仰成背弓，随即利用躯干反振力量将铅球推出，这可有效提高躯干的正面反振力量。此训练内容可采用轻、重铅球结合，也可利用皮带进行。

2. 背向上步铅球

背对投掷方向，体前屈，左脚向后伸出并迅速落地形成稳定支撑，紧接着发力将铅球推出，反复练习可提高左脚落地与发力推球的结合。

3. 背向收拉右腿推球

背对投掷方向，体前屈成半蹲姿势。左腿向后伸直，左脚着地，右膝稍伸开，两腿成类似弓步状。投掷时迅速向后收拉右腿并内扣，右脚着地瞬间将球推出。这个练习可以密切右腿回收与推球的结合。

专项身体训练的三个方面应有机地结合在一起，并按照一定的顺序进行，以保证身体训练获得的能力向着投掷能力转化。

第八节　标枪基本技术

掷标枪是投掷者一手握持器械，经过一个阶段直线助跑和投掷步，最后两腿做有力支撑用力，以全身的力量和最快的出手速度把标枪从体后经肩上方向向前掷出并尽可能获得远度的投掷项目。

掷标枪的完整技术是一个连续过程，为了便于分析，可分为握枪与持枪、助跑、最后用力和标枪出手后维持身体平衡四个部分(以右手掷标枪为例)。

一、握枪与持枪

1. 握枪

常用的握枪方法有现代式握法和普通式握法两种。

(1) 现代式握法(拇指和中指握法)

将标枪斜放在右手掌心上，用拇指和中指握在缠绳把手末端上沿，食指自然弯曲斜放在枪身上，无名指和小指自然地握在缠绳把手上。

(2) 普通式握法(拇指和食指握法)

将标枪斜放在右手掌心上，用拇指和食指握在缠绳把手末端上沿，其余手指依次握在缠绳把手上。

2. 持枪

常见的持枪方法有肩上持枪法和先肩下后肩上持枪法两种。

(1) 肩上持枪法

右手持枪于右肩上方，右臂弯曲，上臂与前臂的夹角约为 90°，肘关节稍向外。根据个人习惯，持枪手稍高于头或在头侧，枪尖稍低于枪尾或枪身与地面平行。

(2) 先肩下后肩上持枪法

在预备姿势和预跑的前半段，右臂自然下垂，右手持枪于髋侧或腰间，枪尾向前，随着向前的跑进动作两臂自然前后摆动。在预跑的后半段，右臂举起成肩上持枪姿势。

二、助跑

助跑的任务是使人体和标枪获得一定的预先速度，完成引枪和超越器械动作，为最后用力创造良好的条件。助跑的距离一般为 22～35 米，女子稍短一些，如图 7-16 所示。

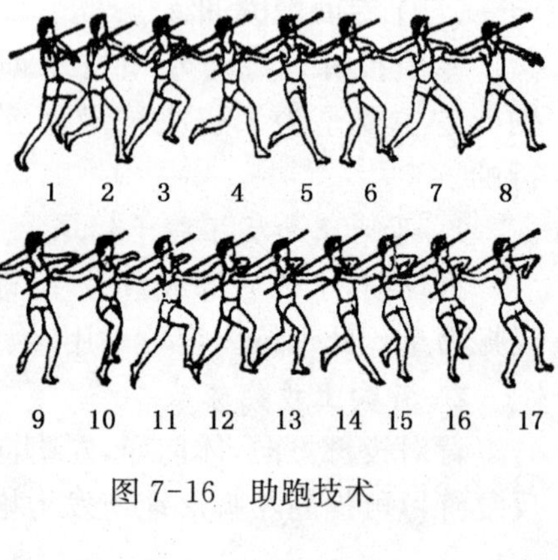

图 7-16　助跑技术

助跑包括预先助跑和投掷步两个阶段。

1. 预跑阶段

预跑距离从第一标志点起到第二标志点止，一般长 12～21 米，通常跑 8～14 步，跑单步大约 9～13 步。

预跑前，通常是面对投掷方向原地两脚前后站立，左脚在前，踏在第一标志点上，迈右腿开始助跑。预跑是周期性动作。预跑时，下肢动作和加速跑动作基本相同，要求跑的动作放松自然，富有弹性和节奏，保持助跑的直线性，步点稳定，控制好标枪，持枪臂随跑的节奏自然小幅度前后摆动，与下肢动作协调配合，在逐渐加速中流畅地进入投掷步阶段。

2. 投掷步阶段

投掷步距离从第二标志点起到投掷步最后一步左脚着地处止，长约 8～12 米。投掷步是掷标枪的专门助跑阶段，不但要保持较高的助跑速度，完成引枪交叉步和超越器械等动作，还要实现由助跑向最后用力动作的过渡和衔接。投掷步的步数一般是 4 步或 6 步，用 2 步完成引枪动作；也有采用 5 步的，通常用 3 步完成引枪动作。当采用偶数步时，以左脚踏上第二标志点，迈右腿开始投掷步；当采用奇数步时则反之。下面介绍 4 步投掷步和直接向后引枪的技术。

第一步：左脚踏上第二标志点，右腿积极前摆，同时上体向右转动，右肩后撤，持枪臂开始向后引枪左肩向标枪靠拢，左臂自然摆向胸前，目视前方。右脚着地时，髋部正对投掷方向，躯干基本与地面垂直，右臂尚未伸直，标枪靠近身体。

第二步：右脚落地后，左腿积极前摆，同时右腿蹬地，上体继续向右转动，持枪臂继续向后引枪，左臂自然摆向身体左侧。随着左脚着地，身体已转至左侧对投掷方向，右臂伸直完成引枪动作。这时，右手约同肩高在肩轴延长线上，标枪与前臂之间的夹角较小，枪头靠近右眉，眼睛注视投掷方向。

第三步（交叉步）：这是投掷步中关键的一步。当第二步左脚一着地，右腿自然屈膝，以大腿带动小腿快速前摆靠近左腿；当身体重心移过左脚支撑点时，左腿积极蹬地，在左腿蹬伸的配合下，右大腿加速向前摆动并与左腿成交叉姿势，同时左臂自然摆至胸前，帮助左肩内扣和加大躯干向右的扭转幅度，使肩轴与髋轴形成交叉状态。由于两腿快速有力地向前蹬摆，促使髋部加速向前，超过肩部前移速度，使躯干后倾逐渐加大；紧接着左脚蹬离地面，在人体处于低腾空（短暂的无支撑）阶段，左腿快速低平前摆并超过右腿，为左脚快落支撑创造条件；随之以右脚跟外侧先着地并迅速过渡到全脚掌支撑，右脚尖外展与投掷方向约成 45°角。这时右肩、右髋和右脚几乎成一直线，身体向后倾斜与垂直面构成一定的夹角（躯干后倾角），形成良好的超越器械动作，右臂充分后伸位于肩轴延长线上，枪尖不高过头部，肩、臂肌肉保持放松。

第四步：这是从助跑过渡到最后用力的衔接步。交叉步右脚着地后，右腿迅速屈膝缓冲，以减小制动和加快身体重心前移，并使右小腿与地面构成较小的夹角；当身体重心前移超过右脚支撑点时，右腿积极用力蹬地，推送髋部向投掷方向前移和转动，已摆至右腿前方的左腿快速向前下方插去，以脚跟或脚内侧先着地，完成强有力的制动支撑。在左腿前摆和落地过程中，膝关节几乎伸直，大腿不要抬得过高，防止身体重心起伏，以加快投掷步第三、四步的动作节奏。随着左腿前摆，左臂从胸前向身体左侧摆动，标枪控制在投掷步第三步时的状态，上体仍保持向后倾斜的姿势，为最后用力创造条件。

三、最后用力

助跑和最后用力是掷标枪完整技术的主要部分，助跑和最后用力紧密衔接是掷标枪技术的难点，最后用力是掷标枪的技术重点。最后用力的任务是尽量利用助跑速度和超越器械的身体姿势，连贯完成由助跑向最后用力的过渡，充分发挥人体各部分肌肉力量并通过投掷臂集中作用于标枪上，以获得最大的出手初速度和适宜的出手角度，使标枪飞行得更远，如图7-17 所示。

图 7-17　最后用力

最后用力从投掷步第三步右脚着地，身体重心前移超过支撑点垂直面，右腿转人蹬地动作时开始，这是一个由投掷步向最后用力的过渡性动作，随着第四步左脚着地形成双脚支撑、为人体肌肉收缩发挥强大力量和最大速度提供了条件。因此，双脚支撑阶段是最后用力的最有效阶段。

右腿继续蹬地，推动右髋向投掷方向加速运动，使髋轴超越肩轴并牵引着肩轴向投掷方向转动。左脚着地形成的制动与支撑，为上体向投掷方向运动创造了条件。左臂屈肘积极摆向身体左下方，左肩适当压低并有效制动，形成了从左脚到左肩的左侧支撑轴，从而加快右肩向投掷方向的转动。右胸前挺带动投掷臂向上转动，前臂和手腕向上翻转，当上体转至正对投掷方向时，形成了“满弓”姿势。这时，投掷臂伸直留在身后，与肩同高，与躯干几乎成直角，右腿、右髋、右胸和右臂的连线像“弓”一样向后反张。

“满弓”姿势形成后，立即转人屈体挥臂的“鞭打”动作。由于上述动作的作用以及向前的惯性，身体重心逐渐移向左腿，迫使左腿微屈支撑。胸部继续前挺带动投掷臂的上臂向前，上臂又带动前臂向前，使肘关节被动弯曲。当上臂移至肩关节垂直上方时，上臂与前臂之间的夹角约为 90°，前臂与标枪之间的夹角保持在 25°左右。紧接着微屈的左腿快速有力地蹬伸，被拉长的腹部肌肉强有力地收缩，胸部和右肩带动上臂向前并快速完成伸肘、挥标枪运动员最后用力前臂和甩腕的掷枪动作，使全身力量通过投掷臂、手腕和手指作用于标枪的纵轴上。标枪离手瞬间，手腕和手指要积极甩动，使出手后的标枪沿纵轴按顺时针方向自转飞进，提高飞行的稳定性。标枪出手的适宜角度约为 29°～36°。

四、维持身体平衡

维持身体平衡是掷标枪技术的结束动作。为了防止由于惯性作用使人体继续向前运动而造成犯规，在标枪出手后，右腿应及时向前跨出一大步，上体前倾并稍向左转，屈膝降低身体重心，两臂配合自然摆动，以缓冲人体向前的冲力，维持身体平衡，如图 7-18 所示。

图 7-18　维持身体平衡

五、掷标枪训练

(一) 掷标枪的技术训练

(1) 掷标枪各种专门练习和模仿练习(徒手和带器械)；

(2) 原地、上 3～5 步、短程助跑、全程助跑的鞭打练习；

(3) 原地和上步插枪、投小球或石块、掷标枪；

(4) 原地侧向掷轻标枪、标准枪或投掷其他器械；

(5) 交叉步各种练习和交叉步掷标枪；

(6) 原地、上步和短程、全程助跑(采用不同的助跑速度)做引枪练习;

(7) 投掷步掷标枪或投掷其他器械。可在地上画出步点标志或通过语言、击掌等信号提示进行投掷步练习,以形成稳定的步长和建立节奏感;

(8) 以各种速度做持枪助跑练习和持枪助跑接投掷步的练习;

(9) 短程、半程、全程助跑掷标枪或投掷其他器械。

(二) 掷标枪的身体训练

1. 专项速度训练的主要手段与方法

(1) 发展助跑速度

短、中、长距离持枪快跑,利用下坡持枪快跑;20~30 米持枪计时加速跑或行进间15~20米持枪计时跑;持枪跑接投掷步的节奏跑练习;徒手、持枪或负轻重量连续交叉步跑 15~20 米,可计时;持枪跑 15~20 米后引枪接侧向交叉步跑 15~20 米,动作熟练后结合计时;持枪全程助跑练习。

(2) 发展专项动作速度

徒手或持枪,原地或左腿上一步做右腿大幅度、快速的蹬、转、送髋练习;徒手或持枪,交叉步后右腿做快速蹬、转、送髋动作;原地或上步做大幅度、快速度的展体“拉弓”和屈体“鞭打”练习;两手正握单杠,两脚前后开立,左脚在前,右腿屈膝,体重落在右腿上,然后做快速的蹬腿、送髋和挺胸、拉肩练习;原地正面、原地侧向和上步,徒手或手持软树枝做各种“鞭打”练习;右手持一段软管、粗绳或软竹竿,原地、上步或助跑,快速用力击打前上方悬挂的轮胎、吊球或其他标志物;原地侧向、交叉步、助跑对挡墙或挡网掷垒球、小沙包和轻橡皮球;投掷步或短程、半程、全程助跑掷小球、小石块和轻标枪。

2. 专项力量训练的主要手段与方法

仰卧、斜卧、立姿或坐姿,单臂或双臂从头后屈肘拉起杠铃(片);坐凳肩负杠铃转体;双手持杠铃片弓步臂上举;单手或双手持杠铃片,单臂或双臂绕肩转动,或绕肘、腕转动(向不同方向);两手各持杠铃片直立,两臂依次交替向头后上方和体后下方摆振;单手或双手持杠铃片做右腿蹬转展体拉“满弓”的练习;俯卧在跳箱或“山羊”上,两手持轻杠铃片,上体尽量前屈,两腿由同伴压住。然后上体充分后屈抬起,两臂向后上方摆动,肩部拉开,挺胸抬头使躯干成反弓形。抬上体时可结合做向左、右转体动作;也可成仰卧姿势做前、后屈体练习;单杠悬垂,两腿后摆并充分展体挺髓,然后快速收腹举腿使两脚触及头上方的单杠;两手持杠铃片左、右腰绕环。要求绕环幅度大,结合挺髓动作;原地正面两脚前后开立,左脚在前,以单手或双手从头后向前上方掷实心球。

3. 柔韧性、灵活性训练的方法与手段

各种转髋练习。如正面两腿左右交叉转髋走,侧向两腿前后交叉转髋跑,两腿并拢或左右大开立转髋,原地或行进间跳起连续转髋等;向不同方向大幅度摆腿和摆臂;侧向站立,原地和上步做低重心、大幅度的右腿蹬转、送髋练习;两手握单杠或吊环做悬垂翻转拉肩练习;利用垒木或双人做各种背弓和后桥练习;利用垒木或标枪做各种压肩、转肩和双人配合拉伸肩关节的练习;用标枪顶住墙,原地和上一步做右腿蹬转、送髋、挺胸,拉肩的练习;单手或双手握标枪、拉胶带、扶垒木和低单杠,或拉住同伴的手做各种展体拉“满弓”的练习;各种转体、屈体、体侧屈和伸展腰椎关节的练习;俯卧在体操垫上,两手握踝做抬头、挺胸、展髋练习。

第九节　田径运动基本规则和裁判法

一、径赛项目竞赛规则

(一) 径赛项目的计时

计时应从发令枪发出的烟或闪光开始,直到运动员的躯干(不包括头、颈、臂、手、脚)的任何部分抵达终点线后沿垂直平面的瞬间为止。三只正式表中,两只表所计成绩相同而第三只表不同时,应以这两只表所计成绩为准;如三只表所计时间各不相同,应以中间成绩为准;如只使用两只秒表,所计时间又不相同时,应以较差的时间作为正式成绩。凡在跑道上举行的各项人工计时成绩,都要进位换算成1/10秒。部分或全部在场外举行的径赛人工计取的成绩应换算成整秒。

(二) 比赛的分轮和分组

比赛依据参赛者数目而分组进行。每组比赛的前两名赛跑运动员可以进入下一轮比赛,小组第三也有可能出局。预备赛采用交叉排序法排定分组的结果,这种方法规定按成绩排名将排名靠前的运动员平均分配到不同的小组中去。成绩排名是根据运动员在上赛季的最好成绩排出的。在其后的各轮比赛中,分组依据运动员在前一轮的比赛成绩。如果可能,相同国家运动员应该分到不同的组中去。

(三) 跑道规则

运动员在所有短跑比赛、100米栏、110米栏和4×100米接力赛中自始至终都必须留在自己的跑道里;800米和4×400米接力赛起跑是在自己的跑道里,直到运动员通过标志可以串道的分离线才能离开自己的跑道。在小组第一轮比赛中,运动员被排在哪一个跑道上是由抽签决定,其后的各轮比赛,跑道的选择依据运动员在上一轮的比赛成绩而定。好的跑道是第3、4、5、6号跑道,好的跑道是前4位的运动员分别占据,第1、2、7、8号跑道则由后4名占据。

在分道跑和部分分道跑的径赛项目中,参赛者越出跑道并获得实际利益或者冲撞、阻碍其他参赛者,也将被取消资格。如果参赛者是被推出、挤出指定的跑道,而且并未获得实际利益,也未影响他人,则不被取消参赛资格。同样,任何参赛者在直道中越出其跑道或在弯道中越出其跑道的外侧,只要没有得益或阻碍他人,都不算犯规。

(四) 起跑

发令员首先要保证运动员的起跑姿势正确,然后喊一声"各就位"和"预备",最后发令枪响。按最新的规则,如果有运动员抢跑,发令员就会宣布抢跑犯规,并取消其比赛资格。参加短跑比赛的运动员(从100米到400米、100米栏、110米栏)和接力的第一棒运动员都必须使用起跑器。800米以上的赛跑项目是站立式起跑,发令员只喊"各就位",就发枪。

(五) 名次判定

在径赛项目中,所有项目参赛者的名次都取决于身体躯干(不包括头、颈、臂、腿、手和足)抵达终点线后沿垂直面为止时的顺序。比赛中要比较1/100秒的成绩,成绩好的进入下一轮。如果成绩相同,则都应进入下一轮。决赛中如果第一名成绩相同,裁判长有权决定是否重赛,若无条件重赛,则并列第一;若其他名次成绩相同,按并列处理。

(六) 接力赛

在所有的接力赛中运动员必须在20米的交接棒区域里完成交接棒。完成交接棒后,运动员必须留在本队的跑道中直到各队交接棒全部完成，否则会被取消比赛资格。如果运动员在接力比赛中掉棒，只有他本人能将棒重新捡起。运动员可以离开自己的跑道捡棒但不能妨碍其他运动员的比赛。

（七）竞走

竞走比赛是田径比赛中最复杂的赛事，它有两个核心规则：一是竞走运动员必须始终保持至少一只脚与地面接触；二是运动员的前腿从着地的一瞬间起直到垂直位置，必须始终伸直，膝关节不能弯曲。

二、田赛项目竞赛规则

（一）田赛项目的比赛方法

正式的田赛项目的比赛通常先分两组进行及格赛，通过及格标准的直接进入决赛，如达到及格标准的运动员人数不足 12 人，不足的人数按及格赛成绩递补。远度项目决赛前三轮比赛的顺序抽签决定。决赛前三轮比赛结束后，按成绩取前 8 名运动员进行最后三轮比赛；第四、五轮比赛排序按前三轮成绩的倒序排列，第六轮比赛排序则按前五轮成绩的倒序排列，成绩最好的在最后跳（掷）。

（二）田赛比赛的有效成绩

除犯规外，跳跃远度项目比赛中，运动员每次试跳的成绩均为有效成绩。

在高度项目比赛中，除运动员在试跳中将横杆碰掉，在越过横杆前，身体任何部分触及跳高架立柱之间，横杆延长线垂直面以外的地面或落地区等犯规情况外，运动员每次跳过的高度为有效成绩

投掷项目比赛除犯规以外，当运动员投出的器械完全落在落地区内（不包括落地区边线）才算有效，丈量成绩时从距离投掷区最近的落地点算起。其中标枪必须是枪尖首先触地成绩才算有效。

（三）田赛比赛名次的录取

远度项目比赛结束以后，以运动员最好的一次试跳（掷）成绩，包括因第一名成绩相等而进行的决名次赛的成绩，作为最后的决定成绩判定名次，成绩好者列前。如成绩相等，按下列规定解决。

1. 远度项目比赛

在远度项目比赛中，如出现最好成绩相等，则以第二好成绩来确定名次，依此类推，直到最后一个成绩。如果还是相同，除了第一名以外，可以并列；如果涉及第一名成绩相同，必须让这些涉及第一名的运动员继续比赛，直到决出第一名为止。

2. 高度项目比赛

在高度项目比赛中，以运动员的最后成绩判定名次，如出现比赛成绩相等的情况时，录取的办法以在出现成绩相等的高度中，试跳次数较少者名次列前。如成绩仍然相等，在包括最后跳过的高度在内的全赛中，试跳失败次数较少者名次列前。如果成绩仍相同，如涉及第一名时，则令成绩相等的运动员在其造成成绩相等的失败高度中的最低高度上，每人再试跳一次。如仍不能判定，则横杆应提升或降低，提升和降低的高度，跳高为 2 厘米，撑杆跳高为 5 厘米，他们应在每个高度上试跳一次，直到决出名次为止。决定名次的试跳，有关运动员必须参加。如涉及其他名次时，成绩相等的运动员名次并列。

第十节 田径运动竞赛组织

一、编排前的准备工作

(一) 学习竞赛规程及田径规则,了解情况

(1) 运动会的期限、天数,每天的作息时间,开幕式和闭幕式(包括表演)的时间等;

(2) 参赛单位、组别、项目等;

(3) 比赛办法:每单位每项限报几人,每人限报几项;

(4) 奖励及计分方法;

(5) 场地、器材情况:了解直道弯道数,跳跃和投掷场地的数量、器材、设备质量等;

(6) 裁判员的人数与裁判水平等情况。

(二) 准备有关用具和各种比赛表格

(三) 审查报名表

如发现错误应立即与有关单位联系,及时解决。要根据运动会竞赛规程仔细审查报名表。

(四) 编排运动员姓名号码对照表

号码顺序可以按各队报名先后的顺序排定,也可以按组委会规定的顺序排定。

(五) 进行各项统计工作

统计各单位参加人数;各项目的运动员人数和运动员兼项人数。以便掌握情况,为编排工作做准备。

(六) 填写卡片

根据报名名单把参加各径赛项目的运动员姓名、单位、号码和报名成绩等,填写在“径赛成绩记录卡”上,每个选手参加一项径赛就要填写一张卡片。“接力赛成绩记录卡”每队填写一张。全能比赛的运动员每人只需写一张“全能成绩记录卡”,卡片填写好经过核对后,按项目归类,以备编排径赛分组时用。

二、编排竞赛日程

竞赛日程是组织运动员参加比赛的依据,也是裁判员执行工作的依据。竞赛日程安排的是否合理,对竞赛能否顺利进行和运动员能否取得优异成绩有着直接的关系。

(一) 编排方法

1. 填表编排

在“田径竞赛日程安排表”上先填入每个比赛单元时间(半天为一个单元时间)的比赛项目和赛次,然后再细排每单元各项目的比赛顺序。这样有利于一目了然,控制全局。尤其是对赛次的调整比较方便,对有关项目之间的问题比较容易发现和避免。

(1) 根据竞赛规程规定的比赛天数、单元、时间、组别等,将比赛项目合理安排到每个比赛单元中去。

(2) 根据运动员报名人数,预计各比赛项目的赛次。在编排项目顺序时,先排全能项目,后排单项;单项中先排径赛,后排田赛。然后在统计栏中填上每天的决赛项数和比赛的总项数。要详细检查是否有遗漏项目及赛次,常规兼项有无冲突。

(3) 编排每比赛单元竞赛日程时,要根据参加比赛的人数和组数,结合各项比赛的估算时

间，计算出各项目所需时间和比赛单元的总时间。仍然是先排全能后排单项，排出每单元的竞赛日程。有决赛项目的单元要考虑发奖时间。

2. 卡片编排

(1) 将全部比赛项目的组别、赛次、人数、组数以及每项比赛所需要的时间分别写在不同颜色(分别代表不同组别)的长条硬纸片上。写好后，认真核对，不得遗漏。再将卡片置于较大的平台上，以便进行编排和调整。例如：

男子甲组	200 米预赛	28 人	四组	20 分钟
女子乙组	铅球预决赛	20 人	一组	110 分钟

(2) 根据编排的原则和要求，将不同颜色的纸条，合理地安排到各个比赛单元时间内，编排竞赛日程。

(3) 先排全能项目，其次是排赛次多的项目，再排跨栏和其他径赛项目。

(4) 径赛排完再排田赛。注意检查有无兼项冲突和性质相关项目的先后顺序。

(5) 全部比赛项目都排人比赛的各个单元时间内后，要进行详细检查，对不妥或遗漏之处再进行调整。卡片不得随意移动，以免影响编排。

(6) 可以编排出多个方案，从中选出最佳方案。编排方案一旦确定，要及时抄录下来，并报送竞赛委员会审查。经同意后即可制定竞赛日程表。

(二) 编排时的注意事项

(1) 在同一项目预、次、复、决赛各赛次之间以及全能比赛的各项目之间应按规则规定保证给运动员一定的休息时间，其最短的间隔时间如下：

① 200 米及 200 米以下的径赛(包括 100 米栏、110 米栏、4×100 米接力)，中间休息 45 分钟。

② 400 米至 1 000 米的径赛(包括 400 米栏、4×400 接力)，中间休息 90 分钟。

③ 1 000 米以上的径赛(有 1 500 米、3 000 米、5 000 米、10 000 米、3 000 米障碍)，中间休息 3 小时。各项目不在同一天举行。

④ 全能运动员各项目之间休息时间 30 分钟。

要考虑并延长兼项之间的休息时间。田赛项目最好在及格赛后隔一天再进行正式比赛。

(2) 为减少兼项的冲突，可按兼项的一般规律将某些项目分开编排。经常出现的有以下兼项：

100 米和 200 米	100 米和跳远
200 米和 400 米	跳远和三级跳远
400 米和 800 米	400 米和 400 米栏
800 米和 1 500 米	100 米和 4×100 米接力
1 500 米和 3 000 米	400 米和 4×400 米接力
5 000 米和 10 000 米	推铅球和掷铁饼

(3) 某些性质相近的项目，编排时要注意其先后次序。例如，先 100 米后 200 米，先5 000 米后 10 000 米，先推铅球后掷铁饼，先跳远后三级跳远等。

(4) 不同组别的同一项目的径赛，最好衔接进行。如男子 100 米和女子 100 米等。这样有利于起点、终点裁判的工作和场地器材的布置。200 米以下(包括 100 米栏、110 米栏)的径赛项目，最好是一天内结束一个项目。

(5) 不同组别的同一田赛项目，在时间许可的情况下，不要安排在同一个比赛单元。

(6) 各项跨栏项目，一般应该安排在每一比赛单元的第一项，也可以安排在中长距离跑和竞走比赛的后面进行，以免摆、撤栏架耽误比赛时间。

(7) 接力项目最好安排在比赛单元的最后一项进行，以便保证兼项运动员参加。

(8) 田赛项目应防止场地一端过于集中，一端空场。同一时间不要安排两个田赛长投项目。竞走、长跑时，也最好不要安排标枪等长投项目。

(9) 撑杆跳高的比赛时间，要估计充裕一些。最好安排在上午开场时就进行，同时要注意阳光的照射方向。

(10) 编排比赛秩序时，先编排全能比赛，接着安排径赛项目，最后编排田赛项目。每单元的比赛应尽可能使径赛和田赛同时结束。

(11) 在编排比赛秩序时，要注意把决赛项目和比较精彩的项目分开编排在比赛的各个单元，使运动场上始终保持热烈活跃的气氛。

(12) 比赛的最后一个单元结束前，可考虑安排一项长距离项目，使之有充分时间累计团体总分，以便闭幕式上发奖。

三、竞赛分组

(一) 径赛项目分组

1. 分组方法

(1) 根据各个项目的参加人数、赛次及赛次录取的名额、直道和弯道分道数及裁判员情况等，拟定"径赛分组计划表"。

(2) 根据有报名成绩和无报名成绩的情况对预赛进行分组。

① 有报名成绩

将所有的运动员按报名成绩高、低排序，然后采用"蛇行排列"分组法把运动员分到各组。如出现同单位运动员同组，可就近上下进行调整。分组后，由技术代表抽签排定各组比赛的次序和运动员的道次(预赛 8 条道同时抽签)，并将组别、道次写入相应的卡片内。

② 没有报名成绩

将每单位该项目运动员的卡片按单位从上而下的排列(先报名的在前)，然后采用"斜线"分组法把运动员按斜线通过的顺序分到各组。分组后，先由技术代表抽签排定各组的组次，再抽签决定道次，并将组别、道次写入相应的卡片内。

(3) 1 500 米和 1 500 米以上的不分道次的项目的预赛，分组方法同上，但要抽签决定起跑位置的顺序(从里道向外排列)。

(4) 上述分组、分道工作结束后，即可制定径赛分组表。

2. 分组时的注意事项

(1) 按参赛人数、跑道数、赛次、录取方法和裁判员人数进行分组，每组人数尽量均等。同一单位的运动员尽可能避免排在同一组内。

(2) 一次性决赛的项目，要按成绩优劣分组；按名次录取分组时，要把成绩优秀的运动员平均编排在各组里。

(3) 长距离跑的比赛项目，人数多了可分组进行，但每组人数不应超过 15 人；若是分组决赛，可将成绩好的运动员集中编在一组。大型比赛按《田径竞赛规则》第 166 条的相关规定执行。

(4) 比赛道次的分配

① 800 米和 800 米以下的径赛项目，第一赛次抽签排定道次，然后由记录员将其抽签号码填入“径赛检录表”。后继赛次每组运动员分两批抽签排定道次：每组排列前四名的运动员或队，先抽 3，4，5，6 道；每组排列后四名的运动员或队，再抽 1，2，7，8 道。基层比赛也可以由编排人员按成绩抽签排定道次，再交起点和终点。

② 1 500 米和 1 500 米以上的不分道次的项目的预赛，分组方法同上，但要抽签决定起跑位置的顺序（从里道向外排列）。

③ 只有一个赛次的项目，要抽签决定运动员的道次或起跑位置。

（二）田赛项目分组

田赛项目一般不分组，比赛的次序由技术代表抽签排定。同一单位的运动员不要连续排列，应前、中、后机会均等。

参加人数较多的项目，可在正式比赛前举行及格赛（大型比赛一般报名人数超过 18 人，即举行及格赛），也可分组举行比赛，如远度项目，可分别在不同的场地同时举行前三轮的比赛，然后选出成绩最优秀的 8 人，合在一起进行后三轮的比赛。高度项目，也可分别在不同的场地举行比赛，待淘汰到一定人数时，再合在一起进行决赛。

田赛时如因人数过多必须分组进行比赛时，必须在秩序册内排定。比赛时应提供各组在相同时间和同等条件下进行比赛的设施，否则应在上一组比赛结束后即进行下一组的比赛。当跳高或撑竿跳高及格赛分两组同时进行时，两组每次横杆增加的高度都应该相同。

（三）全能项目分组

径赛分组：男、女 100 米、200 米、400 米、100 米栏、110 米栏的比赛，由技术代表决定各组的运动员人数，每组最好为 5 人或 5 人以上，不得少于 3 人。800 米和 1 500 米的分组，应将前几个项目积分多的运动员编在一组。

田赛项目一般不分组。比赛顺序应由技术代表抽签排定。也可以除第一项由编排人员抽签确定外，其余各项均由运动员抽签排定。

四、填写各项竞赛分组表

（1）按照秩序册上的径赛分组，填写各项径赛分组表，要注意核对组别、号码、姓名、单位。表一式三份，一份留公告用，二份交检录处，检录后分别交起点、终点各一份。

（2）填写各项田赛表格。按抽签排定的顺序把运动员的号码、姓名、单位分别填入“田赛高度项目成绩记录表”和“田赛远度项目成绩记录表”。

五、比赛期间的编排记录公告工作

比赛期间的编排记录公告工作，要做到准确、及时。根据运动会的规模及编排记录公告人员的情况，要做以下工作：场地联络，临场编排，记录全能成绩、总成绩和团体总分，成绩公告，奖牌与总分统计，文件及资料整理等。

（一）临场编排

在收到径赛项目预、次、复赛成绩记录卡片经核对后，应立即排出下一赛次的运动员名单和分组、分道表（编排原则与方法同前），一式五份，一份交宣告，宣告后转贴在成绩公告处。两份交检录处，供起点、终点裁判用；一份送大会宣传组；一份留底备查。基层运动会份数可减少。

田赛及格赛后，根据田径规则的有关规定，录取运动员参加决赛，并请技术代表抽签决定比赛顺序。

按照比赛秩序，将每个比赛单元的径赛项目检录表和田赛表格逐项清点，提前半界冬糕关裁判长。

(二) 记录成绩

记录全能运动员的成绩与评分，将逐项决赛结果准确地填入“成绩记录总表”和“团体总分表”，核对准确后一式五份。除留存一份备查外，其他分别交宣告、主席台、奖品组和成绩公告处(张贴)。

(三) 成绩公告，奖牌与总分统计

及时整理每大比赛成绩、团体总分、奖牌数及破纪录人数、项数和次数等有关资料。印制成绩公告，及时发给各队和有关单位。

(四) 其他

市级以下中小型运动会在录取后继赛次时，可采用预赛按成绩录取，参加复赛；复赛按名次录取参加决赛的方法。同时一般单项径赛多采用预赛、决赛两个赛次，长距“项目可考虑用决赛一个赛次。

六、比赛结束后的工作

(1) 计算团体总分和奖牌数，及时送交裁判长宣布成绩。

(2) 填写成绩证明表和破纪录申请表。

(3) 编印比赛总成绩册。

总成绩册的格式及内容：

① 竞赛的名称、主办单位、承办单位、赞助和祝贺单位。

② 团体总分统计，金、银、铜牌统计，创纪录运动员名单，达健将人数统计。

③ 比赛成绩

a. 按竞赛规程所排列的项目顺序，男子在前女子在后，先径赛后田赛再全能的顺序排列各项成绩。

b. 径赛按预、次、复、决的顺序排出成绩；田赛按及格赛、正式比赛的顺序排出成绩。

(4) 整理有关文献资料交主管部门存档。

第八章　足球运动

第一节　足球运动概述

被誉为“世界第一运动”的足球是世界上开展最广泛、影响最大的体育项目，同时具有很高的锻炼价值，备受大学生的喜爱。学习和掌握足球基本知识、基本技术和战术，将有利于更好地欣赏和参与到足球运动之中。

第二节　足球基本技术

一、颠球

颠球是指运动员用身体的各个有效部位连续地触击球，并加以控制尽量使球不落地的技术动作。

（一）颠球动作要领

1. 双脚脚背颠球

脚向前上方摆动，用脚背击球，击球时踝关节固定，击球的下部。两脚可交替击球，也可一只脚支撑，另一只脚连续击球。击球时用力均匀，使球始终控制在身体周围，如图 8-1 所示。

图 8-1　双脚脚背颠球

2. 双脚内侧、外侧颠球

抬脚屈膝，用脚的内侧或外侧向上摆动，击球的下部，两脚内侧或外侧交替击球。

3. 大腿颠球

抬腿屈膝，用大腿的中前部位向上击球的下部，两腿可交替击球，也可一只脚做支撑，用另一侧的大腿连续击球，如图 8-2 所示。

图 8-2　大腿颠球

4. 头部颠球

两脚开立，膝盖微屈，用前额部位连续顶球的下部。顶球时，两眼注视球，两臂自然张开，以维持身体平衡。

（二）练习方法

（1）原地颠自己手坠的下落球；

（2）原地两脚交替颠球；

（3）二人面对进行对颠（每人颠一次或几次或规定使用哪几个部位进行颠球）。

二、踢球

踢球指运动员有目的地用脚把球击向预定目标的技术。踢球是足球技术中最重要的技术，主要用于传球和射门。

踢球的方法很多，但主要有脚内侧踢球，脚背正面踢球，脚背内侧踢球，脚背外侧踢球，以及脚尖踢球和脚跟踢球。它们的动作结构完全一致，均由助跑，支撑脚站位、踢球脚摆动，脚触球，踢球的随前动作五个环节组成。

（一）踢球动作要领

1. 脚内侧踢球（又称脚踢球）

它是脚内侧部位（跖趾关节，舟骨、跟骨等所形成的平面）踢球的一种方法，其特点是脚与球接触面积大，出球准确平衡，且易于撑握。但由于踢球时要求大腿前摆对一定程度时需要外展且屈膝，故大腿与小腿的摆动都受到限制，因此出球力量相对较小，如图 8-3 所示。

图 8-3　脚内侧踢球

2. 脚背正面踢球（又称正脚背踢球）

脚背正面踢球由于其解剖特点，摆幅相对较大加之用脚背踢球接触面（与球）相对较大，因而踢球力量也大，准确性也较强，如图 8-4 所示。但受以上的因素影响，出球的方向及性质相对变化也较小。在比赛中经常使用脚背正面踢定位球、地滚球、空中球、反弹球及倒勾球。球的性质多为不旋转的直线球，但也可用来踢抽击性前旋球。

图 8-4　脚背正面踢球

3. 脚背内侧踢球（又称内脚背踢球）

这是一种用第一跖骨和跖趾关节部位触击球的踢球方法。其技术结构与前两类踢球方法相同，但技术细节则有所区别。

4. 脚背外侧踢球（又称外脚背踢球）

脚背外侧踢球是用第三、四、五跖骨部位接触球的一种方法，如图 8-5 所示。由于踢这种球的脚踝灵活性较大，摆腿方向变化较多，且助跑时又是正常的跑动姿势，故其出球隐蔽性较强，足球比赛中各种距离的弧线球及非弧线球均可使用。

图 8-5　脚背外侧踢球

5. 脚尖踢球（又称脚尖捅球）

这是一种用脚尖部位接触球的方法，由于脚尖踢球时出球异常迅速，雨天场地泥泞时多使用这种踢法。这种方法可以借助踢球腿的最大长度，踢那些距离身体较远的用正常脚法无法踢到的球。具体方法是用支撑腿跳跃上步，踢球腿屈膝前跨，髋关节尽量前送，两臂上摆协助身体向前，小腿前伸，在踢球脚落地前用脚尖捅球的后中部。

6. 脚跟踢球

这是用脚跟（跟骨的后面）接触球的一种踢球方法。球在支撑脚外侧时，踢球脚在支撑脚前面交叉摆到支撑脚外侧用脚跟击球。球在支撑脚内侧时，踢球脚后摆用脚跟踢球。虽然由于人体结构的特点，决定了这种踢球方法（大腿微伸小腿屈）产生的力量小，但其出球方向向后，故有隐蔽性和突然性。

（二）练习方法

（1）各种踢球动作的模仿练习。

(2) 二人一球，一人用脚挡球，另一人做助跑踢球练习。主要练习支撑脚站位、摆腿和体会脚触球的部位。

(3) 踢球穿裆。三人一组，每人相距 5 米左右成纵排。中间人两腿叉开，控球者踢球使其从中间人裆下穿过，然后跑到中间也把腿叉开，原中间人跑到原踢球人的位置上，对面的接球者再踢球穿裆，依次循环。

(4) 后退中踢球。二人一组，相距 8 米左右，甲后退跑，乙踢球给甲并继续前跑。甲再回踢给乙，并继续后退跑，依次循环。

(5) 围圈传抢练习。在规定的范围内，几个人围成圆圈传球，一人或两人在中间抢(断)球。抢(断)球只要触到球即与传球失误者交换职能。

三、接球

接球是指运动员有目的地用身体的合理部位把运行中的球接下来，控制在所需要的范围内，以便更好地衔接下一个技术动作。接球是为下一个动作服务的，接球质量的好坏直接影响下一个动作的顺利完成。比赛中来球性质、状态不同，所以接球应根据不同情况，采用不同的动作方法。

(一) 技术动作要领

接球的方法有多种，常用的有脚内侧、脚背正面、脚背外侧、脚底、大腿、腹部、胸部、头部等部位的接球。

1. 脚内侧接球

这是用脚内侧部位接球的一种技术。由于脚触球面积大，动作简单，较易掌握，比赛中经常使用这种技术接各种地滚球、平球、反弹球、空中球，如图 8-6—图 8-8 所示。

2. 脚背外侧接球

比赛中，经常用脚背外侧接各种地滚球(图 8-9)、反弹球。

图 8-6　脚内侧接地滚球

图 8-9　脚背外侧接地滚球

图 8-7　脚内侧接反弹球

3. 脚背正面接球

这种方法多用于接有较大抛物线的来球。根据球的落点，及时移动到位，脚背正面上迎下落的球，当球与脚面接触的一瞬间，接球脚与球下落的速度同步下撤，此时大腿膝关节、踝关节、脚趾均保持适度的紧张，脚尖微翘将球接到需要的地方，如图 8-10 所示。

脚背正面接高空落下之球时，也可以将脚微抬

图 8-8　脚内侧接空中球

起，并适度背屈，当球接触脚背的瞬间踝关节放松将球接到身体附近。

4. 脚底接球

由于脚底接球技术便于掌握，易于将球接到位置，故常被用来接各种地滚球和反弹球。

5. 大腿接球

大腿接球一般可以用来接抛物线较大的高空球和略高于膝的低平球。

图 8-10　脚背正面接球

6. 腹部接球

在激烈的比赛中为了抢点控制球，根据比赛的需要也使用腹部接球。

7. 胸部接球

由于胸部接球部位较高，加之胸部面积大、肌肉较丰满等特点，易于掌握，故是接高球的一种好方法。胸部接球包括挺胸式（图 8-11）、收胸式（图 8-12）两种方法。

图 8-11　挺胸式接球

图 8-12　收胸式接球

8. 头部接球

高于胸部的来球可用头部接球。根据球的运行路线，面对来球，用前额正面接触球的中下部，下颌微抬，两臂自然张开，提踵伸膝，触球瞬间全脚掌着地，屈膝、塌腰、缩颈，全身保持上述姿势下撤将球接在附近。

（二）练习方法

（1）接迎面来的地滚球练习。两人相距 6～8 米相向站立，一人踢（掷）地滚球，另一人接球。

（2）自抛自停反弹球：自己向上抛球，待球落地停反弹球练习。

（3）二人一组，相距 10 米左右，相向站立，一人踢（掷）球，另一人接空中球。要求踢（掷）出去的球有一定的力量。

四、运球

运球技术从狭义上讲，仅是指运球的方法，即指用身体的某一部分触球，使球能随运球者一起运动；从广义上看，则不仅让球随人运动，还必须越过对方的防守，也就是说如何使用这些运球方法达到越过对方防守的目的。这里就包含了运球方法的运用问题。

（一）技术动作要领

常用的运球技术有脚内侧、脚背正面、脚背外侧、脚背内侧运球。

1. 脚内侧运球

要求在运球前进时支撑脚始终领先于球，位于球的侧前方，肩部指向运球方向，支撑腿膝关节微屈，重心放在支撑腿上，另一条腿提起屈膝，用脚内侧推球前进，然后运球脚着，如图

8-13所示。

由于肩部指向运球方向，身体侧转，虽然移动速度较慢，但身体前倾有利于将对方与球隔开，因而这种技术多用在运球寻找配合传球时，或有对方阻拦需用身体做掩护时。

图 8-13　脚内侧运球

2. 脚背正面运球

运球时身体持正常跑动姿势，上体稍前倾，步幅不宜过大，运球腿提起，膝关节稍屈，髋关节前送，提踵，脚尖下指，在着地前用脚背正面部位触球后中部将球推送前进。

由于脚背正面运球时身体持正常跑动姿势，故可以发挥出较快的速度，因而这种技术多用在运球前方一定距离内无对手阻拦时。

图 8-14　脚背外侧运球

3. 脚背外侧运球

运球时身体持正常跑动姿势，上体稍前倾，步幅不宜过大，运球腿提起，膝关节稍屈，髋关节前送，提踵，脚尖绕矢状轴向内旋转，使脚背外例正对运球方向，在运球脚落地前用脚背外侧推拨球的后中部，如图 8-14 所示。

脚背外侧运球时，身体姿势与正常跑动时相同，因而可以发挥出较快的速度，故与脚背正面运球有相同的用途。另外，利用脚腕的动作可以很快改变脚背外侧面所正对的方向，故在运球脚一侧改变方向时也多采用这种运球方法。这种方法能用身体将对手与球隔开，故掩护时也常使用。

4. 脚背内侧运球

身体稍侧转并自然协调放松，步幅小，上体前倾，运球腿提起外展，膝微屈外转，提踵，脚尖外转，使脚背内侧正对运球方向，在运球脚落地前用脚背内侧推拨球，使球随身体前进。

脚背内侧运球由于身体稍侧转，不能采用正常跑动姿势，因而不适用于高速运球。但由于接触部位和支撑位置的特点易于完成向支撑脚一侧的转动，故多用于向支撑脚一侧的转动变向运球。

5. 其他

(1) 拨球。利用脚踝关节向侧的转动，以达到用脚背内侧或脚背外侧触球，将球拨向身体的侧前方、侧方、侧后方。在过人时若使用拨球，还要在拨球后立即跟上推球，使球按预定方向运行。

(2) 拉球。将前脚掌放在球的上部或侧上部，另一脚在球的侧后方支撑，然后触球脚向后下方用力将球拉回。回拉球一般都是躲开或引诱对方出脚抢球的瞬间将球拉回造成对方抢球落空，使其重心随抢球脚前移，乘对手难于返回的瞬间将球迅速推送出去越过防守。拉球时，除了往回拉以外，也常使用接触球的上部向左右侧拉球。

(3) 扣球。这种方法与拨球相同，不同的是它的用力是突然的并伴随着突然转身或急停，使对手在来不及调整重心的瞬间，突然从反方向推送球越过对手的防守。

(4) 挑球。用脚背部位触球的下部并突然向上方挑起，在对手来不及实施挡球动作时球已越过，运球者随球迅速跟进。注意球一般不要挑得太高。

(5) 颠球。运球过程中，有时球在空中或地面上跳动，根据对手抢截时所处位置或实施抢截时间，用恰当的部位将球颠起，越过对手可达到过人的目的。

（二）运球过人方法

前面所述仅是运球的基本方法，掌握了这些基本方法后，在无对手阻拦时可以将球控制在自己的周围。但若遇对手阻挡时要想越过对手的阻拦，必须恰当地综合使用这些方法，抓住对手瞬间出现的漏洞，达到越过对手的目的。

1. 利用速度强行过人

持球者以突然的快速推拨球（力量较大）并与快速的奔跑相结合越过对手的阻拦。使用这种方法必须具备以下几个条件：对手身后的较大纵深内无其他的防守者；其他防守者难以补位，或持球者高速运球；对手跑上来准备抢球，或持球者与防守者僵持时持球者突然推拨球起动。这种方法主要是利用自己的起动速度或抓住对手突停突起，或突然起动时所耽误的时间。

2. 利用身体的掩护强行过人

当持球者接近对手时双方速度减慢，持球者侧身用身体靠住对手以另一侧脚将球拨出，同时转身将对手倚在身后并随球越过对手。这种方法一是要求持球队员有能力倚住对手而不被对方挤开；二是将球控制在远离对手一侧，对手伸脚时不能触及球；三是在抵住对手时不可将重心偏离支撑面，否则一旦对手闪开时自己也失去平衡。

3. 利用变速运球过人

对手在持球者侧面，持球者用另一侧脚运球，利用运球速度的变比达到甩掉对手或越过对手的目的。这种方法主要针对防守者是被动的，容易被运球者甩掉达到过人的目的。有时则采用突停突起甩掉对手，运球者必须能很好地控制球与自己的身体，做到球随人来，人随球走，才能达到过人的目的。

4. 恰当地组合推、拨、挑、扣、拉、颠等动作过人

以单脚或双脚轮流选用上述动作，使组合起来的动作适时地变化运球的方向与速度，使对手难于判断过人的方向与时机，或造成对手重心出现错误的移动，运球者抓住其漏洞而越过对手。

5. 利用穿裆球过人

当运球者遇到对手从正面阻拦时，发现对手两脚开立较大，而且重心在两脚之间，运球者应侧身运球接近对手，抓住时机将球从对手两脚之间推（拨）过，身体也随着从防守者侧面越过并控制球。这种过人的方法有时可以收到奇效。

6. 人球分路过人

这种方法主要是利用防守者注意力集中在球上，并认为可以触到球的心理，达到过人的目的。因此当防守者出脚抢球时，运球者抢先将球推（拨）到前方，而防守者的抢球脚未触到球着地时，身体重心也移过来了，这时运球者迅速从防守的另一侧越过去控制球，防守者再转身起动很难追上。若在推球时使用“蹭”的方法，蹭出弧线球来，就更有利于运球者越过防守者后控制球。

7. 运球假动作过人

这种方法是运球者利用腿部、上体的晃动使对手产生错觉，在对手做枪球动作时，使其重心产生错误的移动，运球者则抓住时机从另一方向越过对手。

比赛中运球过人的方法很多，只有熟练地掌握上述各种运球方法和动作，并注意掌握下列诸因素，才能在比赛中较有把握地完成运球过人。

（1）注意观察对手所处的位置，然后再决定自己所采取的过人方法。

(2) 掌握好过人时机。

(3) 掌握好过人时的距离。

(三) 练习方法

(1) 在慢速中用单脚推或拨球前进。初步掌握之后再进行两只脚交替推、拨球练习。

(2) 二人一组,前面人运球中变速、变向,后面人模仿跟踪。

(3) 二人一球,做一过一练习。运球者向防守者做运球过人练习,防守者做消极防守。较熟练地掌握之后防守者做积极防守。

五、抢截球

抢截球技术是指运动员在足球竞赛规则允许的范围内,使用身体的合理部位将对手的控球权夺过来或破坏掉。

(一) 技术动作要领

1. 正面跨步堵抢(图 8-15)

抢球者两脚前后开立,迎着运球者而站,两膝微屈,身体重心下降并置于两脚间,当运球者与抢球者间的距离缩小到一定范围(即抢球者上前跨一大步可能触及球),运球者脚触球后即将落地或刚刚落地时,抢球者后脚用力蹬地并跨步向前,以脚内侧去堵截球,当已堵住球时,另一只脚应迅速上步。若抢球脚堵住球,同时对手也堵住球时;则抢球者应将另一只脚迅速前移做支撑脚,抢球脚在不脱离球的情况下迅速向上提拉,使球从对手脚面滚过,身体重心也迅速跟上并将球控制好。

图 8-15 正面跨步堵抢

2. 合理冲撞抢球(图 8-16)

当防守者并肩与运球者跑动追球时,防守者重心稍下降,靠近对手一侧的手臂紧贴身体,利用对方同侧脚离地的过程,用肘关节以上部位适当冲撞对手同样部位,使对手身体失去平衡,乘机将球控制住。

图 8-16 合理冲撞抢球

3. 正面铲球

移动接近控球者,膝关节微屈,重心下降,当控球者触球脚触球后尚未落地时,抢球者双脚沿地面向球滑铲,随即用手扶地做向一侧的翻滚,并尽快起身。

4. 异侧脚铲球(图 8-17)

当双方都不能用正常的动作触球时(指跑动中),防守者应根据与球的距离,同侧脚用力蹬地使身体跃出,异侧脚向前沿地面对着球滑出,脚底将球铲出,然后小腿外侧、大腿外侧、手依此着地。或铲出球后身体向铲球腿一侧翻转,手撑地后立即起身,使身体恢复到与下一动作衔接的状态和位置。

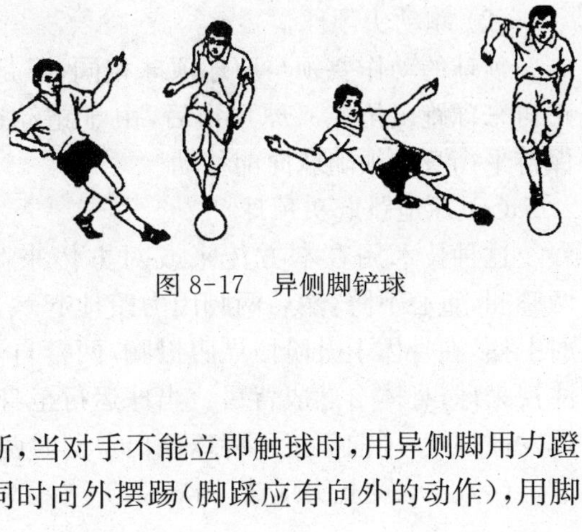

图 8-17 异侧脚铲球

5. 同侧脚铲球

防守者在跑动中根据双方离球的距离作出判断,当对手不能立即触球时,用异侧脚用力蹬地,使身体向前方跃出,同侧脚沿地面向前滑出的同时向外摆踢(脚踩应有向外的动作),用脚背外侧将球踢出。也可用脚尖将球捅出，接着向对手一侧翻转，手撑地迅速恢复到下一个动作所需要的位置。

在激烈的比赛中，由于铲球可以更大限度地争取时间和扩大控制面而被广泛地运用到踢球、接球、运球、抢球技术中去。这项技术应引起高度的重视。

（二）合理冲撞抢球练习方法

（1）二人一球，球放在中间，二人面对均离球一步，二人同时做跨步用脚内侧抢球的模仿练习。

（2）二人一组，相距 7～8 米，一人直线运球，另一人做正面跨步抢球。

（3）二人一球，一人直线运球，另一人从侧面冲撞抢球。

六、头顶球

头顶球是指运动员有目的地用前额将球击向预定的目标的动作。足球比赛中不仅要处理各种各样不同形式和不同性质的地滚球，同时也要处理各种空中球。当遇到胸以下部位不能触及或规则不允许触及的一些球时就需要用头部来处理，因为头是人体最高的一个部位，额骨的前面较为平坦，只要掌握顶球技术，顶出的球就会有力。现代足球比赛中对时间与空间的争夺异常激烈，头顶球技术的使用不仅使运动员占据空间，又能争取时间，所以头顶球是处理高空球的最重要手段。

使用头顶球技术，不仅可以进行传球、抢断球、高球射门，而且利用鱼跃头顶球可以扩大运动员的控制范围、防守时抢险。

（一）技术动作要领

头顶球技术分前额正面头顶球与前额侧面头顶球。

1. 前额正面头顶球（图 8-18）

这是由额肌覆盖着的额骨正面部分去击球的一种动作方法，接触部位如图中前额的阴影部分。

图 8-18　前额正面头顶球

（1）原地头顶球（图 8-19）

身体正对来球方向，眼睛注视运动中的球，两脚左右开立（或前后开立），膝关节微屈，重心置于两脚间的支撑面上（或后脚上），两臂自然张开。当球运行到将垂直于地面的垂线时，两腿用力蹬地，迅速向前摆体，微收下颌，在触球瞬间颈部做爆发式振摆，用前额正面击球中部，上体随球前摆。

（2）跑动头顶球

顶球的动作要领与原地顶球相同，只是第一环节应正对来球跑出抢点。球顶出后，由于跑动速度较快，为保持平衡身体须随球向前移动。

图 8-19　原地头顶球

（3）原地跳起头顶球

这种技术用在本方传来或对方传来高球时运用。两膝屈，重心下降，然后两脚用力蹬地起跳，同时两臂屈肘上摆，在身体上升阶段展腹挺胸，两臂自然张开，眼睛注视来球，身体自然成背弓。当球运行至身体额状面时，迅速收腹，上体前摆，触球瞬间颈部做爆发性振摆，用前额正面将球顶出。同时两腿向前做振摆，球顶出后两腿屈膝屈踝落地。

（4）跑动跳起头顶球（图 8-20）

一般助跑跳起顶球时都使用单脚起跳。根据来球的速度、运行轨迹，选好起跳位置，及时跑到起跳点，起跳前一步稍大些，起跳脚用力蹬地跳起，同时另一腿屈膝上摆，两臂屈肘自然上提。其余各环节与原地跳起头顶球相同。

（5）鱼跃头顶球

对于离身体较远的低空球来不及移动到位处理，必须抢点击球时（如抢救险球、射门等）可使用鱼跃头顶球技术。

图 8-20　跑动跳起头顶球

当判断好来球的路线和选择好顶球点后，以单脚或双脚用力向前蹬地，身体接近水平状态向前跃出，同时两臂微屈前伸，手掌向下，眼睛注视来球，利用身体向前跃出的冲力，以前额正面顶球。顶球后，两手先着地，手指向前，接着以胸部、腹部和大腿依此着地。

（6）向后蹭顶球

分原地足顶与跳起蹭顶。第一环节分别与原地前额正面和跳起前额正面头顶球相同，当球运行到身体上空时，利用挺胸、展腹、扬下颌，身体向后上方伸展，用前额正面靠上的部位用力击球的下部，将球向后上方顶出。

2. 前额侧面头顶球

（1）原地头顶球

根据来球的运行速度、运行轨迹，及时移动到位。两脚前后开立（或左右开立），出球方向的异侧脚在前，重心逐渐过渡到前脚上，眼睛注视来球，前膝微屈，两臂侧前后，自然张开，当球运行至体前上方时，用力蹬地前脚掌并适度旋转，上体随着向出球方向扭摆，同时用力向击球方向甩头，以前额侧面击球的后中部。

（2）跑动头顶球

与原地额侧头顶球动作要领相同，不同的是此动作是在快速跑动中开始和完成的，注意完成动作后的身体平衡。

（3）跳起头顶球

分为原地跳起顶球与助跑跳起顶球。起跳动作及第一环节与前额正面跳起头顶球相同。在起跳后的身体上升阶段上体向出球的相反方向侧摆，在身体达到最高点时，上体急速向出球方向摆出，颈部扭摆甩头，用前额侧面击来球的后中部，将球击向预定的目标。落地时屈膝以缓冲落地力量并保持身体平衡。

（二）练习方法

（1）做原地、跳起头顶球模仿练习。

（2）二人一组，相距 10 米左右，一人抛球，另一人头顶球。

（3）三人一组，站成三角形，各相距 10 米，一抛、一顶、一接。连续循环。

（4）头顶球射门练习。

七、假动作

足球比赛中，运动员为了争取时间、空间的优势，取得控球权或控制好球以达到射门的目的，常采用一些虚假动作掩饰自己的真实意图。虚假动作使对手产生错误的判断，造成重心错误的偏移，形成对自己有利的形势以实现自己的目的。

假动作渗透在各种技术中，如踢球、接球、顶球、运球、抢截球、掷界外球以及守门员技术等。

（一）技术动作要领

1. 传球前的假踢（图 8-21）

如传球前为了使堵住传球路线的对手闪开空当，可先向一方做假踢动作，当对手去堵假踢的传球路线时，突然改变踢球脚法将球从另一方向传出。

图 8-21　传球前的假踢

2. 接球前的假接（图 8-22）

如对手在体侧紧逼的情况下，可先向一侧做假接球动作，当对手重心发生不适当的偏移时，突然改变向另一例接球。

图 8-22　接球前的假接

3. 接球前的假顶

接高度在胸或头部的空中来球，对手迎面上来准备在自己接球后立即抢截，接球者可做出假顶的动作，迫使对手减速或停下，远离自己准备截获顶出之球，此时突然用头或胸将球接在自己控制范围。

4. 顶球前的假接

面对高空来球，做出胸部接球的假动作，诱使对手逼近准备抢球，等对手逼近时，突然用头将球传出，使对手来不及去防守接球的队员。

5. 运球过人假动作

（1）运球过人时的虚晃假动作（图 8-23）

如面对对手控球过人时，对手逼得较紧，可向一例用身体或腿部做虚晃动作（或是身体与腿同时并用）诱使对手跟随运球虚晃动作发生重心的偏移，然后迅速用另一例脚背外侧向同侧拨球. 并转身越过对手。

图 8-23　运球过人时的虚晃假动作

（2）用减速或停顿的假动作，再突然起动的方法越过对手

快速运球时，对手在自己一侧紧迫不舍，待与自己跑平时，做一个减速或停顿的假动作，使对手产生错觉。当对手也减速或停顿时突然加速推球向前甩掉对手。

（3）当对手在侧后追抢时的假动作

运球者上前用异侧脚向前从球上跨过，诱使对手堵抢，然后用同一脚脚背外侧将球向另一侧扣回（或用另一脚脚背内侧将球扣回）；甩掉对手。

（4）防守者从正面迎上准备抢球

运球者用一只脚假做向另一侧前方踢球，诱使对手上前堵截，此时改假踢脚为支撑脚，用另一脚内侧将球向另一侧推出或向对手胯下将球推过，接着迅速绕过对手运球前进。也可用脚背外侧做假踢将球从对手胯下拨过，运球继续前进。

6. 抢球假动作

作为防守者，当对手运球向自己跑来时，如果防守者能调动进攻者，就可以变被动为主动，而抢截假动作就是达到此目的的一种手段。如先使用假动作去堵截某一方向，使进攻者不敢从这一方向出球或运球，而从另一方向出球或运球，却正是抢截真动作实施的方向，就可将球截获。

由于高速运球较难抢截，稍一错移重心就会被运球者越过，因而防守者对于高速向自己运球而来的进攻者可采取假动作前扑，当对手看到防守者猛扑时会一拨而过，但防守者假扑后立即转身将运球者拔出之球夺下来。使用这种假动作时应注意距离，离进攻者太远时对方不易上当；离进攻者太近易弄巧成拙，反被进攻者突破。

(二) 练习方法

(1) 二人一组，相距 5～6 米，做无球变速、变向假动作练习。

(2) 二人一组，"一对一"，防守者只堵不抢，而运球者做向左(右)晃，右(左)拨球的练习。

(3) 二人一组，相距 5～6 米，甲传球给乙，并快速起动去抢乙控制的球，乙佯做踢球而把球停下来。

八、掷界外球

由于掷界外球时接球人不受越位规则的约束，因此，不仅用于恢复比赛，而且可以为进攻创造有利条件。尤其是在前场 30 米内掷界外球，将球直接掷入门前，可以给对方造成很大威胁。技术动作要领如下。

1. 原地掷界外球

面对出球方向，两脚前后或左右开立，每脚均应有一部分站立在边线上或边线外。膝关节弯曲，上体后仰成背弓，重心移到后脚上(左右开立时，重心在两脚间)，两手自然张开，拇指相对，持球的侧后部，屈肘将球置于头后。掷球时，后脚用力蹬地(或两脚用力蹬地)，两腿迅速伸直，身体重心由后脚移到前脚，收腹屈体，同时两臂急速前摆。当球摆到头上时用力甩腕将球掷入场内。掷球时，后脚可沿地面向前滑动，两脚均不得离地。

图 8-24　原地掷界外球

2. 助跑掷界外球

两手持球放在胸前，在助跑迈出最后一步时，上体后仰成背弓，同时将球上举至头后，掷球时的动作与原地掷界外球动作相同。将球掷出后，后脚可在地面上向前滑行，但不得离地。

九、守门员技术

(一) 技术动作要领

1. 接球

接球是守门员最主要的技术，它包括接地滚球、平空球和高空球。

(1) 接地滚球

① 直腿式。两腿自然并立，脚尖正对来球，上体前屈，两臂并肘前迎，两手小指靠近，手掌对球。手触球的刹那随球后引屈肘、屈腕，两臂靠近将球抱于胸前。

图 8-25　直腿式接地滚球

② 跪撑式。多用于向侧移步接球。接左侧球时，左腿屈，右腿跪撑于左脚附近，距离不得

超过球的直径，其余动作与直腿式接球相同。接右侧球时，动作相同，方向相反。

图 8-26　跪撑式接地滚球

（2）接平空球

指膝以上、胸以下的空中球。接球时面对来球，两手掌心向上，两手小指相靠，前迎接球。上体前屈，当手触球时两臂向后撤引缓冲，将球抱于胸前。

（3）接高空球

面对来球，两臂上伸，两手拇指相对呈八字形，其余四指微屈，手掌对。在最高点手触球瞬间，手指、手腕适当用力，缓冲来球并将球接住，顺势转腕屈肘、下引将球抱于胸前。

图 8-27　接平空球

图 8-28　接高空球

2. 击托球

守门员在与一个或多个对手争抢空间或自己身体失去平衡时，运用拳击球。

（1）拳击球

准确判断来球运行路线，及时移动到位，握紧拳，在接近球的刹那迅速出拳击球。拳击球有单、双拳击球，单拳击球动作灵活，摆动幅度大，击球力量大。双拳击球接触球面积大，准确性高。

（2）托球

判断来球运行路线后，向后跃起托球。托球时手指微张，手掌向外翻转，用手掌前部触球的下部，使球改变运行轨迹，呈弧线越过球门横梁。

3. 扑接球

（1）扑侧面球

异侧脚用力蹬地，双手快速向侧伸出，一手置于球后，另一侧手置于球的侧后上方。同时身体向同侧脚方向倒地，落地时以小腿、大腿、臀、肘外侧依次着地，落地后抱球团身。

（2）扑平空球

近侧脚用力蹬地使身体跃起，身体在空中伸展，手指用力抓住球，接球后以球、肘、肩、上体、臀、腿外侧依次着地并迅速团身。

4. 发球

（1）手掷球

① 单手肩上掷球。两脚前后开立,两膝弯曲,单手持球,屈臂于肩上。掷球时,持球手臂后引,同时身体随之侧转,重心移到后脚上。掷球时,后脚向后蹬地,用转体和挥臂、甩腕的力量将球掷向预定的目标。

② 侧身勾手掷球。两脚前后开立,身体侧对出球方向,单手持球后引,臂微屈,同时重心移到后脚上。掷球时,后脚用力向后蹬地,同时转体,重心由后脚移向前脚。当持球手臂由后经体侧沿弧线摆至肩上说,手指和手腕用力将球掷向预定的目标。

(2) 脚踢球

① 踢空中球。将球置于体前,在球自由下落过程中踢球。它多用于远距离或雨天场地泥泞时。

② 踢反弹球。体前抛球,球落地后反弹起来的瞬间将球踢出。它比踢空中球准确性要高,速度较快,出球弧度低,隐蔽性强。

这两种踢球的动作与脚背正面踢球基本相同,但由于要求踢得远,所以守门员都是向前上方踢。

(二) 练习方法

(1) 守门员技术的核心是接球。接球练习又要以接球手型和接球时的身体姿势为重点,同时又要注意在移动中选择正确位置,以封住射门角度。

(2) 守门员守住球门的重要环节是判断的准确性、出击的及时性、动作的实效性和完成动作的敏捷性。

(3) 模仿直腿式和单腿跪撑式接地滚球的动作。

(4) 二人一组,相距 6～7 米,一人掷地滚球、平直球、高空球,另一人做接球。

(5) 接自己对墙掷出或踢出的各种反弹回来的球。

第三节　足球基本战术

足球战术就是指在比赛攻守过程中,为了战胜对手,根据主客观的实际所采取的个人行动和集体配合的总称。

一、进攻战术

(一) 个人进攻战术

1. 摆脱与跑位

摆脱就是甩掉对手对自己的看守,跑位则是跑到有利于进攻的位置上去,达到有利于控制球和将进攻推向对方球门,争取射门得分。摆脱与跑位的方法有突然起动、快跑、急停。变方向和变速、利用假动作诱骗对手。

示例(图 8-29):突然起动摆脱。⑧号在原地或在慢跑中突然快速起动,甩开防守⑥号,接⑦号的传球。

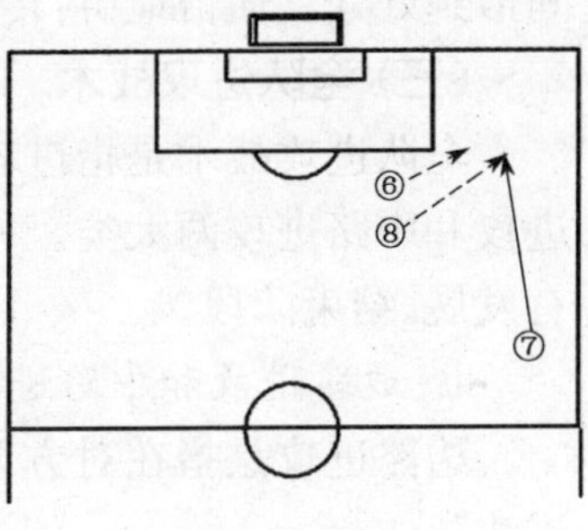

图 8-29　摆脱与跑位

摆脱与跑位的要求:

(1) 目的明确。无目的的乱跑会造成同伴跑位的困难,不利于创造进攻机会。

(2) 突然及时。当持球队员有可能传球时,突然摆脱对手的紧逼,跑到有利于进攻的位置接球。

(3) 随机应变,协调配合。

2. 运球突破

它是进攻战术中极为重要的个人战术,是破密集防守,造成以多攻少、觅得传球空隙,获取射门得分的有效手段。

在比赛中下列情况应采用运球突破:

(1) 控球队员在无人接应或不利于传球的情况下,要做有意识的向左、向右运球摆脱或向前突破对手。

(2) 在对方罚球区附近,一旦突破可获得射门机会时,应大胆采用运球突破战术。

(3) 在对方采用密集防守时,应大胆采用运球突破,打开缺口,造成以多攻少。

(二) 局部进攻战术

两人局部的进攻战术:两人的局部传球配合可起到突破、控制球、转移进攻点等作用。其配合形式有:交叉掩护配合、传切配合和二过一战术配合。

1. "二过一"配合方法

(1) 斜传直插"二过一"配合方法,如图 8-30 中 A 所示。进攻队员⑧斜传,⑦直线跑动插入,在防守队员❹的身后空当接球突破防守。

(2) 直传斜插"二过一"配合方法,如图 8-30 中 B 所示。进攻队员⑥作直线传球,⑤斜线跑动至防守队员❷的身后空当接球突破防守。

(3) 踢墙式"二过一"配合方法,如图 8-31 所示。攻方队员⑨带球逼近防守队员❸,并向摆脱的同伴⑧脚下传球,⑧直接将球传至❸背后空当,⑨快速切入接球突破防守。

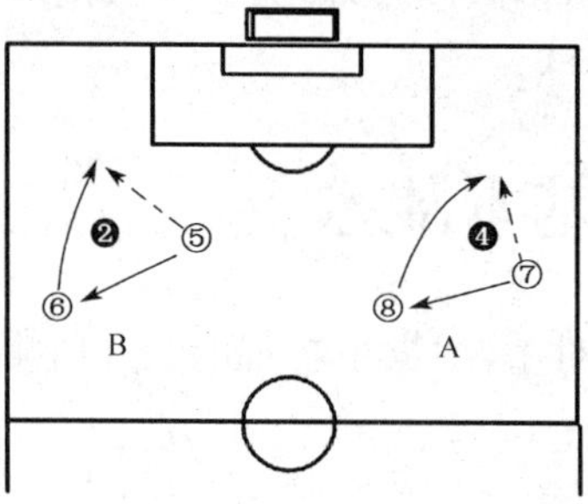

图 8-30 "二过一"配合方法

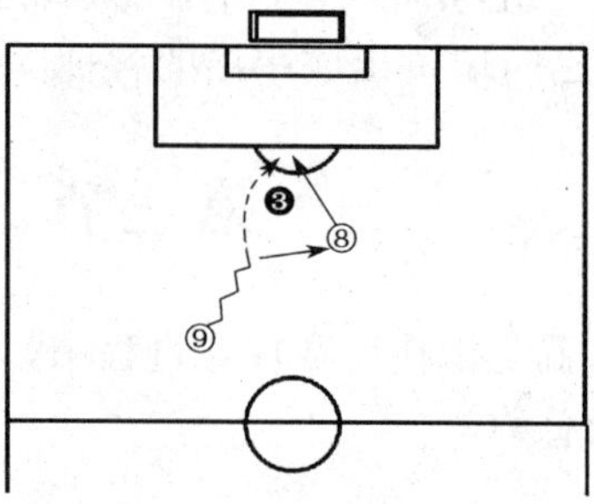

图 8-31 踢墙式"二过一"配合方法

2. "二过一"配合的要求

任何二过一配合,都必须做到:传球准确及时,力量适当;接球队员摆脱突然快速,跑位时间恰到好处。通俗地讲:传接配合默契,人到球到,球到人到。

(三) 全队进攻战术

全队进攻战术是指进攻的面比较广,投入的人数比较多的进攻配合。大致可归纳为边路进攻和中路进攻两大类。一次完整的进攻是由发动、发展和结束三个阶段组成的。但有时只有发展、结束阶段。

1. 边路进攻和中路进攻(图 8-32)

边路进攻是指在对方两侧地区发展的进攻,中路进攻是指在对方半场中间地区发展的进攻。

由于两侧地区防守队员较少,空隙较大,所以攻方便于发展进攻,较易突破防线,创造攻门机会。但由于离门远，角度小，很难直接射门得分，所以绝大多数的攻门仍由边路突破后，由中路和异侧同伴包抄完成。而中路由于离门近、射门角度大，一旦突破防线，威胁大，所以射门得分的可能性大。为此，各队组织进攻战术时，往往从双方的特点和实际条件出发，只有两者结合，机动灵活，才能收到良好效果。

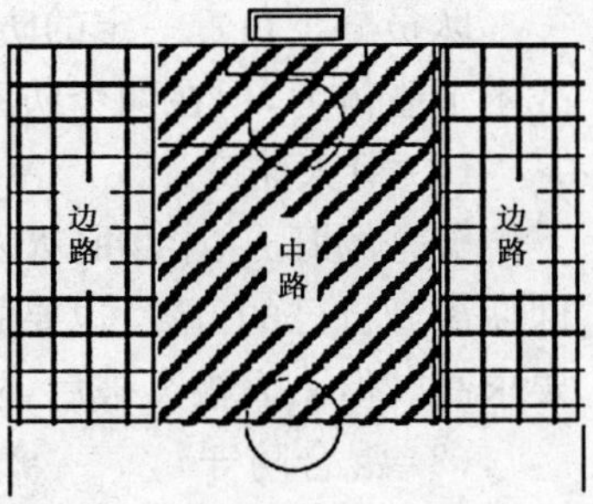

图 8-32　边路进攻和中路进攻

2. 快速反击

在一方进攻时，其后卫压至中线附近，由于参加进攻而防守人数减少，后场空区大，在进攻失误后，来不及回防或回防中防守位置出错和有漏洞时，另一方发动快速长传进攻往往会取得较好的效果。

3. 转移进攻

当进攻在一侧展开，难于突破防线时，应及时转移进攻方向。此时，在另一侧的防守员较少，空隙较大，应抓住时机，实施突然而快速的攻击。

二、防守战术

(一) 个人防守战术

1. 选位与盯人

选位是指防守队员的位置应处于对手与本方球门中心所形成的直线上(图 8-33)。盯人可分为紧逼盯人与松动盯人。紧逼盯人是贴紧对手不让他有从容活动的机会(一般与对手保持在 1.5 米左右)。松动盯人是与对手保持一定距离以便随时可以靠近对手进行防守或紧逼。

图 8-33　选位与盯人

2. 选位与盯人要领

(1) 向前断球，不能断则不让对手接球转身，迫使其横回传；若对手已转身，则不让他运球突破或直传。

(2) 一对一防守时，以防内线为主。

(3) 对持球和离球近的进攻队员、切入队员、主要得分手、组织进攻的核心队员、罚球区附近及罚球区内的进攻队员必须采取紧逼。

(二) 局部防守战术

1. 保护与补位

紧逼持球队员的防守者需要保护，一旦防守者被对手突破，保护队员立即可以补位。保护是补位的前提，没有保护就不可能有效地补位。

2. 补位时应注意的问题

(1) 被突破队员能追上对手时，一般不要补位而交换防守位置。

(2) 紧逼队员与保护补位队员应前后或斜线站位，决不能平线。这样可使防守有层次、有保护，以免突破一点，造成局部或全线崩溃的被动局面。

(三) 全队防守战术

1. 全队防守技术的种类

全队防守战术一般有区域防守，盯人防守和混合防守三种。

(1) 区域防守

队员分工负责一定的防守区域，进攻队员进入防区就盯防，离开防区就不跟踪盯防。这种战术节省体力，但在两个防区的结合部和同一防区内出现两名进攻队员时，容易漏人。

(2) 盯人防守

分全场盯人、半场盯人及30米内后场盯人防守。被盯防的队员跑到哪里就盯防到那里，即使离开自己的位置，也要盯住自己的对手。特点是分工明确，体力消耗大，对身体训练水平要求高。但一人被突破后，防守易出漏洞。

(3) 混合防守

这种防守战术是指有的队员进行区域防守，有的队员进行盯人防守，两者结合运用；或者是有的地区进行盯人，有的地区采取区域防守。混合防守具体方法较多，目前仍被较普遍地采用。

2. 混合防守战术的要领

(1) 丢球即抢或积极封堵，以减慢对方进攻速度。

(2) 层层设防，保持队形。

(3) 重点盯住进攻的组织者或攻击手。

(4) 切忌在罚球区附近特别是罚球区内的不必要犯规。

三、定位球战术

定位球战术包括中圈开球、掷界外球、球门球、角球、任意球、点球等攻守战术。由于定位球战术是利用比赛开始或"死球"后重新开始比赛的机会所组织的攻守战术，对攻方来说，定位球的第一传是在没有阻截情况下进行的，容易组织进攻和射门。特别是踢角球和在对方罚球区附近罚任意球时，如战术组织得当，进球的可能性就大；对守方来说，则有一定的时间组织防守。因此，目前定位球战术已被普遍重视。

(一) 任意球攻守战术

1. 任意球进攻战术

(1) 直接射门(图8-34)

无论在中间或两侧获得任意意球机会时，只要有可能射门，最好的方法是直接射门。常采用的方法有：利用弧线球从人墙一侧绕过或从人墙上空越过后进入对方球门，如图所示，⑨用左脚脚背内侧踢弧线球，球从人墙内侧绕过后进入球门；⑧用右脚脚背内侧踢弧线球，球从人墙上空通过进入球门。

(2) 配合射门(图8-35)

图8-34　直接射门

图8-35　配合射门

在罚球区的侧角或两边，或不可能直接射门时，应进行配合射门。经常采用的有短传配合和长传配合两种。传球次数宜少，强调配合的简练和实效性。

在图中，⑤、②、⑨三名进攻队员在罚球地点附近，⑤佯做射门后向人墙外侧插入，以分散对方的注意力，同时，②将球向左横传避开人墙，⑨迅速射门，三人的配合要逼真、紧凑。

2. 任意球防守战术

在罚球区附近的任意球防守应做好以下几点：

（1）干扰对手罚球，争取时间组织人墙；

（2）组织好人墙；

（3）全队回防，守住危险区域，做好人盯人防守。

（二）角球攻守战术

1. 角球进攻战术

随着罚角球技术和战术的发展，使得角球的威胁增大。角球进攻战术可分为短传配合角球和长传配合角球。

（1）短传配合角球。这种角球的特点是发球快，在角球区域附近能形成攻多守少的优势，提供了接近球门创造有威胁进攻和射门的机会。

（2）长传配合角球。用内旋弧线球直接射门，但运用少。多数用长传至门前区域由同伴直接头顶球攻门或配合攻门。长传的落点见图中的3个阴影区。

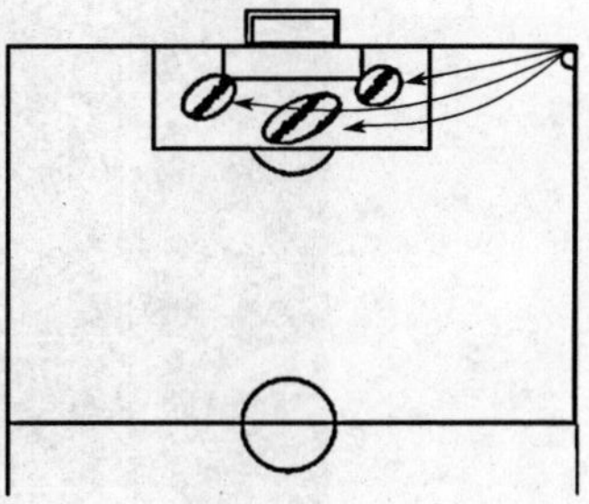

图 8-36　长传配合角球

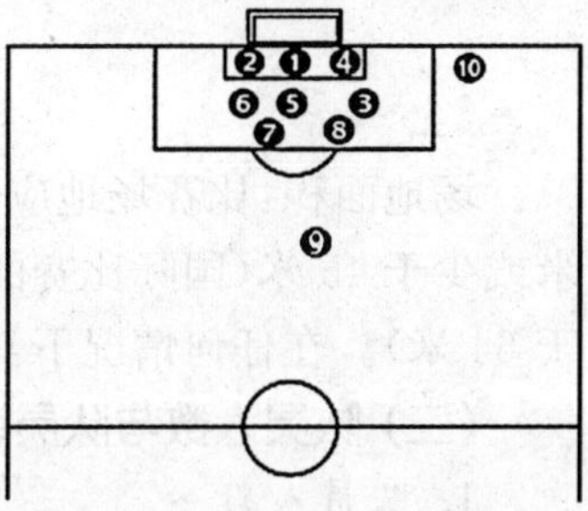

图 8-37　角球防守战术

2. 角球防守战术

在对方罚角球时，可由10至11名队员参加防守。以区域防守为例，攻方在右侧罚角球时防守队员分布如图8-37所示。

3. 角球攻守战术要领

（1）无论采用盯人还是区域防守，都应分工明确，看人又看球，人球兼顾。

（2）必须抢占有利的防守位置，始终在球、对手和球门之间。

（3）重点防守对方高大队员和头顶球好的队员。

（4）当角球被守方踢出后，除守门员外的全队队员都应迅速一致地向本方罚球区外移动，这有利于限制对方再次进攻，造成对方越位，并能发动快速反击。

第四节　足球运动基本竞赛规则

足球规则规定了足球比赛的方法及比赛双方运动员应遵守的行动准则与违反这些准则的处置方法，以及裁判员和助理裁判员的职权与职责等内容。规则的精神实质可以概括为：保护运动员的安全和健康；制裁一切有害的动作和不道德行为；比赛的双方在均等的条件下，充分地发挥技战术水平，保证比赛顺利进行。

现将足球规则主要内容简介如下。

一、比赛场地、球、队员人数与队员装备

（一）比赛场地

比赛场地及其设施如图8-38所示。

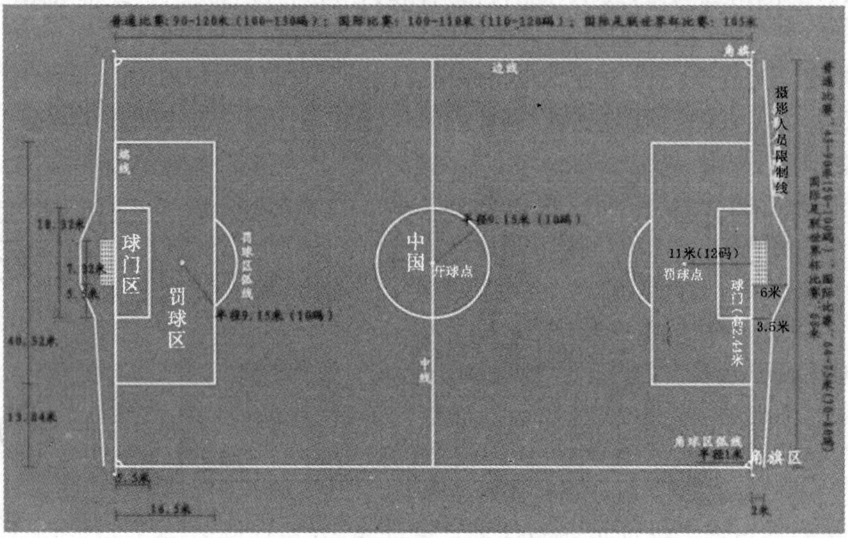

图 8-38　足球场地规格

场地面积：比赛场地应为长方形，其长度不得多于 120 米或少于 90 米，宽度不得多于 90 米或少于 45 米（国际比赛的场地长度不得多于 110 米或少于 100 米，宽度不得多于 75 米或少于 64 米）。在任何情况下，长度必须超过宽度。

（二）队员人数与队员装备

1. 队员人数

每队上场参加比赛队员不得多于 11 名，其中必须有一名守门员。在比赛开始或比赛进行中，某队队员人数不足 7 人时，该场比赛应认为无效。除竞赛规程另有规定外，一个队每场比赛最多可以使用 3 名替补队员。而且任何其他队员都可与守门员互换位置，但须事先通知裁判员，并应在比赛成死球时互换。

2. 队员装备

上场队员必需的装备是运动上衣、短裤、护袜、护腿板和足球鞋，同队队员的服装必须一致，并与对方队员有明显区别，守门员的服装颜色必须与其他队员及裁判员有明显区别。队长须佩带袖标。如发现队员戴有可能伤害其他队员的物品（如手表、戒指、项链、别针等）时，裁判员应令其摘除，否则不得参加比赛。

二、裁判员与助理裁判员

（一）裁判员的职权

每场比赛应委派一名裁判员执行裁判任务。在他进入比赛场地时，即开始行使规则赋予他的职权。在比赛暂停或比赛成死球时出现的犯规，裁判员均有判罚权。裁判员在比赛进行中，根据比赛实际情况，诸如比赛结果等所作的判决，应为最后判决。

（二）助理裁判员的职责

每场比赛应委派两名助理裁判员，他们的职责（由裁判员决定）应为示意：何时球出界成死球；应由哪一队踢角球、球门球或掷界外球；何时处于越位位置的队员可以被判为越位；当发生裁判员未看到的不正当行为或其他事情时；当要求替补时。

三、比赛时间、比赛开始、比赛进行及死球、计胜方法

(一) 比赛时间

比赛时间应分为两个相等的半场,每半场45分钟。特殊情况双方同意另定除外,并按下列规定执行。

(1) 在每半场中由于替补、处理伤员、延误时间及其他原因损失的时间均应补足,这段时间的多少由裁判员决定。

(2) 在每半场时间终了时或全场比赛结束后,如执行罚球点球,则应延长时间至罚完为止。

(3) 除经裁判员同意外,上下半场之间的休息时间不得超过5分钟。

(二) 比赛开始

比赛开始前,应用投币方式选定开球或场地,先挑的一方只有场地的选择权。在裁判员发出信号后,球被踢出后,须向前滚动,比赛方为开始。开球队员在球经其他队员触或踢及前不得再次触球。下半时开始时,两队应互换场地,并由上半场开球队的对方开球。开球可以直接胜一球。

(三) 比赛进行及死球

当球不论在地面或空中全部越过球门线或边线时,或比赛已被裁判员停止时,比赛即为死球。除此,比赛均在进行中,包括球从球门柱、横木或角旗杆弹回场内;球从场上裁判员或助裁判员身上弹落于场内;场上队员犯规而裁判员并未判罚。

(四) 计胜方法

除规则另有规定外,凡球的整体从门柱间及横木下越过球门线,而并非攻方队员用手掷入、带入、故意用手或臂推入球门(守门员在本方罚球区内除外),均为攻方胜一球。

四、越位

(一) 越位的概念

凡进攻队员较球更接近于对方球门线者,即为处于越位位置。下列情况除外:①该队员在本方半场内;②至少有对方队员两人比该队员更接近于对方的球门线。

(二) 判罚越位的依据

当同队队员踢或触及球的一瞬间,裁判员认为越位位置的队员主动地干扰比赛和对方队员,从越位位置获得利益。

(三) 下列情况下不判罚越位

(1) 队员仅仅处在越位位置。

(2) 队员直接接得球门球、角球或界外掷球。

五、犯规与不正当行为

(1) 在比赛中凡队员出现下列行为之一者,均属犯规,由对方罚直接任意球:踢、绊摔、跳向、冲撞(危险猛烈和背后)、打、拉扯、推、用手或臂携带或击或推球和铲球时,于触球前触到对方队员。

(2) 在比赛中出现下列行为之一者,应由对方在犯规地点罚间接任间球:危险动作;球不在其控制范围以内做合理冲撞;故意阻挡对方;冲撞守门员;守门员违例。

(3) 队员有下列行为应被黄牌警告:未经裁判员允许擅自离场或进场;屡次违反规则;用语言或行为对裁判员的判罚表示不满;有不正当行为等。

(4) 队员有下列行为时,应被罚令出场(红牌):有恶劣行为或严重犯规;语言粗秽或辱骂;经警告仍坚持不正当行为。

第五节 足球运动竞赛组织

一、竞赛制度

竞赛制度是指比赛中参赛队间如何进行比赛的方法。足球比赛通常采用循环制、淘汰制、混合制。

二、编排

足球比赛的编排有循环制、淘汰制以及混合制。

为了帮助理解混合制比赛的编排组合,特列举 1998 年世纪杯足球决赛阶段的赛程中的一个组合,供大家根据实际情况参考应用。

共有 32 个队参加决赛。

第一阶段,分为 A、B、C、D、E、F、G、H 8 个组,采用分组单循环赛决出名决,每组前两名(共 16 支队),参加第二阶段比赛。

第二阶段,八分之一决赛采用交叉赛。

① A_1—B_2; ②B_1—A_2;

③ C_1—D_2; ④D_1—C_2;

⑤ E_1—F_2; ⑥F_1—E_2;

⑦ G_1—H_2; ⑧H_1—G_2。

第三阶段,四分之一决赛。

X,①胜队—④胜队;

Y,②胜队—③胜队;

W,⑤胜队—⑧胜队;

Z,⑥胜队—⑦胜队。

第四阶段,半决赛。

X 胜队—W 胜队;

Y 胜队—Z 胜队;

争夺第三名的比赛半决赛的负队;

争夺冠军的比赛半决赛的胜队。

第九章　篮 球 运 动

第一节　篮球运动概述

篮球运动是将球投入对方篮筐，以得分多少决定胜负的集体球类运动项目，同时也是一项综合性运动项目。

篮球运动是在1891年由美国马萨诸塞州斯普林菲尔德（旧译春田）市基督教青年会训练学校体育教师詹姆士·奈史密斯博士借鉴其他球类运动项目设计发明的。当时，他看到当地儿童在做摘桃投入桃筐的游戏，受此启发，发明了投篮游戏。这便是篮球运动的开端。

由于这项活动的游戏性和趣味性较强，有较好的健身作用，后来便在游戏的基础上很快充实活动内容，制定了某些限制性规则，不断改革比赛方式，从而逐步形成了现代篮球运动。现代竞技篮球比赛深受世界各国人民的喜爱，已成为世界上单项体育人口最多的运动项目之一。

第二节　篮球基本技术

篮球技术是队员在比赛中为了攻、守目的所运用的各种专门动作的总称。篮球技术是队员进行比赛的主要手段。它直接影响运动的效果，所以，它是篮球比赛的基础。

一、移动技术

移动是篮球比赛中队员为了改变位置、方向、速度和争取高度、空间等所采用的各种脚步动作方法的总称。移动技术是完成各项技术动作的基础，也是实现篮球战术目的的重要因素。

（一）准备姿势（图9-1）

两脚左右（或前后）开立，距离约与肩同宽，两膝弯曲，大、小腿之间的角度在135°左右；前脚掌着地；屈肘，置于身体两侧，上体稍前倾，两眼平视。

（二）起动技术

起动是队员在球场上由静止状态变为运动状态的一种动作，是获得位移速度的方法。进攻时，突然快速地起动，是摆脱防守的有效手段之一；防守时，突然快速地起动，可以抢占有利位置，看住对手。

动作方法：从准备姿势开始，向前起动时以后脚，向侧起动时以异侧脚的前脚掌短促有力地蹬地，同时上体迅速前倾或侧转向跑的方向移动重心，手臂协调的摆动，充分利用蹬地的反作用力，迅速向跑的方向迈出。

（三）跑的技术

跑是为了完成攻守任务而争取时间的脚步动作。比赛中经常运用的跑有变向跑和侧身跑两种。

1. 变向跑技术

图9-1　准备姿势

变向跑是队员在跑动中利用突然改变方向完成攻守任务的一种方法，

如图 9-2 所示。

动作方法：从右向左变向时，最后一步用右脚前脚掌内侧用力蹬地，脚尖内扣，屈膝，腰部随之左转，上体向左前倾，移重心，左脚向左前方跨出，加速前进。

图 9-2 变向跑

2. 侧身跑技术

侧身跑是指在跑动中为了抢位，摆脱防守接侧向或侧后方传来的球而采用的一种跑动方法。

动作方法：在跑动时，头部和上体转向侧面或有球的方向，脚尖朝着前进方向。跑动时，既要保持跑速或加速，又要保持身体平衡，密切注意观察场上情况。

3. 跑的练习方法

(1) 基本站立姿势(背向、面向、侧向)，听或看信号做起动跑的练习；

(2) 在各种情况和状态下(蹲着、坐地、原地各种跑动中、原地向上向侧跳起时、滑步中、急停之后等)，听或看信号向不同方向做起动跑的练习；

(3) 自己或同伴抛球，球离手后起动快跑接球，不让球落地，把球接住；

(4) 原地运球，听或看信号做起动快速运球的练习；

(5) 利用篮球场的圈、线做侧身跑和对角折线跑；

(6) 两人一组做侧身跑；

(7) 两人行进间传球，练习侧身跑。

(四) 急停技术

急停是指在快速移动中突然制动速度的一种方法，是各种脚步动作衔接和变化的过渡动作。急停分跨步急停和跳步急停两种。

图 9-3 跨步急停

1. 跨步急停技术(图 9-3)

急停时先向前跨出一大步，用脚跟着地并迅速过渡到全脚掌着地，同时迅速屈膝，身体稍后仰，第二步落地的同时两膝深屈并内扣，身体稍侧转，两脚尖自然转向前方向，前脚掌内侧用力抵住地面制动向前的冲力，上体稍后仰，然后上体迅速自然前倾，两臂屈肘自然张开，帮助控制身体平衡。

2. 跳步急停技术(图 9-4)

跑动中用单脚或双脚起跳，稍有腾空，上体稍后仰，两脚平行或前后同时落地(略宽于肩)，形成基本站立姿势。

3. 急停的练习方法

(1) 保持基本站立姿势，慢跑两三步接着做跨步急停和跳步急停；

(2) 以稍快节奏跑三五步接做跨步急停和跳步急停；

图 9-4 跳步急停

(3) 快跑中听或看信号做跨步急停；

(4) 跑动中做接球急停，然后传球；

(5) 运球结束做急停，接着传球或投篮。

(五) 转身技术

转身是指以一脚做中枢脚进行旋转，另一脚蹬地向前后跨出，改变原来身体方向的一种动作方法。转身分为前转身和后转身两种。

1. 前转身(图 9-5)

移动脚蹬地，向中枢脚脚尖方向跨出改变身体方向为前转身。转身时，中枢脚前掌用力碾地，移动脚蹬地并迅速跨步，同时转腰转肩并保持身体平衡。

图 9-5　前转身

2. 后转身(图 9-6)

移动脚蹬地，向中枢脚脚跟方向跨出改变身体方向为后转身。转身时，腰胯主动用力旋转，身体重心随之转移，保持身体平衡。

图 9-6　后转身

3. 转身的练习方法

(1) 成基本站立姿势，分别以左、右脚为轴，做前、后转身 90°、180°、270°的练习；

(2) 慢跑中急停，做前、后转身 90°、180°起动快跑；

(3) 原地持球，分别以左、右脚为轴，做前、后转身练习；

(4) 跳起接球后，做前、后转身传球、运球或投篮；

(5) 在一对一攻守中，做前、后转身护球练习。

(六) 滑步技术(图 9-7)

滑步是防守移动的主要方法之一。它易于保持身体平衡，可向任何方向移动。

图 9-7　侧滑步

动作方法：两脚平行站立，两膝较深弯曲，上体稍前倾，两臂侧伸。向左侧滑步时，右脚前脚掌内侧蹬地滑动，左脚向左迈出，右脚紧随向左脚靠近，两脚保持一定距离，左脚继续跨出。在滑步时，要保持屈膝降低重心。

向右侧滑步时脚步动作相反。向后滑步时，一脚先做后撤步，前脚紧跟着向后滑动，保持前后开立姿势；向前滑步时，前脚向前迈出一步，着地同时，后脚紧随着向前滑动，保持前后开立姿势。注意屈膝降低重心。

（七）撤步技术

撤步是前脚向后撤回的一种方法。

动作方法：做撤步时，用前脚的脚前掌内侧蹬地，同时腰部用力向后转动，后脚碾蹬地面，前脚快速后撤，紧接滑步调整防守位置。

（八）跳的技术

跳是指在场上争取高度及远度的一种动作方法。跳有双脚跳和单脚跳两种方法。

1. 双脚跳

起跳时，双膝快速下蹲，两脚用力蹬地，同时提腰向上摆臂，向上腾起，身体自然伸展控制平衡。落地时，前脚掌先着地，屈膝缓冲，保持身体平衡，以便衔接下一个动作。

2. 单脚跳

起跳时，起跳腿脚跟先着地，迅速过渡到前脚掌用力蹬地，同时提腰摆臂，另一腿提膝积极上抬，当身体到达最高点时，摆动腿自然下放与起跳腿合并，落地时，双脚要分开，注意屈膝缓冲，以便衔接其他动作。

3. 跳的练习方法

（1）原地听信号向上或跨步向前、侧、后上方做双脚起跳练习；

（2）助跑两三步后，做单腿或双腿起跳；

（3）结合跨步、转身、急停等动作练习起跳动作；

（4）助跑单脚起跳做手摸篮板、篮圈的练习；

（5）单、双脚起跳后做接球、传球或断球等动作练习。

二、传接球基本技术

传接球是篮球比赛中进攻队员之间有目的地支配球、转移球的方法。它是进攻队员在场上相互联系和组织进攻战术的纽带，也是实现战术配合的具体手段，是比赛中运用最多的基本技术。

（一）传球基本技术

1. 双手胸前传球（图 9-8）

双手胸前传球时篮球比赛中最基本、最常用的一种传球方法，具有传球快速有力、准确性高、容易控制、便于与其他动作相结合的优点。

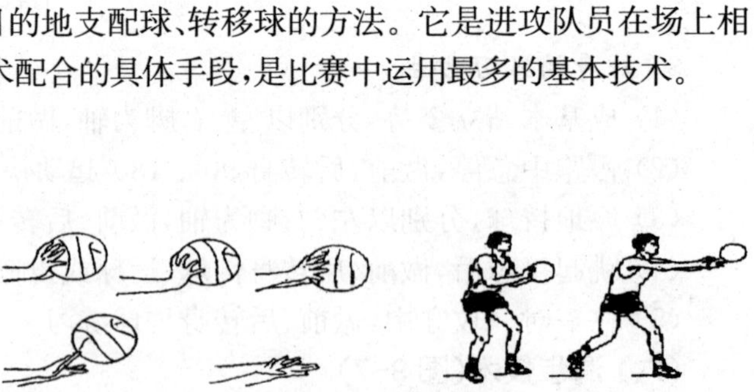

图 9-8 双手胸前传球

（1）动作方法

双手持球于胸腹之间，两肘自然弯曲于体侧，身体成基本站立姿势，平视传球目标。传球时后脚蹬地发力，身体重心前移的同时两臂前伸，两手腕内旋，拇指下压，食指、中指用力拨球并将球传出。球出手后，两手略向外翻。

（2）易范错误

① 双手胸前传球时，全手掌触球，手心没有空出，两拇指距离过大或过小，持球动作不

正确；

② 两肘外展过大，两臂用力不一形成挤球出手后两手上下交叉。

2. 单手肩上传球(图 9-9)

单手肩上传球是一种常用于中远距离传球的方法，传球时用力大，球飞行速度快，常在发动长传快攻时运用。

(1) 动作方法

双手持球于胸前，成基本站立姿势，右手传球时，左脚向传球方向迈出半步，同时将球引向右肩上方，肘要与肩平行，手腕后仰，五指自然分开托球，左肩对着传球方向，重心落在右脚上。传球时，右脚蹬地发力同时转体带动上臂，以肘领先前臂，手腕前屈，食指、中指、无名指将球拨出。

图 9-9　单手肩上传球

(2) 易犯错误

单手肩上传球时，没有摆臂、拨指、抖腕动作。

3. 单手体侧传球(图 9-10)

单手体侧传球是一种近距离隐蔽传球的方法。

(1) 动作方法

两脚开立，双手持球于胸前。右手传球时，左脚向左侧前方跨步，同时右手引球至身体的右侧。出球前的一瞬间，持球手的拇指向上，手心向前手腕后屈，小臂稍向前摆，急促用力，通过食、中指拨球将球传出。

图 9-10　单手体侧传球

(2) 易犯错误

① 在传球时，没有主动地屈腕拨球，成直臂前挥传球；

② 在引球时手臂没有做弧线摆动，而是将手臂直线向外摆动。

(二) 接球基本技术

接球是篮球运动中的主要技术之一，是获得球的动作，是抢篮板球和断球的基础。

1. 双手接中部位的球(图 9-11)

(1) 动作方法

接球时，两眼注视来球，两臂迎球伸出，手指自然张开，两拇指成“八”字形，其他手指向前上方，两手成一个半圆形。当手指触击球时，双手将球握住，两臂随球后引缓冲来球的力量。双手持球于胸腹之间，成基本站立姿势。

图 9-11　双手接中部位的球

(2) 易范错误

没有主动伸臂迎球，手触球后没有及时收臂后引缓冲。

2. 双手接高部位的球(图 9-12)

(1) 动作方法

这种接球的方法与双手接中部高度的球相同，但要求两臂必须向前上方迎球伸出。

(2) 易犯错误

① 手掌先触球,动作僵硬;

② 当手指触球后没有后引、缓冲和没有做好传、投、突的准备动作。

图 9-12 双手接高部位的球

图 9-13 双手接低部位的反弹球

3. 双手接低部位的反弹球(图 9-13)

(1) 动作方法

接球时要注意及时地迎球跨步,上体前倾,眼睛注意来球方向,两臂迎球向前下方伸出,掌心斜对来球的反弹方向,五指自然张开,手指触球后,两手顺势将球引至胸腹之间,成基本站立姿势。

(2) 易犯错误

跨步迎球不及时,收臂下伸过慢。

4. 单手接球

单手接球范围大,能接不通部位和方向的来球,有利于队员接球后的快速行动。接高部位、中部位、低部位的动作方法基本相同,只是在接高部位的球时掌心向上。

动作方法:原地单手接球时,接球手向来球方向伸出,五指自然分开,掌心正对来球,手腕、手指放松。当手指触球时,顺球的来势迅速收臂,置球于身体前方或体侧,另一手迅速扶球,保持身体平衡,做好下一个进攻动作的准备姿势。在移动中接球时,要判断来球的时间和落点,及时向来球方向跨步移动,接球后要迅速降低重心,衔接下一个进攻动作。

(三) 传接球技术练习方法

1. 熟悉球性的练习方法

(1) 用双手手指、手腕连续拨翻球(手指弹拨、手腕转翻);

(2) 双手胸前抛接球;

(3) 环绕身体交换球;

(4) 单、双手体后抛接球;

(5) 环绕双腿交接球;

(6) 行进间胯下交接球。

2. 原地传接球的练习方法

(1) 两人一组对面站立,做各种传球练习,也可对墙进行练习,并用各种方法接反弹回来的球。间隔距离根据需要由近至远;

(2) 原地跨步,跳起接不同方向的传球。

3. 移动传接球的练习方法

(1) 两人一组一球,相距 4 米面对站立,一人原地传球,另一人向左右、前后移动接球,传球一定次数后,相互交换练习;

(2) 迎面上步传接球(图 9-14);

(3) 横向移动换位传接球(图 9-15);

(4) 三角形移动传接球(图 9-16);

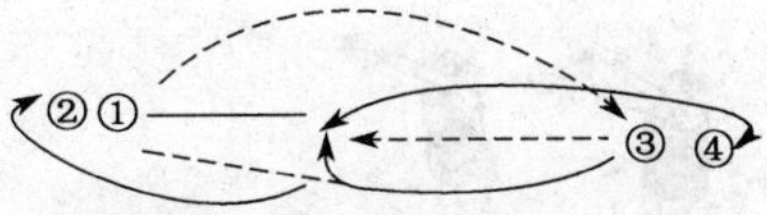

图 9-14　迎面上步传接球

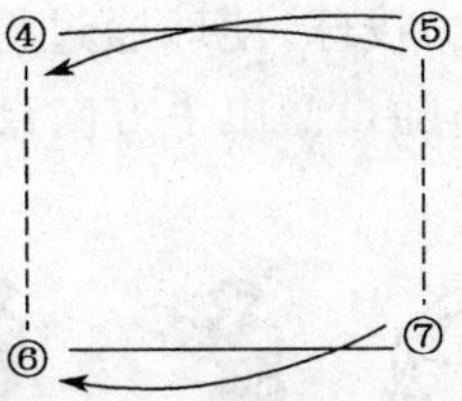

图 9-15　横向移动换位传接球

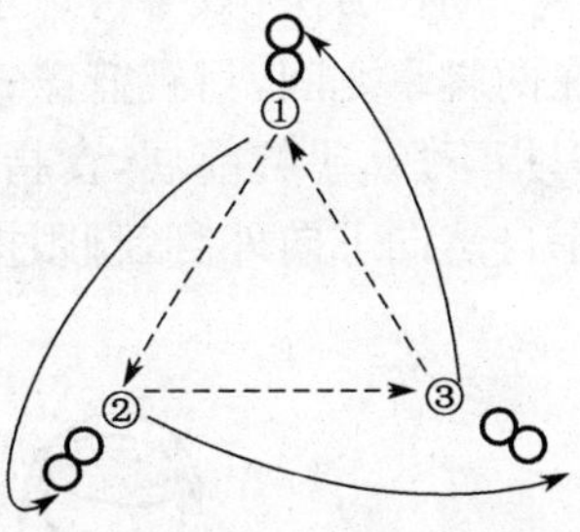

图 9-16　三角形移动传接球

(5) 四角弧线跑传接球(图 9-17);

(6) 两人全场行进间传球;

(7) 三人直线跑动传接球;

(8) 五角传球(图 9-18)。

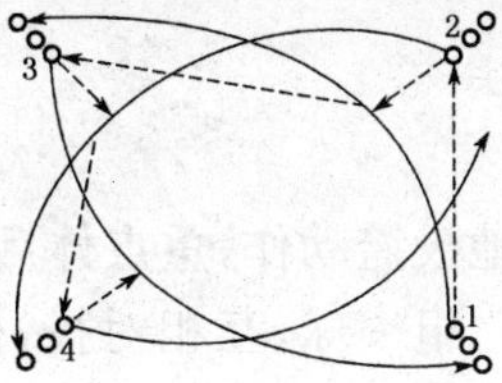

图 9-17　四角弧线跑传接球

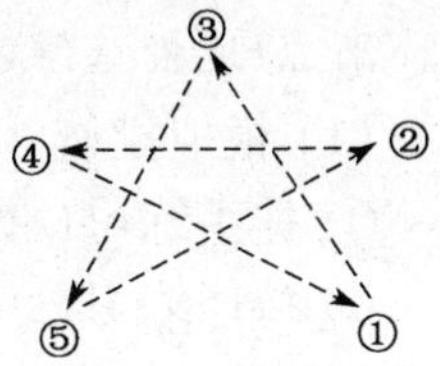

图 9-18　五角传球

三、投篮基本技术

投篮是进攻队员将球投入对方篮筐而采用的各种专门动作方法的总称。它是篮球比赛中得分的唯一手段,是一切技术、战术运用的最终目的和全部攻守矛盾的焦点,是整个篮球技术体系的核心。

投篮的动作方法很多,按照持球方法的不同可分为双手投篮和单手投篮两种,这两种投篮均可在原地和移动中完成。

(一) 原地投篮技术

1. 原地单手肩上投篮(图 9-19)

原地单手肩上投篮是其他各种投篮方法的基础,具有出手点高、便于结合其他技术动作和不易被防守的特点,是应用较广泛的投篮方法。

动作方法:以右手投篮为例,右脚在前,左脚稍后,两膝微曲,重心落在两前脚掌之间;右手五指自然张开,用指根以上部位触球,掌心空出,翻腕持球的后下部,左手扶在球的侧上方,举球于同侧头或间的前上方,目视球筐,大臂与肩关节平行,大、小臂约呈 90°,肘关节内收。投篮时,下肢蹬地发力,身体随之向前上方伸展,同时抬肘向投篮方向伸臂,手腕前屈,手指拨球,将球柔和地从食指、中指端投出。球离手时,手臂要随球自然跟送,脚跟提起。

图 9-19　原地单手肩上投篮

2. 原地双手胸前投篮(图 9-20)

原地双手胸前投篮易于保持投篮前持球的稳定性,充分发挥全身力量,也便于和传球、突破向结合;但由于投篮时持球和出手部位较低,容易被防守方干扰。

动作方法:双手持球于胸前,两肘自然下垂,两脚自然前后或左右开立,两膝微曲,重心落在两脚掌之间,目视篮筐;投篮时,两脚蹬地,上肢随着脚蹬地向前上方伸展,两手腕同时外翻,拇指下压,手腕前屈,食指、中指用力拨球,使球通过拇指、食指、中指指端投出。球出手后,两手自然向下向外翻,脚跟提起,身体随投篮出手方向自然伸展。

图 9-20　原地双手胸前投篮

3. 原地投篮练习方法

(1) 模拟投篮

① 徒手练习。做原地投篮动作,重点体后投篮的手法和用力过程。

② 持球练习。两人一组一球,互相对投,体会原地投篮和跳起投篮的手法及身体各环节的协调配合。

(2) 原地投篮练习

① 正面定点投篮;

② 不同角度投篮。

(二) 行进间投篮技术

1. 行进间单手肩上高手投篮(图 9-21)

行进间单手肩上高手投篮是在比赛中切入到篮下时常用的一种投篮方法。

动作方法:以右手投篮为例,右脚跨出一大步的同时接球,接着上左脚并用力蹬地起跳,右腿屈膝上抬,同时双手举球至头上方。腾空后,上体稍后仰,当接近高点时,右臂向前上方抬肘伸展,手腕前屈,食、中指用力拨球,通过指端将球投出。

图 9-21　行进间单手肩上高手投篮

2. 行进间单手肩上低手投篮(图 9-22)

行进间单手肩上低手投篮是在快速跑动中超越对手后在篮下时最常用的一种快速投篮方法,具有伸展距离远,动作速度快,出手平稳的优点,多在快攻和突破后使用。

动作方法:以右手投篮为例,右脚跨出一大步的同时接球,接着左脚跨一小步并用力蹬地起跳,右腿屈膝上抬,身体重心前移,双手向前上方举球;当身体接近最高点时,左手离球,右手外旋,掌心向上托球,并充分向球篮上方伸展,接着屈腕,食指、中指用力拨球,通过指端将球投出。

3. 行进间投篮练习方法

(1) 移动接球后投篮

① 斜线移动接球后投篮;

② 直线移动接球后投篮;

③ 弧线移动接球后投篮;

④ 折线移动接球后投篮。

图 9-22　行进间单手肩上低手投篮

(2) 半场传、接球上篮

两人半场传球投篮,互换位置,依次练习。

(3) 全场运球投篮

(4) 全场运球、传球、接球投篮

(5) 连续投抢练习

(三) 跳起投篮

跳起投篮,简称跳投。它具有突然性强,出球点高和不易防守的优点,可与传球、运球突破等动作结合,可在原地、行进间急停或背对篮筐接球后转身等情况下运用。

原地跳起单手肩上投篮是在原地单手肩上投篮基础上的一种投篮方式,也是现代篮球运动普遍运用的投篮方式之一,如图 9-23 所示。动作方法与原地单手肩上投篮相同,只是跳起在空中完成投篮动作。

动作方法:以右手投篮为例,双手持球于胸前,两脚前后或左右自然开立,两膝微屈,重心落在两前脚掌之间;起跳时,迅速屈膝,脚掌用力蹬地向上跳起,双手举球至右肩上方,右手托球,左手扶球于左侧方;当身体接近最高点时,左手离球,右臂向前上方伸直,手腕前屈,食、中指拨球,通过指端将球投出。落地时屈膝缓冲,保持身体平衡。

图 9-23　原地跳起单手肩上投篮

四、运球基本技术

运球技术是持球队员在原地或移动中用单手连续按拍球推进的一种技术。它不仅是个人摆脱防守,创造传球、突破、投篮得分的重要进攻手段,也是进攻队员发动快攻、组织全队战术配合的纽带。

运球按动作位置变化可以分为原地运球和行进间运球两大类;按运球的方法又可分为高、低运球,运球急停急起,行进间体前变向运球,背后运球和运球转身。

(一) 高运球(图 9-24)

进攻队员在没有防守干扰的情况下,为了加快向前场推进的速度和在进攻中调整进攻速度及进攻队员处于攻击位置时常采用的一种运球方法。其特点是按拍球的力量大,反弹高度高,便于控制,行进速度快。

动作方法：运球时，两膝微屈，上体稍前倾，目平视，前臂自然弯曲，以肘关节为轴，用手腕、手指柔和而有力地按拍球的后上方，球的落点在运球手臂的同侧脚的外侧前方，球的反弹高度在腰腹之间。手按拍球的部位要合理，手脚协调配合，使球有节奏地向前运行。

图 9-24　高运球

(二) 低运球(图 9-25)

进攻队员在受到紧逼或抢阻时，常采用低运球以保护或摆脱防守。

动作方法：两腿深弯曲，重心下降，上体前倾，球的落点在体侧，用上体和腿保护球，同时，用手腕和手指短促地按拍球的后上方，使球控制在膝关节的高度，两腿用力后蹬，继续快速前进。行进间低运球拍球部位在球的后上方或后侧方。

图 9-25　低运球

(三) 运球急停急起(图 9-26)

在运球推进时，进攻队员利用速度变化摆脱防守的一种运球方法。

动作方法：在快速运球中突然急停时，采用跨步急停，使重心降低，手按拍球的前上方，使球停止前运行，用臂、身体和腿保护球。运球急起时，两脚用力后蹬，上体急剧前倾，迅速起动，按拍球的后上方，人球同步快速前进。

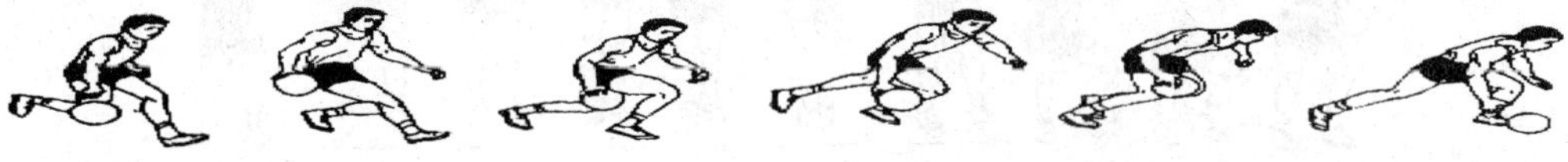

图 9-26　运球急停急起

(四) 行进间体前变向运球

1. 体前变向不换手运球(图 9-27)

当运球队员与防守队员接近时，为了摆脱和突破对手，运用上体的虚晃和左、右拨球动作不换手变向突破防守的一种运球方法。

动作方法：以右手运球为例，当体前变向时，将球从身体右侧拍向体前中间的位置，再将球迅速拨回右侧，然后按拍球的后上方，左脚向右侧前方跨出，上体右转，侧肩挡住对手，从防守的左侧突破，继续运球前进。

图 9-27　体前变向不换手运球

2. 体前变向换手运球

当对手堵截运球前进路线时，突然换手运球向左或向右改变运球方向，借以摆脱防守的一种运球方法。

动作方法：以右手运球为例，运球队员从对手的右侧突破时，先向防守左侧做变向运球假动作。当对手向左侧移动堵截运球时，运球队员突然按拍球的右后上方，使球经自己体前右侧反弹至左侧前方，同时右脚向左前方跨出，上体向左转，侧肩挡住对手，同时换左手按拍球的后上方，左脚跨出并用力蹬地加速，从对手的右侧突破。

图 9-28　体前变向换手运球

（五）运球转身

当对手逼近，不能用直线运球或体前变向运球突破时，可用此方法摆脱防守。

动作方法：以右手运球为例，变向时，用左脚在前为轴，左后转身的同时，右手将球拉至身体的后侧方，并按拍球落在身体的外侧方，然后换左手运球，加速前进。

图 9-29　运球转身

（六）背后运球（图 9-30）

当对手堵截运球一侧，距离较近，不变运用体前变向运球时，运球队员可采用背后运球，改变方向突破防守。

动作方法：以右手运球从背后换左手时，右脚前跨，右手将球拉到右侧身后，迅速转腕按拍球的右后方，使球从背后反弹至左侧前方，左脚同时向左前方跨步，换左手运球加速前进。

图 9-30　背后运球

（七）运球技术练习方法

1. 熟悉球性练习

(1) 原地拍起静止不动的球。

(2) 固定手臂运球。把运球手的肘关节放在膝上固定不动，利用腕、指力量低运球。

(3) 直臂对墙运球。

(4) 坐着运球。坐在地上，两脚向斜前方分开，运球者沿腿的内外侧进行运球练习。

(5) 单臂支撑旋转运球。

(6) 双手运球练习。双手同时体侧运球或不同时依次交替运球练习。

2. 原地运球练习

(1) 原地高、低运球,左后手交替进行原地体前左右手变向运球。

(2) 原地体侧前后推拉运球(图 9-31)。

(3) 原地胯下左、右运球(图 9-32)。

(4) 原地胯下"8"字运球。

(5) 原地背后换手变向运球(图 9-33)。

图 9-31 原地体侧前后推拉运球

图 9-32 原地胯下左、右运球

图 9-33 原地背后换手变向运球

3. 行进间运球练习

(1) 全场直线运球(图 9-34)。

(2) 弧线运球(图 9-35)。沿罚球圈、中圈作弧形运球到对面的底线,再沿边线直线运球返回。

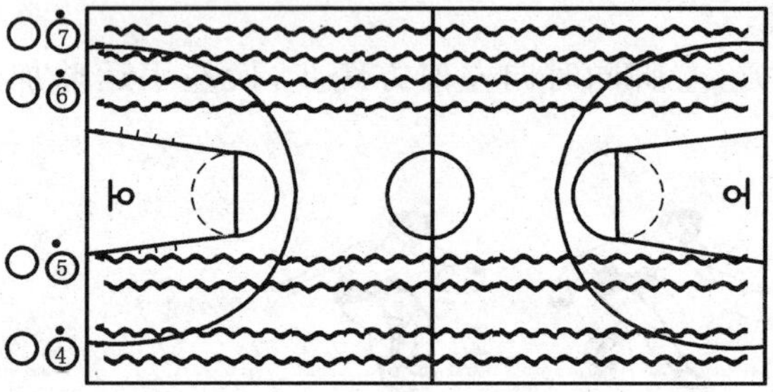

图 9-34 全场直线运球

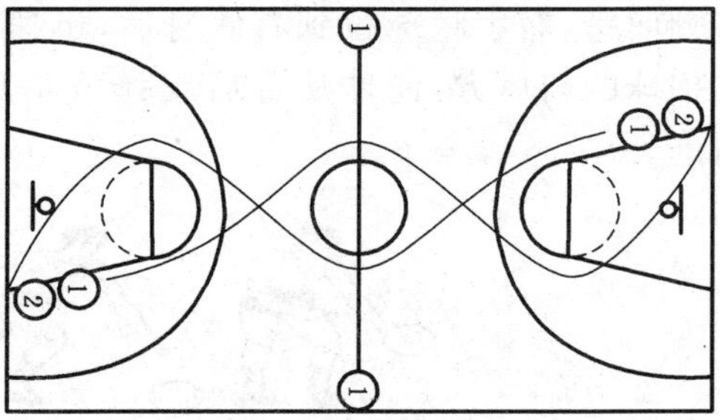

图 9-35 弧线运球

(3) 运球急停急起(图 9-36)。每人一球,根据信号练习急停急起或变速运球。

(4) 曲线运球(图 9-37)。全场曲线变向运球。

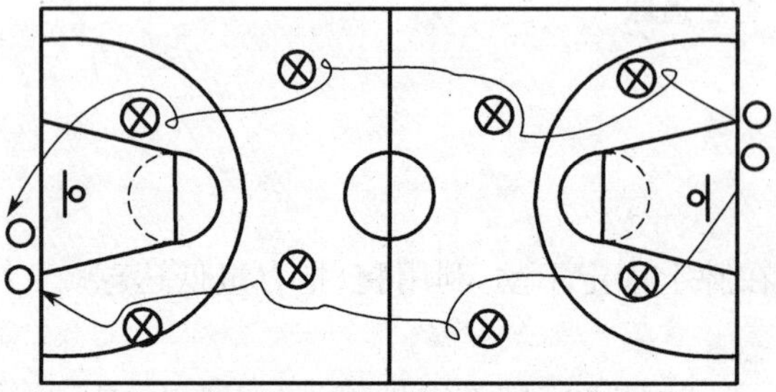

图 9-36 运球急停急起

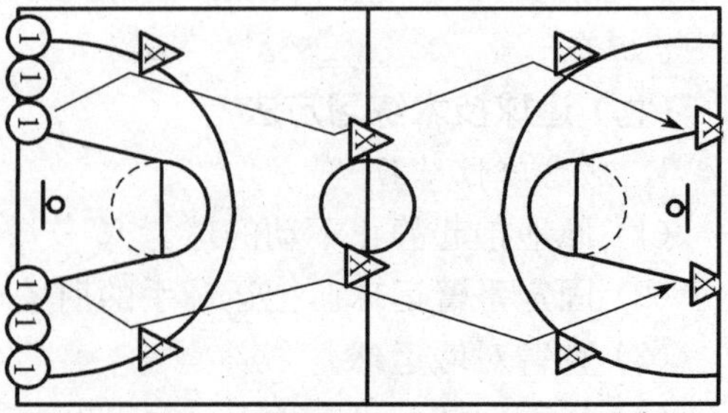

图 9-37 曲线运球

(5) 后转身运球或背后换手变向运球(图9-38)。

(6) 领跑运球练习。一人不带球在前面时快、时慢做变向、急停、后转身等动作,另一人持球在后面跟随做相应的运球动作。

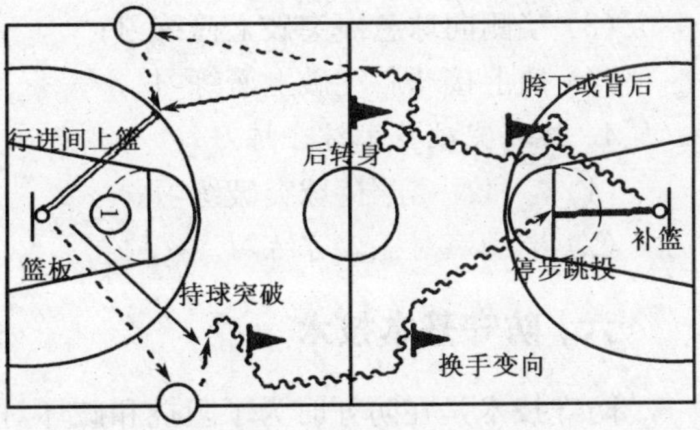

图 9-38 后转身运球或背后换手变向运球

五、持球突破基本技术

持球突破是持球队员运用脚步动作和运球技术快速超越对手的一项攻击性很强的技术。持球突破依据动作结构可分为持球交叉步突破和持球同侧步突破技术两种。

(一) 交叉步持球突破(图 9-39)

从防守队员左侧突破为例,突破时,左脚向前方跨出半步,做向左突破的假动作,当对手重心向右移动时,左脚前脚掌内侧迅速蹬地,向对手左侧跨出一大步,同时上体右转探肩,贴近对手;球移至右手,向左脚斜前方推放球,右脚迅速蹬地跨步,加速超越对手。

图 9-39 交叉步持球突破

(二) 同侧步持球突破(图 9-40)

以左脚做中枢脚为例,突破时,左脚内侧蹬地,右脚迅速向对手左侧方跨出一大步,同时向右侧转体探肩,重心前移,球移至右手并推放球于右脚斜前方,左脚迅速跨步抢位,加速超越对手。

图 9-40 同侧步持球突破

(三) 持球突破技术练习方法

1. 突破的步法练习

(1) 原地徒手或结合球做持球突破的各种脚步动作的练习;

(2) 每人一球,利用假动作做交叉步、同侧步突破的脚步动作练习。

2. 无防守情况下的突破练习

(1) 行进间自抛自接,接球后做交叉步、同侧步突破练习;

(2) 原地持球突破练习。练习开始做原地交叉步和同侧步持球突破后运球上篮。

3. 有防守情况下的突破练习

(1) 有防守情况下三人连续突破练习;

(2) 接球急停突破上篮练习;

(3) 接侧向球急停突破上篮练习;
(4) 插上接球后突破上篮练习。
4. 持球突破技术综合练习
(1) "一攻一守"持球突破练习;
(2) 半场三对三攻守练习。

六、防守基本技术

防守技术是在防守时为了阻挠和破坏对手的进攻,达到夺球反攻的目的所采取的各种专门动作方法的总称。

(一) 防守有球队员

持球队员经常是最有威胁的队员。为了有效地抑制对方进攻,一旦对手接到球,防守者要及时调整与对手的位置和距离,干扰和破坏其投篮,堵截其运球突破,封锁其助攻传球,并积极地抢、打球以争取控球权。

根据持球者所要进行的投篮、突破、运球、传球等不同的进攻动作,防守有球队员的技术可分为防投篮、防突破、防运球、防传球和抢打球等。

防守有球队员的练习方法:
(1) 一攻一守脚步移动练习;
(2) 全场一攻一守练习;
(3) 防中投练习;
(4) 原地抢球、打球练习;
(5) 围抢、打中锋手中球的练习;
(6) 打运球起步上篮的球。

(二) 防守无球队员

无球队员的移动摆脱和接球往往具有很大的进攻威胁。要提高防守的主动性、攻击性,有效地制止对手进攻,必须增强对防无球队员重要性的认识,提高防守无球队员的技能。

根据无球队员移动切入的意图和路线,防守无球队员的技术可分为防摆脱、防切入、防接球和断球等。

防守无球队员练习方法:
(1) 移动选位练习;
(2) 强侧、弱侧防守练习;
(3) 防守纵切练习;
(4) 防守横切练习;
(5) 体会断球动作;
(6) 往返断球反击练习。

第三节　篮球基本战术

一、进攻战术基础配合

进攻战术基础配合是指在篮球竞赛中,进攻队员两三个人之间所组成的简单配合方法。

它是组成全队整体进攻战术配合的基础。进攻战术基础配合有传切、突分、掩护、策应等配合。

(一) 传切配合

传切配合是指进攻队员之间利用传球和切入技术组成的简单配合。它包括一传一切配合和空切配合两种类型。

1. 传切配合方法

(1) 一传一切配合(图 9-41)。持球队员传球后，利用起动速度或假动作摆脱防守，向篮下切入接回球投篮的配合。例如，④传球给⑤后，立刻摆脱对手向篮下切入，接⑤传来的球投篮。

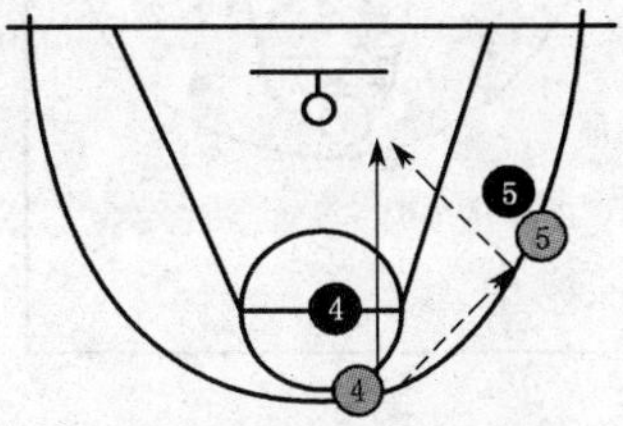

图 9-41　一传一切配合

(2) 空切配合(图 9-42)。无球队员掌握时机摆脱对手，切向防守空隙区域接球投篮或做其他进攻配合。例如，在⑤与⑥互相传球之际，⑤乘其对手不备之机，突然空切篮下，接外围同伴的传球，然后投篮。

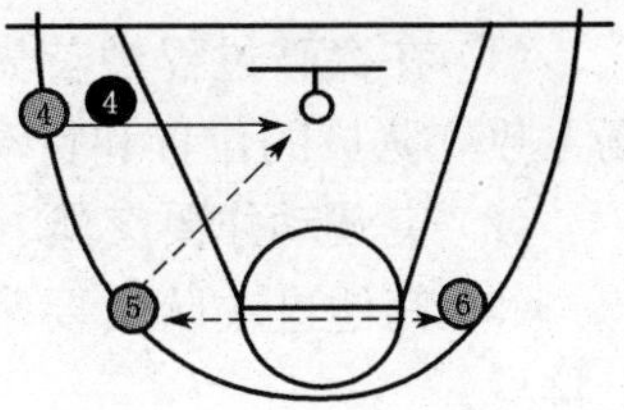

图 9-42　空切配合

2. 传切配合的基本要求

(1) 必须有一定的配合空间及合理的切入路线；

(2) 切入队员抓住防守队员选位不及时或注意力分散的空隙，快速起动，或利用假动作摆脱对手；

(3) 传球队员动作要隐蔽，及时准确。

3. 传切配合练习方法

(1) 把队员分成两组，如图 9-43 所示，④组第一人把球传给⑤组的第一人，然后做向左切入的假动作，突然快速从右侧切入。⑤组第一人做传球给切入队员的假动作后，把球传给④组的第二人，接着做假动作，然后突然向篮下切入。依此类推，其他人继续练习。切入篮下的队员，分别到对方排尾。切入过程要侧身跑，随时准备接球。

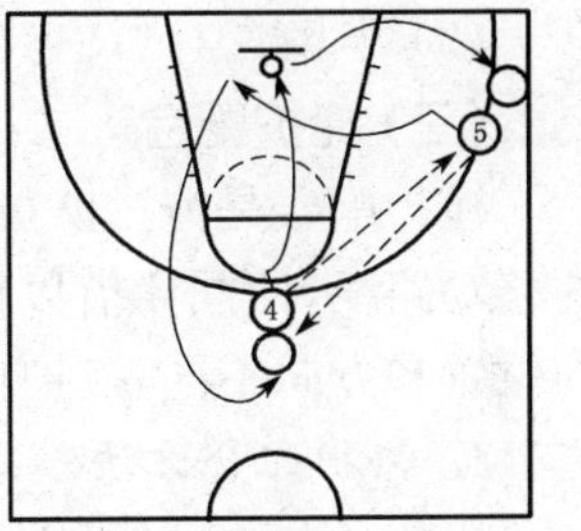

图 9-43

(2) 把队员分成两组，如图 9-44 所示，④组每人一球，④把球传给⑤，并快速切入，接⑤的回传球投篮。⑤传球后抢篮板球。④和⑤分别跑到对方排尾。其他人依此类推连续练习。

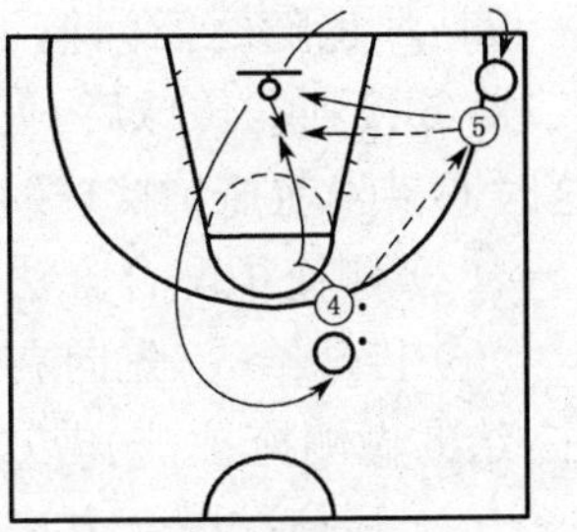

图 9-44

(二) 突分配合

突分配合是指队员突破对手后，遇到对方补防或协防时，及时将球传给进攻位置最佳的同伴进行攻击的一种配合方法。

1. 突分配合的方法

方法一：如图 9-45 所示，④运球突破△4的防守，△5上移补防，④将球传给插入篮下的⑤，⑤立即投篮，如遇△5的回防，由于已抢占篮下有利位置，应该强攻。

方法二：如图 9-46 所示，④ 传球给⑤，⑤突破△5进入篮下，⊥△6进行补防，⑤可将球传给从不同方向插入的⑥，⑥接到⑤的分球后立即投篮，如遇到⊥△6的回防，争取强攻。

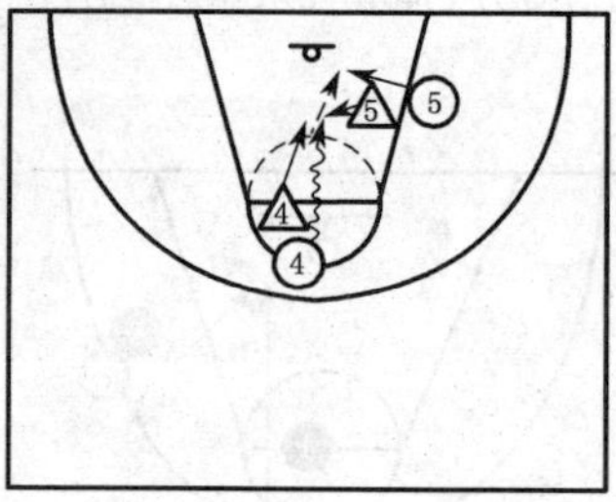
图 9-45

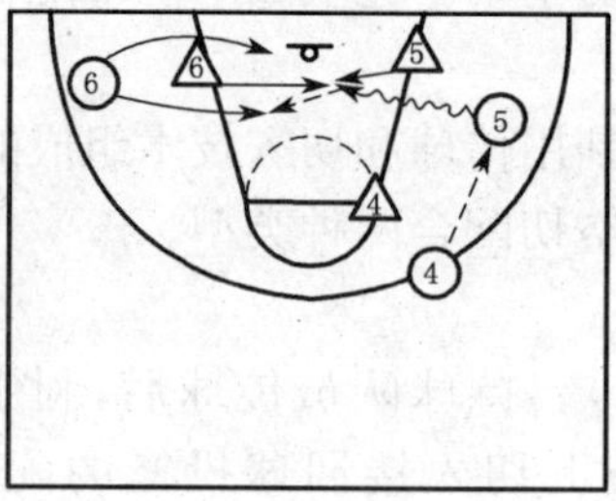
图 9-46

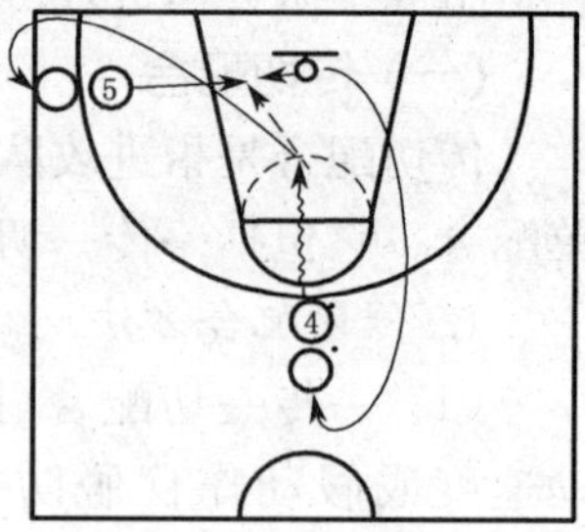
图 9-47

2. 突分配合的基本要求

(1) 在突破过程中首先要做好投篮的准备＃又要随时观察场上攻守队员的位置和行动，以便及时、准确地传球；

(2) 突破动作要突然、快速；

(3) 其他进攻队员要掌握好时机及时跑到有利的进攻位置上接球。

3. 突分配合练习方法

(1) 如图 9-47 所示，④组每人持一球，④运球过罚球线后。传球给切入篮下的⑤，投篮后，二人分别跑到对方队尾，其他人依次练习。

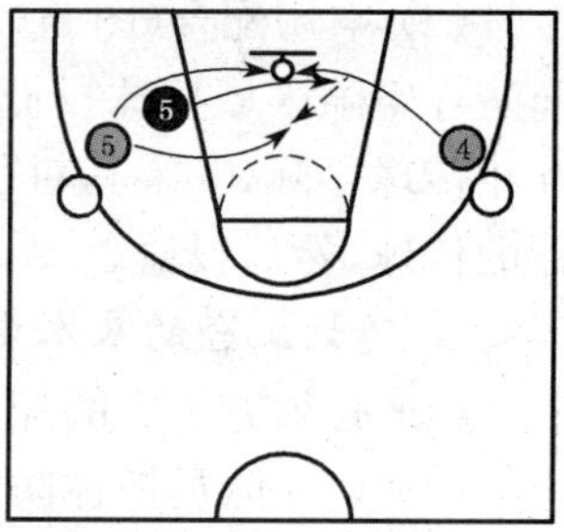
图 9-48

(2) 如图 9-48 所示，④向篮下运球突破，当补防时，立把球传给切入篮下的⑤，⑤投篮后，三人按顺时针方向轮换位置，继续练习。

(3) 半场二对二、三对三练习突分配合。

(三) 掩护配合

掩护配合是掩护队员采用合理的身体动作挡住同伴防守者的移动路线，使同伴借以摆脱防守的一种配合方法。根据掩护的位置和方向不同，掩护可分为侧掩护、后掩护、前掩护。

1. 掩护配合方法

(1) 前掩护配合方法(图 9-49)

⑥ 传球给⑤，先向左做要球的假动作，然后快速向篮下插去，如⊥△6也随之插向篮下，则利用△4和④做掩护，到限制区外接球；⑤接到⑥传球后，见⑥从限制区内跑出要球，则传球给⑥，这时⑥借④前掩护接球跳投。

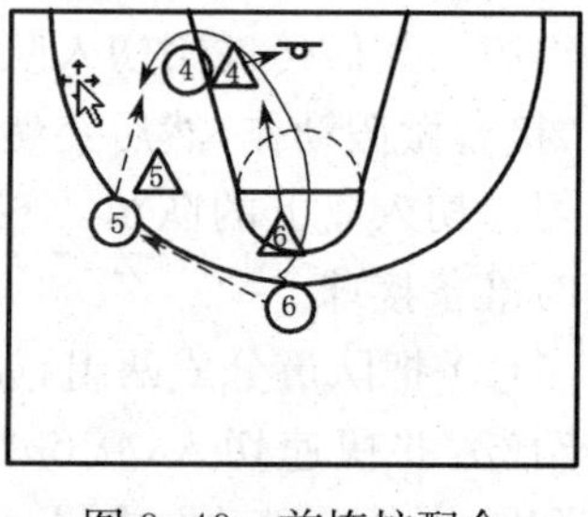
图 9-49 前掩护配合

(2) 侧掩护配合方法(图 9-50)

⑥ 传球给⑤，先向右做假动作，然后向左插去，到△5左侧停住，给⑤做侧掩护，⑤借⑥的掩护快速从△5的左侧运球上篮。

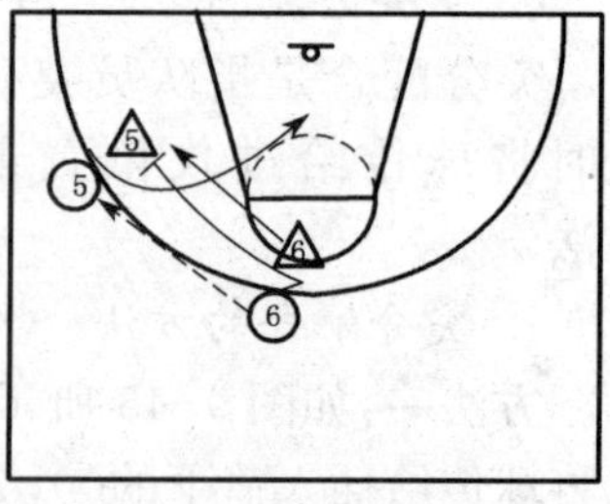
图 9-50 侧掩护配合

(3) 后掩护配合方法(图 9-51)

⑥ 传球给⑤，④提上给⑤做后掩护，⑤借④掩护从△5右侧运球上篮。

2. 掩护配合的基本要求

(1) 做掩护的队员目的要明确，动作要合理，行动要隐蔽，避免造成犯规；

(2) 被掩护的队员要用假动作配合行动，吸引对手，当同伴到达掩护位置时，摆脱对手的

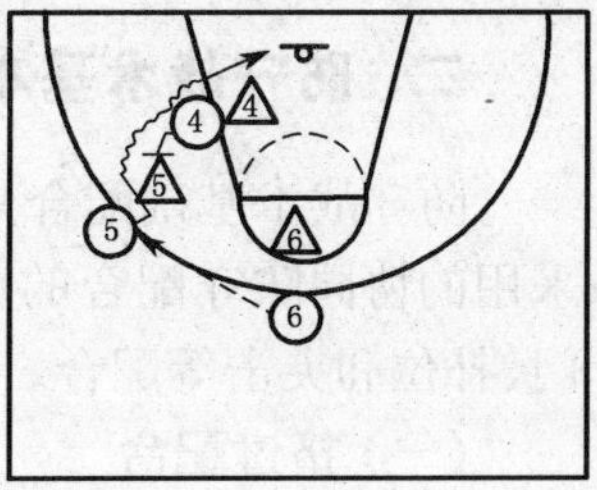

图 9-51　后掩护配合

行动要及时、突然、快速；

（3）两人要配合默契，行动要及时，并根据情况变化，及时应变，争取第二个攻击机会。

3. 掩护配合练习方法

（1）如图 9-52 所示，④跑到③的侧后方掩护，然后转身向篮下切入。做完练习跑到排尾，其他人依次继续习。

（2）如图 9-53 所示，把队员分成两组，⑦给④掩护，④向篮下切入，⑦转身跟进，练习后二人分别跑到对方排尾，继续练习。

（四）策应配合

指进攻队员背对篮筐或侧对篮筐接球，由他作枢纽，与同伴空切相配合而形成的一种里应外合的方法。

图 9-52

1. 策应配合方法

（1）如图 9-54 所示，④传球给插上策应的⑤，④用假动作摆脱△4的防守插入篮下要球，⑤可视情况将球回传④或自己运球进攻篮下，或转身跳投。

（2）如图 9-55 所示，④传球给插上策应的⑤后切入篮下要球或抢篮板球，⑤接球后准备进攻△5，⊥△6，此时去补防④，⑤将球传给出现更好机会的⑥进攻投篮。

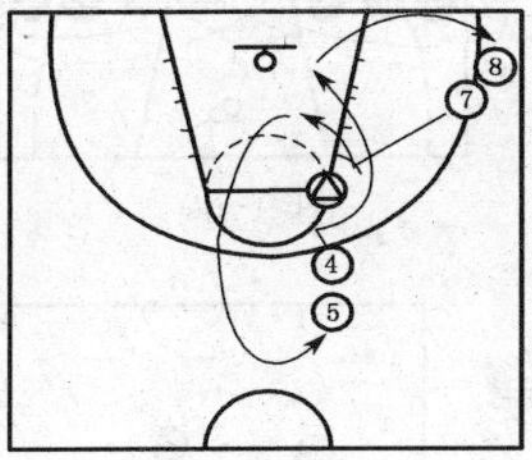

图 9-53

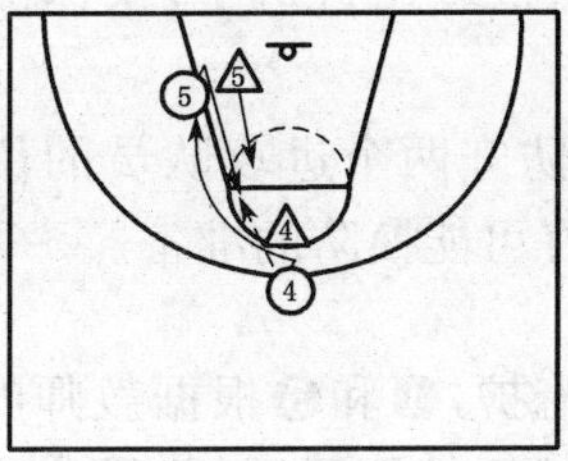

图 9-54

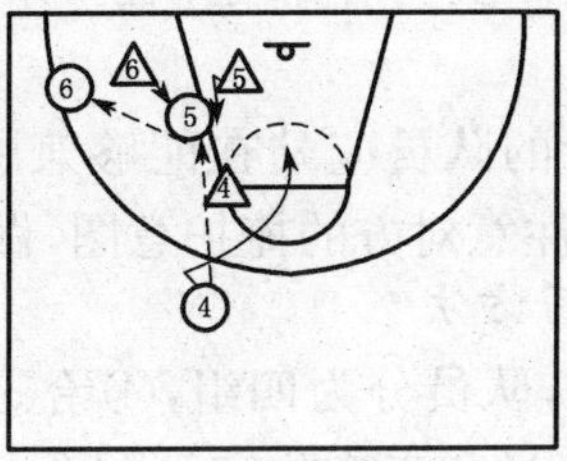

图 9-55

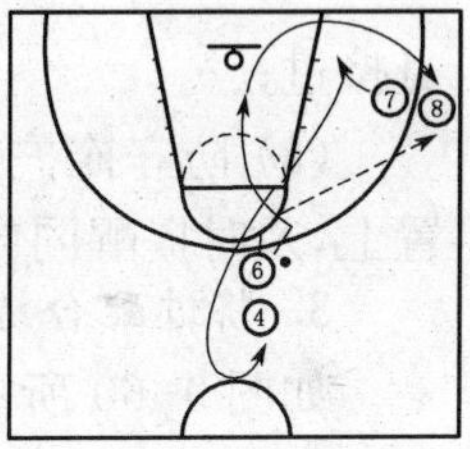

图 9-56

2. 策应配合的基本要求

（1）策应队员要及时抢位要球，两手持球护于胸前或头上，接球后结合转身、跨步等动作协助同伴摆脱防守或个人进行攻击；

（2）外围传球队员要根据策应者的位置和机会，及时准确地传给策应队员，做到人到球到，传球后迅速摆脱对手切入篮下，创造进攻机会。

3. 策应配合练习方法

（1）如图 9-56 所示，队员分为两组，⑥持球，⑦跑到罚球线外接⑥的传球做策应，⑥摆脱防守切入篮下，⑦做传球假动作后，把球传给⑧，做完练习后，⑥到⑧后，⑦到④后。⑧把球传给④后去做策应，接④的传球。依次继续练习。

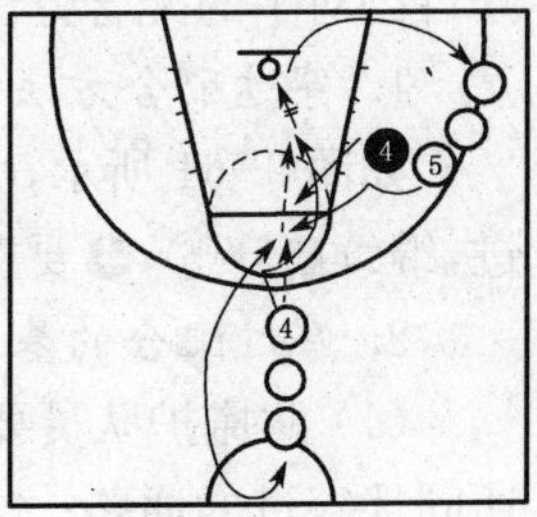

图 9-57

（2）如图 9-57 所示，队员分为两组，⑤传球给④后，摆脱防守，插到罚球线外做策应，④传球给⑤，然后摆脱、切入接⑤的传球投篮。⑤也可以做传球假动作．然后自己转身投篮或运球上篮。做完后，二人交换位置，其他人继续练习。

二、防守战术基本配合

防守战术基础配合是指在篮球竞赛中，防守队员两三个人之间所采用的协同防守配合的方法。它包括挤过、穿过、绕过、交换防守、关门、补位和夹击等配合。

(一) 挤过配合

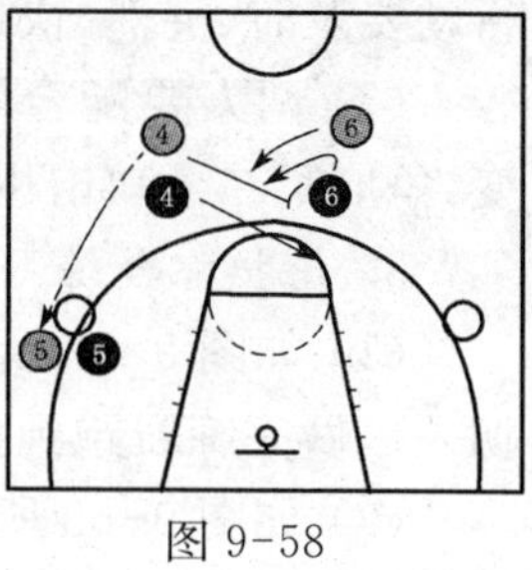
图 9-58

挤过配合是指对方进行掩护时，防守队员在掩护队员接近自己的一刹那，迅速抢前横跨一步贴近自己的对手，并从两个进攻队员之间侧身挤过去，继续防守自己对手的配合方法。

1. 挤过配合方法

如图 9-58 所示，④传球给⑤后，去给⑥掩护，❹要及时提醒❻，❻在掩护队员接近自己时，迅速向前跨一步，靠近⑥，并从⑥与④之间侧身挤过，继续防住⑥，此时，❹应向后撤一步，以备补防。

图 9-59

如图 9-59 所示，⑤接⑥的传球后向④的方向运球，④上来掩护，当④接近自己的一刹那，❺迅速向一步靠近⑤，并从⑤与④之间侧身挤过，继续防守，❹后撤一步，以备补防。

2. 挤过配合的基本要求

(1) 不要过早暴露挤过配合意图，以防止对方反方向切入；

(2) 在两个进攻队员身体靠近以前，果断抢步贴近对手，快速侧身挤过；

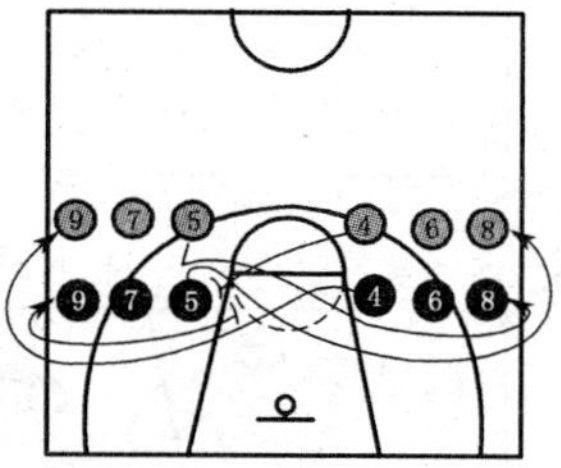
图 9-60

(3) 防守掩护者的队员应站在能够兼顾防守两个进攻队员的位置上，及时提醒同伴注意对方的掩护意图，做好可能换防的准备。

3. 挤过配合练习方法

如图 9-60 所示，队员分为四组，④给⑤掩护，❹和❺根据教师的要求练习挤过、穿过、绕过和交换防守等配合。然后按图示路线、顺序交换位置，继续练习。

(二) 穿过配合

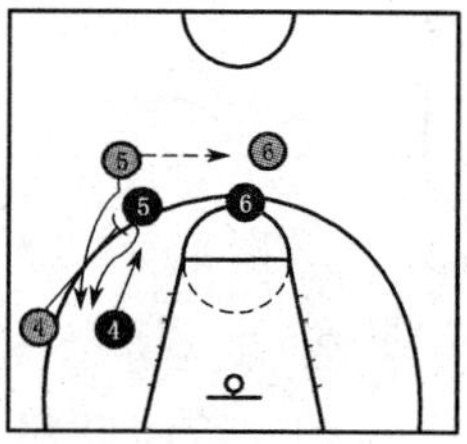
图 9-61

穿过配合是指当对方进行掩护时，防守掩护者的队员及时提醒同伴，并主动后撤一步，让同伴及时从自己和掩护队员之间传过去，继续防守自己对手的配合方法。

1. 穿过配合方法

如图 9-61 所示，⑤传球给⑥，④给⑤掩护，❺后撤从④和❹中间穿过，继续防守⑤，❹要主动后撤，以便让❺顺利通过。

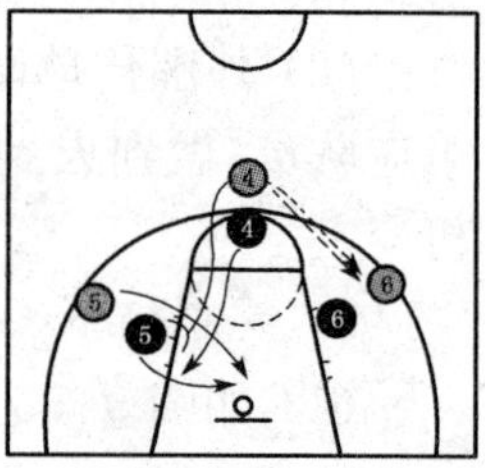
图 9-62

2. 穿过配合的基本要求

(1) 防掩护队员要及时提醒同伴，并主动后撤一步选好位置，留出让同伴穿过的通路；

(2) 当对方掩护时，防守被掩护者的队员要撤步侧身，避开掩护队员及时穿过。

(三) 绕过配合

当对方掩掩护时，防掩护者的队员贴近对手，让同伴从自己的身后绕过，继续防守自己的对手。如图 9-62 所示，④传球给⑥后，去给⑤掩护，⑤切入，❺发现不便于挤过或穿过时，从❹

身后绕过，❹配合默契，主动贴近自己的对手，以便使同伴顺利通过。

(四) 交换配合

交换配合是指进攻队员做掩护配合时，防守掩护者的队员与防守被掩护者的队员及时主动地交换自己所防对手的配合方法。

1. 交换配合方法

如图 9-63 所示，⑤去给④掩护，❺要提示同伴，❹被挡住时，❺主动呼唤同伴换防，❺防守④的运球，❹迅速调整位置防守⑤。

2. 交换配合的基本要求

(1) 防守掩护者的队员应及时发出信号提醒同伴，相互换防堵截进攻队员的攻击路线；

(2) 防守被掩护者的队员应及时撤步，在掩护队员转身切入前抢占有利的防守位置。

图 9-63

(五)“关门”配合

“关门”配合是指邻近的两名防守队员协同堵截进攻队员运球突破的一种防守配合方法。

1.“关门”配合的方法

如图 9-64 所示，④向右侧突破时，❹和❻进行“关门”，向左侧突破时，❹和❺进行“关门”。

2.“关门”配合的基本要求

(1) 防突破的队员应及时向侧后方滑步卡位，堵住进攻队员的突破路线；

(2) 邻近突破一侧的防守队员，应快速向同伴移动靠拢进行“关门”配合，同时根据持球队员的停球和传球，决定围堵和回防；

(3)“关门”配合时，防守队员两肩靠紧，微屈膝，含胸，两臂自然上举或侧举，发生身体接触时要用力，避免受伤。

图 9-64

3.“关门”配合练习方法

(1) 四人一组，二攻二守

如图 9-65 所示，④突破时，❹、❺协同“关门”。若④传球给⑤时，❺迅速回防⑤，⑤突破时，❺协同❹再次“关门”。反复练习一定次数后，攻守交换，继续练习。

(2) 半场三对三

如图 9-66 所示，④、⑤、⑥互传球，在传球过程中伺机突破防守者。一旦某进攻队员运球突破，临近的两个防守队员要及时“关门”。每个进攻队员都练习一定次数以后，攻守交换，继续练习。

图 9-65

(六) 补位配合

补位配合是指当防守队员被对手突破或出现漏防时，邻近的同伴大胆地放弃自己的对手，及时快速地进行补漏防守的一种配合方法。

1. 补位配合的方法

如图 9-67 所示，当❻被突破后，❼应迅速补防⑥，❺应放弃⑤，撤到篮下，防止⑦切入篮下要球、投篮。

图 9-66

2. 补位配合的基本要求

(1) 防守队员应全面观察和判断场上出现的漏防情况，补位时应果断、迅速地抢占有利位置，避免犯规；

(2) 被对手突破的防守队员应快速向补位队员方向移动，并观察对方的传球意图，争取抢断球。

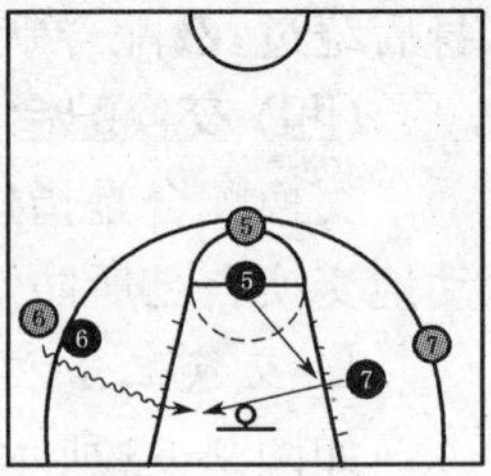

图 9-67

3. 补位配合练习方法

如图 9-68 所示，队员 5 人一组，三攻二守，进攻者站成等边角形，二人距 6 米左右，二防守者站在三角形内，进攻者互相传接球，一防守者上去防有球队员，另防守者站在一防二的位置，准备扑向任一接球的队员。在续不断的传接球中，防守人轮番补位练习。

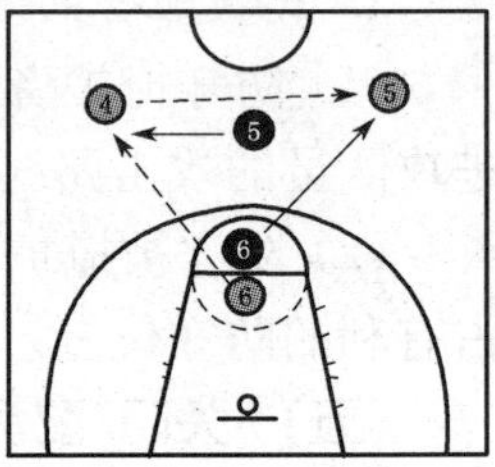

图 9-68

如图 9-69 所示，④组每人一球，练习开始，④组运球突破过罚球线时，❻突然放弃⑥，果断地去补防④，④把球传给切入篮下的⑥投篮，❻抢篮板球，到④组排尾，⑥作防守者，④跑到⑥组进攻，下一组继续练习。

(七) 夹击配合

夹击配合是指两个以上的防守队员，利用对手在场地边角或运球停止时，突然快速上前封堵和围夹持球者的一种防守配合方法。

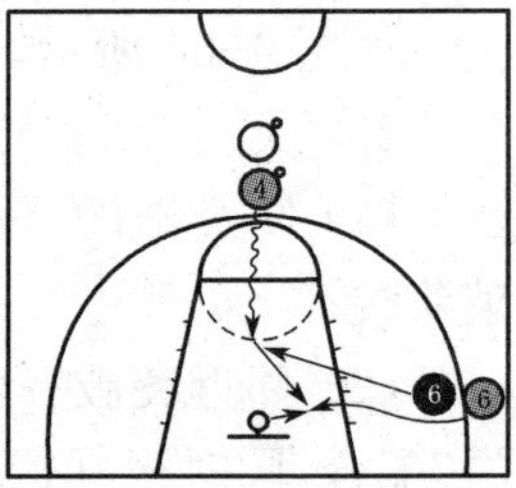

图 9-69

1. 夹击配合的方法

如图 9-70 所示，对方④在后场掷界外球，❹放弃对④的防守，协同❺夹击⑤。❹面对⑤，积极封堵他从正面接球，❺在⑤的身后控制其快下的路线，并准备截断④的高吊球。❹和❺协同配合，防止⑤接球。

如图 9-71 所示，当④沿边线运球过中线时，❺突然迎上去迫使其停球，并协同❹夹击停球的④。

2. 夹击配合的基本要求

(1) 当对手沿边线埋头运球或在场角、中线附近和限制区内运球停止时，是夹击的最好时机；

(2) 夹击时两个防守队员的身体要靠紧，两臂垂直上举，随对方的球摆动，封堵其传球；

(3) 夹击的目的不是为了从持球队员手中抢球，而是迫使持球队员传球失误，给同伴创造抢断球的机会，因此应减少夹击时的犯规；

(4) 其他队员应积极配合夹击队员的行动，及时封堵近球队员，迫使持球队员传远高球。

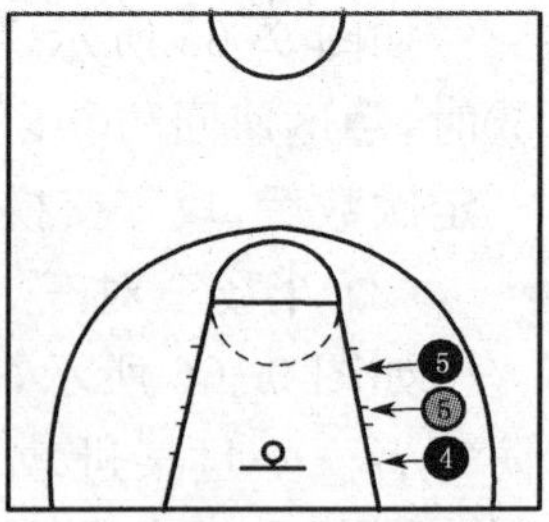

图 9-70

3. 夹击配合练习方法

如图 9-72 所示，④沿边线运球，❹严密防守，不让他向中路突破，当④运球过中线时，❼快速起动堵截④，迫其停球，与❹形成夹击，两组依此同时练习，练习结束，按逆时针方向轮换，继续下一组的练习。

如图 9-73 所示，⑤沿边线运球突破，❹严密防守，当运球至中线附近时，❼迅速追上去，在刚过中线的拐角处，与❹协同夹击。练习完按顺时针方向轮换，第二组继续练习。

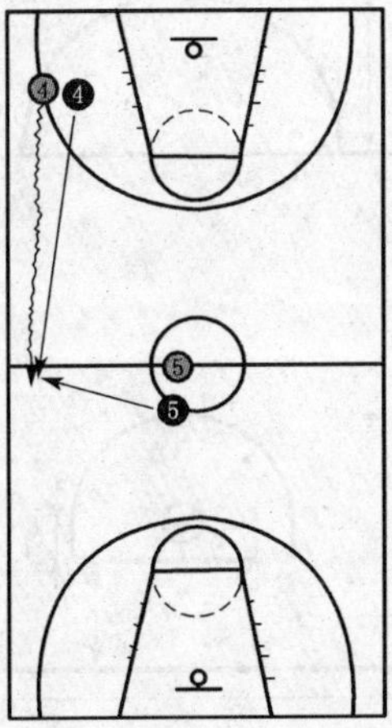

图 9-71

图 9-72

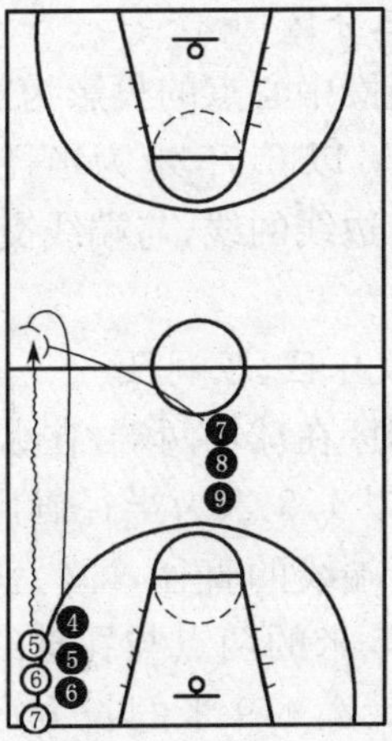

图 9-73

第四节　篮球运动基本竞赛规则和裁判法

一、篮球运动基本设施

(一) 场地

标准篮球场为长 28 米、宽 15 米的长方形，场地面积均从界线内沿量起，场地各线的宽度为 0.05 米，如图 9-74 所示。标准篮球场地分为三分区、发球区、限制区和合理冲撞区区域，如图 9-75 所示。

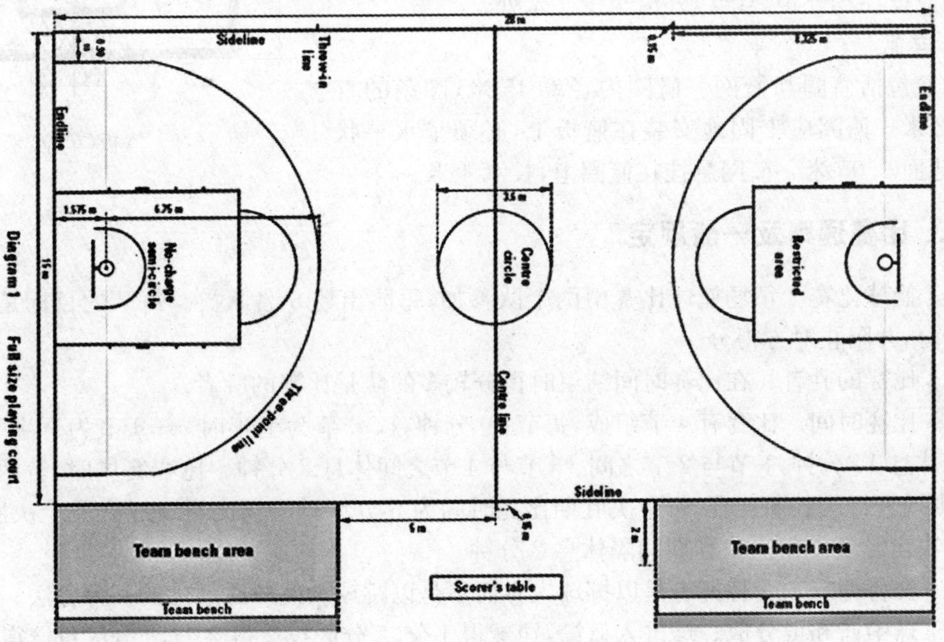

图 9-74　标准篮球场

1. 三分区

以篮圈中心点的投影为圆心(距离端线中点的内沿 1.575 米),以 6.75 米为半径,画半圆弧,弧线两端接两条平行于边线的线,与端线交接,线宽包含在 6.75 米范围之内。

2. 发球区、限制区

罚球区在球场两端,在纵轴上以距端线 5.8 米的点为圆心,以 1.8 米为半径画出罚球弧,在罚球弧内画一条平行于端线的直径,即为罚球线;以距离端线中点左右各 2.45 米的两点与罚球线两道延长线相连,画出一长 5.8 米、宽 4.9 米的长方形构成限制区(也可称为 3 秒区)。

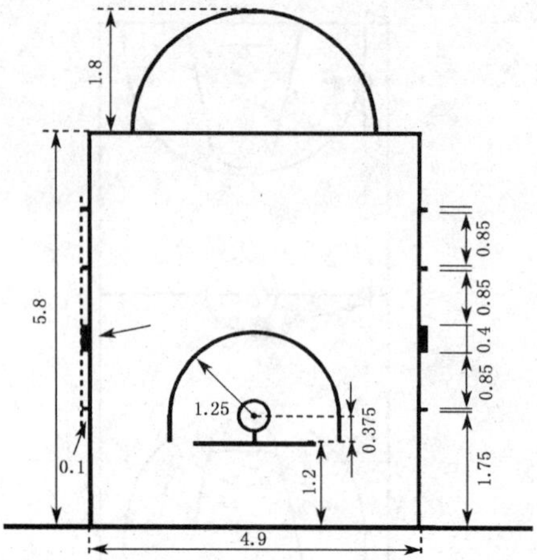

图 9-75　篮球场地区域(单位:米)

3. 合理冲撞区

以篮圈中心的投影为圆心半径为 1.25 米画一个半圆形区域,在这个区域内没有进攻犯规。

(二) 设施

1. 篮板(图 9-76)

篮板横宽 1.8 米,竖高 1.05 米。沿篮板四周有 0.05 米的线。在板面上篮筐后有长 0.59 米,高 0.45 米的长方形(从外沿量起),线宽 0.05 米。篮板应牢固地垂直安置在球场两端的地面上,并与地面平行,下沿距离地面 2.75 米。中心垂直落在场内距离端线中点 1.2 米的地方。篮架支柱应设在场外距离端线外沿至少 1 米处。

2. 球篮

球篮包括篮圈和篮网。篮圈内径 0.45 米,圈条的直径 0.02 米。篮圈应牢固地安装在篮板上,必须呈水平状态,离地面 3.05 米。篮网悬挂在篮圈上,长 0.4 米。

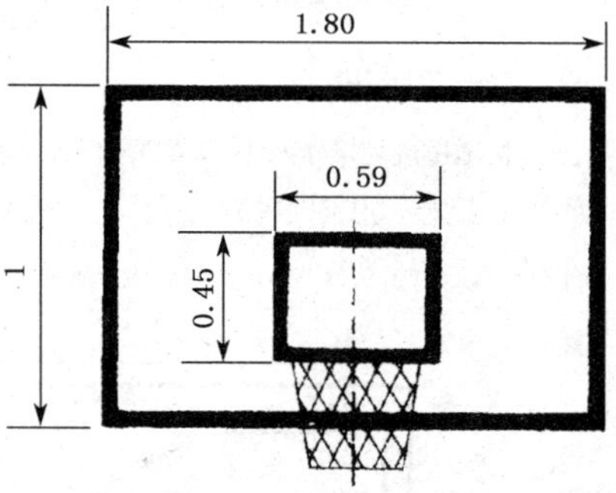

图 9-76　篮板(单位:米)

二、比赛通则及一般规定

(1) 篮球比赛。每场篮球比赛由两个队参加,每队出场 5 名队员。每队的目标是在对方球篮得分,并阻止对方得分。

(2) 比赛的胜者。在比赛时间结束时得分较多的队是比赛的胜者。

(3) 比赛时间。比赛有 4 节组成,每节 10 分钟,1、2 节为上半时,3、4 节为下半时,上下半时间休息 15 分钟,1 节与 2 节之间、3 节与 4 节之间休息 2 分钟。比赛终场时,若两队得分相等,则须进行决胜期比赛,每个决胜期比赛时间为 5 分钟。一场比赛可以有几个决胜期,直至比赛决出胜负。每次决胜期间隔休息 2 分钟。

(4) 交替拥有。交替拥有是以掷球入界而不是以跳球来使球成活球的一种方法。

(5) 球中篮和得分值。球进入篮筐,罚球得 1 分,2 分区投篮得 2 分,3 分区投篮得 3 分。

(6) 罚球。是给予一名队员从罚球线后的半圆内的位置,在无争抢的情况下得 1 分的机会。

三、常见违例

违例是违反规则的行为，罚则是违例队失去控制球权，由对方在最靠近发生违例的地点掷球入界，正好在篮板后面的地方除外，除非规则另有规定。

(一) 使球出界

球出界前触及了队员，甚至又触及其他物体而出界，最后触球的队员是使球出界队员。使球出界为违例。

(二) 带球走

当队员在场上持着一个活球，其一脚或双脚超出规则所述的限制向任一方向非法移动时带球走。

1. 中枢脚的确立及行进

(1) 双脚着地时：一脚抬起的瞬间，另一脚称为中枢脚；

(2) 移动中或运球时：如果一脚正触及地面，该脚为中枢脚；如果双脚离地后队员双脚同时落地，一脚抬起瞬间，则另一脚为中枢脚；如果双脚离地后队员一脚落地，则该脚为中枢脚；如果队员抬起那只脚并双脚同时落地停止，则两只脚都不是中枢脚。

2. 确立中枢脚的队员带球走

(1) 传球或投篮时，中枢脚可抬起，但在球离手前任一脚不得落回地面；

(2) 运球开始时，球出手之前，中枢脚不得抬起；

(3) 停止时哪只脚都不是中枢脚时：开始运球，在球出手之前哪只脚都不得抬起；传球或投篮，一脚或双脚可提起，但在球离手前不得落回地面。

(三) 非法运球

运球后停球在手，未经投篮或其他队员转手又再次运球。

(四) 拳击球与脚踢球

凡用拳击球，或用脚故意踢球，或用腿的任何部位阻拦球，均判违例。脚或腿无意中触球不算违例。

(五) 球回后场

某队在前场控制活球，该队队员不得使球回到后场(以中线为界)，球回后场后，被同队队员首先触及时，判为违例。

(六) 时间上的违例

1. 3秒违例

某队控制球时，持球队员或其同伴在对方限制区内停留超过3秒。

2. 5秒违例

(1) 掷界外球时5秒内未将球传给场内队员；

(2) 持球队员被严密防守时，5秒内没有传、投、滚或运球；

(3) 罚球队员得球后，5秒内未将球出手。

在罚球时判一次罚球失败，如果是最末一次，判对方在罚球线的延长线外掷界外球。

3. 8秒违例

一个队从后场控制球开始，必须在8秒之内使球进入前场，否则判违例。

4. 24秒违例

一个队在场上控制球时，必须在24秒之内投篮出手，否则判违例。

四、常见犯规

当违反规则涉及对方队员发生不合理的身体接触或不道德的行为称犯规。它包括侵人犯规、违反体育道德的犯规、双方犯规、技术犯规、取消比赛资格的犯规等相关内容。

(一) 侵人犯规

比赛中双方队员发生不合理的身体接触,有以下几种情况之一的,都应判为犯规。

(1) 阻碍无球的对方队员行进而发生的身体接触;

(2) 妨碍对方行动自由而发生的身体接触;

(3) 从背后防守而发生的身体接触;

(4) 队员通过伸展手臂、肩、髋、膝或过分地弯曲身体成不正常姿势,以拉、推、撞、绊来阻碍对手行进或使用粗野动作;

(5) 用手触及对方;

(6) 运球队员冲撞行进路线上的对方队员;

(7) 队员掩护位置和距离选择不当发生的冲撞。

判罚:判犯规队员侵人犯规1次,并要登记。

(1) 如被侵犯的队员未做投篮动作,应由被侵犯队的队员在犯规就近点的边线外掷界外球,继续比赛;

(2) 如果被侵犯的队员在做投篮动作,则应根据投篮命中与否,分别再作处理:若投中,得分有效,再判给1次罚球,若未投中,在三分区投篮判3次罚球,二分区投篮判2次罚球;

(3) 如该队员犯规已达5次(包括技术犯规),则取消继续参加该场比赛的资格;

(4) 比赛全队每节累计犯规达4次时,由受到侵犯的队员罚2次球。

(二) 违反体育道德的犯规

队员蓄意地对持球或不持球的对方队员造成侵人犯规为违反体育道德的犯规。

罚则:登记该队员犯规1次,判给对方2次罚球;如对做投篮动作的队员犯规,投中有效,追加罚球1次;如未投中,判2次或3次罚球;无论罚球中与不中,均由罚球队在边线中点掷界外球。

(三) 双方犯规

双方队员同时相互犯规,为双方犯规。

罚则:登记该队员犯规1次,如果发生双方犯规时某队已经控制球,则由该队在犯规就近点掷界外球;如两队都未控制球,就交替拥有,继续比赛;如在犯规的同时某方投球中篮有效,则由另一方在端线外掷界外球,继续比赛。

(四) 技术犯规

故意地或连续地发生不遵守比赛规则,不服从裁判,做出不符合体育道德精神的行为,均视为技术犯规。技术犯规不仅包括场内和场上比赛队员的犯规,还包括场外替补队员、教练员、随从人员的犯规以及比赛中间休息期间的犯规。

罚则:登记。宣判队员技术犯规,由对方队长指定任一队员罚球2次;宣判教练员、助理教练员、替补队员、随从人员技术犯规要登记在教练员名下、由对方罚球2次;无论罚中与否,都由罚球队在边线中点掷界外球;规性质严重或坚持不改者,则取消比赛资格。

第五节　篮球运动竞赛组织

一、赛制

篮球比赛通常采用的比赛制度有淘汰赛、循环赛和混合制三种。选用比赛制度应根据比赛任务,参赛队数多少、时间、场地、经费等情况确定。

二、高校篮球竞赛办法

普通高校或基层篮球竞赛一般采用混合制,即第一阶段采用分组循环,第二阶段采用交叉淘汰、佩奇赛制或同名次赛等。

三、篮球比赛排定名次办法

在循环赛中球队的名次按球队在同一循环比赛中的积分多少排定。篮球比赛胜一场得 2 分,负一场得 1 分,弃权得 0 分,积分多者名次列前。若遇两队或两个以上的队积分相同,则依照以下顺序排列名次:

(1) 两队积分相同,则两队之间的胜者名次列前;

(2) 如果两队之间在比赛中的积分和得失分率相同,则两队在本组内所有比赛的得失分率高者名次列前;

(3) 两个以上队积分相同,再次排列中只考虑积分相同队之间的比赛成绩,成绩好者名次列前;

(4) 如果再次排列后仍有球队积分相同,只考虑仍相同的队之间比赛的得失分率,得失分率高者名次列前;

(5) 如果仍有球队积分相同,则以这些队在本组内所有比赛的得失分率确定,得失分率高者名次列前;

(6) 如果在任何阶段,用上述准则将众多积分排列相同的队减少到仅有两个队排列相同时,则程序(1)(2)将自动适用;

(7) 如果经过减少仍有两个以上队排列相同,则 3 款程序开始重复运用;

(8) 得失分率=得分÷失分。

附录二:篮球比赛成绩记录表、比赛日程表、比赛记录表。

第十章　排　球　运　动

第一节　排球运动概述

排球英文"volleyball"的原义是击空中球或"空中飞球"。排球(volleyball)运动是参与者以身体的任何部位在空中击球,使球不落地,既可隔网进行集体的攻防对抗性的比赛,也可不设球网相互进行击球游戏的一种体育运动项目。该项运动由于比赛规则易于简化和变通,参与人数可多可少,运动负荷能大能小,适合不同年龄、性别、体质和训练程度的人参与。

排球运动是在我国和世界开展得比较普遍和重要的体育运动项目之一,深受各阶层的人们特别是青少年的喜爱。尤其是我国女排在 20 世纪 80 年代取得五连冠,以及 17 年后的 2003 年重夺世界杯冠军和 2004 年奥运会冠军,加之北京奥运会上中国男排卧薪尝胆 24 年后再次打进八强及女排夺得铜牌的好成绩,使得排球运动项目在国人心目中保持着比较高的地位。我国排球运动空前普及和发展,学校体育中排球已被列为我国大中学校体育教材的内容之一,软式排球也列入了《全国九年义务教育全日制中小学体育与健康教学大纲》的必修课。人们对排球的喜爱已从单纯的观赏转入观赏与参与相结合的阶段,在排球活动的实践中,不断地受到排球运动文化的熏陶,追求健身娱乐与运动水平提高的和谐发展。

第二节　排球基本技术

排球基本技术是指运动员在比赛规则允许的条件下采用的各种合理的击球动作和配合动作的统称。它分为无球技术和有球技术两大类。准备姿势和移动称为无球技术,发球、垫球、传球、扣球和拦网称为有球技术。

一、准备姿势和移动

准备姿势和移动是排球基本技术之一,属于无球技术,是完成发球、垫球、传球、扣球和拦网等各项击球技术的前提和基础,并对各项有球技术的运用起串联和纽带作用。准备姿势是为及时地移动和完成击球动作做好准备,移动则是为了及时接近球,调整人与球的位置关系,便于完成击球动作。

(一) 准备姿势

在起动、移动和击球前所采用的合理的身体动作或姿势统称为准备姿势。为完成某项有球技术之前的准备姿势,称为专项技术准备姿势,例如拦网、发球、传球、垫球、扣球等都采用不同的准备姿势。

按照身体重心的高低,准备姿势可分为半蹲准备姿势、稍蹲准备姿势和低蹲准备姿势三种。

1. 半蹲准备姿势(图 10-1(a))

两脚左右开立稍比肩宽,一脚在前,两脚尖稍内收,脚跟稍提起,两膝弯曲成半蹲,膝关节的投影在脚尖前面,身体重心稍前倾,两臂放松,自然弯曲,双手置于腹前。身体适当放松,两眼注视来球，两脚始终保持微动。

2. 稍蹲准备姿势(图 10-1(b))

稍蹲准备姿势比半蹲准备姿势身体重心稍向前移，两膝弯曲程度小于半蹲准备姿势。动作方法与半蹲准备姿势基本相同。稍蹲准备姿势一般用于扣球助跑前或对方正在组织进攻时的需快速起动。

(a) (b) (c)

图 10-1 准备姿势

3. 低蹲准备姿势(图 10-1(c))

低蹲准备姿势比半蹲准备姿势重心更低、更靠前，两脚左右、前后的距离更宽一些，膝部弯曲程度更大一些，肩部投影过膝，膝部投影过脚尖，手置于胸腹之间。低蹲姿势主要用于防守和接拦回球等。

(二) 移动

从起动到制动之间的位移动作称为移动。迅速的移动可占据场上的有利位置，争取时间和空间，能否及时移动到位，直接影响着技战术质量。移动是有起动、移动步法和制动三个环节组成。

1. 起动

起动是移动发力的开始，它的快慢是移动的关键。起动的速度取决于正确的准备姿势、反应能力和腰腿部的速度力量。在排球比赛中，应根据场上情况，采取不同的准备姿势，以利于随时改变移动方向和迅速移动。

2. 移动的基本步法

(1) 并步和滑步

当来球距身体一步左右时可采用并步移动。并步可以向前、后、左、右各方向移动，主要用于近距离(即一步之内)的移动。当球距身体稍远，并步不能直接接近球时，可快速连续并步，连续的并步即滑步。滑步主要用于短距离的移动，如传球、垫求、拦网等。

(2) 跨步和跨跳步

跨步前膝部弯曲，上体前倾，身体重心移至跨出脚上。跨步时，一腿用力蹬地，另一腿向来球方向跨出一大步，后腿随重心前移自然跟上，两臂做好迎球动作。当来球低、速度快、距离身体 1 米左右时运用较多。

跨步过程中有跳跃腾空即为跨跳步。

(3) 交叉步

如向左移动采用交叉步时，身体稍向右转，左脚从右脚前向右交叉迈出一大步，然后右脚再向右跨出一大步，同时身体转向来球方向，保持接球前的准备姿势。

(4) 跑步

当来球较远时采用跑步移动。跑步移动时两臂要配合摆动，不宜过早做击球准备，根据来球方向，边跑步边看球，并逐渐降低重心，保持好击球准备。

(5) 综合步

以上各种步法的的综合应用，要求根据比赛场上的情况和变化，恰到好处的发挥各种移动步法的优点。

3. 制动

制动是移动的结束，也是击球动作的开始。在快速移动后，为了保持稳定的击球姿势，必须经过制动，克服身体移动的惯性，以便于完成下一个击球动作。

常用的制动方法主要有两种，即一步制动法和两步制动法。

(1) 一步制动法

一步制动时，在移动最好跨出一大步，同时降低重心，膝部和脚尖适当内转，全脚掌横向蹬地，以抵抗身体重心继续移动的惯性力，并以腰腹力量控制上体，使身体重心的垂直线停留在两脚所构成的支撑面以内。

(2) 两步制动法

两步制动时以倒数第二步做第一次制动，紧接着跨出最后一步，同时身体后倾，两膝弯曲，重心下降，用脚内侧蹬地，以抵抗移动的惯性，使身体处于有利做下一个动作的状态，进而完成第二次制动。

(三) 准备姿势、移动的练习方法

1. 准备姿势练习方法

(1) 原地做模仿练习；

(2) 两人一组，一人做准备姿势，另一人纠正动作；

(3) 两人一组，一人做手势，另一人看手势，做各种准备姿势练习。

2. 移动练习方法

(1) 学生由半蹲姿势开始，根据手势做各种步法的左右快速移动。要防止身体重心起伏波动大，移动后保持好准备姿势；

(2) 3～4 人一组，站在端线后先做原地快速小步跑，听到口令后快速起动冲刺跑过 6 米或跑过中线；

(3) 两人一组，相距 2～3 米，做好准备姿势，一人向前、后、左、右抛球，另一人移动后将球接住再抛回，连续进行一定次数后两人再交换；

(4) 两人一组，相距 2～3 米，做好准备姿势，一人向前、后、左、右抛球，另一人移动后对准球用头将球顶回去，连续进行一定次数后两人再交换；

(5) 两人一组，相距 2～3 米，做好准备姿势，一人将球从另一人胯下滚出，要求快速起动后在规定区域内将球停住。

二、发球

队员在发球区用一只手将自己的球抛起直接击入对方场区的技术动作称为发球。发球是比赛的开始，也是进攻的开始。准确而有攻击性的发球，不仅可以直接得分或破坏对方的进攻战术组合，也可减轻本方的防守压力，为本方防击创造有利机会。因此，发球既要有准确性又要有攻击性。发球可分为上手发球、下手发球、勾手发球、跳发球等。无论哪种发球，其技术均由准备姿势、抛球与引臂、挥臂击球等 3 个技术环节组成。这里主要介绍侧面下手发球、正面下手发球、正面上手发球、正面上手发飘球。

(一) 侧面下手发球

侧面下手发球是侧对网站立，转体带动手臂由体侧后下方向前挥动，在体前肩以下的高度击球过网的一种发球方法。这种发球，可借肋转体力量带动手臂挥动击球，比较省力，但攻击性不强，一般适用于初学的女生。

动作方法(以右手发球为例，如图 10-2 所示)：

(1) 准备姿势。左肩对球网站立，两脚左右开立与肩同宽，两膝稍弯屈，上体略前倾，左手持球于腹前。

(2) 抛球与引臂。左手将球平稳抛至腹前离身体约一臂之距，离手高度约 30 厘米左右，在抛球同时，右臂伸直，以肩为轴向身体右侧后下方摆动。

(3) 挥臂击球。以右脚蹬地，身体向左转体带动右臂向体前上方挥动，在腹前以虎口、掌根或全手掌击球的后下方，如图 10-3 所示。击球后，随着击球动作，迅速进入场地。

图 10-2　侧面下手发球

(二) 正面下手发球

正面下手发球是指发球队员面对球网，手臂由后下方向前摆动，在体前腹部高度击球过网的一种发球方法。其特点是动作简单，容易掌握，准确性大，攻击性不强，一般适用于初学者。

动作方法(以右手发球为例，如图 10-4 所示)：

图 10-3　发球部位

图 10-4　正面下手发球

(1) 准备姿势。面对球网，两脚前后开立，左脚在前，右脚在后，两膝稍弯屈，上体稍前倾，重心偏向右脚，左手持球于腹前右下方。

(2) 抛球与引臂。左手将球平稳抛起在腹前右侧，离手高度约 30 厘米左右。在抛球同时，右臂伸直，以肩为轴往后下方摆动。

(3) 挥臂击球。以右脚蹬地，右臂伸直，以肩为轴，由体后下方向腹前挥臂摆动，身体重心随之前移，在体前右侧以全掌、掌根或虎口击球的后下方。随着击球动作重心前移，迅速进入场地。

(三) 正面上手发球

正面上手发球是指发球队员面对球网站立，利用收腹转体动作带动手臂加速挥摆，在头的前上方用全手掌击球过网的发球方法。这种发球由于面对球网站位，因此便于观察对方，易于控制落点，准确性较大，能充分地利用收腹力量带动手臂迅速挥动去击球，使发出的球力量大、速度快、弧线平。由于手腕和手掌的明显向前推压，使发出的球呈上旋，不易出界，同时也能增加发球的攻击性。

动作方法(以右手发球为例，如图 10-5 所示)：

(1) 准备姿势。面对球网，两脚前后自然开立，左脚在前，右脚在后，左手持球在体前。

(2) 抛球与引臂。左手将球平稳抛至右肩前上方，高度适中。在抛球的同时，右臂屈肘抬起并后引，肘关节与肩部齐平，手掌自然

图 10-5　正面上手发球

张开，呈勺形，上体稍向右侧转动，抬头、挺胸、展腹、手臂自然张开，身体重心移至右脚。

(3) 挥臂击球。击球时，两脚蹬地，上体迅速向左转动，并同时收腹，带动手臂向右肩前上方加速挥动，在右肩前上方伸直手臂的最高点处，以全手掌击球的后中下部。正面上手发球，手臂要充分伸直，手指和手掌要张开与球吻合，手掌和手腕要迅速明显做推压动作，使球向前呈上旋飞行。击球后，随着击球动作重心前移，迅速进入场地。

(四) 正面上手发飘球

正面上手发飘球指采用正面上手发球的形式，发出球不旋转、不规则地飘晃飞行的一种发球方法。

动作方法(以右手发球为例，如图 10-6 所示)：

(1) 准备姿势。面对球网，两脚前后自然开立，左脚在前，右脚在后，左手持球在体前。

(2) 抛球与引臂。左手将球平稳抛至右肩前上方，高度适中。在抛球的同时，右臂屈肘抬起并后引，肘关节与肩部齐平，五指并拢，手腕稍后仰，上体稍向右侧转动，抬头、挺胸、展腹、手臂自然张开，身体重心移至右脚。

图 10-6　正面上手发飘球

(3) 挥臂击球。击球时，两脚蹬地，上体迅速向左转动，并同时收腹，带动手臂向右肩前上方加速挥动，在右肩前上方伸直手臂的最高点处，以掌跟平面击球的后中下部。正面上手发飘球，手臂要充分伸直，五指并拢，手腕稍后仰，用掌跟平面击球的后下部，作用力通过球体重心。击球瞬间手指、手腕紧张，手型固定，不加推压动作，手臂并有突停动作。其技术要点在于抛球，直线挥臂，短促击球，作用力通过球体重心。击球后，随着击球动作重心前移，迅速进入场地。

(五) 发球练习方法

1. 初学阶段

(1) 徒手做抛球的练习。要求平稳地向上抛，使抛出的球不旋转。最好使抛出球的高度固定。

(2) 徒手模仿发球动作练习。

(3) 击固定球，两人一组，一人持球举至击球点高度，另一人挥臂击固定球，体会击球点和挥臂动作。

(4) 对墙或对网近距离发球，体会抛球和挥臂击球动作的配合。

(5) 距网 4～5 米的发球练习，逐渐加长发球距离。

(6) 对墙定点发球，在墙上画一圆圈，将球发到圆圈内。

(7) 在发球区发球。

2. 巩固提高技术练习

(1) 在发球区的不同位置发直线、斜线球。

(2) 向网前和后场发球。

(3) 向后场两角发球。

(4) 向对方六个位置发球。

(5) 结合接发球进行发球练习，统计发球的效果。

3. 在比赛的条件下提高发球技术

(1) 三人一组，轮流在 3 号位、2 号位扣球后，迅速跑到发球区发球。

(2) 在前排拦网后迅速跑到发球区发球。

(3) 发球后迅速进场防守。

(4) 发球比赛。将队员分成人数相等的两组,进行发球比赛,从统计看效果。

(5) 在分组比赛或对外比赛中进行统计,检查发球效果。

(六) 学习发球技术注意事项

(1) 发球技术结构一般可分为准备姿势、抛球与引臂、挥臂击球等 3 个技术环节。从完成发球技术动作结构和发球效果看,抛球和击球是发球的重点和难点。所以,要掌握正确的抛球方法,使每次抛球的高度、位置固定。

(2) 要掌握正确的击球手法。

(3) 要掌握不同的发球方法,能发出不同性能、路线的球。

(4) 在发球准确的基础上,加强发球的攻击性。

(5) 发球练习应与接发球练习结合。

三、垫球

用除手指弹击动作外的身体任何部位击球的动作称为垫球。垫球是排球的基本技术之一,最常用的是前臂垫球。垫球主要用于接发球、接扣球、接拦回球、有时也用于垫二传。

垫球技术分为正面垫球、侧面垫球、背垫球、挡球、滚翻垫球、前扑垫球、侧倒垫球、鱼跃垫球等。以下简介正面双手垫球、体侧双手垫球和背向双手垫球三种垫球方法。

(一) 正面双手垫球

正面双手垫球是指运动员用双手在腹前将球垫起的动作方法。它是最基本的垫球方法,是各项垫球技术的基础,适合于接发球、扣球、和拦回球,有时也用于垫二传。

图 10-7　正面双手垫球

动作方法(图 10-7):

(1) 准备姿势。正面对正来球方向,成半蹲或稍蹲姿势站立。

(2) 垫球手型(图 10-8)。两手掌跟相靠,两手手指重叠,手掌互握,两拇指平行向前,手腕下压,两前臂外翻成一个平面。

(3) 垫球动作。当球飞到腹前约一臂距离时,两臂夹紧前伸,插入球下,同时配合蹬地、跟腰、提肩、顶肘、压腕、抬臂等全身协调动作迎向来球,身体重心随着击球动作向前上方移动。

(4) 击球点。保持在腹前高度。

(5) 球触手臂部位和击球部位。用前臂的手腕关节以上 10 厘米左右的桡骨内侧所构成的平面击球的后下部。

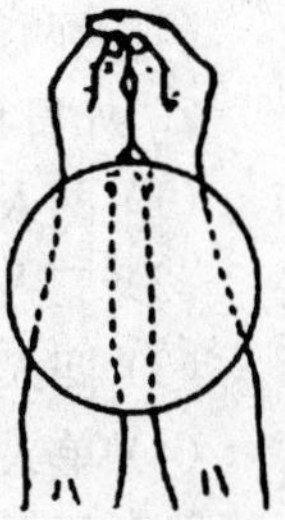

图 10-8　垫球手型

(6) 击球后动作。在击球瞬间,两臂要保持稳定,身体重心继续协调地向抬臂方向伴送球。垫击动作结束后,立即松开双臂做好下一动作的准备。

(二) 体侧双手垫球

在体侧用双手垫球称为侧面双手垫球。当来球飞向体侧,队员来不及移动对正来球时,可采用体侧双手垫球。其特点是伸臂动作快,控制范围大,但不易控制垫球方向,准确性不如正面双手垫球。

图 10-9 体侧双手垫球

动作方法(图 10-9):以左侧垫球为例。左侧垫球时,先以右脚前手掌内侧蹬地,左脚跨一步,重心移至左脚,保持两膝弯曲,同时,两臂向左侧伸出,左臂高于右臂,右肩微向下倾斜。击球时,用右转体和收腹的动作,配合提肩、抬臂在身体左侧稍前的位置截住来球,用两前臂垫击球的后下部。来球在右侧时,以相反方向的动作击球。

(三) 背向双手垫球

背对垫球目标,从身前向背后双手垫球称为背垫球。在接应同伴起球后,球飞得较远而又无法正面垫球时,以及须将球处理过网事运用较多。其特点是垫击点较高,准确性差。

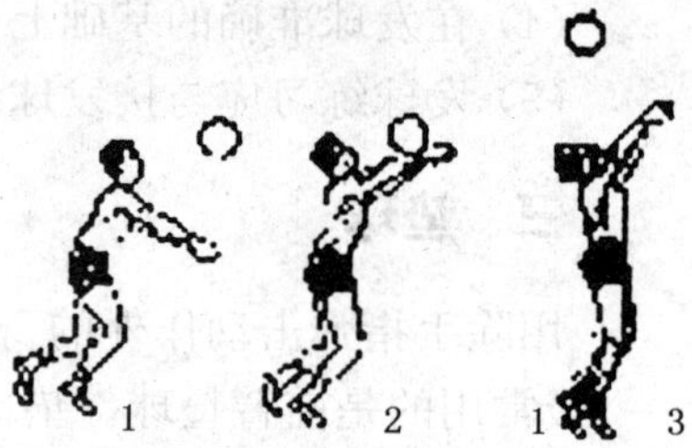

图 10-10 背向双手垫球

动作方法(图 10-10):背向双手垫球时,要判断好来球方向,快速移动到球的落点处,背对击球方向,两臂夹紧伸直,插到球下。击球时,用蹬地、抬头挺胸、展腹和上体后仰的动作带动两臂向后上方摆动抬送,以前臂触球的前下方,将球向后上方击出。背垫的击球点一般应在肩前上方。

(四) 垫球练习方法

1. 初学阶段

(1) 原地做徒手模仿垫球动作练习;

(2) 垫固定球,两人一组,一人持球于腹前,另一人用垫球动作击球,体会击球动作;

(3) 垫抛球,两人一组,一人抛球,一人垫球;

(4) 移动垫球,两人一组,一人抛球,一人向前后左右移动垫球;

(5) 自垫球、体会抬臂动作;

(6) 对墙连续垫球;

(7) 两人对垫;

(8) 三人一组,三角连续垫球;

(9) 两人相距 7～8 米,一人发球,一人垫球;

(10) 两人相距 5～6 米,一人扣球,一人垫球。

2. 巩固提高技术练习

(1) 两人一组,一人向各个方向交替抛两个球,一人移动垫球;

(2) 三人一组,跑动连续垫球;

(3) 四人一组,三角跑动垫球;

(4) 单人连续防多球;

(5) 两人或三人后排连续防多球;

(6) 垫击从对方抛来的球;

(7) 垫击从对方发来的球;

(8) 垫扣球;

(9) 移动垫扣球;

(10) 垫击对方高台上中过来的球。

3. 在比赛条件下提高垫球技术

(1) 三人一组接发球练习;

(2) 三人一组接发球、调整传球练习；

(3) "中一二"接发球及其进攻；

(4) "边一二"接发球及其进攻；

(5) 接发球及其插上进攻；

(6) 三人垫、调、扣练习；

(7) 接扣球后再接吊球；

(8) 三人一组，后排专位防守，教练员在网前打吊结合，后排三人防守，可结合防、调与防、调、扣等练习；

(9) 三人防全场的练习，教练员向不同位置抛、扣、吊球，队员快速移动将球防起，也可以结合组织反攻；

(10) 防对方扣球练习，对方在不同位置进攻，本方三人后排防守。

(五) 学习垫球技术注意事项

(1) 形成正确的手臂击球动作；

(2) 注意垫球时的全身协调用力；

(3) 多做移动垫球；

(4) 多结合场地练习垫不同方向的来球；

(5) 结合发球、扣球练习接发球、接扣球。

四、传球

利用全身协调力量并通过手指手腕的弹力，将球传至一定目标的击球动作称为传球。传球是排球运动的一项重要技术，是组织进攻战术的基础。传球主要运用在二传，以衔接防守和进攻。由于传球是用手指和手腕的动作去击球，而且手指、手腕灵活，感觉能力强，两手的手指控制的面积大，因此，传球准确性较高。

传球技术按传球方向分为正面传球、背向传球和侧向传球，以下介绍正面传球和背向传球两种传球方法。

图 10-11　正面双手传球

(一) 正面传球

正面双手传球是指面对出球方向的传球。是排球中最基本的传球技术，是掌握和运用其他各种传球技术的基础。

动作方法(图 10-11)：

(1) 准备姿势。采用稍蹲姿势，上体稍挺起，仰头看球，两手自然抬起，屈肘，放松置于额前。

(2) 迎球动作。当来球接近额前时，开始蹬地、伸膝、伸臂，手指微张，从脸前向前上方迎出。全身各部位应协调一致。

(3) 击球点。在额前上方一球距离处。

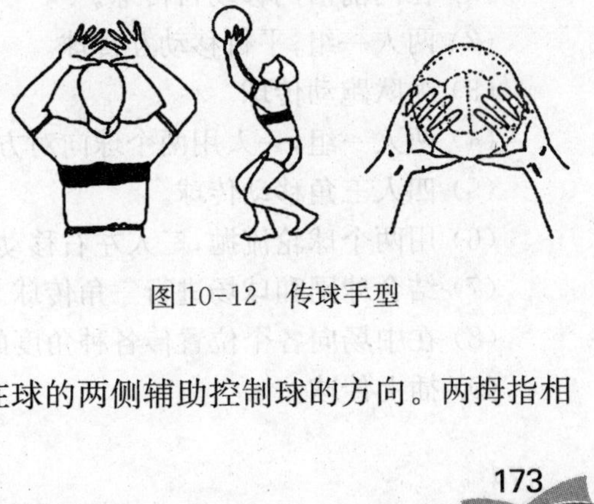

图 10-12　传球手型

(4) 手型(图 10-12)。手触球时，十指自然张开，使两手呈半球状，手腕稍后仰，以拇指内侧、食指全部、中指的二三指节触球的后下半，无名指和小指在球的两侧辅助控制球的方向。两拇指相对呈“一”字形。

(5) 用力方法。在迎球动作的基础上，当手和球即将接触前，手腕和手指要有前屈迎球的动作，当手和球接触时，各大关节应继续伸展，最后用手指和手腕的弹力将球击出。

(二) 背向传球

背向传球是将球向自己的后方传出。背向传球时传球技术中的一种基本方法，在比赛中运用较多。背向传球具有隐蔽性强的特点。

动作方法(图 10-13)：

(1) 准备姿势。上体比正面传球时稍后仰，双手自然抬起置于额前。

(2) 迎球动作。抬上臂、挺胸、上体后屈。

(3) 击球点。在头上方，比正面传球略偏后。

(4) 手型。与正面传球相同，但触球时手腕要后仰，掌心向上，拇指托在球下，击球的下部。

(5) 用力方法。利用蹬腿、展体、抬臂、伸肘和手指、手腕的弹力，把球向后上方传出。

图 10-13　背向传球

(三) 传球练习方法

1. 初学阶段

(1) 原地做徒手模仿传球技术。

(2) 传固定球。两一组，一人按传球手形持球于额前、另一人用手压住球，传球者按传球用力方向，向前上方伸展，体会传球手形和身体的协调用力。

(3) 近距离对墙传球。两人一组(单人对墙)，传球的距离要逐渐加长，体会腿蹬地的用力动作。

(5) 两人一组，自传一次再传给对方。

(6) 传抛来的球。两人一组，一人抛球，一人传球。要求抛球人尽量把球抛准，距离可由近至远。

(7) 移动传球。两人一组，一人抛球，一人前后左右移动传球。要求抛球人将球抛在距传球人一二步远的距离。

(8) 两人对传。要求传球有一定弧线，随时准备移动，对准来球。

(9) 三人一组，三角传球。

(10) 四人一组，四角传球。

2. 巩固提高技术练习

(1) 在网前沿网移动自传球。

(2) 两人一组，平行移动互传球。

(3) 纵队跑动传球。

(4) 两人一组，一人用两个球向对方左右抛球，传球人移动后将球传给抛球人。

(5) 四人三角移动传球。

(6) 用两个球轮流抛，三人左右移动传球。

(7) 结合球网和球场进行三角传球。

(8) 在中场向各个位置传各种角度的球。

(9) 插上传球。

(10) 后撤调整传球。

3. 在比赛条件下提高传球技术

(1) 接抛球一传、二传结合练习。

(2) 接发球一传、二传结合练习。

(3) 接扣球一传、二传结合练习。

(4) 拦网后,转身传后排垫起的球。

(5) 结合本队战术各种球。

(四) 学习传球技术注意事项

(1) 建立正确的传 球手形;

(2) 体会传球时全身的协调用力;

(3) 先在简单的条件下学习传球技术,待正确动作形成后,再进行移动传球练习;

(4) 多结合球网、场地做各种传球练习;

(5) 二传要与扣球相结合进行练习,以加强相互间的配合。

五、扣球

队员跳起在空中,用一只手或手臂将本方上空高于球网上沿的球击入对方场区的一种击球方法叫扣球。扣球是排球的基本技术之一,也是攻击性最强最有效的进攻手段,在比赛中占有非常重要的地位。扣球是在二传配合的基础上,完成进攻战术的最后关键一环,是得分和夺取发球权的重要的有力武器。扣球效果好,可以增强队伍的士气和自信心。扣球技术按动作可分为正面扣球和单脚起跳扣球两种,下面介绍正面扣球。

(一) 正面扣球

正面扣球是最基本的扣球技术,其他扣球基本是正面扣球技术的运用和变化。正面扣球时,面对球网,便于观察,能根据对方拦网的情况,随时改变扣球的路线。正面扣球挥臂动作灵活协调、准确性高、便于控制落点、力量大。现以两步助跑,右手扣球为例来分析其动作方法。

动作方法(图 10-14):

(1) 准备姿势。扣球助跑前采用稍蹲姿势,两臂自然下垂,站在离网 3 米左右处,身体转向来球方向,观察来球,做好向各个方向助跑起跳的准备。

图 10-14 正面扣球

(2) 助跑。助跑开始时,左脚先向前迈出一步,紧接着右脚再快速跨出一大步,左脚及时并上,踏在右脚之前,两脚尖稍向右转。两臂绕体侧向上引摆。

(3) 起跳。在助跑跨出最后一步(即第二步),左脚并上踏地制动的同时,两臂自后积极向前摆动,随着双腿蹬地向上起跳,两臂配合起跳有力地向上摆动。

(4) 空中击球。起跳后,挺胸展腹,上体稍向右转,右臂屈肘向后方抬起,肘稍高于肩,身体成弓形。挥臂时,以迅速转体、收腹动作发力,依次连带肩、肘、腕各关节成鞭甩动作向前上方弧形挥动,使全身的用力依次叠加,最后集中在手上。击球时,五指微张,以掌心为主,全掌包满球,在手臂伸直的最高点的前上方击球的后中部,同时主动用力屈腕、屈指向前推压,使扣出的球呈上旋状。

(5) 落地。身体自然下落,落地时前脚掌先着地,同时顺势屈膝、收腹,以缓冲下落的力量，立即做好下一个动作的准备。

（二）扣球练习方法

1. 初学阶段

（1）原地双脚步练习。要求两脚用力蹬地，两臂划弧摆动配合起跳，在空中扣球手臂抬起并后引成扣球前的动作，落地要双脚前脚掌着地，屈膝缓冲。

（2）一步助跑起跳练习。要求手脚配合协调。

（3）网前助跑起跳。掌握助跑起跳步法。

（4）待手挥臂甩腕练习。体会鞭甩动作。

（5）两人一组，一人持球举至击球点位置，另一人挥臂击固定球。体会击球点和手形。

（6）网上扣固定球。体会网上扣球击球点和手形。

（7）对墙连续扣球。体会挥臂动作和击球手法。

（8）在网前自抛自扣过网。

（9）在4号位连续扣抛球。

（10）在4号位扣传球。

2. 巩固提高技术练习

（1）在4号位和2号位扣直线、斜线球。

（2）在3号位扣抛球。要求用转体和转腕动作将球扣到场区两腰。

（3）在4号位和2号位扣抛来的调整球。

（4）结合一传、二传扣快球。

（5）扣对方抛过来的探头球。

（6）在对方单人拦网的情况下扣球。

（7）在对方双人拦网的情况下扣球。

（8）在网前4、3、2号位连续扣球。

（9）在3号位连续扣半快球。

（10）后排扣球练习。

3. 在比赛条件下提高扣球技术

（1）在5号位接起对方发过来的球，把球垫给二传手，再上步扣球。

（2）在1号位接发球，把球垫给二传手，到2号位扣球。

（3）在4号位后撤防起对方4号位高台扣球，然后再上步扣球。

（4）拦网后，迅速后撤再上步扣球。

（5）在2号位扣球后，立即到网前准备拦网。

（6）在4号位扣球后，自我保护垫球。

（7）接发球后组织各种战术的扣球。

（8）防守后组织各种反攻的扣球。

（9）三对三或四对四的防、调、扣练习。

（10）六对六攻防比赛。

（三）学习扣球技术注意事项

（1）要熟练掌握助跑起跳步法；

（2）要掌握正确的挥臂击球动作和击球手法；

（3）扣球时应做到边助跑边判断，以便选择正确的起跳时间和起跳点，保持好人与球的的位置关系；

（4）与二传手加强配合；

（5）与拦网结合进行扣球练习。

六、拦网

靠近球网的队员，将手伸向高于球网处阻挡对方的来球，并触及球，称为拦网。拦网是排球基本技术之一，是排球比赛中防守的第一道防线，也是第一道进攻线。成功的拦网能使本方由被动变为主动，削弱对方的进攻力量，减轻本方防守上的压力，还是鼓舞士气的重要手段之一。拦网是由防守转入进攻最快、最直接的技术。拦网按人数分为单人拦网、集体拦网。

（一）单人拦网

单人拦网是多人拦网的基础。

动作方法（图 10-15）：

（1）准备姿势。面对球网，两脚平行左右开立，约与肩同宽，距网 30～40 厘米，两膝微屈，两臂自然弯曲置于胸前。

（2）移动。常用的移动步法有并步、滑步、交叉步、跑步等，无论选择哪种移动步法，都要做好制动动作，以保证向上起跳，避免触网和冲撞本方队员。

图 10-15　单人拦网

（3）起跳。原地起跳时，两腿屈膝，重心降低，随即用力蹬地，两臂以肩发力，在体侧近身处，作划弧前后摆动，带动身体向上迅速起跳；移动后的起跳，其起跳动作与原地起跳一样，但要注意移动后的制动使移动与起跳动作紧紧衔接，并使身体正对球网或在空中转身面对球网。

（4）空中击球。起跳时，两手从额前沿球网向上方伸出，两臂伸直并保持平衡，两肩上提，以提高拦网点。拦网时，两手自然张开，屈指、屈腕成半球状。当手触球时，两手要突然紧张，手腕下压，用力盖球的前上方。

（5）落地。拦球后，要做含胸动作，以保持身体平衡。手臂要先后摆或上提，从网上收回至本方上空，再屈肘向下收臂，以免触网。与此同时屈膝缓冲，双脚落地，随即转身面向后场，准备接应来球或做下一个动作准备。

（二）集体拦网

两人或三人的协同拦网称为集体拦网，目的在于扩大拦网面积，多数为双人拦网。双人拦网使比赛中最常用的一种拦网形式，主要是对方大力扣球时采用。拦网的技术动作与单人拦网相同；三人拦网是在对方扣球进攻力强，路线变化多，而且很少轻扣和吊球时采用，三人拦网动作方法与两人拦网相似。集体拦网队员间的距离、两人相邻手距要保持好，应尽量组成统一屏障。

（三）拦网练习方法

1. *初学阶段*

（1）降低球网原地做徒手伸臂拦网动作练习。

（2）两人一组在低网前隔网站立，一人将球举在网上，另一人原地做拦网动作，体会拦网手形。

(3) 在网前做徒手原地起跳拦网练习。

(4) 在网前做徒手拦网移动步法练习。

(5) 两人一组隔网站立,一人在网前抛高球,另一人起跳拦网,体会起跳时间和压腕动作。

(6) 两人一组隔网站立,一人扣球,一人拦网。

(7) 教练在高台上扣固定路线球,队员起跳拦网。

(8) 教练在高台上扣不同路线的球,队员起跳拦网。

(9) 对方从 4 号位扣一般弧线较为集中的球,本方在 2 号位轮流拦网。

(10) 对方在 2 号位扣球,本方在 4 号位拦网。

2. 巩固提高技术练习

(1) 对方在 2、3、4 号位扣球,本方在相对应的三个位置单人拦网。

(2) 对方在 4 号位扣球,本方 3 号位队员向 2 号位移动组成双人拦网。

(3) 对方在 2 号位扣球,本方 3 号位队员向 4 号位移动与 4 号位队员组成双人拦网。

(4) 对方在 2、4 号位扣球,本方移动后组成双人拦网。

(5) 对方 3 号位强攻,本方 2、4 号位队员向 3 号位移动与 3 号位队员组成三人拦网。

(6) 结合对方不同进攻战术配合,本方组成双人拦网。

(7) 对方在 2、4 号位连续扣不同弧线、距离、速度的球,本方拦网队员连续移动拦网。

3. 在比赛条件下提高拦网技术

(1) 对方做接发球一攻练习,本方前排拦各种战术球。

(2) 前排拦网,后排防守的反攻练习。

(3) 拦网后,立即准备接后排传起的球,进行反攻扣球或做转移传球。

(4) 对方组织三点进攻,本方前排组成集体拦网。

(5) 在攻防练习中提高拦网的效果。如四对四、六对六比赛。

(四) 学习拦网技术注意事项

(1) 要熟练掌握单人拦网技术;

(2) 多做移动拦网练习;

(3) 要结合各种扣球进行拦网练习,提高拦网的判断能力;

(4) 加强集体网的相互配合;

(5) 结合比赛实距进行拦网练习。

第三节　排球基本战术

排球战术是指在比赛中,根据排球竞赛规则和排球运动的规律、比赛双方的具体情况和临场竞赛的发展变化,合理运用个人技术及集体配合所采取的有意识、有组织的行为。

排球战术按照战术的组织形式分为进攻战术和防守战术,如图 10-16 所示。

一、阵容配备

阵容配备是参赛队根据比赛的任务、本队战术组织的特点及队员的身体情况,有针对性地、合理地安排出场队员及位置分工,充分地调配力量,科学地组合人员的筹划过程。排球阵容配备是排球战术运用的基础。阵容配备应根据队员的特长及本队的战术思想,安排队员在

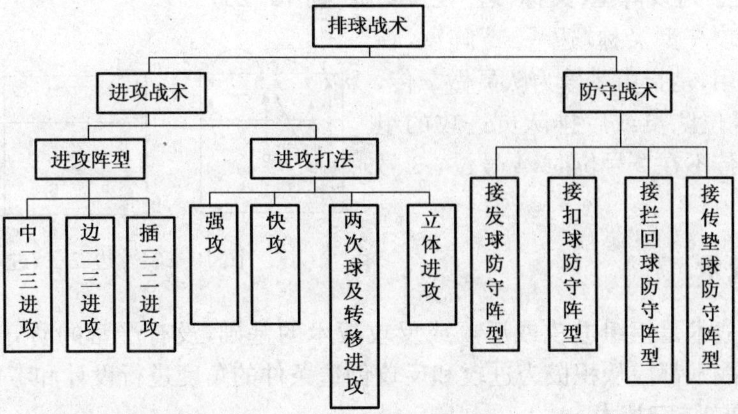

图 10-16　排球战术

场上的位置，以最大限度地发挥该队技术和战术水平。阵容配备主要有四二配备和五一配备两种。

(一)“四二”配备(图 10-17)

“四二”配备由四名进攻队员(包括两名主攻队员和两名副攻队员)和两名二传队员组成，他们分别站在对角的位置上。这样无论怎么轮转前排都能保持有一名二传队员，两名进攻队员，便于组织和发挥攻击力量。这种较为简单的阵容配备通常被初学者和一般水平的球队运用。

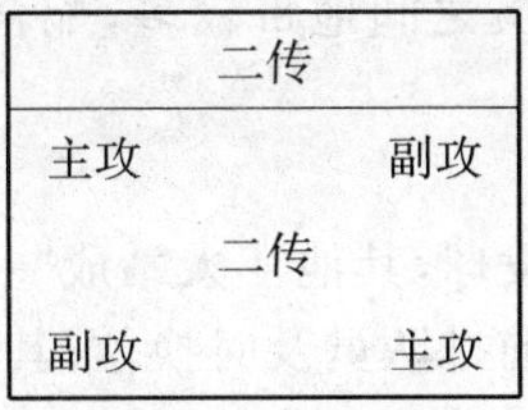

图 10-17　“四二”配备

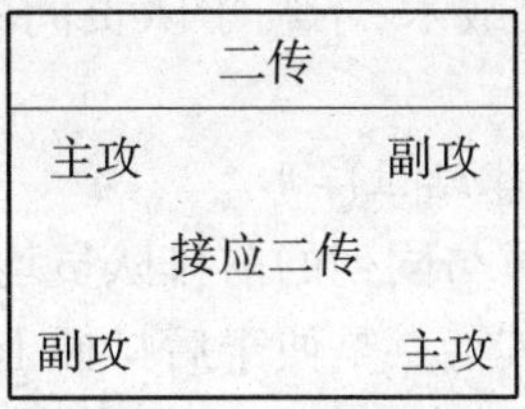

图 10-18　“五一”配备

(二)“五一”配备(图 10-18)

“五一”配备由五名进攻队员和一名二传队员组成。队员位置的站位与“四二”配备基本相同。只是一名二传队员作为接应二传主要承担进攻任务。这样可以加强拦网和进攻力量。接应二传也可弥补主要二传队员有时来不及传球所出现的被动局面，但主要还是承担进攻任务。目前在水平较高的队中普遍采用这种配备形式。

二、进攻战术

(一)“中二三”进攻阵型(又称“中一二”阵型，图 10-19)

“中二三”进攻阵型又称“中一二”阵型，是指由前排 3 号位队员做二传，将球传给 4、2 号位和后排队员进攻的组织形式。这种进攻简单，便于组织。如果二传在 4 号位、2 号位时，在球发出后可以换位到 3 号位。

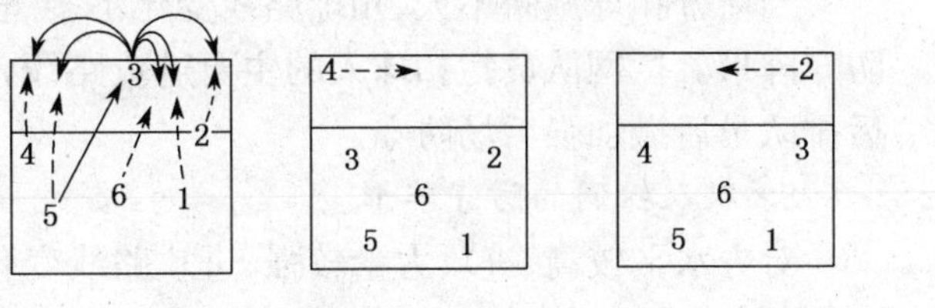

图 10-19　“中二三”进攻阵型

（二）“边二三”进攻阵型(又称“边一二”阵型，图 10-20)

“边二三”进攻阵型又称“边一二”阵型，在后排进攻广泛运用，是指由 2 号为队员做二传，将球传给 4、3 号位队员或后排队员进攻的组织形式。如果二传不在 2 号位时，4 号位、3 号位换到 2 号位。

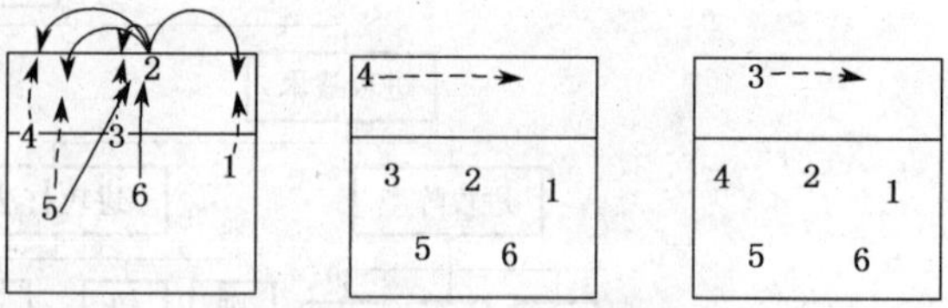

图 10-20 “边二三”进攻阵型

三、防守战术

排球的防守战术是组织进攻或反攻或反攻战术的基础，没有严密的防守，进攻就无从组织。而一切防守战术都应从积极为进攻和反攻创造条件的角度进行设计和考虑。

（一）接发球的防守战术

当对方发球时，本方处于防守地位，也是组织第一次进攻的开始。事先站好位置，摆好阵形，是接好发球的基础。站位的阵形，不仅要有利于接球，也要有利于本方所采用的进攻战术。同时，还要根据对方发球的特点，采取不同的阵形。通常多采用五人接发球和四人接发球。

1. 五人接发球站位阵形

除 1 名二传员站在网前或从后排插上准备二传不接发球外，其余 5 名队员都担负一传任务的接发球站位阵形，通常为“三二”、“二一二”站位。其优点是队员均衡分布，每人接发球的范围相对减小，接发球时，已站成了基本的进攻阵形，组织进攻比较方便，适合接发球水平不太高的球队。其缺点是一传队员从 5 号位插上时距离较长，难度大；3 号位队员接球时，不便组成快攻战术；不利于队员间的及时换位；队员之间地带较多，配合不默契时，容易互相干扰。

2. 四人接发球站位阵形

插上二传队员与同列的前排队员均站在网前不接发球，其他 4 人站成“一”字或弧形接发球的站位阵形。其特点是便于后排插上和不接发球的前排队员及时换位；其缺点是对接发球的 4 人要求有较高的判断、移动能力和掌握较好的接发球技术。

（二）接扣球的防守战术

接扣球的防守与组织反攻是密不可分的，只的防守成功才能组织有成效的反攻。接扣球的防守战术是前排拦网与后排防守的整体配合，根据对方进攻情况、本队队员特长、防守后的反攻打法，一般可分为不拦网、双人拦网和三人拦网的防守阵形。

1. 不拦网的防守阵形

在对方进攻较弱，没有必要进行拦网时，可以采用不拦网的防守阵形。这种阵形与 5 人接发球站位阵形相似，前排进攻队员要撤到进攻线后，准备防守和防守后的反攻；后排队员后退，准备防后场球；二传队员留在网前，准备接吊到网前的球和组织进攻。

2. 单人拦网的防守阵形

当对方扣球威胁不大、扣球路线变化不多、轻打中吊球较多时，可以主动采用单人拦网的防守阵形。拦网队员拦扣球人的主要进攻路线，不拦网队员及时后撤防守前区或保护拦网人，后排队员后撤加强后场防守。

3. 双人拦网的防守阵形

对方水平较高、进攻力量较强、进攻路线变化较多时，多采用这种防守阵形，即两人拦网、4 人接球。

4. 三人拦网时的防守阵形

对方主要扣球手进攻实力很强，不善吊球的情况下可采用 3 人拦网，3 人后排接球的防守阵形。这种阵形加强了网上力量，但后防的空隙也相对增大。3 人拦网时，后排防守的 6 号位队员可以跟进到进攻线附近保护，也可以退至端线附近防守。

(三) 接拦回球的防守战术

本方扣球时必须加强保护，积极防起被拦回来的球，并及时组织继续进攻。由于拦网人可以将手伸过网拦网，拦回的球通常速度快、角度小，因而接拦回球的保护阵形应形成多道防线的弧形状，且第一道防线紧跟在扣球人身后。

(四) 接传、垫球的防守战术

当对方无法组织进攻，被迫用传、垫球将球击入本方时，我方的防守便称之为接传、垫球的防守。这种情况在初学者中出现较多。由于来球的攻击性小，我方的防守阵形与不拦网情况下的防守阵形相同，即前排除二传队员外，其他的队员都迅速后撤到各自的位置，准备接球后组织进攻。需要注意的是在后撤和换位的过程中，动作要迅速并随时做好接球的准备。

第四节　排球运动基本竞赛规则和裁判法

一、排球比赛场地

比赛场地包括比赛场区和无障碍区，其形状为对称的长方形，如图 10-21 所示。

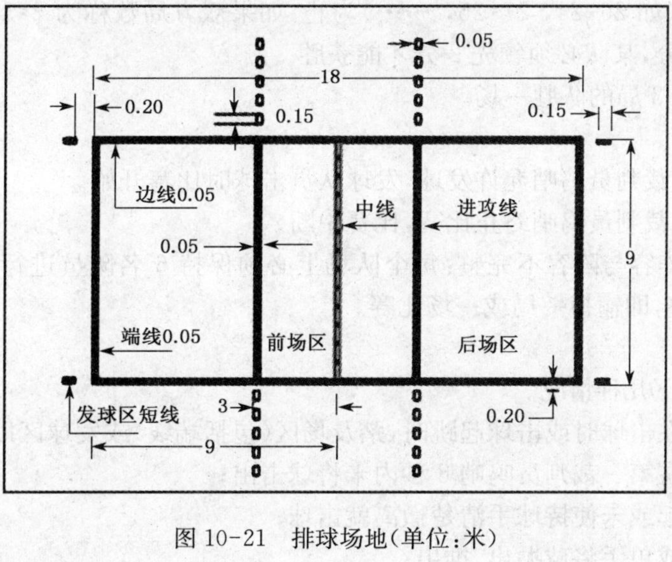

图 10-21　排球场地(单位:米)

(一) 场地面积与地面

比赛场区为长 18 米，宽 9 米的长方形。其四周至少有 3 米宽的无障碍区。比赛场区上空的无障碍空间从地面量起至少高 7 米，其间不得有任何障碍物。国际排联世界性比赛场地边线外的无障碍区至少宽 5 米，端线外至少宽 8 米，比赛场地上空的无障碍空间至少 12.5 米。

(二) 比赛场区与界限

1. 界限

(1) 边线。比赛场地的两条长线。

(2) 端线。比赛场地两端的短线。

(3) 中线。在网下连接两条边线中点的线称为中线。中线的中心线将比赛场区分为长、宽各9米的两个相等的场区。

2. 场区

(1) 比赛场区。中线的中心线将比赛场区分为长、宽各9米的两个相等的场区。边线和端线都包括在比赛场区的面积之内。

(2) 前场区。每个场区各画一条距离中线中心线3米的进攻线(其宽度包括在内),中线与进攻线之间为前场区。

(3) 后场区。短线至进攻线的实线后沿所组成的区域。

(4) 发球区。在两边的端线外,两条边线的延长线上,各画两条长15厘米,垂直并距离端线20厘米的短线,两条短线之间为发球区。发球区的深度延至无障碍区的终端。

(5) 换人区。两条进攻线的延长线之间、记录台一侧边线外的范围为换人区。

(6) 准备活动区。在替补席远端,无障碍区外设有3米×3米的准备活动区。

二、竞赛的主要规则及方法

(一) 比赛特性与方法

1. 比赛计分方法

(1) 胜一分:某对在对方失误与犯规以及受其他的判罚时,得一分。

(2) 胜一局:先得25分同时超出对方2分的对胜一局,当双方比分24:24时,比赛继续进行至某队领先2分(如26:24, 27:25, ……)为止,如果双方局数称为2:2时,比赛进入决胜局,决胜局采用15分,某队必须领先2分才能获胜。

(3) 胜一场:胜3局的队胜一场。

2. 比赛方法

(1) 比赛开始:裁判员鸣哨允许发球,发球队员击球时比赛开始。

(2) 比赛中断:裁判员鸣哨终止比赛,比赛中断。

(3) 比赛上场阵容与阵容不完整:每个队场上必须保持6名队员进行比赛。如果不足6人,则为阵容不完整,即输掉一局或一场比赛。

(二) 发球

发球犯规有以下几种情况。

(1) 发球队员在击球时或击球起跳时,踏及场区(包括端线)或发球区以外的地面;

(2) 发球队员在第一裁判员鸣哨8秒内未将球击出;

(3) 球未被抛起或未使持球手清楚撤离就击球;

(4) 双手击球或单手将球抛出、推出;

(5) 球被抛起准备击球却未击球;

(6) 球触及发球队队员或没有通过球网的垂直平面;

(7) 球触网后落入对方场区外;

(8) 球越过发球掩护的个人或集体。

(三) 场上队员位置

当发球队员击球瞬间,如果队员不在其正确位置上,则构成位置错误犯规。具体有以下几个方面。

（1）在发球队员击球时，场上其他队员未完全站在比赛场区内。

（2）在发球队员击球时未按规定站位，即每一名前排队员至少有一只脚的一部分没有比同列后排队员的双脚距中线更近。同列队员有3对，即4号位同5号位、3号位同6号位、2号位同1号位队员。同排队员中的每一名左（右）边队员至少有一只脚的一部分比同排队员的双脚距左（右）边线更近。同排队员有4对，即3号位同4号位、3号位同2号位、6号位同5号位、6号位同1号位队员。队员位置如图10-22所示。

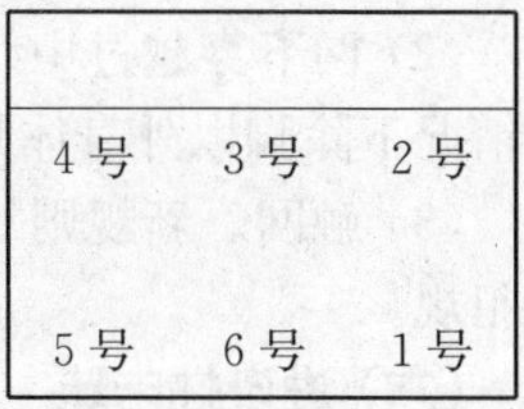

图10-22　队员位置

（3）轮转错误犯规。没有按照轮转次序进行发球应判为轮转错误。位置轮转是指一局比赛开始，队员按位置表填写顺序站好位置进行比赛，接发球队获得发球权后，全部队员按顺时针方向轮转一个位置。队员位置表如图10-23所示。

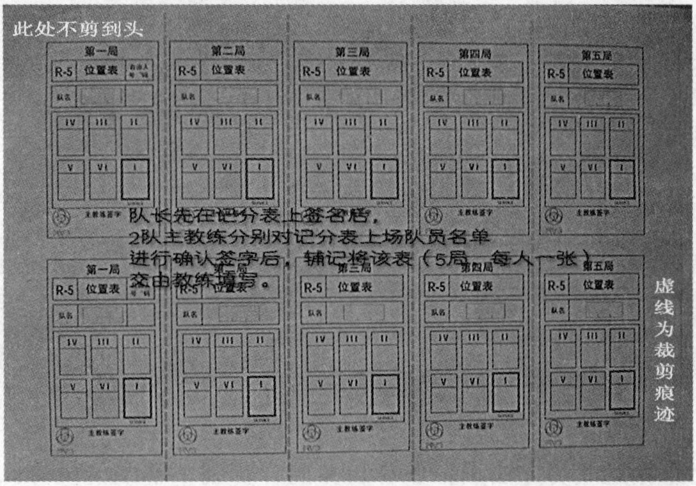

图10-23　队员位置表

（四）比赛中的击球

比赛中的击球犯规有以下几种情况。

（1）连击犯规。身体的任何部位均可触球，但一名队员（拦网队员除外）连续击球两次或连续触及身体的不同部位。

（2）持球犯规。身体的任何部分击球时，将球接住或抛出。

（3）4次击球犯规。每队最多击球3次（拦网除外）将球从过网区击回对方，超过规定次数的击球，判为4次击球犯规。

（4）借助击球犯规。队员在比赛场地内借助同伴或任何物体的支持进行击球。

（5）同时击球犯规。同队的两名或两名以上队员同时触球，被计为两次或两次以上击球（拦网除外）。球在网上沿双方均可击球，同时击球后，球落入场内，继续比赛，落入甲方场外，则判乙方击球出界；球触标志杆，则判双方出界，重新发球；同时击球造成持球犯规，判双方犯规，重新发球。

（五）球网附近的队员

球网附近的队员犯规有以下几种情况。

(1) 过网拦网。对方进行击球前或击球的同时,在对方空间触球或触及对方队员。

(2) 网下穿越过中线。队员的一只或两只脚完全越过中线触及对方场区。在不影响比赛的情况下除脚以外身体其他部分触及对方场地不犯规。

(3) 触网。新规则规定触网为犯规,但队员在无试图击球的情况下,不影响比赛的触网不算犯规。

(六) 进攻性击球

进攻性击球指发球和拦网外的其他所有向对方的击球。进攻性击球犯规有以下几种情况。

(1) 过网击球。在对方场区上空击球。

(2) 后排队员进攻性击球犯规。后排队员在前场区完成进攻性击球(球触及对方拦网队员手即被认为完成进攻性击球),并且击球时球的整体高于球网上沿。

(3) 击发球犯规。在前场区对对方的发球在球的整体高于球网上沿时完成进攻性击球。

(七) 拦网

拦网犯规有以下几种情况。

(1) 后排队员参与拦网(只有前排队员才能拦网);

(2) 拦对方发球。

三、裁判员组成

一般排球比赛,需要第一裁判员和第二裁判员各一名,两名司线员,一名记录员。大型的正式排球比赛,需要第一裁判员和第二裁判员各一名,四名司线员、两名记录员。

第五节　排球运动竞赛组织

排球比赛通常采用的竞赛方法是循环赛制和混合赛制。举办单位可以根据比赛任务、参赛队数、比赛时间及场地等情况,选择合适的竞赛方法。

一、贝格尔轮转法

贝格尔轮转法是循环赛中编排比赛次序的一种方法,目前在国际和国内的正式排球比赛中都普遍采用。

贝格尔轮转法编排时(第一轮编排与逆时针轮转法相同),如果参赛者是双数,将参赛者的序号分为两半(如参赛队是单数时,则在最后的单数后加"0",以补成双数),前一半序号从1号开始,自上而下依次写在左侧,后一半的序号自下而上依次写在右侧,然后用横线将左右两个相对着的号码链接起来,这就是第一轮的比赛顺序。第二轮编排时,将第一轮右上角的号码(最大的一个号数或者是"0"移到左上角;第三轮再将左上角的号码移到右上角。也就是第一轮时在右上角的最大的号码或是"0"要根据轮次的改变而左右移动,即在1、3、5等单数轮次时这个号码应在右上角;在2、4、6等双数轮次时这个号码应在左上角。

如表10-1所示,第二轮进行轮转时,"1"朝逆时针方向移动,"1"移动几个位置,要根据参赛者数目的不同,按照规定的、不同的间隔数进行移动。编排时,最大的号码或"0"应该先于"1"移动到所在位置,然后"1"再移动。当"1"进行间隔移动时,凡遇到最大号数或"0"时应该越过,不做间隔数计算。最后一轮时,必定是最大的号码(或"0")在右上角,"1"在右下角。下面是8支队采用“贝格尔轮转法”编排的秩序表，如表10-2所示。

表10-1　“1”移动位置的间隔数

参赛队数	4队以下	5～6队	7～8队	9～10队	11～12队
间隔数	0	1	2	3	4

表10-2　8支队采用“贝格尔轮转法”编排的秩序表

轮次	一	二	三	四	五	六	七
比赛秩序	1—8(0)	8(0)—5	2—8(0)	8(0)—6	3—8(0)	8(0)—7	4—8(0)
	2—7	6—4	3—1	7—5	4—2	1—6	5—3
	3—6	7—3	4—7	1—4	5—1	2—5	6—2
	4—5	1—2	5—6	2—3	6—7	3—4	7—1

用贝格尔轮转法进行编排，可以使每一个号码在编排中的前后位置排列上达到最大限度的均等，使一些竞赛进行的更加合理。在对抗性比赛中，号码的前后位置是不容忽视的重要内容，例如，篮球规则规定“在次序册中队名列前的队(主队)有权选择篮球的和球队席”；排球规则规定“如果两队穿着运动服装颜色相同，在次序册上队名列前的队要更换服装”；击剑规则规定“第一个被叫到的运动员应该站在主裁判的右侧”；棋类比赛中规定“号次在前的选手先行走棋”等等。

二、排球比赛排定名次的方法

在循环赛中球队的名次按球队在同一循环比赛中的积分多少排定。排球比赛胜一场的2分，负一场得1分，弃权得0分，弃权取消全部比赛成绩。积分多者名次列前。若遇到两队或两个以上的队积分相同，则采用以下办法决定名次。

(一) 计算 C 值

$$C\text{值}=A(\text{胜局总数})\div B(\text{负局总数})$$

C值大者名次列前。

(二) 计算 Z 值

$$Z\text{值}=X(\text{总得分数})\div Y(\text{总失分数})$$

如果C值相同，则计算Z值，Z值大者名次列前。

(三) 如果两个队 Z 值仍然相同

则按他们之间胜负来决定名次。如果三个以队Z值相同，则按他们之间净胜局数决定，即胜局总数－负局总数＝净胜局数。

第十一章 乒乓球运动

第一节 乒乓球运动概述

乒乓球是由两名或两对选手、用球拍在中间隔放一个球网的球台两端轮流击球的一项球类运动。

乒乓球运动于19世纪末起源英国，流行欧洲，最早叫“Table Tennis”，意为“桌上网球”。1900年左右出现了赛璐珞制的球，由于拍与球撞击时发出“乒”而落台时发出“乓”的声音，故又称“乒乓球”。

乒乓球运功球小、速度快、变化多、技巧性强、趣味性强、设备比较简单，不受年龄、性别和身体条件的限制，在室内外都可进行，运动量可大可小，具有广泛的适应性和较高的锻炼价值，比较容易开展和普及。

经常参加乒乓球运动可以发展人的灵敏性和协调性，提高动作的速度和上下肢活动的能力，改善心血管系统的机能，促进新陈代谢，增强体质，并能培养人的勇敢顽强、机智果断等品质。

第二节 乒乓球基本技术

一、球拍底板与胶皮

(一) 球拍底板

目前的球拍底板基本上都清楚的标明“进攻”、“全面”、“防守”等类型标识，在选择球拍底板时可根据自身特点选择适宜的底板。初学者适宜选择稍微抵挡且容易控制的球拍底板，以利于技术动作的快速矫正、定型。

(二) 胶皮

胶皮有正胶、生胶、反胶、长胶等几种。

(1) 正胶。胶皮颗粒向上，高度与直径相等的胶皮。其特点是弹性好，击球稳且速度快，适合近台快攻型的球员使用。

(2) 生胶。胶皮颗粒向上，直径大于高度的胶皮。其特点是击球有下沉，搓球旋转弱，适合近台选手使用。

(3) 反胶。它在粘贴时粗面向下，黏性较大的光面向上。反胶打球的旋转力特强，适合以旋转为主打法的球员(如弧圈球、削球)。

(4) 长胶。一般来说，高度超过1.5毫米以上的胶皮称为长胶。这种胶皮的胶粒很软，颗粒细长，支撑力小。主动制造旋转的能力很差，主要依靠来球的旋转或冲力来制造回球的旋转和击球强度。由于长胶的性格特殊，不利于掌握，而且会干扰球感，初学与技术不高的爱好者不适合用长胶。

二、握拍

握拍是掌握技术的前提，握拍合理与否对技术动作的掌握和击球击球质量的提高有着很大的影响。乒乓球的握拍方法主要分为直握法和横握法两种，如图 11-1 所示。不同的握拍法，有不同的优缺点，从而产生不同的打法。

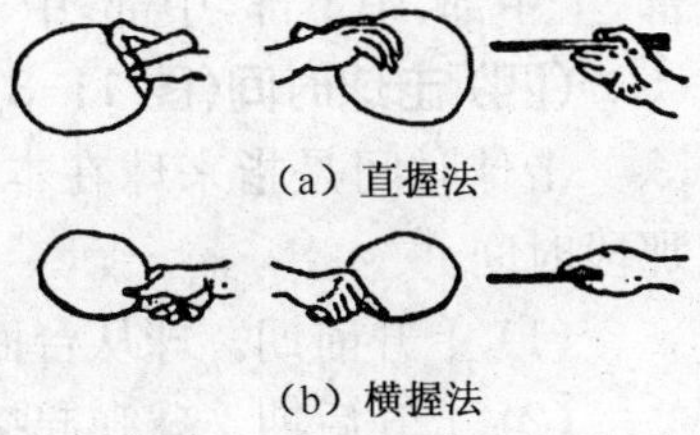

图 11-1　乒乓球握拍法

(一) 直握法

以食指第二指节和拇指第一指节扣拍，拍柄压住虎口，拇指与食指之间的距离要适中；背面中指、无名指和小指自然弯曲斜形重叠，中指第一指节贴于拍的背面使球拍保持平稳。直握法的优点：正、反手都用球拍的同一拍面击球，出手快，正手攻球快速有力，攻斜、直线球时拍面变化不大，对手难以判断；缺点：反手攻球因受身体阻碍，较难掌握，防守时照顾面积较小。

(二) 横握法

中指、无名指和小指自然的握住拍柄；拇指在球拍的正面轻贴在中指旁，食指自然伸直，斜放于球拍的背面；浅握时，虎口轻微贴拍，深握时，虎口紧贴球拍。横握法的优点：左右兼顾面积大，反手攻球便于发力；缺点：正反手交替击球时，需变换击球拍面，攻斜、直线球时调节拍形的幅度大，易被对方识破，台内正手攻球较难掌握。

三、乒乓球运动基本术语

(一) 比赛台面的区域

(1) 左、右半区。又称 1/2 区，其方向对击球者本身而言。

(2) 近网区。指距球网 40 厘米以内的区域。

(3) 底线区。指距端线 30 厘米以内的区域。

(4) 中区。指介于近网区和底线区之间的区域。

(5) 边区。指靠近球桌边缘的区域。

(二) 球拍拍形

球拍拍形包括拍面角度、球拍横度和拍面方向。

1. 拍面角度(图 11-2)

拍面角度是指拍面与台面所形成的角度。

(1) 拍面与台面呈 90°为垂直；

(2) 拍面与台面形成的角度小于 90°为前倾；

(3) 拍面与台面形成的角度大于 90°为后仰；

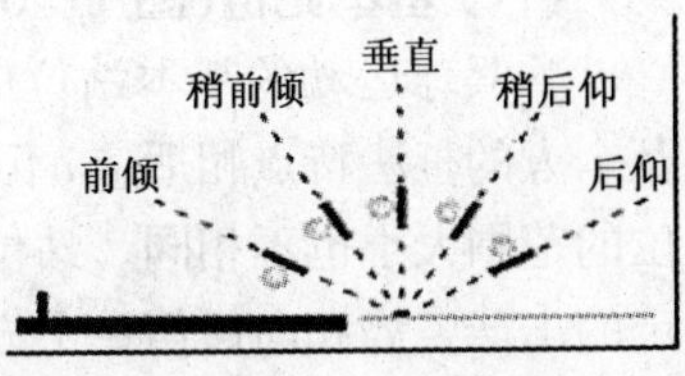

图 11-2　拍面角度

2. 球拍横度

指球拍绕前后转动所形成的球拍角度变化。拍柄与球台端线垂直时为 0°，随球拍绕前后轴不断转动而增加其左横角度。当拍柄与端线平行时，为左横 90°；球拍围前后轴向右转至与球台端线平行时，为右横 90°。平常所说的球拍呈半横状，即是横度为 45°之意。

3. 拍面方向

拍面方向是指球拍左右偏转时，与球台端线所形成的角度。

(三) 击球部位

击球部位是指击球时球拍触球的具体位置，它基本上与拍形角度相吻合。击球部位有上部，上中部，中上部，中部，中下部，下中部，下部。

（四）击球时间（图 11-3）

击球时间是指来球在本方台面弹起后至回落的那段时间。

（1）上升前期。球从台面弹起刚上升的阶段。

（2）上升后期。球弹起接近最高点的阶段。

（3）最高点期。球弹起达到最高点的阶段。

（4）下降前期。球从最高点开始下降的最初阶段。

（5）下降后期。球下降到接近台面之前的阶段。

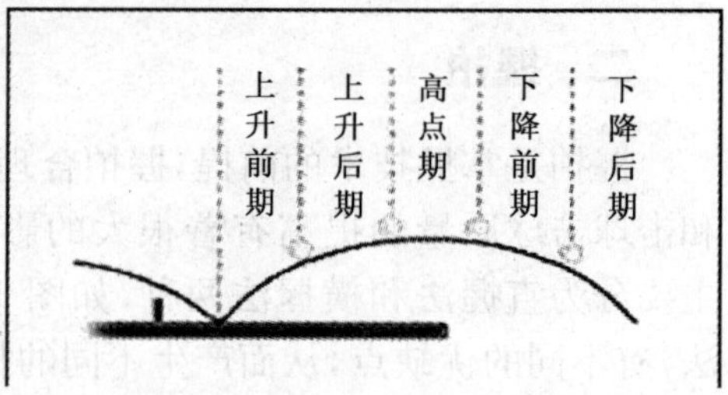

图 11-3　击球时间

（五）击球路线（图 11-4）

击球路线是指从击球点到落台点之间形成的线。有五条基本线路（以击球者为基准），分别为正手斜线、正手直线、侧身斜线、侧身直线、中路直线。中路直线球在实际比赛中是随时以站位而定的，即追身球，也称中路追身路。

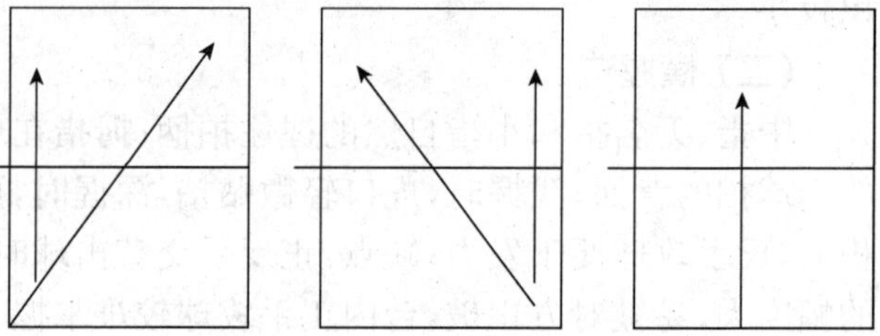

（a）侧身斜线、直线　（b）正手斜线、直线　（c）中路直线

图 11-4　击球路线

（六）击球点

击球点是指击球时，球拍与球接触瞬间的那一点所属空间的位置，这是对击球者所处的相对位置而言的，包含以下三个因素：

（1）球处于身体的前后位置；

（2）球与身体的远近距离；

（3）球的高、低位置。

四、基本站位和基本姿势

（一）基本站位（图 11-5）

乒乓球运动的基本站位应根据不同类型打法及个人的打法特点相适应，不同类型打法其基本站位的范围大小也不相同。站位正确，有利于保持稳定的击球姿势和向任何一个方向迅速移动。

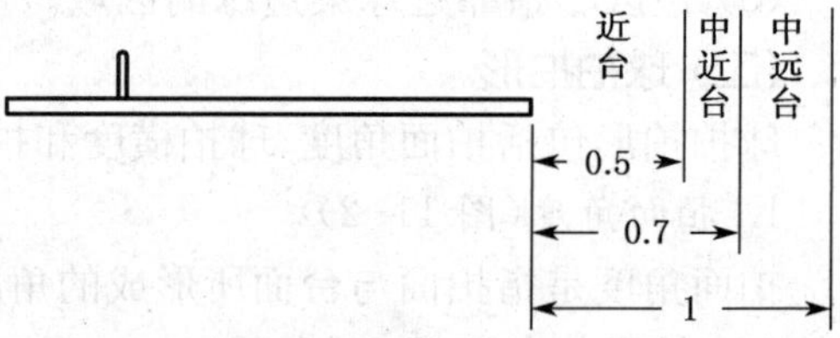

图 11-5　基本站位（单位：米）

（1）左推右攻打法。左推右攻打法的运动员，其站位在近台中间偏左的位置。

（2）两面攻打法。两面攻打法的运动员，其站位在近台中间的位置。

（3）弧圈球打法。弧圈球为主打法的运动员，其站位在中台中间偏左的位置。

（4）横板攻削结合打法。横板攻削结合打法的运动员，其站位在中台附近。

（5）以削为主打法。以削为主打法的运动员，基本站位则在中远台附近。

（二）基本姿势

两脚平行站立（与肩同宽或略宽）、提踵、前脚掌内侧用力着地，两膝微屈、上体略前倾；重心置于两脚之间；下颌稍向后收，两眼注视来球；持拍手臂自然弯曲置于身体右侧（以右手握拍为例），手腕放松持拍于腹前。做到“注视来球、上体前倾、屈膝提踵、重心居中”。

五、基本步法

步法指击球时选择合适的位置所采用的脚步移动方法。步法是乒乓球运动的“生命和灵魂”。灵活的步法是抢占合理位置、运用各种技术击球的前提。

(一) 单步(图 11-6(a))

以一只脚为轴，另一只脚向前、后、左、右不同方向移动一步，身体重心随之落在移动脚上。单步移动简单，范围小，重心移动平稳。当来球离身体较近时使用。

(二) 跨步(图 11-6(b))

一脚蹬地，另一脚向移动方向跨出一大步，蹬地脚随后跟上半步或一小步，身体重心随即移到跨步脚上。跨步移动范围比单步大，当来球离身体较远时使用。移动速度快，多用于借力回击。但由于一脚移动幅度大，常会降低身体重心，不易连续使用。

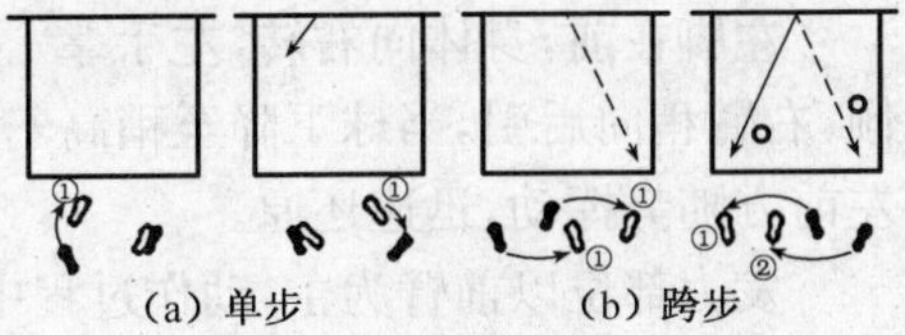

图 11-6　单步和跨步

(三) 跳步(图 11-7)

以一脚蹬地，两脚同时离地向前后左右跳动，双足有瞬间的腾空。跳步移动范围比跨步大，主要用于快攻型选手左右移动击球，常与跨步结合使用。

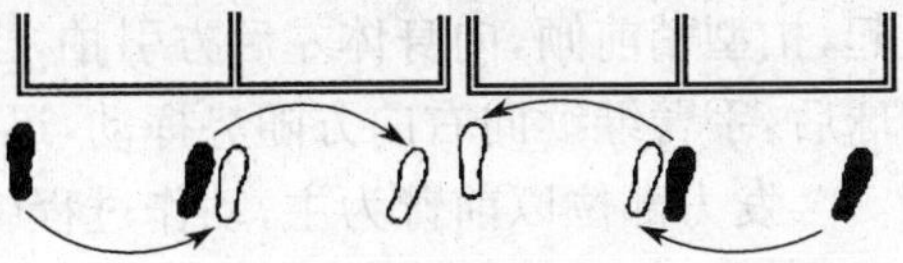

图 11-7　跳步

(四) 侧身步

在来球紧逼身体的情况下，左脚向左跨一步，右脚随即向左后方移动，亦可以左脚向前插上，右脚向左后移动。

(五) 并步(图 11-8)

一脚先向另一脚并半步或一小步，另一脚在并步脚落地后随即向来球方向移动一步。

图 11-8　并步

(六) 交叉步(图 11-9)

以靠近来球方向的脚作为支撑脚，该脚的脚尖调整指向移动方向，远离来球方向的脚在体前交叉，向来球方向跨出一大步，身体随之向来球方向转动，支撑脚跟着向来球方向再迈一步，这是前交叉步。后交叉步是在体后完成交叉动作。交叉步移动范围大，多用于快攻或弧圈打法，在侧身攻、拉后扑正手空挡等。

图 11-9　交叉步

(七) 基本步法练习方法

(1) 徒手进行各种步法练习；

(2) 结合挥拍动作进行各种步法练习；

(3) 在教师和同伴的指示下进行各种步法练习；

(4) 采用多球进行各种步法练习，可扩大供球范围，逐步加快供球节奏，逐步从有规律供球转为无规律供球；

(5) 在台上对打练习中进行各种步法练习，可专门组织以提高步法为重点的台上对练，在各种台上对练中加强步法要求；

(6) 结合身体训练进行各种步法练习。

六、发球

发球可以不受对方制约，选择最合适的位置，按自己的意图把球发到对方球台的任何位置，用以压制对方的进攻，为自己进攻创造有利条件，甚至直接得分。发球的方法有很多种，本书只介绍常用几种发球方式(以右手发球为例)。

(一) 平击发球

1. 正手发平击球

左脚在前，身体向右转，左手掌心托球置于身体右侧前方；左手将球向上抛起，拍型稍前倾，右臂稍向后引，当球下降至稍高于球网时，击球中上部向左前方发力；击球后，手臂继续向左前方随势挥动，迅速还原。

发力部位以前臂为主，动作过程中身体重心从右脚移至左脚。

2. 反手发平击球

右脚稍前或平行站立，身体略向左转，左手掌心托球置于身体左侧前方；左手将球向上抛起，拍型稍前倾，向身体左后方引拍，当球下降至稍高于球网时，击球中上部向右前方发力；击球后，手臂继续向右前方随势挥动，迅速还原。

发力部位以前臂为主，动作过程中身体重心从左脚移至右脚。

(二) 正手发右侧上旋急球(奔球，图 11-10)

左脚稍前，身体略向右偏斜，左手掌心托球置于身前偏右侧；左手将球向上抛起，拍面稍前倾，前臂手腕自然下垂，肘关节高于前臂，向身体右后方引拍，上臂带动前臂由身体右方向左前方挥动；当球从高点下降至近于网高时，击球右侧向右侧上方摩擦，触球一瞬间拇指压拍，手腕从右后方向左上方抖动；击球后，手臂继续向左前方挥动，迅速还原。

图 11-10　正手发急球技术

发力部位以前臂手腕为主，动作过程中身体重心从右脚移至左脚。

(三) 反手发急球(图 11-11)

右脚稍前或平行站立，身体略向左偏斜，左手掌心托球置于身前偏左侧；左手将球向上抛起，拍面稍前倾，上臂自然靠近身体左侧，向身体左后方引拍；右臂以肘关节为轴心，前臂向左前方横摆，腰部也配合从左向右移动；球从高点下降至近于网高时，击球左侧中上部，触球一瞬间前臂加速度向右前方横摆，腰部配合向右转动；击球后，手臂继续向右前上方挥动，迅速还原。

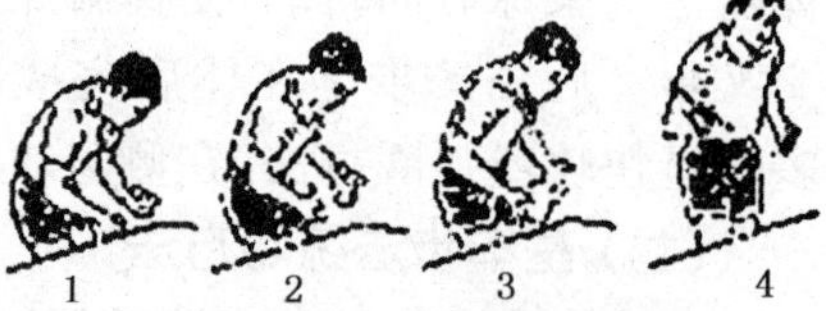

图 11-11　反手发急球技术

发力部位以前臂为主，动作过程中身体重心从左脚移至右脚。

(四) 正手发下旋加转与不转球(图 11-12)

1. 正手发下旋加转球

左脚稍前，身体略向右偏倾，左手掌心托球置于身体右前方；左手将球向上抛起，同时右臂直握拍手腕作伸(横握拍手腕略向外展和伸)；当球从高点下降至稍高于或平于网高时，前臂加速向左前下方发力，同时手

图 11-12　正手发下旋加转与不转球技术

腕作屈同时内收，击球中下部向底部摩擦；击球后手臂继续向左前下方随势挥动，迅速还原。

发力部位以前臂和手腕为主，动作过程中身体重心从右脚移至左脚。

2. 反手发下旋加转球

右脚稍前或平行站立，身体略向左偏斜，左手掌心托球置于身体左前方；左手将球向上抛起，拍面稍前倾，直握拍手腕作屈（横握拍手腕作外展），向身体左后上方引拍；当球从高点下降至稍高于或平于网高时，前臂加速向右前下方发力，直握拍手腕作伸（横握拍手腕作内收），击球中下部向底部摩擦；击球后手臂继续向右前下方随势挥动，迅速还原。

发力部位以前臂和手腕为主，动作过程中身体重心从左脚移至右脚。

3. 正反手发下旋不转球

正反手发下旋不转球与正反手发下旋加转球动作基本相同，区别是手臂外旋幅度小，减少拍面后仰角度，击球中部或中下部，减少向下摩擦球的力量，稍加向前推球的力量，使作用力线接近球心，从而形成不转球。

(五) 正手发左侧上(下)旋球(图 11-13)

1. 正手发左侧上旋球

站位左半台，左脚稍前，身体略向右偏斜，左手掌心托球置于身体右前方；左手将球向上抛起，同时右臂外旋，使拍面方向略偏向左侧，向右上方引拍，腰部略向右转动；右臂从右上方向左下方挥动；当球从高点下降至接近网高时，前臂加速向左上方挥摆，腰部配合向左转，击球中部向左侧上方摩擦，击球后手臂继续向左上方随势挥动，迅速还原。

图 11-13　正手发左侧上(下)旋球技术

发力部位以前臂、手腕为主，腰部辅助，动作过程中身体重心从右脚移至左脚。

2. 正手发左侧下旋球

正手发左侧下旋球与发上旋球动作基本相同，区别在于：引拍向右后上方，手臂向左前下方挥摆，击球中下部向左侧下方向摩擦，触球高度略高于网。

横拍发左侧上(下)旋球时，最好将握拍柄的三个手指松开，以增加手腕的灵活性。

(六) 反手发右侧上(下)旋球(图 11-14)

1. 反手发右侧上旋球

站位在左半台，右脚稍前或平行站立，身体略向左偏斜，左手掌心托球置于身体左前方；左手将球向上抛起，同时右臂稍内旋，使拍面角度几乎垂直，向左后方引拍，腰部略向左转动；右臂从左后方向右上方挥动；当球从高点下降至接近网高时，前臂加速向右上方挥摆，腰部配合向右转，击球中部向右侧上方摩擦，击球后手臂继续向右上方随势挥动，迅速还原。

图 11-14　反手发右侧上(下)旋球技术

发力部位以前臂、手腕为主，腰部辅助，动作过程中身体重心从左脚移至右脚。

2. 反手发右侧下旋球

反手发右侧下旋球与发上旋球动作基本相同，区别在于：引拍向左后上方，手臂向右前下方挥摆，击球中下部向右侧下方向摩擦，触球高度略高于网。

横拍发右侧上(下)旋球时，加大上臂向右方挥摆的幅度。

(七) 发球技术练习方法

(1) 按照发球的几个步骤，做台下徒手模仿练习；

(2) 双方上台进行单一的发球练习(采用多球效果更好)；

(3) 先练发斜线，再练发直线，先不要求发球落点，再要求发定点；

(4) 先练单一性能的旋转发球，再练用相似手法发出两种不同性能的球。

七、接发球基本技术

(一) 接发球基本技术

比赛中双方接发球机会与发球相同，如果接发球接得好，不仅有机会直接得分，而且能破坏对方的抢攻，从而为自己的进攻创造有利条件。接发球的基本方法是由点、拨、带、拉、攻、推、搓、削、摆短、撇侧等各种技术综合组成，接发球过程中，可根据对方来球及自身战术需要采用合理的接球方法。但无论采用何种接球方法，都必须遵守两条原则。

(1) 合理的站位，有利于提高接发球的质量。根据自己习惯的打法决定基本站位，还应针对对方的发球站位作出相应调整。

(2) 接发球时注意力应高度集中，反应要敏锐，才能准确判断对方发球的性质，并及时采用合理技术回接。

(二) 接发球练习方法

(1) 了解各种旋转球的性能，然后用固定的方法回接单一旋转的来球；

(2) 练习接对手近似手法发两种不同旋转的来球，以提高观察判断能力；

(3) 逐步掌握用不同的技术，回接对方发来的旋转球，以提高适应能力；

(4) 在初步掌握接发球的技术后，要提高接发球的主动性和控制能力，以摆脱被动地位；

(5) 在练习接发球的同时，还应逐步提高防御对方抢攻的能力。

八、挡球和推挡球技术

挡球是初学者首先应学习的一项技术。推挡球是我国左推右攻类型选手的主要技术之一，同时也是其他各种类型打法运动员必须掌握的一项技术。由于推挡球时站位近、动作小、落点多变、速度快、具有一定的力量，所以在比赛中能主动调动和压制对方，为进攻创造有利的时机，而且在被动中还可以起到积极地防御作用。

(一) 挡球技术(图 11-15)

挡球速度慢、力量轻、旋转变化小，动作简单易掌握，是初学者的入门技术。反复练习可以熟悉球性，体会击球动作的基本结构，有利于掌握推挡球和其他基本技术。

挡球基本技术分为反手挡球技术和正手挡球技术，这里只对反手挡球技术进行阐述。

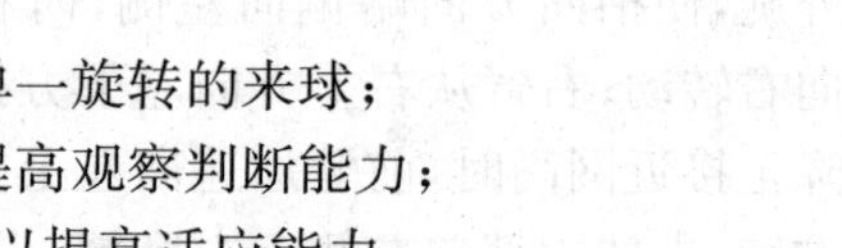

(a) 反手挡球　(b) 正手挡球

图 11-15　挡球技术

两脚开立平行站立，身体离台约 40～50 厘米；手臂自然弯曲并外旋，拍面角度接近垂直，前臂与台面几乎平行，将球拍引至身体前方腹前；当来球跳至上升期时，前臂和手腕向前迎击，拍面接近垂直击球中部(主要借助对方来球的反弹力将球挡回)；击球后手臂、手腕继续向前随势挥动,迅速还原成击球前的准备姿势。

发力主要部位以前臂为主,动作过程中身体重心放至两脚。

(二) 快推技术(图 11-16)

右脚稍前或两脚开立平行站位,身体离台约 40 厘米;手臂自然弯曲并作外旋,拍面角度稍前倾,上臂和肘关节内收自然靠近身体右侧,将球拍引到身体前方;当来球跳至上升前期时,前臂和手腕接力迅速向前略向上推出,拍面稍前倾击球中上部;击球后手臂、手腕继续向前上方随势挥动,迅速还原成击球前的准备姿势。

图 11-16　快推技术

发力主要部位以前臂和手腕为主,动作过程中身体重心放至两脚。

(三) 加力推技术(图 11-17)

加力推技术回球力量重、球速快,能压制对方的攻势,常可迫使对方离台后退陷于被动防守局面。加力推和减力挡配合运用,能更有效地控制对方,取得主动。

右脚稍前或两脚开立平行站位,身体离台约 50 厘米;手臂自然弯曲并作外旋,拍面角度稍前倾,上臂后引,前臂提起,肘关节贴近身体,球拍离台较高,将球拍引至身体前上方;当来球跳至上升后期或高点期时,上臂、前臂、手腕加速向前下方推压,腰髋向左转动配合发力,拍面前倾击球中上部;击球后手臂、手腕继续向前下方随势挥动,迅速还原成击球前的准备姿势。

图 11-17　加力推技术

发力主要部位以前臂为主,上臂、前臂、手腕同时发力,腰髋配合,动作过程中身体重心从左脚移至右脚。

(四) 减力挡技术(图 11-18)

减力挡技术回球弧线低、落地短、力量轻,当对方离台较远时使用减力挡,可调动对方使其前后奔跑,争取主动。

右脚稍前或两脚开立平行站位,身体离台约 40 厘米;手臂外旋,拍面稍前倾,不用撤臂向后引拍,前臂只作上提使拍面略高一些放至身前;当来球跳至上升期时,拍面前倾击球中上部,拍触球一瞬间手臂和手腕稍向后收,以缓冲球撞击拍的力量;击球后手臂、手腕继续向后随势回收,迅速还原成击球前的准备姿势。

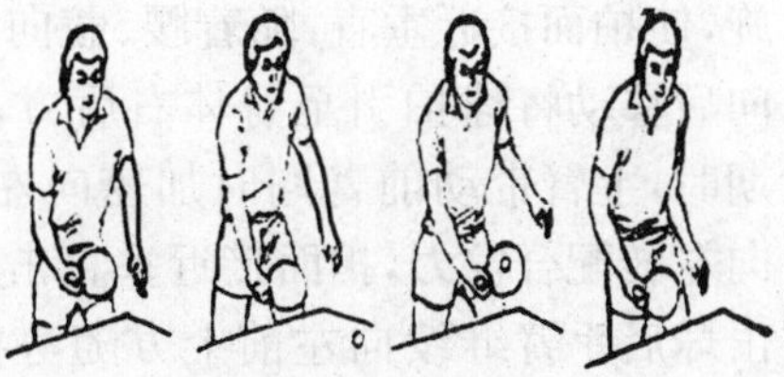

图 11-18　减力挡技术

主要发力部位以前臂回收为主,动作过程中身体重心放至两脚。

(五) 挡球和推挡球练习方法

(1) 按照推挡技术的动作结构,做台下徒手模仿动作,体会动作要点;

(2) 在原地徒手模仿动作已初步掌握的基础上,结合下肢步法,在移动中做徒手动作练习;

(3) 双方在台上对练反手挡球,先练中线范围,再练对挡斜线、直线;

(4) 双方在台上进行反手斜线推挡练习;

(5) 在双方基本掌握快推的基础上，一个用均匀力量推挡，另一个在快推中分别体会加力推、推下旋等技术动作，双方轮换进行；

(6) 先练定点，一点推两点，再练不定点，一点推两点；

(7) 先练双方对推，再练一方攻一方推。

九、攻球基本技术

从动作结构可以将攻球技术大体分为正手攻球技术和反手攻球技术两大类。

(一) 正手攻球技术

正手攻球是乒乓球攻球技术中的重要组成部分。具有快速有力的特点，能体现积极主动快速进攻的指导思想。正手攻球运用得当，常能争取主动。

1. 正手快攻(图 11-19)

正手快攻站位近、动作小，球速快，借球反弹力还击，与落点变化相结合，可调动对方为扣杀创造条件，是近台快攻打法的一项主要技术。

左脚稍前，身体离台约 50 厘米；手臂自然弯曲并内旋，拍面稍前倾，以前臂后引为主(幅度小)将球拍引至身体右侧后方；当来球跳至上升期时，拍面稍前倾击球中上部，在上臂带动下前臂快速向左前方挥动；击球后手臂继续向左前上方随势挥动，迅速还原成击球前的准备姿势。

发力主要部位以前臂为主，动作过程中身体重心从右脚移至左脚。

(a) 直拍正手近台攻球

(b) 横拍正手近台攻球

图 11-19 正手快攻

2. 正手中远台攻球(图 11-20)

正手中远台攻球站位稍远，照顾范围大，主动发力击球，力量重、动作大。对攻中力量配合落点变化能争取主动或直接得分，被动防御时也可用这种打法进行反击。

左脚稍前，身体离台约 1 米；手臂自然弯曲并内旋，使拍面接近垂直，随着腰、髋向右转动，手臂大幅度向后移动将球拍引至身体右后方；当来球跳至下降前期时，上臂带动前臂同时加速向左前上方挥动，腰、髋向左转配合发力，拍面接近垂直击球中部并向上摩擦；击球后手臂继续向左前上方随势挥动，迅速还原成击球前的准备姿势。

图 11-20 正手中远台攻球

发力主要部位以上臂、前臂为主，腰、髋配合，动作过程中身体重心从右脚移至左脚。

3. 正手拉攻(图 11-21)

正手拉攻站位稍远、动作较小、线路活，依靠主动发力摩擦回击来球，是还击下旋球的有效方法。在对付下旋发球、搓球和削球时，也能作为过渡技术为扣杀创造条件。

左脚稍前，身体离台约 60 厘米；手臂根据对方来球旋转强弱，内旋使拍面接近垂直，或外旋使拍面稍

图 11-21 正手拉攻

后仰，前臂下沉，将球拍引至身体右后下方；当来球跳至最高点期开始下降时，上臂带动前臂加速向左前上方挥动，手臂同时外展，当来球下旋强时，拍面稍后仰击球中下部，下旋弱则拍面接近垂直击球中部；击球后手臂、手腕继续向左前上方随势挥动，迅速还原成击球前的准备姿势。

发力主要部位以前臂为主，动作过程中身体重心从右脚移至左脚。

4. 正手扣杀(图 11-22)

正手扣杀动作较大，力量重、球速快、攻击性强。主要用于回击半高球。

左脚稍前，站位近台；手臂自然弯曲并内旋，使拍面稍前倾，随着腰、髋的转动，手臂向后移动将球拍引至身体右后方；当来球跳至高点期时，上臂带动前臂同时加速向左前下方发力挥动，腰、髋向左转动配合发力，拍面前倾击球中上部；击球后手臂继续向左前下方随势挥动，迅速还原成击球前的准备姿势。

发力主要部位以上臂、前臂为主，腰、髋配合，动作过程中身体重心从右脚移至左脚。

(a) 直拍正手扣杀　　(b) 横拍正手扣杀

图 11-22　正手扣杀

5. 侧身正手攻(图 11-23)

左半台的来球，不用反手动作回击，而是根据来球落点移动步法，侧身正手攻回击。

根据来球的各种不同性能，可分为采用正手位各种攻球技术回击。由于侧身攻站位不同于其他正手攻球，其身体略偏对球台，所以要适当调整引拍方向和出手击球的挥臂方向。

(a) 直拍侧身正手攻　　(b) 横拍侧身正手攻

图 11-23　侧身正手攻

6. 正手突击下旋球

正手突击下旋球技术球速快、动作小、击球带有突然性，是快攻打法的独有技术，是对付下旋球的主要得分手段。

正手突击下旋球技术基本与拉攻相同，区别在于：拉攻是向上提拉摩擦；突击则是在触球时，前臂加速运行，借助上臂和腰、髋力量向前击出，带有爆发力。

(二) 反手攻球技术

随着乒乓球运动的不断发展，反手攻球已经是一项不可缺少的技术。合理运用反手攻球，大大加强了攻势，取得主动。然而，反手攻球技术掌握起来非常困难，尤其是直握球拍。

1. 反手快攻(图 11-24)

反手快攻站位近、动作小、球速快、借来球力量还击，是两面攻打法的重要技术之一。

右脚稍前几乎成开立平行站位，身体离台约 50 厘米；手臂自然弯曲并外旋，使拍面稍前倾，上臂、肘关节自然靠近身体，手腕作屈和内收，将球拍引至腹前偏左位置；当来球跳至上升期时，肘关节内收，前臂加速向右前上方发力并外旋，拍面稍前倾击球中上部；击球后前臂继续向右前上方随势挥动，迅速还原成击球前的准备姿势。

图 11-24　直拍反手近台攻

发力主要部位以前臂为主，肘关节加速内收配合，动作过程中身体重心从左脚移至右脚，或基本放至两脚上。

2. 反手快拨(图 11-25)

反手快拨动作小、球速快，线路活，借来球反弹力量还击。缺乏力量和主动进攻性，是横握法反手近台的一项基本技术。

两脚平行开立，身体离台约 40 厘米；手臂自然弯曲并外旋，拍面前倾，手腕内收，将球拍引至腹前偏左的位置；当来球跳至上升期时，以肘关节内收、前臂加速并外旋，手腕外展，拍面稍前倾击球中上部，借来球反弹力量向右前方拨回来球；击球后手臂继续向前方随势挥动，迅速还原成击球前的准备姿势。

图 11-25　横拍反手快拨

发力主要部位以前臂为主，手腕配合，动作过程中身体重心放至两脚。

3. 反手中台攻(图 11-26)

反手中台攻站位较远、动作大、力量较重，在对攻站位退至中台或不易侧身时，可主动发力回击，在被动防御时也可进行反击。

右脚稍前几乎成开立平行站位，身体离台约 0.7～1 米；手臂自然弯曲并稍外旋，拍面接近垂直，腰、髋向左转动，上臂和肘关节靠近身体，前臂向左后方移动，手腕内收，将球拍引至身体左侧后方；当来球跳至下降前期时，肘关节内收，在上臂带动下前臂加速横摆，手腕外展，腰、髋向右移动，向右前上方发力，拍面接近垂直击球中部；击球后手臂继续向右前上方随势挥动，迅速还原成击球前的准备姿势。

发力主要部位以前臂为主，上臂、手腕、肘关节及腰、髋配合，动作过程中身体重心从左脚移至右脚，或基本放至两脚上。

(a) 直拍反手中台攻球　(b) 横拍反手中台攻球

图 11-26　反手中台攻

4. 反手拉攻(图 11-27)

反手拉攻站位稍远、动作较小、线路活、力量较轻、靠主动发力还击。一般用于还击下旋球，作为过渡技术为扣杀创造条件，是对付下旋球的一种有效办法。

右脚稍前几乎成开立平行站位，身体离台约60厘米；手臂自然弯曲并内旋，拍面稍后仰，腰部向左转动，上臂和肘关节靠近身体，前臂下沉，手腕内收，将球拍引至身体左侧下方；当来球跳至高点初降时，腰、髋向右转动，上臂向前迎击，肘关节内收，前臂加速向右上方提拉，手腕外旋，拍面稍后仰击球中部；击球后手臂继续向右前上方随势挥动，迅速还原成击球前的准备姿势。

发力主要部位以前臂为主，肘关节内收，腰、髋配合，动作过程中身体重心从左脚移至右脚，或基本放至两脚上。

(a) 直拍反手拉攻　　(b) 横拍反手拉攻

图 11-27　反手拉攻

(三) 攻球练习方法

1. 徒手练习

(1) 根据正反手攻球的技术要求，先徒手模仿练习，体会挥臂、腰部转动和重心交换等动作要领；

(2) 原地徒手练习的基础上，结合步法作徒手练习。

2. 单个动作练习

(1) 自抛球进行单个攻球练习；

(2) 一人发球一人练习攻球，打一板后再重新发球。

3. 攻、挡球练习

(1) 一人挡球一人练习正(反)手攻球。要求先轻攻，再用中等力量攻，待有提高后，再练发力攻和快攻。

(2) 一人推挡一人练习正(反)手攻球。练习形式有攻斜线、攻中路、攻直线、在1/2球台范围内攻球或在2/3球台范围内攻球。要求推挡球的落点在规定范围内有所变化，攻球者要在走动中练习。

(3) 两点攻一点。要求对方把球推到攻球者两点(左、中或中、右或左、右)、而攻球者在左右移动中将球击到对方一点。练习者可先有规律，角度变化小再逐渐增加难度。

(4) 一点攻两点。攻球者从一点将球攻至对方两点。练习时，先有规律攻两点，再过渡到无规律地攻两点。

4. 对攻练习

(1) 正手对攻斜线；

(2) 正手对攻中路；

(3) 侧身正手对攻斜线；

(4) 把以上三条对攻线路连贯起来，两人在左右连续移动中对攻；

(5) 两直对两斜的对攻。一人在左右移动中专打直线，另一人在左右移动中专攻斜线。

5. 推和攻结合练习

(1) 两人斜线对推，推中侧身抢攻，从固定一方侧身抢攻到双方都可侧身抢攻；

(2) 两点对一点的左推右攻练习；

(3) 两点对一点的正反手两面攻练习；

(4) 推中侧身攻后扑正手空当，或反手攻接侧身攻后再扑正手空当；

(5) 推中结合反手攻。

6. 攻搓球练习

(1) 对搓斜线，搓中一方侧身抢攻；

(2) 一方一点搓两点，另一方左搓右攻；

(3) 两点对两点对搓，搓中一方起板抢攻；

(4) 全台搓攻。

7. 攻削球练习

(1) 稳拉练习。先做定点定线的练习，再在走动中拉不同落点；

(2) 拉中突击。拉中路杀两角，或拉左杀右、拉右杀左、拉两角杀中路。拉时要有轻重、旋转的变化，从而为扣杀创造机会；

(3) 拉中突击结合放短球。

十、弧圈球基本技术与训练方法

弧圈球是一种上旋非常强的进攻技术。能够制造适当的弧线，回击低而强烈的下旋球。本书只对正手加转弧圈球和正手前冲弧圈球进行阐述。

(一) 正手加转弧圈球(图 11-28)

加转弧圈球球速慢、弧线高、曲度大，上旋特别强，落台后向下滑落快，击出的球第一弧线高，第二弧线较低，对方回击不当容易出高球或出界。

图 11-28　正手加转弧圈球

左脚稍前，身体离台约 60 厘米；手臂稍内旋，拍面角度稍前倾，腰、髋向右转动，前臂自然下垂，将球拍引至身体右下方；当来球跳至下降前期时，提踵，脚掌蹬地，腰、髋向左上方转动带动上臂和前臂，加速向左前上方发力，拍面稍前倾，击球中部偏上；击球后手臂继续向前上方随势挥动，迅速还原成击球前的准备姿势。

发力主要部位是在上臂带动下以前臂为主，腰、髋配合，动作过程中身体重心从右脚移至左脚。

(二) 正手前冲弧圈球(图 11-29)

前冲弧圈球弧线长、上旋强、球速快，有一定力量，落台后前冲力大，向下滑落。

左脚稍前，根据来球选择站位远近；手臂内旋，拍面前倾角度稍大，腰、髋向右转动，手臂近乎垂直，将球拍引至身体右后略下方；当来球跳至高点期或下降前期时，腰、髋向左转，在上臂带动下前臂加速向前为主，略向上发力，拍面前倾击球中上部；击球后手臂继续向前上方随势挥动，迅速还原成击球前的准备姿势。

发力主要部位是在上臂带动下以前臂为主，腰、髋配合，动作过程中身体重心从右脚移至左脚。

图 11-29　正手前冲弧圈球

（三）弧圈球练习方法

1. 在讲解示范技术要领和观看优秀运动员击球动作的基础上，多做模仿练习；
2. 重复拉发来的下旋球；
3. 连续拉推挡球练习；
4. 发球抢拉抢冲练习；
5. 中远台对拉练习；
6. 教学比赛中结合拉弧圈球的要求，多体会拉攻技术。

十一、搓球基本技术与练习方法

搓球是近台还击下旋球的一项基本技术。由于回球线路较短，多在台内。

（一）快搓

快搓动作较小、速度较快，回球旋转强度一般，主要借助来球前进力进行回击。快搓分正手快搓和反手快搓两种。

1. 正手快搓（图 11-30）

左脚稍前，身体离台约 40 厘米；手臂外旋，拍面角度稍后仰，后引动作小，前臂向右上方提起，将球拍引至身体右前上方；当来球跳至上升期时，利用上臂前送的力量，借助来球前进力，前臂、手腕向左前下方用力，拍面手稍后仰击球中下部；击球后手臂继续向左前下方随势挥动，迅速还原成击球前的准备姿势。

发力主要部位以手臂向前借力还击，动作过程中身体重心从右脚移至左脚。

（a）直拍正手快搓　　（b）横拍正手快搓

图 11-30　正手快搓

2. 反手快搓（图 11-31）

右脚移前或开立平行站位，身体离台约 40 厘米；手臂内旋，拍面角度稍后仰，后引动作小，前臂向左上方提起，将球拍引至身体左前上方；当来球跳至上升

图 11-31　直拍反手快搓

期时，利用上臂前送的力量，借助来球前进力，前臂、手腕向右前下方用力，拍面手稍后仰击球中下部；击球后手臂继续向右前下方随势挥动，迅速还原成击球前的准备姿势。

发力主要部位以手臂向前借力还击，动作过程中身体重心从左脚移至右脚。

(二) 慢搓

慢搓动作较大、速度较慢，主动发力回击，有一定的旋转强度。分正手慢搓和反手慢搓两种。

1. 正手慢搓(图 11-32)

左脚稍前，身体离台约 50 厘米；手臂外旋，拍面角度后仰，手臂向右上方移动，前臂提起，将球拍引至身体右上方；当来球跳至下降前期时，前臂加速向左前下方用力，拍面后仰击球中下部；击球后手臂继续向左前下方随势挥动，迅速还原成击球前的准备姿势。

图 11-32　直拍正手慢搓

发力主要部位以前臂、手腕为主，动作过程中身体重心从右脚移至左脚。

2. 反手慢搓(图 11-33)

右脚稍前移或开立平行站位；身体离台约 50 厘米；手臂内旋，拍面角度后仰，手臂向左上方移动，前臂提起，将球拍引至身体左上方；当来球跳至下降前期时，前臂加速向右前下方用力，拍面后仰击球中下部；击球后手臂继续向右前下方随势挥动，迅速还原成击球前的准备姿势。

发力主要部位以前臂、手腕为主，动作过程中身体重心从左脚移至右脚。

图 11-33　反手慢搓

(三) 搓转与不转

搓加转或不转，主要决定于作用力线是远离球心还是接近球心或通过球心。搓加转球时，加大引拍距离、加快挥臂击球速度、加大击球力量、加大拍面后仰角度、击球中下部、向前下方切球、切薄一些，不要撞击，可使击球时的作用力线远离球心；反之，搓不转球或弱旋转球时，缩短击球距离、减慢挥臂击球速度、减小击球力量、减小拍面后仰角度、击球中部靠下向前推球，使击球时的作用力线接近或通过球心。

(四) 搓球练习方法

(1) 按照搓球技术的动作结构，做台下上肢徒手模仿练习；

(2) 结合下肢步法移动，做台下上、下肢结合徒手模仿练习；

(3) 自己向球台抛球，当球弹起后将球搓过去；

(4) 发下旋球，双方先正手对搓斜线，再反手对搓斜线；

(5) 发下旋球，一方正手搓直线，另一方反手搓直线，轮换练习；

(6) 一方正、反手搓两条直线，另一方正、反手搓两条斜线，轮换练习。

十二、削球基本技术与练习方法

削球是乒乓球传统手法之一，也是乒乓球防守技术之一。

站位中台左脚稍前，上体稍向右转重心落于右脚；持拍手臂自然弯曲于腹前，迎着来球方向向右上方引拍与肩同高，拍面后仰；当球从台上弹起时，持拍手上臂带动前臂由右上向左前下方加速切削，手腕向下转动用力，在右侧离身体 40 厘米处击准下降期球的中下部，并顺势前送。

第三节 乒乓球基本战术

比赛中，根据具体情况，正确而有目的有意识地运用所掌握的各种技术，充分发挥自身特点，限制对方的长处，紧紧抓住对方的弱点，为战胜对手而采取合理有效的方法，就形成了战术。

(一) 发球抢攻战术

1. 发球抢攻战术

发球抢攻战术是以旋转、线路、落点以及速度不同的发球来增加对方回击的难度，使其出现机会球，或降低回球质量，然后抢先进攻，以争取主动或直接得分，这是乒乓球所有打法特别是进攻型打法的主要战术和得分手段。

2. 发球抢攻战术练习方法

(1) 发下旋转与“不转”抢攻；

(2) 发正、反手奔球抢攻；

(3) 发正、反手侧上、下旋球抢攻。

3. 发球抢攻注意事项

(1) 发球要有线路和落点变化，以使对方前、后、左、右走动中接发球；

(2) 发球后要有抢攻准备，以不失抢攻的机会；

(3) 自己发什么球，对方可能以什么技术回击，要做到发球前心中有数。这样，才能较好地做好抢攻的准备；

(4) 抢攻要尽可能凶，又不能过凶，否则，会影响命中率。

(二) 接发球抢攻战术

1. 接发球抢攻战术

由某一单项攻球技术所形成，进攻性强，可变接发球的不利地位为主动地位，也可直接得分，是乒乓球运动各种打法特别是进攻型打法的主要战术。

2. 接发球抢攻练习方法

用快点、快攻或中等力量突击进行接发球抢攻。

3. 接发球抢攻注意事项

(1) 接发球抢攻一般不可过凶，要看准来球的旋转方向、旋转强度和高度，采用适当的方法进攻。例如对方发加转下旋球，接发球抢攻时要采用提拉手法，以免下网。同时，攻球的力量不可过大。

(2) 接发球抢攻动作结束后，要立即作好对攻或连续攻的准备，以便继续处于主动地位。

(3) 接发球抢攻、抢冲的力量越小，应越注意球的路线或落点，一般应多打在对方反手；若对方反手强而正手弱，则可多打在对方正手。

(三) 推攻战术

1. 推攻战术

主要运用正手攻球和反手推挡的速度和力量,并结合落点变化和节奏变化来压制和调动对方,以争取主动或得分。推攻战术是左推右攻打法对付攻击型打法的主要战术,有反手推挡能力的两面攻运动员、攻削结合运动员等也常使用它。

2. 推攻战术练习方法

(1) 左推右攻;

(2) 推挡侧身攻;

(3) 推挡、侧身攻后扑正;

(4) 左推结合反手攻;

(5) 左推、反手攻、侧身攻后扑正手。

3. 推攻战术注意事项

(1) 推、攻都要有线路变化、落点变化和节奏变化,这是推攻战术争取主动和创造扣杀机会的主要方法。

(2) 推挡一般以压对方反手为主,然后突然变正手,以创造进攻机会。如果对方正手较差,才可以推对方正手为主。

(3) 在推挡中突然加力推对方中路,使对方难于用力回击,然后用正手或侧身扣杀。

(4) 遇到机会球时要果断扣杀,这是推攻战术得分的主要手段。

(5) 推攻战术要坚持近台,又不能死守近台,要学会近台和中台的位置转换,掌握对手节奏。

(6) 推攻战术对付弧圈类打法应坚持近台为主,用快推和加、减力推挡控制落点,伺机采用近台反拉或中等力量扣杀弧圈球,然后进入正手连续进攻。

(四) 两面攻战术

1. 两面攻战术

主要利用正、反手攻球技术的速度和力量压制对方,争取主动和创造扣杀机会。两面攻技术是两面攻打法对付攻击型打法的主要战术。

2. 两面攻战术练习方法

(1) 攻左扣右;

(2) 攻打两角,猛扣中路。

3. 两面攻战术注意事项

(1) 正、反手攻球都要有线路变化和落点变化,以便创造扣杀机会;

(2) 要以压对方反手为主,然后攻击对方正手或中路,以创造扣杀机会;

(3) 遇到机会球时要大胆扣杀;

(4) 两面攻战术在主动进攻情况下要坚持近台,被动情况下可适当后退,在中近台或中台进行反攻;

(5) 两面攻战术对付弧圈球打法应坚持近台,用快带顶住对方的弧圈球,伺机采用近台反拉或中等力量扣杀弧圈球,然后转入连续进攻。

(五) 拉攻战术

1. 拉攻战术

连续运用正手快拉创造进攻机会,然后采用突击和扣杀来作为得分手段。拉攻战术是快攻打法对付削球类打法的主要战术。

2. 拉攻战术练习方法

(1) 正手拉后扣杀；

(2) 反手拉后扣杀。

3. 拉攻战术注意事项

(1) 拉、扣的力量要有较大的悬殊，以使对方措手不及；

(2) 拉球要有线路和落点变化以调动对方，争取主动和创造进攻机会；

(3) 遇到机会球时要大胆扣杀或突击；

(4) 采用拉攻战术要有耐心，不要急于求成，对没有把握的机会球不要过凶。

(六) 拉、扣、吊结合战术

1. 拉、扣、吊结合战术

由拉攻与放短球相结合而成，是快攻型打法对付削球打法的常用战术。

2. 拉、扣、吊结合战术练习方法

(1) 在拉攻战术的扣杀或突击后放短球；

(2) 在拉攻战术中放短球后，结合扣杀或突击。

3. 拉、扣、吊结合战术注意事项

(1) 拉攻中放短球，要在对方站位较远并且来球比较近网时进行，这样，放短球的落点容易靠近球网，可增加对方向前移动的距离和难度。

(2) 放短球后扣杀时，如果对方靠台极近，可对准对方身体方向扣杀，这样，往往能使对方难于让位还击。

(七) 搓攻战术

1. 搓攻战术

主要运用“转、低、快、变”的搓球控制对方，以寻找战机，然后采用低突、快点或拉攻等技术展开攻势并进入连续进攻；在搓球中遇到机会球时进行扣杀，常常带有突然性，往往可以直接得分。搓攻战术是乒乓球各种打法都不可缺少的辅助战术。

2. 搓攻战术练习方法

(1) 正、反手搓球结合正手快拉、快点、突击或扣杀；

(2) 正、反手搓球结合反手快拉、快点、突击或扣杀。

3. 搓攻战术注意事项

(1) 搓攻战术既要尽可能早起板，以争取主动，但又不能有急躁情绪，否则，起板容易失误；

(2) 在搓球中遇到机会球时要大胆扣杀，这是搓攻战术的主要得分手段；

(3) 在搓短中摆短，可使对方不易抢先进攻，故有利于创造进攻机会，以便伺机用正、反手或侧身进攻。

(八) 削中反攻战术

1. 削中反攻战术

由削球和攻球结合而成，常以逼角加转削球为主，伺机反攻；或以转、低、稳、变的削球，迫使对手在走动中拉攻，以从中寻找机会，予以反攻。这种战术有“逼、变、凶、攻”的特点，是攻、削结合打法的主要技术。

2. 削中反攻战术练习方法

(1) 正、反手削球逼角，结合正手攻或侧身攻对方右侧空当；

(2) 正、反手削两大角长球，结合正、反手反攻。

3. 削中反攻战术注意事项

(1) 正、反手削球都要注意旋转强度的变化。在削加转后用 削加转球相似的手法削不转球,是使对方拉出高球,以进行反攻的有效方法。

(2) 削球时要尽可能压低弧线,以避免对方扣杀或突击。

(3) 削球逼角时要适当配合削另一角,以使对方在走动中击球。

当然乒乓球运动战术远不止这八中,还包含有弧圈结合快攻、快攻结合弧圈、怪球等战术这里不再一一赘述。

第四节　乒乓球运动基本竞赛规则和裁判法

一、乒乓球运动的基本设施

1. 球台

(1) 球台的上层表面叫做比赛台面,应为与水平面平行的长方形,长 2.74 米,宽 1.525 米,离地面高 0.76 米;

(2) 比赛台面不包括球台台面的侧面。比赛台面可用任何材料制成,应具有一致的弹性,当标准球从离台面 30 厘米高处落至台面时,弹起高度应约为 23 厘米;

(3) 比赛台面应呈均匀的暗色,无光泽,沿每个 2.74 米的比赛合面边缘各有一条 2 厘米宽的白色边线,沿每个 1.525 米的比赛台面边缘各有一条 2 厘米宽的白色端线;

(4) 比赛台面由一个与端线平行的垂直的球网划分为两个相等的台区,各台区的整个面积应是一个整体;

(5) 双打时,各台区应由一条 3 厘米宽的白色中线,划分为两个相等的"半区",中线与边线平行,并应视为右半区的一部分。

2. 球网装置

(1) 球网装置包括球网、悬网绳、网柱及将它们固定在球台上的夹钳部分;

(2) 球网应悬挂在一根绳子上,绳子两端系在高 15.25 厘米的直立网柱上,网柱外缘离开边线外缘的距离为 15.25 厘米;

(3) 整个球网的顶端距离比赛台面 15.25 厘米;

(4) 整个球网的底边应尽量贴近比赛台面,其两端应尽量贴近网柱。

3. 球

(1) 球应为圆球体,直径为 40 厘米;

(2) 球重 2.7 克;

(3) 球应用赛璐珞或类似的材料制成,呈白色、黄色或橙色,且无光泽。

4. 球拍

(1) 球拍的大小、形状和重量不限,但底板应平整、坚硬。

(2) 底板厚度至少应有 85%的天然木料,加强底板的黏合层可用诸如碳纤维、玻璃纤维或压缩纸等纤维材料,每层黏合层不超过底板总厚度的 7.5%或 0.35 毫米。

(3) 用来击球的拍面应用一层颗粒向外的普通颗粒胶覆盖,连同黏合剂厚度不超过 2 毫米,或用颗粒向内或向外的海绵胶覆盖,连同黏合剂,厚度不超过 4 毫米。"普通颗粒胶"是一层无泡沫的天然橡胶或合成橡胶,其颗粒必须以每平方厘米不少于 10 颗,不多于 50 颗的平均密度分布整个表面。"海绵胶"即在一层泡沫橡胶上覆盖一层普通颗粒胶,普遍颗粒胶的厚度不超过2毫米。

(4) 覆盖物应覆盖整个拍面,但不得超过其边缘。靠近拍柄部分以及手指执握部分可不予以覆盖,也可用任何材料覆盖。

(5) 底板、底板中的任何夹层、覆盖物以及黏合层均应为厚度均匀的一个整体。

(6) 球拍两面不论是否有覆盖物,必须无光泽,且一面为鲜红色,另一面为黑色。拍身边缘上的包边应无光泽,不得呈白色。

(7) 由于意外的损坏、磨损或褪色,造成拍面的整体性和颜色上的一致性出现轻微的差异。只要未明显改变拍面的性能,可以允许使用。

(8) 比赛开始时及比赛过程中运动员需要更换球拍时,必须向对方和裁判员展示他将要使用的球拍,并允许他们检查。

二、定义

(1) 回合:球处于比赛状态的一段时间。

(2) 球处比赛状态:从发球时,球被有意向上抛起前,静止在不执拍手掌上的一瞬间,到该回合被判得分或重发球。

(3) 重发球:不予判分的回合。

(4) 得分:判分的回合。

(5) 执拍手:正握着球拍的手。

(6) 不执拍手:不执拍手。

(7) 击球:用握在手中的球拍或执拍手手腕以下部分触球。

(8) 阻挡:对方击球后,处于比赛状态的球尚未触及本方台区也未超过比赛台面或其端线,即触及本方运动员或其穿戴的任何物品。

(9) 发球员:在一个回合中,首先击球的运动员。

(10) 接发球员:在一个回合中,第二个击球的运动员。

(11) 裁判员:被指定管理一场比赛的人。

(12) 副裁判员:被指定在某些方面协助裁判员工作的人。

(13) 运动员穿或戴的任何物品,包括他在一个回合开始时穿或戴的任何物品。

(14) 球从突出台外的球网装置之下或之外经过,或回击的球越过球网后又回弹过网,均应视作已"超过或绕过"球网装置。

(15) 球台的"端线"包括端线两端的无限延长线。

(16) 拦击:对方击球后尚未触及本方台区,本方运动员即进行击球。

三、合法发球

(1) 发球时,球应放在不执拍手的手掌上,手掌张开并伸平。球应是静止的,在发球方的端线之后和比赛台面的水平面之上。

(2) 发球员须用手把球几乎垂直地向上抛起,不得使球旋转,并使球在离开不执拍手的手掌之后上升不少于16厘米。

(3) 当球从抛起的最高点下降时,发球员方可击球,使球首先触及本方台区,然后越过或绕过球网装置,再触及接发球员的台区。在双打中,球应先后触及发球员和接发球员的右半区。

（4）从抛球前球静止的最后一瞬间到击球时，球和球拍应在比赛台面的水平面之上。

（5）击球时，球应在发球方的端线之后，但不能超过发球员身体（臂、头或腿除外）离端线最远的部分。

（6）运动员发球时，有责任让裁判员或副裁判员看清他是否按照合法发球的规定发球。

① 如果裁判员怀疑发球员某个发球动作的正确性，并且他或者副裁判员都不能确信该发球动作不合法，一场比赛中此现象第一次出现时，裁判员可以警告发球员而不予判分。

② 在同一场比赛中，如果发球员发球动作的正确性再次受到怀疑，不管是否出于同样的原因，不再警告而判失 1 分。

③ 无论是否第一次或任何时候，只要发球员明显没有按照合法发球的规定发球，他将被判失 1 分，无须警告。

（7）运动员因身体伤病而不能严格遵守合法发球的某些规定时，可由裁判员做出决定免予执行，但须在赛前向裁判员说明。

四、合法还击

对方发球或还击后，本方运动员必须击球，使球直接越过或绕过球网装置，或触及球网装置后，再触及对方台区。

如果发出或还击的球越过球网又返回时，可以对此球进行还击，使其直接触及对方台区，此球应看作越过或绕过球网。

五、比赛次序

在单打中，首先由发球员合法发球，再由接发球员合法还击，然后两者交替合法还击。

在双打中，首先由发球员合法发球，再由接发球员合法还击，然后由发球员的同伴合法还击，再由接发球员的同伴合法还击，此后，运动员按此次序轮流合法还击。

六、重发球

（一）出现下列情况应判重发球

（1）合法发出的球，越过或绕过球网装置时，触及球网或触及球网装置后被接发球员或其同伴拦击或阻挡。

（2）如果接发球员或同伴未准备好时，球已发出，而且接发球员或其同伴均没有企图击球。

（3）由于发生了运动员无法控制的干扰，而使运动员未能合法发球、合法还击或遵守规则。

（4）裁判员或副裁判员暂停比赛。

（二）比赛可以在下列情况下中断

（1）由于要纠正发球、接发球次序或方位错误。

（2）由于要实行轮换发球法。

（3）由于警告或处罚运动员。

（4）由于比赛环境受到干扰，以致该回合结果有可能受到影响。

七、失一分

一回合中出现重发球以外的下列情况，应判失一分。

（1）未能合法发球；

（2）未能合法还击；

（3）拦击或阻挡；

（4）连续两次或两次以上击球；

（5）球连续两次及以上触及本方台区；

（6）对方击球后，该球越过本方端线而没有触及本方台区；

（7）用不符合规定的拍面击球；

（8）运动员或他穿戴的任何东西使球台移动；

（9）运动员或他穿戴的任何东西触及球网装置；

（10）不执拍手触及比赛台面；

（11）双打时，运动员击球次序错误；

（12）执行轮换发球法时，接发球运动员或其双打同伴，包括接发球一击，完成了 13 次合法还击。

八、一局比赛

在一局比赛中，先得 11 分的一方为胜方，10 平后，先多得 2 分的一方为胜方。

九、一场比赛

（1）一场比赛一般采用五局三胜或七局四胜制。有时，基层群众性比赛活动也可采用三局二胜制；

（2）一场比赛应连续进行，但在局与局之间，任何一名运动员都有权要求不超过 2 分钟的休息时间。

十、选择发球、接发球和方位

（1）每场比赛开始前，用抽签的方法确定谁首先选择；

（2）抽签胜方可以作如下选择。

① 首先选择发球或接发球，由负方选择方位；

② 首先选择方位，由负方选择先发球或先接发球；

③ 要求负方先选择，胜方则后选择。

（3）双打每一局开始时，先发球的一方应决定由谁先发球，然后：

① 在每场双打第一局中，接发球方应确定由谁首先接发球；

② 在该场比赛以后各局中，由发球方首先确定谁先发球，然后再由接发球方确定谁先接发球（按上局发、接球相反顺序固定）。

十一、发球、接发球次序及方位

（1）当比分达到 2 分，接发球一方即成为发球方，依此类推直至该局比赛结束，或直至双方的比分都达到 10 分，或直至实行轮换发球法（2 球轮换发球）；

（2）在双打中：

① 由发球方确定第一发球员，再由对方确定第一接发球员；

② 第二发球员为第一接发球员，第二个接球员为第一发球员同伴；

③ 第三发球员为第一发球员的同伴，第三接球员为第一个接球员同伴；

④ 第四个发球员为第一个接球员的同伴，第四个接球员为第一个发球员。第五个发球员为第一个发球员，依此类推直至该局比赛结束。

(3) 双方比分都达到10分，或者开始实行轮换发球法时，发球员和接发球次序仍然不变，但每人只轮换发一分球，直至该局比赛结束；

(4) 一局中首先发球的一方，在该场下一局应首先接发球；

(5) 在双打比赛第一局之后的各局中，确定第一个发球员后，第一个接发球员应是前一局发球给他的运动员；

(6) 在双打决胜局中，当一方的5分时，接发球方应交换接发球次序；

(7) 一局中，在某一方位比赛的一方、在该场下一局应换到另一方位；

(8) 在决胜局中，一方先得5分时，双方应交换方位。

十二、发球、接发球次序和方位错误

(1) 裁判员一旦发现发球、接发球次序错误应立即暂停比赛，并按该场比赛开始时确立的次序，根据场上的比分由应该发球或接发球的运动员发球或接发球；在双打中，则按发现错误时那一局中首先有发球权的一方所确立的次序进行纠正，再继续进行比赛。

(2) 裁判员一旦发现运动员应交换方位而未交换时，应立即中断比赛，并按该场比赛开始时确立的次序，根据场上比分纠正运动员所站的方位后再继续比赛。

(3) 在任何情况下，发现错误之前的所有得分均有效。

十三、轮换发球法

(1) 一局比赛进行到15分钟仍未结束，或者在此之前任何时间应双方运动员要求，应实行轮换发球法。

① 当时限到时，球仍处于比赛状态，裁判员应立即中断比赛，由被中断回合的发球员发球，继续比赛。

② 当时限到时，球未处于比赛状态，应由前一回合的接发球员发球，继续比赛。

(2) 此后，双方运动员都轮发1分球，直至该局结束。如果接发球方进行了13次合法还击，则判发球方失1分；

(3) 换发球法一经实行，该局比赛的剩余部分必须继续实行，直至该局比赛结束。

第五节　乒乓球运动竞赛组织

一、比赛基本方法

乒乓球比赛的项目可分为团体比赛和单项比赛两大类。团体赛有男子团体、女子团体；单项赛有男子单打、女子单打、男子双打、女子双打和混合双打。团体赛和单项赛的竞赛办法主要有循环制和淘汰制两种，有时把两种方法结合起来使用。

二、乒乓球比赛编排

(一) 团体赛

团体赛一般采用循环赛制或混合赛制。

1. 团体赛组织形式

(1) 一般情况下每队可报 3～5 名运动员，每次比赛只能从中选派 3 人出场。

(2) 比赛之前由比赛双方队长抽签决定选择主队(A、B、C)或是客队(X、Y、Z)，选择好后，各队即确定三个运动员上场比赛的顺序和位置。其中，主队的 A、B 队员和客队的 X、Y 队员各比赛两场；主队的 C 队员和客队的 Z 队员只比赛一场，如图 11-34 所示。

顺序	A/B/C		X/Y/Z	
1	A		X	
2	B		Y	
3	C		Z	
4	A		Y	
5	B		X	

图 11-34　团体赛各队队员出场顺序

运动员出场比赛顺序排列的原则是：主力队员多得分，主力队员早得分。一般来说，主队的 A 和客队的 Y 应为各队的主力队员。

(3) 每次比赛采用 5 场 3 胜制，每场比赛采用 5 局 3 胜制，每局采用 11 分制。非正式的比赛可将第三场安排为双打比赛。

2. 团体赛的编排

团体赛编排一般采用分组循环和交叉淘汰的混合赛制。一般第一阶段采用分组循环，然后取出各小组前几名；第二阶段进行交叉淘汰决出比赛名次。当然，根据实际情况，第二阶段也可实行同名次赛制，等等。

(二) 单项比赛

国际比赛中，单项比赛一般都采用单淘汰赛制。每场比赛采用 7 局 4 胜制，每局采用 11 分制。基层比赛可以采用循环赛制或混合赛制，每场比赛也可以采用 5 局 3 胜制或 3 局 2 胜制。

三、乒乓球比赛排定名次的方法

在循环赛中球队的名次按参赛者在同一循环比赛中的积分多少排定。乒乓球比赛胜一场得 2 分输一场得 1 分，未出场比赛或未完成比赛得 0 分，积分多者名次列前。小组名次根据所获得的场次分数决定。若小组的两个或两个以上的队(人)积分相同，他们的名次应根据他们相互间比赛的成绩依照以下顺序决定。

(1) 计算比赛场次(队与队之间比赛一场为一次)的胜负比率，比率高者名次列前。

(2) 计算比赛场次(相互之间比赛的场数，如 3∶0 或 3∶2)的胜负比率，比率高者名次列前。

(3) 计算局数和分数的胜负比率，比率高者名次列前，直至算出所有名次。

(4) 如果已经决出一个或更多队(人)的名次，而其他队(人)仍然积分相同，则将已决出名次的队(人)的比赛成绩删除，再依上述程序进行计算。

(5) 如果仍不能确定名次，则由抽签来决定。

(6) 团体赛分别依次、场、局、分的顺序计算排定名次。

(7) 胜负比率＝胜/负。

附录三：团体赛积分表、乒乓球比赛记分表、团体成绩表、团体赛排名表。

第十二章　羽毛球运动

第一节　羽毛球运动概述

羽毛球运动是在一块长方形的平地上，画上单打和双打合用的场地线，中间悬挂球网，参加活动的双方共用一只羽毛球，各备一把羽毛球拍进行隔网竞技的运动。

1873 年，在英国格拉斯哥郡的伯明顿镇有一位叫鲍弗特的公爵，在他的领地开游园会，有几个从印度回来的退役军官向大家介绍了一种隔网用拍子来回击打毽球的游戏，人们对此产生了很大的兴趣。因这项活动极富趣味性，很快就在上层社会社交场上风行开来。“伯明顿”(Badminton)即成为英文羽毛球的名字。

羽毛球运动的基本技术易学，不同性别、年龄和不同身体条件的人都可以参加活动，所需场地不大，设备简单，携带方便，容易被广大的群众所接受。

第二节　羽毛球基本技术

一、握拍

羽毛球运动是运动员手持球拍往返击球方式进行的，所以握拍方式就成了初学者首先要掌握的基本技术。学会正确的握拍方式是掌握合理、准确、全面的击球技术的前提条件，错误的握拍会妨碍正确技术的学习，因此，初学者从一开始就应该重视学习正确的握拍方法。

握拍法可以分为两种，击打持拍手同侧的球用正手握拍法，击打持拍手异侧的球用反手握拍法。

(一) 正手握拍法(以右手握拍为例，图 12-1)

先用左手拿住拍的腰杆，使拍面与地面垂直，然后右手虎口对准拍柄侧面内沿，以握手式握住拍柄，小指、无名指和中指并握，食指稍分开，大拇指与中指接近，拍柄末端与小鱼际肌平齐。

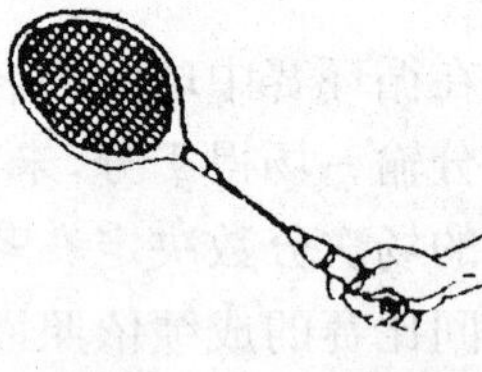

图 12-1　正手握拍法

(二) 反手握拍法(图 12-2)

在正握拍法基础上，拍柄稍外转，食指收回，拇指第二指节的内侧顶贴在拍柄内侧的宽面上，并注意把柄端靠近小指的根部，使手心留有空隙。

(三) 握拍法的关键点

无论是正手还是反手握拍，都要遵循以下的技术要点：第一，握拍的时候要放松手腕手指以及前臂，不能持拍太紧。只有击球瞬间是握紧拍柄的，击球完毕后，要恢复到前臂、手腕手指放松状态。第二，握拍要灵活，在做不同的击球时，需要快速灵活地对握拍姿势进行调整，击球才能收到最好的效果。第三，羽毛球比赛从

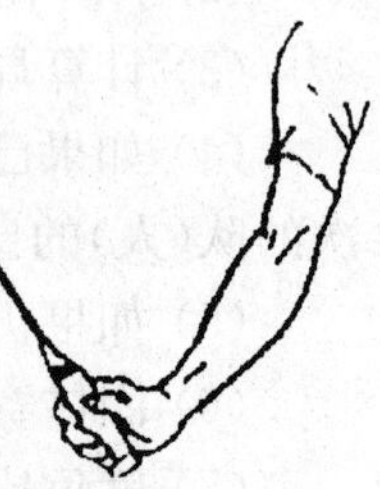

图 12-2　反手握拍法

发球开始到成“死球”往往要运用不同的击球方法，当击完一次球后，就应该恢复到正手持拍姿势，为下一次击球的握拍做好准备。

二、发球

发球是羽毛球运动的一项重要的基本技术。发球质量直接关系到比赛中能否取得主动权，高质量的发球会给接发造成困难，迫使对方只能做出防守性的回击甚至造成接发失误，直接得分；质量差的发球会使接发获得进攻的机会，使自己在一开始便失去场上的主动。

(一) 发球基本技术学习

1. 发球站位与准备姿势

单打在中线附近，离前发球线 1 米左右；双打可稍站前一些。

持拍手同侧肩斜对球网，持拍手同侧脚在前，脚尖向网，另一脚在后，脚尖向侧方。两脚前后分开，站立的距离与肩同宽，身体重心落在后脚上。准备发球时，右于握拍向右后斜举。肘微屈，左手持球使球托冲下，放在腹部右前方，双眼注视对方的位置和准备接球的情况。

2. 正手发高远球(图 12-3)

球的运行轨迹又高又远、下落时与地面垂直、落点在对方场区底线附近的球叫高远球。单打比赛时，常采用这种发球迫使对方退到最远的底线去接发球。如果发出的高远球质量好，就可在一定程度上限制对方一些进攻技术的发挥，使对方在接高远球时不容易马上组织进攻。

图 12-3 正手发高远球

准备发高远球的时候，站位是在离前发球线 1 米左右、发球场区中线附近，面对球网，左脚在前，右脚在后，两脚之间自然分开。身体重心放在右脚上面，身体自然地微微向后仰，右手向右后侧举起，肘部稍弯曲，左手拿球球托冲下，手臂自然地在胸前弯曲。发球的时候，左手把球举在身体的靠右前方并放下，使球自由落体落下；右手同时由大臂带动小臂，从右后方向前，往左前上方挥动，大臂开始挥动的时候，身体重心由右脚慢慢地移到左脚。当球落到击球人手臂向下自然伸直能触到球的部位的一刹那，握紧球拍，利用手腕的力量，向前上方鞭打用力击球，当把球击出的同时，手臂向左上方挥动；击球之后，身体重心也由右脚移至左脚，身体微微向前倾，球拍顺势向左上方随挥至异侧肩上。

3. 正手发平高球

以正手持拍的方法持拍发球，发出的球的弧线比高远球低，但在接发不能拦截到的高度飞向后发球线附近的发球区内落下，称为发正手平高球。

平高球速度比高远球快，往往能迫使接发匆忙向后场移动接球，球的最高的高度也低于高远球，从而限制了接发的击球技术。

正手发平高球的方法与发正手高远球的方法相近，由于平高球飞行的弧线比高远球低，所以会拍击球时要更多运用前臂带动手腕发力；球与球拍接触瞬间，球拍后仰程度小于发高远球时，拍面略向前推送击球。

发平高球的关键在于掌握好击球时拍面的仰角，避免出球太高缺乏攻击力、出球太低而被拦截。击球力量要适当，在不出界的情况下要尽量快地到达对方的后场。

4. 正手发网前球(图 12-4)

单打比赛时，如发高球，怕遭到对方球速较快的直接攻击时，或为了主动改变发球方式借以调动对方时采用发正手网前球。准备姿势同发高远球。击球时，握拍要放松，大臂动作要小，主要靠小臂带动手腕向前切送，用力要轻。击球时应注意手腕不能有上挑动作，控制击球力量，不能太用力，要使球的落点在对方前发球线附近，发出的球要贴网而过避免对方扑球。

图 12-4　正手发网前球

3. 反手发网前球(图 12-5)

反手发球的特点是动作小、出球快、对方不易判断。发反手网前球站位站在靠近前发球线后发球区中线的附近，也可以站在前发球线及场地边线附近的地方。

准备姿势面向球网，两脚与肩同宽，持拍手同侧脚在前，脚尖对网，另一脚在后，脚尖侧后点地，重心放在前脚上；为了提高击球点，右脚可适当提踵；持拍手异侧手持球，球头自然倾斜置于反拍面前，持拍手反手握拍自然屈肘放至体前拍头朝下，两眼正视前方，呈发球前的准备姿势。左手放球的同时，右手前臂以肘为轴内旋，带动展腕由后向前做回环半弧行挥动，准备击球。击球时，尽可能在规则允许的范围内提高击球点，手腕由外展至内收发力，靠手腕和手指控制力量，以斜拍面向前轻轻推送切击球托，使球尽量贴网飞过并落入对方前发球线内，以制动动作结束发力，并迅速将握拍姿势调整为正手放松握拍。

图 12-5　反手发网前球

(二) 发球练习方法

(1) 按照不同发球姿势进行挥空拍练习；

(2) 在控制球的远度和高度的情况下进行多球发球练习。

三、接发球(图 12-6)

发球方通过各种不同弧线的球占得比赛的先机，以此控制比赛，而接发方则后发制人，来达到反控制的目的。

不论是单打还是双打，接发球的站位都应选择一个合理的接发球站位。一般情况下，单打的接发球站位离前发球线约 1.5 米处。在右发球区应站在靠中线的位置，在左发球区则站在中间稍偏边线

图 12-6　接发球

的位置，主要防备对方发球攻击反手部位。双打接发球时站位可靠近前发球线，因双打的后发球线距前发球线比单打短，发高远球易被扣杀。所以，双打接发球主要精力应对付发网前球上。

接发球的准备姿势为单打接发球应左脚在前，后脚在后，侧身对网，重心在前脚，后脚脚跟稍提起，收腹含胸，持拍于右身前，两眼注视对方。双打接发球准备姿势基本同单打，但重心可随意放在任何移至一只脚上，球拍高举在肩上，注意力要高度集中。

四、击球技术

(一) 击球技术学习

击球依据具动作特点分为高手击球、网前击球和低手击球。

1. 高手击球

高手击球具有击球点高、速度快、力量大、主动性强、进攻威力大等优点，是快攻打法的最基本技术。高手击球有高远球、吊球、杀球。

(1) 高远球

以较高的弧线将来球击到对方场区底线附近叫击高远球。击高远球是一切高手击球动作的基础。高远球的特点是球的弧线高、滞空时间长，它的作用是逼迫对方远离中心位置退到底线去接球，一方面可减弱对方进攻的威力，为己方进攻寻找机会，另一方面在己方被动情况下，有较多的时间来调整站位，摆脱被动局面。击高远球技术又分正手和反手两种姿势。

图 12-7　正手击高远球

正手击高远球(图 12-7)，羽毛球上手击高远球技术中的基础，是以正手持拍的方式进行击球。整个技术环节分为四个步骤：首先，侧身架拍。两脚开立肩宽，重心在后脚上，持拍手正手持拍、大小臂自然弯曲成锐角，将球拍举在同侧肩上方，拍面正斜向网，另一只手臂自然举起，使肩部打开，两眼注视来球方向。然后，转身倒拍。躯干转成正面对网，持拍手倒拍背在身体后，肘关节夹紧耳朵并且大臂向上伸。再次，高点击球。击球时，由准备动作开始，大臂后引，随之关节上提明显高于肩部，将球拍后引至头后，自然伸腕(拳心朝上)，然后在后脚蹬地、转体和腰腹的协调用力下，以肩为轴，大臂带动小臂快速向前上方甩动手腕，在手臂伸直的最高点击球。最后，鞭打随挥。击球后，随着身体重心由后脚移到前脚，持拍手臂顺惯性往前下方挥动并收拍至体前完成整个动作。

图 12-8　反手击高远球

反手击高远球(图 12-8)是用反手持拍的方式击出高远球。反手击高远球的方法，以右手持拍为例，身体转向左后方，背对网，身体重心在右脚上，使球在身体的右肩上方落下。击球前，反手持拍于胸前，拍面朝上。击球时，以大臂带动小臂，通过手腕的闪动、自上而下的甩臂将球击出。在最后用力时，利用两腿的蹬地、转体等协调全身用力传至手臂，拇指顶动拍柄用力并配合甩臂动作，在右肩的最高点击球。

（2）吊球

将对方击来的高远球从后场还击到对方的网前区叫吊球。吊球是调动对方，打乱对方阵脚，组织战术配合的一种击球战术。后场进攻时，同高远球、杀球结合运用，并做到三种击球的前期动作一致时，常可造成对方判断发生困难。吊球可分为正手吊球、头顶吊球、反手吊球。

正手吊球是以正手持拍的方式用正拍面吊球，它和击正手后场高远球的方法相似，不同点在于击球点向前移至持拍手同侧肩的正前方，击球瞬间，以手指揉搓拍柄使拍面稍稍向前倾斜，用拍面切擦球托。以右手持拍为例(图 12-9)，如果要吊左斜线球，应该做前臂稍外旋至腕屈收，拍面向左下方斜切击球托右后侧；如果吊直线，前臂要稍内旋，腕稍屈，拍面切击球托的后部；如果吊右斜线，在击球瞬间，小臂旋内，翻腕，拍面切击球托的左后部。

反手吊球是用反手持拍的方式用反拍面吊球，它的方法与反手击后场高远球的方法相似，不同处也在于触球时拍面的掌握和力量运用。吊直线球时，用球拍反面切削球托的后中部，向对方右网前发力；吊斜线球时，用球拍反面切削球托的左侧，朝对方左网前发力。

图 12-9　正手吊球

（3）杀球

杀球是把高远球在尽量高的击球点上斜压下去。其击球力量大，球飞行路线直，下落快，杀球是主要进攻技术。杀球技术分正、反手的头顶杀球。运用手腕、手指控制拍面斜倾角度，用力方向和用力大小，可击出长杀球、短杀球、杀直线、杀斜线等

以右手持拍为例(图 12-10)，正手杀球是在自己右侧上空的高球，以正手持拍法用正拍面杀球。正手杀球的动作过程和击高远球相似，技术不同点在于，首先，杀球的击球点在前上方，击球前，腰腹要形成反弓，然后充分利用收腹及肩为轴手臂快速有力的鞭打动作发力去击球。击球瞬间，手臂放松以最大的速度鞭打用力，通过最后用力点在前臂到手腕的闪动，握紧拍柄用正拍面用力向下击打球托，使球以快速向下的直线落入对方场区。

图 12-10　正手杀球

反手杀球是在自己左侧上空的高球，用反手持拍的方式用反拍面杀球。由于背肌收缩力量远小于腹肌收缩的力量以及肩关节的柔韧程度，反手杀球的力量和速度都逊于正手杀球，由于背对网击球，使球的落点也较难控制。

反手杀球的技术过程和反手击高远球相似，不同在于击球点在身后上方，击球瞬间前臂向后幅度更大，手腕要瞬间翻腕以斜向后方的拍面角度去击球。

2. 网前击球

这是一项可以调动对方，使战术多变的击球方法。在防守力量加强、步法更加灵活的情况

下，网前技术往往成为解决战斗的有力武器。网前击球时，握拍要灵活，充分利用腕、指的力量控制球路和落点。击球点要高，步法要快，各技术的动作一致性要强。网前击球有搓球、推球、钩球、扑球、放网前球、挑后场等。

(1) 放网前球

当对方击来的网前球用球拍拍面轻托一下，使球向上弹起以贴网的高度过网后就朝网下坠落至对方网前，称为放网前球。通常有接杀球、接吊球放网，接对方发网前球时的放网，和将对方运用搓球、勾对角线球击到网前的来球，再放网回去等。放网前球往往是球员没有能及时赶到较高的位置上击球而被动使用的，质量高的放网前球可以扭转局面。放网前球有两种，正手放网前球和反手放网前球。

正手放网前球(图12-11)，当对方将球击至自己正手网前时，以正手握拍法，用球拍轻轻切、托，将球向上弹起恰好一过网就朝下坠落。首先侧身向球的方向移动，上身稍前倾，最后一步是持拍手同侧脚向来球方向，以跨跳的弓箭步到网前，身体重心要提高，持拍手前上方举，稍上仰，斜对网伸向来球，触球时，正拍面朝上轻托球托的底部，靠手腕控制球拍向前上方轻轻发力，使球以刚刚越网的高度贴网落入对方网前。放网对挥拍力量的控制很重要，力量、速度和拍面角度的大小，主要取决于来球离网的远近和速度的快慢。来球离网远，速度快些，则放球是的力量要大些，反之则力量要小些。

图 12-11　正手放网前球

反手放网，是以反手持拍去击来自持拍手异侧的来球。击球前的动作要领同正手放网前球动作，不同在于是反手持拍，跨步的方向是持拍手的异侧。以反面迎球，击球时，主要靠小臂的前伸、外旋和手腕由内收至外展的合力，轻托底部把球轻松过网。

(2) 搓球

搓球是放网前球技术的发展，是一种主动进攻的前场技术。搓球时击球点较高，利用搓、切和挑的动作，摩擦球的底部，使球沿横轴翻滚越过网顶，给对方回击造成困难，以创造进攻的机会。搓球有正手搓球和反手搓球。

正手搓球(图 12-12)：侧身对右边网前，正手握拍。球拍随着前臂伸向右前上方斜举。当球拍举至最高点时，前臂向外旋 转，手腕由后伸至稍内收闪动，握拍手的食指和拇指夹住拍，中指、无名指和小指轻握拍柄，使球拍在手腕和手指 的挥摆用力下，搓击来球的右下底部，使球旋转翻滚过网。

图 12-12　正手搓球

反手搓球(图 12-13)：击球前前臂稍往上举，手腕前屈，手背约与网同高，而拍面低于网顶，反拍面迎球。搓球时，主要靠 前臂的前伸外旋和手腕由内收至外展的合力，搓击球的右侧后底部，使球侧旋滚动过网。

(3) 挑后场

挑后场是把对方击来的吊球或网前球挑高回击到对方后场去，这是在比较被动的情况下采取的一种防守性技术。挑后场有正手和反手挑后场两种。

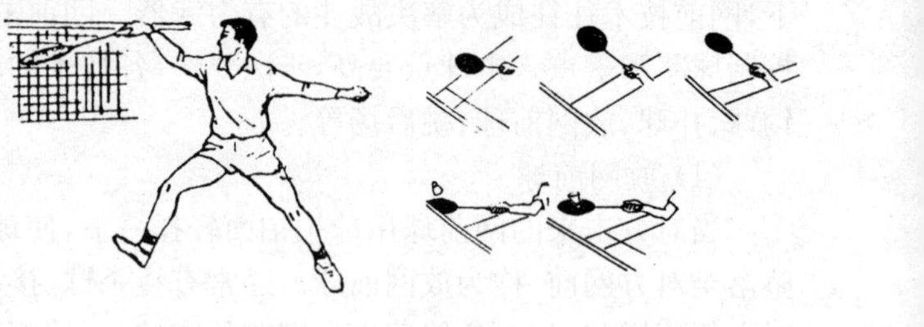

图 12-13 反手搓球

正手挑后场图(12-14)：正手握拍举在胸前。右脚向阿前跨出一大步，左脚在后，侧身向阿，重心在右脚上。同时右臂向后摆，自然伸腕，使球拍后引。然后以肘关节为轴，屈臂内旋，并握紧球拍，用食指及手腕的力量，将球向前上方击出。

图 12-14 正手挑后场

反手挑后场(图 12-15)：反手握拍举在胸前。右脚向左前方跨出一大步，重心放在右脚上。同时右肩向网，屈肘引拍至左肩旁，然后以肘关节为轴，握拍经体前由下往上，用拇指第一指节压住拍柄的宽面，用力将球击出。

图 12-15 反手挑后场

(4) 推球(图 12-16)

在网前较高的击球点上，用推击的方法往对方底线击出弧度较平、速度较快的球称为推球。由于击球点到过网的距离较短，球的弧度平直快速，在控制好落点的情况下有很强的进攻性。

推球的启动方法与搓球相似，在击球瞬间，拍面竖起来。正手推球时，由前臂内旋，用腕部的转动和手指的力量向前快速推击；反手推球时，由前臂外旋，用腕部的转动和手指的力量向前快速推击。推球的关键是要找好击球点，尽量抢高点击球，其次是控制拍面的竖起角度，高点击球可以使拍面立起来，如果球已经落到网上沿以下，拍面就要向后仰，最后发力应该是迅速的，拍面摆动幅度应该小。

图 12-16 推球

(5) 钩球

在网前，用屈腕或伸腕的动作调整球拍角度，用轻巧的力量将球回击到对方斜对角的网前区域称为钩球。钩球是一种技巧性较高的技术，它与搓球、推球等交替运用常常能达到较佳的战术效果。

正手网前勾对角线球(图 12-17)：勾球一般采用并步加蹬跨步亡网的步法。在步法移动的同时，球拍随着前臂往右前上方举起。前臂前伸的同时，稍有外旋. 手腕微后伸，这时的握拍稍有变化——将柏柄稍向外捻动，使拇指贴在拍柄的宽面上，食指的第二指节贴在与其相对的另一个宽面上，拍柄不触及掌心。击球时，靠前臂稍有内旋往左拉收，手腕由稍后伸至内收. 球拍拨击球托的右侧下部，由手腕和手指控制拍面角度，击球后，球拍回收至胸前。

图 12-17　正手网前勾对角线球

反手网前勾对角线球（图 12-18）：随着步法移动的同时，手臂向左侧前方平举，手臂不要伸直，自然微弯。击球时，随着肘部下沉，前臂回收外旋的同时，食指和拇指协调用力检动拍柄，使拍面拨击球托的左侧后部，将球沿对角线飞越过网，击球后，球拍回收至胸前，为下次的来球做作积极的准备。

图 12-18　反手网前勾对角线球

（6）扑球（图 12-19）

扑球是当来球在网顶上方时，能以最快的速度上网扑压来球的技术动作。扑球可分为正手扑球和反手扑球两种。扑球在网前进攻技术中是威胁较大的一种技术，它的关键在于反应快、出手迅速，一经作出判断，即要求起动快并采用蹬跨步或跳步上网，同时出手快，抓住来球在网顶的最高点机会出手，快速把球向下扑向对方场区。

图 12-19　扑球

3. 低手击球

击球点低于头部高度的击球称为低手击球。没有高手击球的进攻威胁大，属于防守性的技术，难度较大，如发挥得当，可具有防中有攻的效果。低手击球有抽球和接杀。

（1）抽球（图 12-20）

击球点在肩以下，以躯干为纵轴发力，做半圆式的挥拍击球动作。抽球是应付对方长杀、半场球以及平球对攻的反攻技术。抽球可分为正、反手抽底线和半场球。

图 12-20　正手抽底线球

正手抽底线球动作要领：准确判断来球，快速移动步法，左脚蹬地，右脚向正手底角跨出，侧身向网，上体向右后倒，重心在右脚。正手握拍，手臂向右举拍，大臂与小臂约成120度角。准备击球时，小臂外旋伸腕，球拍后引拍面稍后仰。击球时，主要靠小臂带动手腕、手指"抽鞭"式向前挥拍，小臂由外旋到内旋，腕部由伸到屈闪动击球。向前上方用力击球成高远球，向前方用力击球则成平球。

反手抽底线球动作要领：准确判断来球，快速移动步法，左脚蹬地，右脚向反手底角跨出，上体前倾背对网，重心在右脚。反手握拍将球拍举于左肩上方。击球时，大臂带动小臂、手腕和手指沿水平方向快速向后挥拍，手臂基本伸直时，小臂外旋，手腕后伸用力"闪"动击球。向后上方用力击球成高远球，向后方用力击球则成平球。

图 12-21　反手抽底线球

正手平抽球动作要领：右脚向右侧迈出一小步，上体稍向右侧倾，正手握拍，手臂向右侧上摆，屈肘，左脚眼提起。准备击球时，小臂稍后摆带有外旋，手腕由稍外展至后伸，使球拍引至后下方。击球时，小臂急速向右侧前挥动，并由外旋转为内旋，手腕由后伸至伸直闪腕，手指握紧拍柄高速挥拍击球，由后向右侧稍平地抽压过去。击球后，持拍手顺势向左侧挥摆，左脚向左前方迈一步，准备迎击来球。

反手平抽球动作要领：右脚向左前跨一步，上体左转，右手反手握拍向左身前收，屈肘并稍上抬，小臂内旋手腕外展，球拍引向左侧。击球时小臂在向前挥拍的同时外旋，手腕由外展到伸直闪腕，手指握紧拍柄，拇指前顶，迎球挥拍，击球托的底部。击球后球拍顺势盖过去，并随身体的回动收回到右侧前。

(2) 接杀(图 12-22)

接对方杀球时的击球动作，属防守性技术，如运用得当，常能转守为攻或反击得利。接杀球通常用挡网前球、抽球和推后场等几种回击技术。

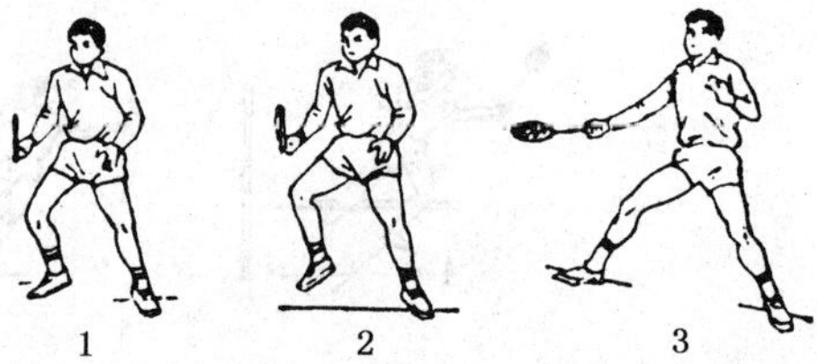

图 12-22　接杀

挡网前球是指运动员把对方杀来的球，借用来球力量及用手腕、手指力量，"反弹"式地把球回击到对方的网前场区内的击球方法。正手挡直线网前球：接球前用接杀球的步法移至右场边线，身体右倾，手臂右伸，前臂外旋、手腕外展。击球时，前臂内旋稍翻腕带动球拍由右下向前上方推送击球，把球挡向直线网前。可以在击球时前臂由外旋到内收，带动球拍由右向前切送挡直线网前。击球后，身体左转成正面对网，然后右脚上前一步，球拍随身体向左转收至体前。

反手挡直线网前球技术同正手。首先用接杀球的步法移至左场区边线，身体左转前倾，右肩对网，右肘弯曲，手腕外展，引拍至左肩前上方。击球时，借对方来球的冲力，以前臂带动球拍由左上方向左前方用拇指的顶力挥拍轻击球托，把球挡回直线网前。击球后，身体右转成正面对网，球拍随着身体的移动收至体前。

(二) 练习方法

网前击球技术的练习方法。

(1) 按照放、挑、搓、推、钩、扑的练习顺序进行挥拍无球练习，注意体会击球点和击球瞬间拍面和球的接触方式，以及手指、手腕发力的感觉。

(2) 一个人抛球，一个人练习的多球练习方式。最开始，只做原地单个技术练习；进一步，做原地正手各种网前技术练习和原地反手各种网前技术练习；再做正反手同一技术练习；最后做正反手各种网前技术练习。

(3) 一个人抛球一个人练习一步多球练习。

(4) 两人对打方式，一个人喂球，一个人练习。

五、步法

快速、准确的步法是正确击球的基础。我国运动员的身体是中等身材，灵巧、速度快而弹跳力好，为适应快攻打法初步形成了步法体系。基本步法有蹬步、跨步、腾跳步、垫步等，加上原有的蹬转步、交叉步、并步、小碎步和单足跳步等，组成了上网、后退、两侧移动等综合步法。

(一) 步法的学习

1. 上网步法

根据来球的远近，可采用两步、三步或一步上网。最后一步要求与持拍那只手同侧的脚在前，身体重心落在前脚上。上网步法可分正手上网步法和反手上网步法。

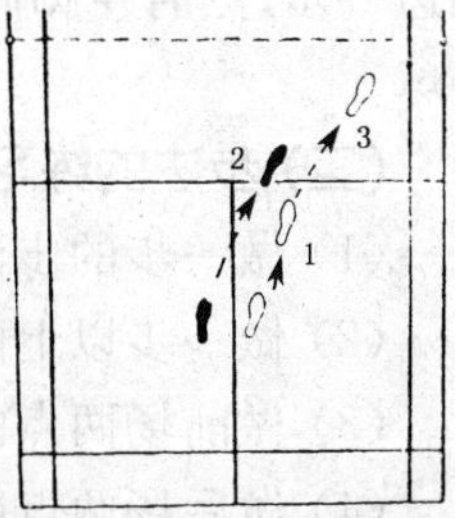

图 12-23　正手上网步法

(1) 正手上网步法(前交叉蹬跨步，图 12-23)

起动时，右脚先向来球方向迈一步，接着左脚向同一方向迈一个交叉步，紧接着左脚蹬地、同时右脚向网前跨出一大步，准备击球。

(2) 反手上网步法(前交叉蹬跨步，图 12-24)

起动时，身体向左转，右腿向左前方迈出一步，接着左脚再向同一方向迈一步，脚落地时，左脚蹬地，右脚向左侧网前跨出一大步，准备击球。

2. 后退步法

不论哪种后退步法，后退时都要求先迈右脚，最后一步左脚在后，重心在右脚上。按后退击球方法，后退步法分为正手后退步法、头顶后退步法和反手后退步法。

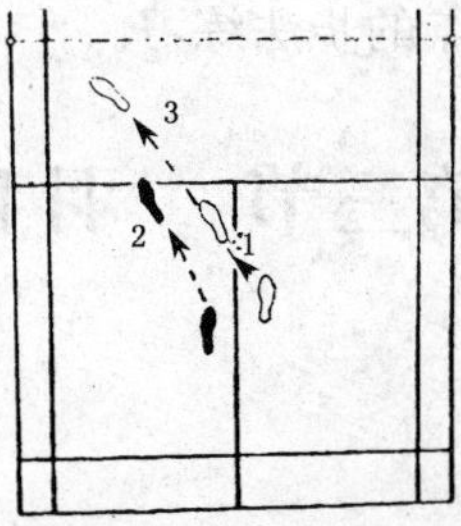

图 12-24　反手上网步法

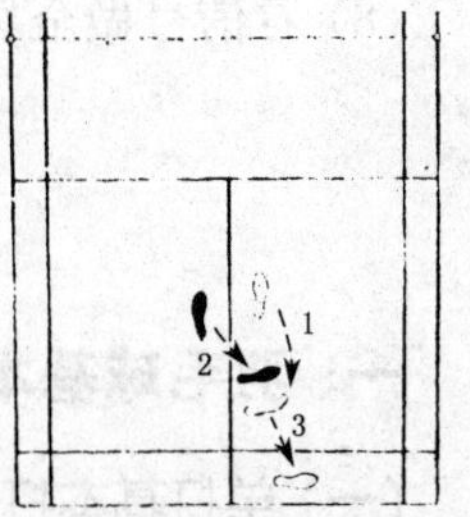

图 12-25　正手后场后退步法

(1) 正手后场后退步法(并步，图 12-25)

起动时，侧身并步后退，右脚往右后方退一步，左脚往右脚并一步，紧接着右脚再后退一步，身体重心放在右腿上，侧身架拍形成击球准备姿势。

(2) 头顶后退步法(交叉步，图 12-26)

起动时，右脚向右后蹬转，使右肩对着左区，接着右脚向左后方后退一步，左脚紧接着向后方做一个交叉步，然后右脚再往左后方退一步，身体重心放在右腿上，形成击球准备姿势。

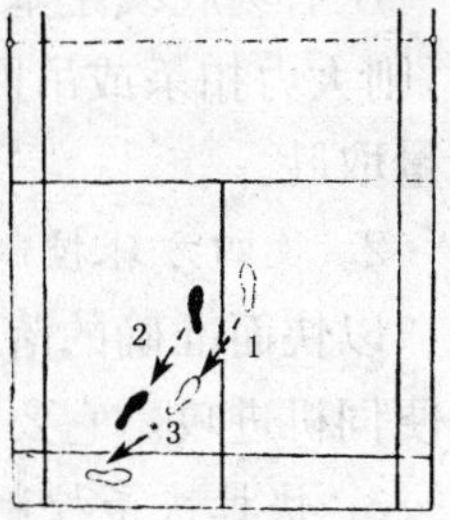

图 12-26　头顶后退步法

3. 两侧移动步法

为了接对方击向身体左右两侧的球，要掌握两侧移动步法。

(1) 右侧移动步法(图 12-27)

左脚蹬地，右脚向右侧跨出一大步，身体向右倾，准备击球。如果接边线球，则左脚先向右侧迈一步，然后左脚蹬地，右脚向右侧跨出一大步，身体右倾，准备击球。

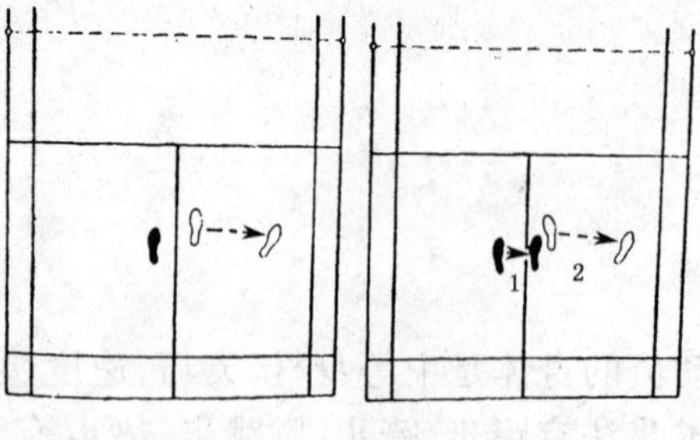

图 12-27　右侧移动步法

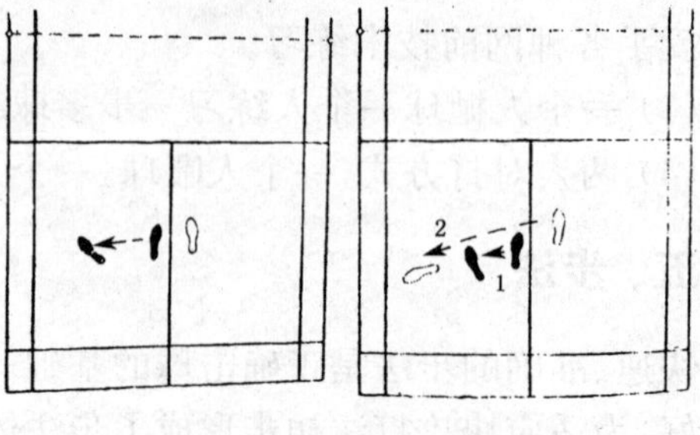

图 12-28　左侧移动步法

(2) 左侧移动步法(图 12-28)

右脚蹬地，左脚向左侧跨出一大步，身体向左倾，准备击球。如果接边线球，则左脚先向左侧迈一步，然后左脚向左后蹬转，转到背侧对网时，右脚向左侧跨出一大步，身体右倾，准备击球。

(二) 步法的练习方法

(1) 做一步的步法练习。

(2) 做一步以上的步法练习。

(3) 做前场两点的步法练习。

(4) 做后场两点的步法练习。

(5) 做中场两点的步法练习。

(6) 做前后场四点的步法练习。

(7) 做全场六点的步法练习。

(8) 看信号做全场不定点的步法练习。

第三节　羽毛球基本战术

一、羽毛球基本战术

(一) 单打基本打法

1. 压后场底线

压后场底线是基本打法之一，其特点是通过平高球压对方于后场底线，待对方回球靠前时，则大力扣杀或吊网前空档。这种打法主要在于与对方较量后场高吊、杀球技术的高低，以力量取胜。

2. 攻四方球控制落点

以快而准确的落点，攻击对方场区的四个角落，调动对方在前后左右奔跑，打乱对方阵脚，以便伺机进攻。它要求运动员本身有较强的控球能力和灵活地步法及较强的进攻能力。

3. 快拉快吊控制网前

快拉快吊是一种积极主动、快速进攻的打法，它要求技术全面，能攻善守，步法、手法快速灵活，又有较细腻的网前的技术。这种打法常以进攻性的平高球快压对方于后场两底角，而后以空击吊球或劈杀引对方上网，再迅速上网控制网前，以网前搓球结合推后场底线制造对方回球的困难，以便伺机在后场大力扣杀。

4. 后场下压，上网搓推

我方在后场通过后场杀球，结合吊球，迫使对方挡网，我方快速上网控制网前，以搓球结合推球制造进攻机会，再用重杀或劈杀解决战斗。这是一种进攻型打法，具有快速凶狠的特点。

5. 守中反攻

利用拉吊及防守的球路变化，调动对手，找准对方的空挡或失误进行反攻。这种打法适于身体不高但较灵活的运动员。在防守中要善于控制落点、球路，调动对方在移动中勉强进攻，使对方急于求成而出现失误，或用以制造反攻的机会。

(二) 双打基本打法

1. 快攻压网

从发球抢攻开始，以左右分边站位，平抽平打、快速杀球为主，压对方的前场。这种战术要求运动员要有较好的半场平抽平打的技术，还要有较强的封网意识及快速的反映能力。

2. 前场打点

通过搓、推、钩的技术找对方的空隙进行攻击，打乱对方站位、破坏对方的战术，迫使对方起高球防守，为我方创造后场进攻的机会。

3. 后攻前封

我方队员前后场站位，后场逢高球就打下压球，迫使对方起高球，当对方回球到前场和网前时，前场站位的队员进行扑球等下压球。

4. 抽压底线

以快速的平高球或抽底线球压对方后场两点，即使对方杀球，也用平抽、挑后场到底线两点，伺机进攻。

第四节　羽毛球运动基本竞赛规则和裁判法

一、场地与器材

(一) 羽毛球场(图 12-29)

羽毛球场为一长方形场地，长度为 13.40 米，双打场地宽为 6.10 米，单打场地宽为5.18米。球场上各条线宽均为 4 厘米，丈量时要从线的外沿算起。球场界限最好用白色、黄色或其他易于识别的颜色画出。

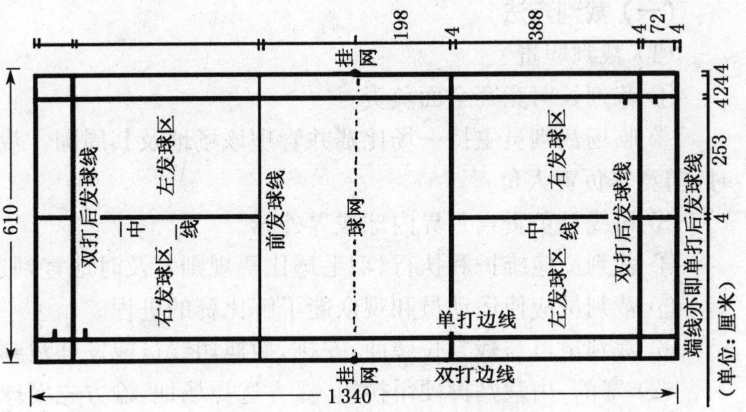

图 12-29　羽毛球场(单位：厘米)

按国际比赛规定，整个球场上空空间最低为 9 米，在这个高度以内，不得有任何横梁或其他障碍物，球场四周 5 米以内不得有任何障碍物。任何并列的两个球场之间,最少应有 2 米的距离。球场四周的墙壁最好为深色,不能有风。

羽毛球网长 6.10 米、宽 76 厘米,为优质深色的天然或人造纤维制成,网孔大小在 15～20 毫米之间,网的上沿应缝有 75 宽的双层白布(对折而成),并用细钢丝绳或尼龙绳从夹层穿过,牢固地张挂在两网柱之间。标准球网应为黄褐色或草绿色。网柱高 1.55 米,无论是单打或双打,两根网柱都应分别立在双打场地边线的中点上。正式比赛时,球网中部上沿离地面必须为 1.524 米高,球网两端高为 1.55 米。球网的两端必须与网柱系紧,它们之间不应该有缺缝。

(二) 羽毛球拍

羽毛球拍一般由拍头、拍杆、拍柄及拍框与拍杆的接头构成。一支球拍的长度不超过 680 毫米,其中球拍柄与球拍杆长度不超过 400 毫米,拍框长度为 280 毫米,宽为 230 毫米。标准羽毛球拍全长 675 毫米,也有 680 毫米长的。拍柄长度一般有三个规格:185 毫米,190 毫米,195 毫米。

(三) 羽毛球

国际羽联对于关于羽毛球的规格要求:

(1) 球可以有天然材料、人造材料或它们混合制成。只要球的飞行性能与用天然羽毛和包裹羊皮的软木球托制成的球性能相似即可。

(2) 球应有 16 根羽毛固定在球托部。

(3) 羽毛长 62～70 毫米,每一个球的羽毛从球托面到羽毛尖的长度应该一致。

(4) 羽毛顶端围成圆形,直径 58～68 毫米。

(5) 羽毛应用线或其他适宜材料扎劳。

(6) 球托底部为圆球形,直径为 25～28 毫米。

(7) 球重 4.74～5.50 克。

(8) 非羽毛制成的球,球的尺寸和重量应如规则(3)、(4)和(7)所述;但由于合成材料与天然羽毛在比重、性能上的差异,可允许不超过 10%的误差。

(9) 只要球的一般式样、速度和飞行性能不变,经有关组织批准,以下特殊情况可以不使用标准球:由于海拔获气候等条件不宜使用标准球时;只有更改才有利于开展比赛时。

二、竞赛规则和裁判方法

(一) 裁判方法

(1) 裁判职责

① 裁判长对竞赛全面负责。

② 临场裁判员主持一场比赛并管理该场地及其周围。裁判员向裁判长负责;未设裁判长时,向竞赛负责人负责。

③ 司线员负责宣判界内球或界外球。

④ 裁判员应维护和执行《羽毛球比赛规则》,及时地宣判违例或重发球等。

⑤ 裁判员应使运动员和观众能了解比赛的进程。

⑥ 裁判员可与裁判长磋商,安排,撤换司线员或发球裁判员。

(2) 赛前,由裁判掷硬币挑边,赢方选择场地,输方先发球。

① 交换场地:第一局结束;第三局开始前;第三局中,当领先的一方得分为 11 分时。

② 运动员未按规则的规定交换场区,一经发现立即交换,已得分数有效。

(3) 每场比赛采取三局两胜制。率先得到21分的一方赢得当局比赛，20平后必须有一方超出对方2分，本局才算结束，超出一方为胜，如果双方比分打成29比29，则率先得到第30分的一方取胜。

(4) 首局获胜一方在接下来的一局比赛中率先发球。

(5) 每场比赛有一次1分钟暂停，进行休息或场外指导。

(6) 参赛队员要按规定的比赛时间提前十五分钟到场，逾比赛时间十分钟不到者视为弃权，取消比赛资格；抽签后因故不参加比赛的参赛队按弃权处理，判对方获胜。

(二) 竞赛规则

1. 发球

(1) 合法发球。

(2) 发球时任何一方都不允许非法延误发球。

(3) 发球员和接发球员都必须站在斜对角发球区内发球和接发球，脚不能触及发球区的界线；两脚必须都有一部分与地面接触，不得移动，直至将球发出。

(4) 发球员的球拍必须先击中球托，与此同时整个球要低于发球员的腰部。

(5) 发出的球必须向上飞行过网，如果不受拦截，应落入接发球员的发球区内。

(6) 一旦双方运动员站好位置，发球员的球拍头第一次向前挥动即为发球开始。

(7) 发球员须在接发球员准备好后才能发球，如果接发球员已试图接发球则被认为已做好准备。

(8) 一旦发球开始，球被发球员的球拍触及或落地即为发球结束。

2. 计分方法

(1) 发球员的分数为0或双数时，双方运动员均应在各自的右发球区发球或接发球。

(2) 发球员的分数为单数时，双方运动员均应在各自的左发球区发球或接发。

(3) 如“再赛”，发球员应以该局的总得分，按规则前两条的规定站位。

(4) 球发出后，由发球员和接发球员交替对击直至“违例”或“死球”。

(5) 接发球员违例或因球触及接发球员场区内的地面而成死球，发球员就得一分。随后，发球员再从另一发球区发球。

(6) 发球员违例或因球触及发球员场区内的地面而成死球，发球员即失去发球权。随后，接发球员成了发球员，双方均不得分。

3. 违例

(1) 发球不合法。

(2) 发球员发球时未击中球。

(3) 发球时，球过网后挂在网上或停在网顶。

(4) 比赛时：球落在球场界线外；球从网孔或网下穿过；球不过网；球碰屋顶，天花板或四周墙壁；球触及运动员的身体或衣服；球触及场外其他人或物体(由于建筑物的结构问题，必要时地方羽毛球组织 可以指定羽毛球触及建筑物的临时规定)。

(5) 比赛进行中：运动员球拍，身体或衣服触及网或网的支撑物；运动员的球拍或身体从网下侵入对方场区，妨碍对方或使对方分散注意力；妨碍对方，如阻挡对方紧靠球网的合法击球。

(6) 比赛时，运动员故意分散对方注意力的任何举动，如喊叫，故作姿态等。

(7) 比赛时：击球时，球夹在和停滞在拍上紧接着又被拖带；同一运动员两次挥拍连续击中球两次；同方两名运动员连续各击中球一次；球触及运动员球拍后继续向其后场飞行。

(8) 运动员严重违反或一再违反规定。

4. 重发球

在以下情况,裁判员会宣布重发球:

(1) 在并非发球的情况下,羽毛球过网后挂在网上。

(2) 发球时双方的球员同时犯规。

(3) 在对方球员未有准备下发球。

(4) 羽毛球在比赛进行中解体。

(5) 司线员及裁判均未能判决球是否出界。

重发球时,双方积分不变,由原发球者继续发球。

5. 死球

下列情况为死球:

(1) 球撞网并挂在网上或停在网顶。

(2) 球撞网或网柱后开始在击球者这一方落向地面。

(3) 球触及地面。

(4) "违例"或"重发球"已被宣报。

6. 警告

(1) 对已被警告过的一方判违例。

(2) 对严重违反或屡犯者判违例并立即向裁判长报告,裁判长有权取消其比赛资格。

(3) 未设裁判长时,竞赛负责人有权取消违反者的比赛资格。

7. 发球后,比赛便算正式开始,双方球员交替击球,直至一方犯规或球落在其中一方的场区内为止

8. 单打比赛

当发球方的得分为零或偶数时,发球员及接发球员都应站在自己右方的发球区内准备发、及接发球。若发球方的得分为奇数时,双方便应站在自己左方的发球区内发球及接发球。在加分延长比赛阶段时,双方球员便应以该局的总得分在适当的发球区内站立。

发球区继续发球。若发球员犯规或球落在发球方的场区内,其发球权便告丧失,并得转对方发球,但分数则保持不变。

9. 双打比赛

(1) 任何一方获得发球权后,都必须先从自己右方的发球区内发球。发球后,只有接发球者一人才可击球,自此之后,双方任何一名球员均可将球回击对方,直至其中一方犯规或球落地为止。

(2) 若接发球方犯规或球落在接球方的场区之内,发球方便得1分,并且由原发球者继 发球。若发球方犯规或球落在发球方的场区之内,原发球者便不能继续发球,改为对方发球,双方的分数则按直接得分计分。

(3) 若该发球属该局的第一个发球权,则改由对方发球。

(4) 胜方的任何一名球员在下一局均可先发球,而负方的任何一名球员在下一局均可先接球。

10. 犯规

以下情况在羽毛球运动中皆属犯规:

(1) 发球不正确。

(2) 发球员在发球时击球落空。

(3) 发球时,球过网后挂在网上。

(4) 球落在场区以外的地方。

(5) 球穿过球网或在网下进入对方场区。

(6) 球不能过网。

(7) 球接触到运动员的身体或衣物。

(8) 球接触到场边的物体或人。

(9) 不在自己的场区内击球。

(10) 先以球拍停球,然后再把球送出。

(11) 同一球员连续击球两次或以上。

(12) 球过网前与同伴相继击球。

(13) 球员的球拍、身体或衣物触网。

(14) 球员的球拍或身体侵进对方场区。

(15) 阻碍对方合法击球。

(16) 故意以行动(包括大叫)骚扰对方球员。

第五节　羽毛球运动竞赛组织

一、比赛基本方法

羽毛球比赛的项目可分为团体比赛和单项比赛两大类。团体赛有男子团体和女子团体;单项赛有男子单打、女子单打、男子双打、女子双打和混合双打。团体赛和单项赛的竞赛办法主要有循环制和淘汰制两种,有时把两种方法结合起来使用。

二、羽毛球比赛编排

(一) 团体赛

团体赛编排一般采用分组循环和交叉淘汰的混合赛制。一般第一阶段采用分组循环,然后取出各小组前几名;第二阶段进行交叉淘汰决出比赛名次。当然,根据实际情况,第二阶段也可实行同名次赛制,等等。

基层羽毛球比赛可使用三场制或者五场制:

1. 三场制

(1) 每队 2～4 人参加比赛。共进行三场比赛,采用两场单打、一场双打比较常用。运动员兼项与否,通常由赛会规程规定,但一个运动员不能兼 2 场单打。

(2) 比赛场序常采用单、双、单。

(3) 采用三场两胜制,但小组赛阶段亦可赛完三场。

2. 五场制

(1) 每队 4～9 人参加比赛。常为三场单打、两场双打,共进行五场比赛。一般运动员可兼项,但不能兼同一个项目的比赛。

(2) 比赛场序为:单、双、单、双、单。

(3) 采用五场三胜,但小组赛阶段亦可赛完五场。

3. 混合团体

基层比赛有时采用进行男女混合进行团体赛，一般比赛编排为：

(1) 每队 4～9 人参加比赛。常为三场单打、两场双打，共进行五场比赛。一般运动员可兼项，但不能兼同一个项目的比赛。

(2) 通常为男单、女单、男双、女双、混双。

(3) 裁判长可根据运动员兼项情况调整场序。

(4) 混合团体一般采用五场三胜制，利于更多人参与比赛。

(二) 单项比赛

单项比赛一般采用淘汰赛制，但基层比赛也可根据参赛人数采用混合赛制。

三、赛程设计原则

(1) 必须符合规则规定的竞赛负担量。

(2) 在项目安排上，先单后双，先小后大，先女后男，先团体后个人，先短时间，后长时间，先一般，后精彩。

(3) 在场次安排上，前紧后松，前多后少；但在安排循环赛时，可考虑按中、多、少来排。

(4) 在每天的场次安排上应上午中、下午少、晚上多来安排。

(5) 原则上不拆轮，如非拆轮时，一定要遵守机会均等原则。

(6) 前一天晚上和第二天上午的比赛，因中间至少休息了 6 小时，故不应视为连续比赛。

(7) 全国锦标赛每节每场地不可超过 6 场。双打、混合双打比赛不可超过 7 场。全国青少年比赛不可超过 8 场。全国少年儿童比赛不可超过 10 场。

(8) 尽量充分利用场地，场地数变化不可太大。场馆利用合理。考虑裁判组分工均匀，劳逸结全。

羽毛球比赛用表见附录四

第十三章 网 球

第一节 网球运动概述

一、网球运动的起源与发展

在11世纪,法国的僧侣们为调剂单调的生活,消除无聊的烦恼,常常进行一种用手掌击球的游戏。开始是对墙击球,后采两人对击,有时在两人中间挂一条绳,这种流行于法国的掌球游戏便是古式室内网球的雏形。近代网球起源于英国。1873年,会打古式网球的英国少校温菲尔德,在羽毛球运动的启示下,设计了一种适用于户外的、男女都可以从事的网球运动。而现代网球发展在美国。许多国家和地区组织了网球协会并定期举行比赛。其中美国发展最好,水平最高。20世纪二三十年代是网球的黄金时代,美国出现了有史以来最好的选手。

19世纪末外国商人、传教士把网球运动带到了中国。旧中国从1910年第一届全运会开始到1948年第七届全运会都没有网球比赛。新中国成立后,1965年中国网球协会成立。在党和国家领导人的关心重视下,我国网球运动逐渐普及,运动技术水平逐渐提高。

二、网球运动的特点

(1) 网球运动有很强的娱乐性和观赏性。

(2) 网球运动的职业化,商业化,个体化。

(3) 网球运动锻炼的终身性。

(4) 网球运动是一种文明高雅、培养社交能力的运动。

三、网球运动的锻炼价值

(1) 增强体质,增进健康,延年益寿。

(2) 提高判断力,发展身体协调性,增强身体素质。

第二节 网球基本技术

一、网球握拍方法

(一) 东方式握拍(图13-1)

东方式握拍分正手和反手。正手握拍又称握手式握拍,用食指底部关节压住拍柄右垂直面;反手握拍是在正手握拍时,左手握紧拍颈,将右手向内转动90°,食指底部关节压住拍柄上平面。

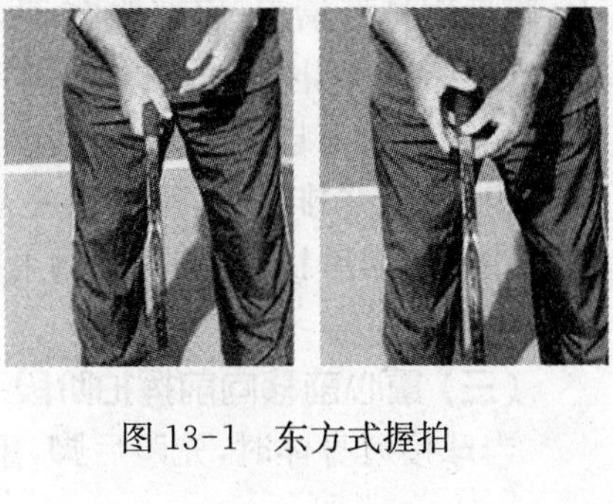

图13-1 东方式握拍

(二) 西方式握拍(图 13-2)

西方式正手握拍是将球拍平放在地上，手掌从上面握住拍柄，食指底部关节压住拍柄的右下斜面；西方式反手握拍是将正手握拍时的球拍上下颠倒，用同一拍面击球。

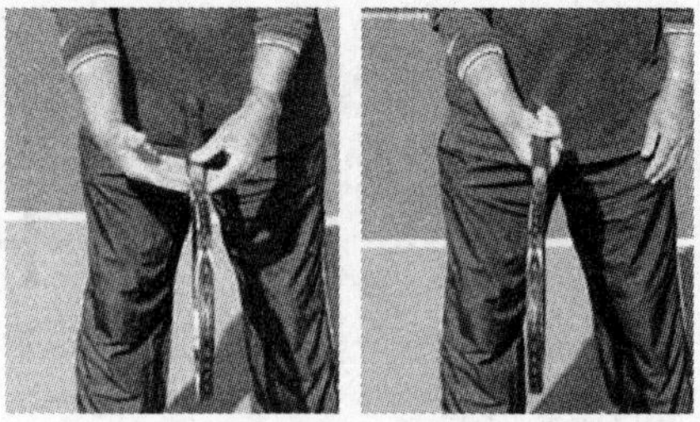

图 13-2 西方式握拍

(三) 大陆式握拍(图 13-3)

大陆式握拍，又称握锤式握拍。正反手击球都是一种方法，不需变换握拍方式。食指底部关节压住拍柄右上斜面。

(四) 双手握拍(图 13-4)

双手握拍一般用于反手击球，握拍方法变化很多。常见的握拍方法是左手的东方式正手握拍加上右手的东方式反手握拍，右手握在拍柄底端，左手握在拍柄上端。双手握拍也用于一些少儿的正手击球，握法与双手反拍相同，但是左右手的上下位置是颠倒的。双手击球不管正手、反手，一定要将与来球方向同侧的手握在拍柄上端，另一只手握在靠近拍柄的下端。

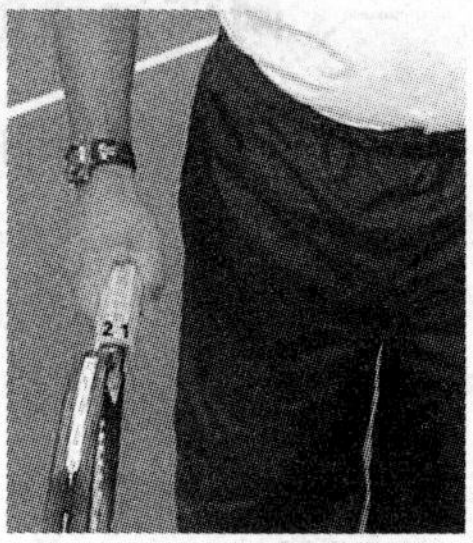

图 13-3 大陆式握拍

击球点与握拍方法有着密切的关系，一般来说，用西方式握拍法握拍时，击球点在身体稍靠前的位置上；用大陆式握拍法握拍时，身体应向后收，在稍后的位置上击球。此外，以握拍方法来说，西方式握拍法的击球点低且靠前；大陆式握拍法的击球点高而靠后；东方式握拍法正好在肚脐的高度击球，击球点大约在西方式握拍法与大陆式握拍法之间的位置上。了解自己的击球点是很重要的，可以用自己的球拍同别人的球拍合在一起互相推，或者用球拍推压球网，以找出最能发力，或者说是最容易用上力的位置，这就是自己合适的击球点。大陆式握拍法适合于打截击球、发球、高压球；西方式握拍法特别适合正手的击球；东方式握拍法则适合于打腰部高度的球。由于各种握拍法的不同特点，需根据不同的情况，分别使用不同的握拍方法是提高技术的一个方面。

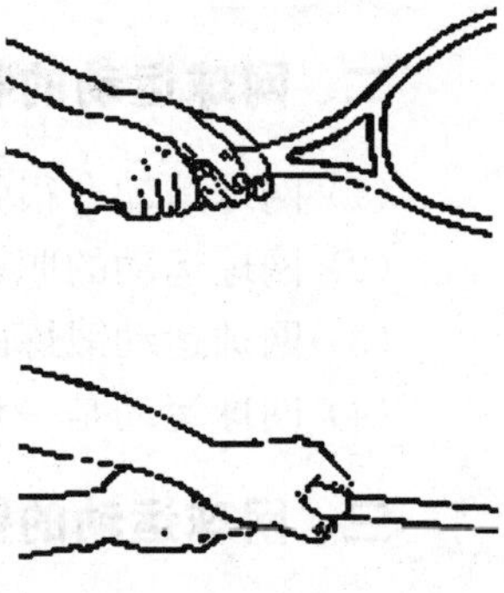

图 13-4 双手握拍

二、网球击球技术的环节

(一) 准备阶段

准备阶段站立时，两脚开立与肩同宽，身体放松，眼睛平视，双膝微屈，重心在两个前脚掌上，脚后跟稍稍抬起；肩部放松，两肘自然下垂，轻触腰两侧，保持拍头位置高于手腕。

(二) 侧身引拍阶段

当判断球来自正手方向时，迅速移动，尽早向后引拍。首先以右脚为轴，转体侧身，左脚向前踏出，两脚并排站立，重心落在后脚，保持两边肩膀水平；转体的同时，右臂收紧于腋下，自然直线水平向后拉拍；拍头稍向上指向后方，并低于来球高度，且拍面接近垂直地面，拍柄底部正对来球。

(三) 重心前移向前挥拍阶段

当球接近身体时，先蹬后脚，重心前移，同时转体、转肩，左手指向来球，右手持拍顺势向前向上挥出。手腕要固定，拍头一定要垂直地面直至将球水平击出。击球点的位置在前脚的侧前方，固定与腰齐高。在球接触球拍时，重心已在前脚，收紧下巴，眼睛盯球，右手充分将球向前送出，尽量延长球与球拍接触的时间，想像是用手掌心将球推出。

（四）随挥动作阶段

在球离开球拍后，继续将球拍向前向上挥出，使右臂自然接触下巴，拍头挥至左前上方，并用左手扶住拍颈；右脚尖要停留在地面上，鞋底面正对后挡网，重心充分停留在前脚，并站稳身体。

三、网球正手击球技术

正手击球是指在本人握拍手同侧的地方对落地球的打法，它是网球基本技术中最常用的击球方法，是初学者最先学习的技术。正手击球的动作，从理论上讲，动作比，较深长，击球有力，速度也较快。在比赛中正手击球的机会比较多，正手击球后，可使本人在场上的位置更有利。

（一）正手击球技术环节

1. 准备姿势

面对球网，双脚向前自然分开与肩同宽，双膝微屈身体略向前倾，重心落在双脚的前脚掌上，右手握拍，左手轻托拍颈，双肘微屈，球拍舒适地放在身前，托面垂直于拍头指向对方，两眼注视对方来球，作好击球准备。

2. 后摆引球

当判断来球需用正拍回击时，转动双脚，左脚跟抬起并向右倾前方上步，右脚向右转 90°与底线平行，同时转肩转髋带动右手向后摆动引拍（此为关闭式步法，适用于初学者转体；另一为开放式步法，左脚不必上步，两脚平站但需要更多的向右转体动作），引拍时肘部弯曲、自然下垂，拍头低于膝盖，左手伸向前方，保持身体平衡，后摆引拍时身体重心移向右脚，左肩对着右侧的网柱，手腕固定，挥拍转动约 180°拍头指向后挡网。

3. 击球动作（前挥击球）

从后摆进而向前挥动时紧握球拍，手腕后伸、固定，用力登脚，转动身体和挥拍，正拍的击球点在身体的右侧前方不超过腰的高度，击球时的挥拍速度最快，球打在拍面的中心，击球挥拍时的拍头是自上而下的臂挥动使球稍带上旋球。

4. 随挥跟进动作

球触拍后，使拍面平行于网的时间尽量长些，挥拍沿着球飞行的方向前送，重心前移落在左脚，身体也随着转向球网，挥拍动作在左肩上方结束，拍头指向上方高出头部。随挥跟进动作要比后摆动作大而充分，保证击球的稳定性，随挥跟进结束，立即恢复准备姿势，准备下一次击球。

（二）正手击球技术要领

1. 准备姿势（图 13-5）

正面对网，两脚自然开立约同肩宽，两膝微屈，重心放在两个前脚掌上，上体略前倾，两手持拍置于腹前，左手扶住拍颈，拍头与手腕平高或略高于手腕，右手采用一种正手握拍方法。同时，两脚也可不停地轻微跳动，使身体重心随时可以向任何方向起动，即呈现一个轻快而富有弹性的准备姿势。

图 13-5 准备姿势

2. 击球动作

当你判断对方打来的球是你的正拍时，重心后移（图 13-6(a)）左脚前踏，左肩对网，左脚与底线约成 45°，右脚与底线平行（图 13-6(b)）。

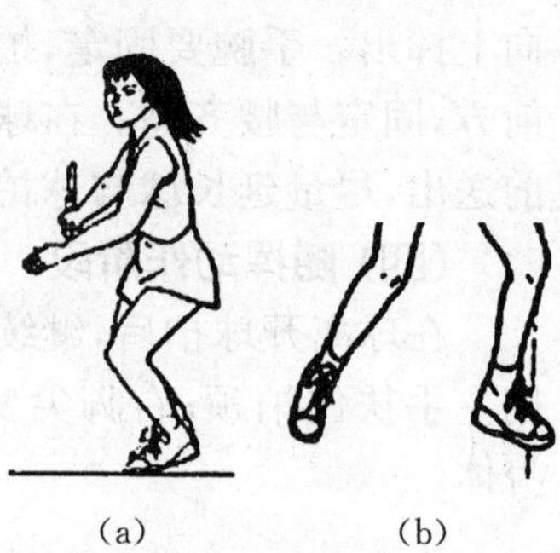

图 13-6　击球动作

击球时应以肩关节为轴，手腕要关闭（不要动），用大臂挥动带动小臂、手腕及球拍，球拍面在整个击打过程中应保持与地面垂直或者略开一点，球拍从后引开始到向前挥击应是一个完整动作（图 13-7）。

3. 击球点和高度

球拍与球接触的那个点即为击球点。击球点一般在左脚右侧前 90～120 厘米左右处，在此点击球是比较有力量的（图 13-8）。

（三）容易产生的错误及改进方法

（1）击球时手腕先行，拍头落后。产生错误的主要原因，向后引拍时，后摆动作过大，肘关节伸直，因此前挥动作缓慢，致使击球点落于体侧。向前伸够击球时，拍头应作为手臂的延长部分挥向击球目标，手腕固定，确保球拍不摆动。

图 13-7　击球完整动作

图 13-8　击球点

（2）击球时身体重心高，造成拍头下垂。原因是向前跨步太小，两脚距离较近，既影响重心下降又妨碍了重心前移。

（3）到位不充分。①还击的准备动作不认真，没有做到随时向任何方向起动。②对来球的方向预测不够，没有做到在来球过网前就开始转移身体重心。③距离感较差。对来球力量的大小、落点的远近判断差，因此到什么位置上去击球找不准。要用在墙壁上击打凌空球的方法来加强和提高距离感的素质，改善判断能力。④在体侧击球。由于站位不好或者前挥太迟都能造成在体侧击球，而没有把击球点放在右前方的正确位置上，造成重心不稳，击球无力。

（四）基本的练习及纠正方法

1. 球性练习

（1）徒手挥拍

① 完整的正手动作；

② 击球时稍有停顿，观察拍面是否正确；

（2）移动挥拍（正手）

① 单人练习方法

a. 原地对着档网站立，自抛球，用正手打不落地球；打一定次数后，再打落地反弹后再下降至腰高的球；

b. 站在底线后，用多个球练习。分别练习正手击打不落地球过网，然后击打落地球过网。

c. 对墙稍远站立，正手击打落地球上墙，反弹落地两次后，再连续正手击打，反复练习；

d. 与墙保持一定距离，进行正手连续击球，在保证技术动作完整的基础上，争取打多个回合而不失误。

② 两人练习方法

a. 一人面对档网 3 米左右站立，另一个人背靠档网正面抛球，让同伴进行击球练习。视掌握动作的熟练程度，逐渐拉长击球距离，反复练习；

b. 一人站在底线中间，另一人站在前方相距 3 米左右的地方抛球给他，让其进行多球的正手击球练习。一定次数后，再后移 3 米抛球，反复练习；

c. 一人站在底线中间，另一人站在网前用球拍喂送多球，让同伴进行正手多球练习，在练习过程中，送球的落点逐渐向两侧移开，加大难度。要求每次击球结束后，迅速回到底线中间，准备下一次击球；

d. 学生站在底线中间，老师站在网前送正手球，并截击学生过网回球，将球再次送到学生身旁，让其进行连续多回合的正手击球练习；

e. 在发球区内进行小场地对打落地球练习。将球尽量打在发球区内，分别进行连续多回合正手击球。

四、双手反拍抽击球

“反手”的意思是手背，所以一定要有用“手背打球”的意识。反手击球的前挥与正手时的前挥有着很大的不同。由于反手的击球点要比正手靠前，因此要早些开始做挥拍动作，击球点以右肩为基准来确定，沿着球的飞行路线像推打那样做挥拍动作。随挥越充分，对球的控制就越好，球也打得深。反手击球由单手反手、双手、单手削球。

(一) 反手击球动作技术

1. 握拍方法

右手按东方式正拍握法握住球拍，左手放在右手上端，同时按左手东方式握拍方法握拍。

2. 反手击球技术动作要领(图 13-9)

从开始挥拍到结束挥拍，动作要正确，这是非常重要的。正确的握拍，击球前的步法移动，击球时的重心转移，身体的平衡，握拍方法及击球点等构成一个完整的挥拍动作。也就是说，挥拍动作不只是单纯的挥动嫁拍；而是一个从准备动作开始的连续完整动作。挥拍动作由六个阶段组成：准备姿势，后摆，前挥，击球，随挥，回到准备姿势。

图 13-9　反手击球技术动作要领

(1) 准备姿势(以右手持拍为例，下同)：面对球网，双脚开立，略比肩宽，膝部放松，上身稍向前倾，重心稍放在脚尖上。右手轻握拍柄，左手扶住球拍，球拍置于肚脐与胸的高度之间。两肘轻触腰侧部，目光注视着球。重要的是身体要放松，肩部和握拍要放松，过于用力就无法顺利地进入挥拍动作。要根据来球迅速地做出反应，判断是正手击球还是反手击球，要能随时进行移动。

(2) 后摆：后摆是进入挥拍击球之前向后挥摆球拍的动作。后摆分为：从上往下，直线，从下往上三种。

(3) 前挥：确定了击球点，能正确地后摆之后；要盯住球，保持拍面的稳定，尽可能地水平挥拍。要做到身体放松，注意力集中在击球动作上。从后摆开始到击球时为止，臂部要尽量地伸展挥出，这时还要注意不要仰头。

(4) 击球：在向前挥拍时，手腕要固定以保持拍面稳定，但是握拍要放松，在击球的一瞬间再猛力握紧。

(5) 随挥：球拍向挥拍方向随势挥出，随挥动作幅度要大，如果中途有停顿，会减少威力，还会打乱自己的节奏。

(6) 回到准备姿势:随挥后的手臂平缓地收回到身体的中心,做好再次击球的准备,动作要流畅。

3. 双手反拍的检查要点

(1) 看球,而不是看对手。

(2) 迅速移动到击球位置,并正确地做好后摆。

(3) 击球时,前臂保持伸直,手腕要绷紧。

(4) 出球时,重心前移,以产生大的力量作用于球上。

(5) 当球离开球拍时,重心要落地前脚上。

(6) 挥拍稍向上,球拍随球送出。

(7) 在身体另一侧的高处结束随挥动作。

五、发球技术

(一) 发球技术动作要领

1. 握拍

大陆式或东方式反拍握拍法。

2. 准备姿势

全身放松,侧身站立在端线外中场标记近旁边(单打),左肩对着左边网柱,面向右边网柱,两脚分开约同肩宽,左脚与端线约成 45°,右脚约与端线平行,重心在左脚上。左手持球轻托球拍在腰部,拍头指向前方。呼吸均匀,精神集中。

3. 抛球与后摆

抛球与后摆拉拍动作是同步开始的,持球手拇指、食指和中指三指轻轻托住球,掌心向上。当球拍向下向后引拍时,待球手同时下降至右腿处,紧接着当球拍从身后向头上方做大弧 度形摆动,身体做转体、屈膝、展肩时,持球手柔和地在身前左脚前上举,直至伸高及头顶。抛球动作要协调、平稳,球送至最高点再离开手指抛向空中。此时右肘向后外展约同肩高,拍头指向天空,左侧腰、胯成弓形状,身体重心随着抛球开始先移向右脚,然后平稳地开始前移。此刻,肩与球网成直角。

4. 击球动作

当左手抛出球时,球拍继续向上摆起,这时握拍手的肘关节放松,可以使向前转动的身体和右肩自动地使手臂产生一个完美的绕圈(注意不是故意叫拍子去做手臂动作)。当球下降至击球点时,迅速向上挥 拍击球,左脚上蹬,使手臂和身体充分伸展,当身体向前上方伸展击球时,肩、手臂已经回转,双肩与球网平行。

挥拍击球时,持拍手腕带动小臂有一个旋内的"鞭打"动作,这就是发球发力的关键动作,也是其他诸如重心前移、蹬腿、转体、挥拍等力量聚集的总和。

5. 随挥动作

球发出后,身体向场内倾斜,保持连续的完整的向前上方伸展的随挥动作。球拍挥至身体的左 侧(美式旋转发球球拍随挥至身体的右侧),重心移向前方,做到完全自然地跟进并保持身体平衡。

(二) 发球的分类及其方法

发球基本分三种:平击发球、切削发球和上旋发球。每一种发球都有自己的特点和用途,好的发球具有相当大的攻击力，并使发出的球在速度、力量、旋转和落点方面有变化。

1. 平击发球

平击发球在诸种发球中是球速最快的发球法，也叫谓炮弹式发球。该发球不但球速快，而且反弹低。如果身材高大就可以借助高点击球的空中优势直接进攻对方；如身材较矮小或女选手就不宜使用平击发球。这种发球虽然力量大、球速快、威胁大，但命中率比较低。

发平击球时的击球点应在身体的右眼前上方，以拍面中心平直对准球，击球的后中上部。因此手腕的向前拌甩和前臂的"旋内鞭打"非常重要，身体充分向上向前伸展，以获得最高击球点，以提高发球命中率。

2. 切削发球

这是一种以右侧旋转（略带下旋）为主的发球法。就是由球的右上往左下切削击球。由于切削发球的飞行轨迹及弹跳方向所定，该发球不但球速快，威胁大，而且容易提高发球命中率。为此被世界各国多数运动员所采纳。

发球时把球抛到右侧斜上方，球拍快速从右侧中上方至左下方挥动。击球部位在球的中部偏右侧，使球产生右侧旋转。

3. 上旋发球

这是以上旋为主，侧旋为辅的发球法。由于球的上旋成分多于切削发球，使球产生一个明显的从上向下的弧形飞行轨迹过网，发力越强，旋转成份越多，弧形就越大，命中率也越高；落地后高反弹到对方的左侧，迫使对方离位接球，给对方造成很大压力，同时为发球上网带来足够的时间。

发上旋球时把球抛到头后偏左的位置，击球时身体尽量后仰成弓形，利用杠杆力量对球加旋转，球拍快速从左向右上方挥动，从下向上擦击球的背面，并向右带出，使球产生右侧上旋。

（三）发球技术常见的错误动作及纠正方法

发球是网球比赛中最重要同时也是最难掌握的技术。有以下常见错误。

（1）抛球时身体失去平衡，太早向前移动你的重心。

（2）抛球和挥拍没有节奏。

（3）握拍太紧，使手臂到肩膀的肌肉过度紧张。

（4）发球太平。

（5）在最高点击球时没有扣腕。

1. 改进发球平衡的方法

（1）发球练习时光抛球不挥拍击球，当球在最高点时喊"peak"。

（2）试了四五次后注意球在最高点时你身体的重心。

（3）如果身体重心不在两腿间则需改进。

2. 改进节奏的方法

发球由抛球和挥拍两部分组成，但经常抛球的高度破坏了挥拍击球的节奏，经常是当抛球太高时，挥拍进行到一半等球落下来。

试一试下面的练习，站在底线或中线上，无球完成整个发球动作，这个练习让你熟悉你的发球动作，从蹬腿，转髋，上身，肩膀到手臂。常常这练习会让你发现发球时平衡和节奏存在的问题。

当你熟悉了发球动作后，开始数一二三以培养节奏感，大致上是数一身体开始转动，数二抛球，数三转身向上击球。练习得越多，你发球的节奏感就会自然形成。

3. 握拍太紧

好的发球的关键是握拍要放松，三指发球是指发球时你的大拇指，中指和无名指握拍，而食指和小指是放开的，握拍要领：

(1) 试一试用不同的松紧度握拍来发球。

(2) 试一试你是不是可以只用中指和大拇指握拍来发球。

4. 旋转

侧旋或上旋发球让球过网后下坠，使发球更容易落在发球区内，成功率更高。也使你可以更有自信地加快挥拍速度。要发旋转球，你需要改变握拍，可试着用大陆式握拍来发球。

发上旋球：

(1) 让你的手掌边缘带动你的球拍，大拇指指向后方；

(2) 在击球前你的手感到有拉的感觉；

(3) 全力发球，不管你的球一开始飞到那里；

(4) 如果球向左偏，调整你的挥拍向右些。

5. 扣腕

秘诀是强有力地挥动然后特然停顿甩动。好的发球手发球就像是在轻松地挥动鞭子，在挥拍的最高点手实际上慢下来而拍头加速。扣腕要领：

(1) 注意你挥拍加速击球和随挥时手臂的速度；

(2) 感觉你手臂向上击球时的加速度；

(3) 感觉你拍头击球时的加速度；

(4) 感觉你击球后随挥慢慢减速；

(5) 在挥拍的最高点扣腕像个倒写的“V”。

第三节　网球基本战术

你在能把球打过网的那一天起，在理论上来说，你就具备了打比赛的条件。网球运动比的是控制。包括对球的控制，对自己情绪的控制，对自己注意力的控制，对力量的控制等等。技术是控制的基础，而战术是控制的实施。

一、网球比赛打法的三大类型

(一) 底线型

运动员基本上保持在底线抽球，较少上网，或利用球的落点；速度和旋转变化打出机会时偶尔上网。近年来，在上网型打法的威胁下，出现了一种攻击性的底线打法，运动员用凶猛的底线抽击使对方难以截击。

(二) 上网型

积极创造一切机会和条件上网，发球后积极争取上网，并在空中截击来球，使对手措手不及。这种打法积极主动、富有攻击性，但也有一定的冒险性！上网后利用速度和角度造成对手还击困难。

(三) 综合型

底线和上网两种打法综合使用，结合对手情况采用不同打法，随机应变。

二、网球比赛单打战术

在网球的单打比赛中，对运动员体力和精神的要求都很高。队员在熟练掌握、合理运用网球的基本技术，充分利用战术来进行比赛，队员只有具备了网球的各种击球技术，长时间紧张比赛的耐久力，才能在单打比赛中取胜。网球比赛中运用战术的目的是：争取进攻，保持主动，把球打到使对手无能为力的地方。如果你掌握了各种击球技术，就应该用它来控制比赛。对强有力的正手击球者来说，当遇到对手打来的正手短低球时，不要过分地急于求成而造成还击失误，比较好的处理方法是用放小球或直斜球回击，其成功率是很高的。不要企图每次都用大力杀球得分，这反而容易造成失误。打斜线球经常需要在跑动中击球，而打直线球则可以在身体稍稳定后再击球。不管采用什么战术，都不能忽略打网球的主要原则——稳定性。比赛中，你可能打出许多漂亮的得分球，但若得分与失误相等的话，那你所有的得分就是等于零。所以，在具备了各种基本技术的基础上，必须根据比赛场上的具体情况，合理运用不同的技术，才能保证击球的稳定性，保持场上的主动，最后赢得比赛的胜利。在单打比赛中采用的战术，一般分为进攻性和防守性战术。

三、网球比赛双打战术

初学者在人数允许的情况下最好先练习进行双打比赛，因为在双打赛中是两人协同作战，每个球员可以比单打比赛承担相对小的防守面积和压力，而在回球时却又由于场地面积增大而有比较大的攻球范围，这种环境对于技术尚不过硬的初学者来说无疑是非常宽松的，如果一开始就进行单打比赛，那么仅是大范围的跑动击球就足以使球员心力交瘁了。另外，常常进行双打比赛还能够在一定程度上培养球员容忍、信任、协作、共进的团队精神，促进球员之间的相互交流，增进彼此间的友谊，这些都是很有益的。从赛场上的战术来讲，双打讲究整体的配合，而配合一方面是意识、意念上的感应，另一方面则是技术上的取长补短。一对选手如果能把这两方面与正确的战术组织结合起来，那么这对选手的实力将远远超过两个人实力相加之和。

四、网球比赛战术的具体实施

网球比赛战术根据运动员的个人特点以及在比赛中通过体能、运动技术、运动心理以及运动智能的实施，可以把网球的战术分为初级战术和高级战术两种。

(一) 初级战术

初级战术的主要特点是保护自己的弱点，攻击对方的弱点。

(1) 打对方的反手：不管和谁比赛，第一个原则就是打对方的反手。

(2) 打对角球：当你和对手底线相持的时候，如果没有好的机会尽量打对角球。

(3) 打高球：在网球比赛中，最应该避免的就应该是下网球了。

(4) 绕到反手位打正手球。

(5) 把球发过网。

(二) 高级战术

高级战术在某种意义上和初级战术是差不多的，都是保护自己的弱点，攻击对方的弱点。但不同的地方在于，它所结合的心理的成分更多。

(1) 发球上网战术。就是依靠发球的优势，上网主动截击得分的战术。

(2) 穿越球战术。这是一种针对上网战术而产生的反击型战术。对付上网型选手的办法也是不要让他有节奏。具体地说，就是打不同的球给他。

(3) 底线战术。高级底线战术的原则是首先稳住把球打到对方的底线附近，然后等待机会，占据中场，或上网得分。

第四节　网球运动基本竞赛规则和裁判法

一、场地、器材及服装要求

一块标准的网球场地，一般占地面积应不小于670平方米(长36.60米，宽18.30米)，其中双打场地标准尺寸为长23.77米，宽10.97米。长方形的场地再用球网横隔成两个等区，其中球场两端的界线称为端线，球场两边的界线称为边线。在球网两侧6.40米处的场内各有一条与球网平等的横线，这是“发球线”。连接两发球线的中点有一条与边线平行的线称“中线”。在发球线与边线之间的地面有四个相等的区域，这就是发球区。网球场地最初有天然草坪和泥地(沙地)两种，现在又出现了人造草皮网球场地以及面层材料不同的塑胶网球场地等。

网球的球拍为带长柄的椭圆形框子，框上用羊肠弦、牛筋弦或尼龙线穿织成拍面。球拍框子可用木质材料、轻质金属或石墨制成。拍柄圆周为11.4～12.7厘米。球拍重量男子为168.6～396.9克，女子为340.2～368.6克。球呈白色或黄色，由橡胶制成，外层覆盖均匀无缝的羊毛和尼龙的混合物质。球的直径为3.35～6.67厘米，重量为56.70～58.47克。其弹力要求是：从2.54米的高处自由落下，能在混凝土地面上弹起1.346～1.473米。

网球的服装要求也是自成体系，别具一格。男性要穿翻领上衣、短裤，女性要穿短裙子，给人一种朝气蓬勃、健康向上的美感。

二、网球运动主要规则

(一) 发球员和接发球员

运动员应各自站在球网的一边，先发球的运动员叫发球员；另一边的运动员叫接球员。比赛开始前由比赛双方用掷钱币的方法来决定选择场区或首先发球权、接发球权。得胜者，有权选择或要求对方选择。选择发球或接发球权，应让对方选择场区。选择场区，应让对方选择发球或接发球。

(二) 发球

发球是指在指定的区域里用手将球向空中任何方向抛起，在球接触地面以前用球拍击球，球拍与球接触后，该动作称发球。发球员在发球前，应先站在端线后、中点和边线的假定延长线之间的区域里，并且对方已经作好了接球准备时，才可以发球。发球时的击球瞬间不得踏线、进入场内或越过中点、边线及其假定延长线。一旦违例按失误处罚。

(三) 发球员的位置

每局开始发球时，发球员应先从右区端线后发球，得(失)一分后，应换到左区发球；这样每得(失)一分，就轮流交换发球位置。如发球位置错误而未察觉，比分仍然有效；一旦察觉，应立即纠正。

(四) 第二次发球

发球员第一次发球失误后，应在原发球位置进行第二次发球。如第一次发球失误后，发觉发球位置错误时，应立即纠正错误，改在另区发球，但只能再发一次球。

(五) 发球次序

每一局比赛结束,接球员成为发球员,发球员成为接球员。以后每局结束,均依次互相交换直至比赛结束。如发球次序发生错误时,发觉后应立即纠正,由轮及发球的球员发球。发觉错误前,双方所得的分数都有效。

(六) 交换场地

双方应在每盘的第一、三、五等单数局结束后,以吸每盘结束双方局数之和为单数时,交换场地。如一盘结束,双方局数之和为双数,则不交换场地,须等下一盘第一局结束后再进行交换。如发生差错未按正常顺序交换场地,一经发现,应立即纠正场区,按原来顺序进行比赛。

(七) 得分

发球双误,对方得分。还击球落网飞出界或触击场固定物时,对方得分;在“活球期”,运动员的身体或衣物的任何部分触及球、球网及对方场地时,对方得分;抛拍击球或拍子两次击球对方得分;对方来的球,在本场地跳动两次才还击或还击失误,对方得分;过网击球对方得分。

(八) 胜一局

运动员每胜一球得一分,胜第一分记分 15,胜第二分记分 30,胜第三分记分 40,先得四分者胜一局。但遇双方各得三分时,则为“平分”。“平分”后,一方先得一分时,为“该运动员占先”。“占先”后再得一分,才算胜一局。如一方“占先”后,对方又得一分,则仍为“平分”,依此类推,直到一方在“平分”后净胜两分结束。该局,为胜一局。

(九) 胜一盘

一方先胜 6 局为胜一盘。但双方各得 5 局时。有两种计分法:

1. 长盘制

在局数成 5∶5,6∶6 之后,一方需再净胜 2 局,才算胜该盘。

2. 决胜局计分制

决胜局计分制必须在比赛前宣布,才有效。当局数比分为 6 比 6 之后,第 13 局为决胜局。决胜局采用先得 7 分者胜该局及该盘。如果分数为 6 比 6,则需一方再净胜 2 分才能为胜该局及该盘。决胜局应全部采用数字计分制。第一分为 1;第二分为 2;……;第七分为 7;由轮到发球的发球员在右区发第一分球后,即改由对方依次在左区和右区发第二、三分球;此后轮流交替发球,每人连发两分球,直至决出该局与该盘的胜负为止。其中第一分球均应在左区发球。如果出现从错误的半区发球,在发觉前已得的分数均有效,在发觉后应立即纠正错误的站位。运动员应在双方得分之和为 6 分及决胜局结束时,交换场地。在决胜局首先发球者;在下盘第一局中为接球方。一般在三盘二胜制的第三盘及五盘三胜制的第五盘,不采用决胜局计分制,采用长盘制。

单打比赛的规定都适用于双打比赛。轮到发球的运动员发第一分球,此后,发球次序仍按该盘比赛中原先的发球次序排定,每人轮流交替发两分球,直到决出该局与该盘的胜负为止。

(十) 最多盘数

一场比赛最多盘数,男子是五盘,女子是三盘。

(十一) 双打发球次序

在第一局先发球的那对选手应该决定哪一名先发球,他们的对手应该在第二局作同样的决定。第一局先发球的运动员的同伴在第三局发球;第二局发球的运动员的同伴在第四局发球。

(十二) 重发球和重赛

合法的发球触网后落到发球区内、接球员未作好准备时、在落地前触及接球员的身体或其穿戴的物件，为重发球。活球期间球破了、妨碍运动员击球时、裁判员错判影响运动员还击时，为重赛。

（十三）竞赛项目

网球比赛一般有四个项目，即男女团体赛、男女单打、男女双打和混合双打。

第五节　网球运动竞赛组织

近年来，网球运动得到了大力发展，网球爱好者的平均水平也在不断提高。为了满足爱好者的要求，社会上一些管理网球场馆的公司以及网球活动开展得较好的一些高校，相继举办了各种业余赛事，有效地推进了网球运动的持续性发展。所以，从社会效益和经济效益的双重角度出发，组织业余网球爱好者比赛越来越被人们所重视。举办网球比赛需要明确以下几个方面的内容：

一、网球比赛的组织

任何一种比赛，都要经过赛前的周密安排，以确保比赛的顺利进行，并取得圆满成功。

(1) 确定比赛的名称。一般包含了比赛性质、比赛对象、比赛赛制、比赛举办单位等内容。

(2) 确定比赛的目的和任务。比赛的目的是为了普及推广网球运动，满足广大爱好者的参赛要求；还是提高网球场馆公司的影响、收入；或者是为了激发学生的网球热情，扩展高校学生素质教育的内容。

(3) 明确比赛地点和时间。比赛地点应该包括具体场地地址、场地种类和编号。比赛时间越详细越好，并结合具体比赛轮次，给场地编号，以便参赛者更好地了解比赛进程，做好准备。

(4) 参赛单位。是指以个人自由报名参赛，还是按单位选拔推荐参赛；是个人赛还是团体赛。

(5) 参加人数。包括单项参赛人数安排和团体参赛人数安排。单项参赛人数最好能接近 2n，团体参赛的各单位人数以两人或两男两女为最佳方式。

(6) 年龄限制。根据不同性质的比赛，如少年比赛、青年比赛、中年比赛、老年比赛等，来确定具体的参赛年龄限制。一般来说应允许少儿参加成人比赛，中老年人可以参加青年组比赛。

(7) 性别归类。一般比赛分为男子比赛和女子比赛，还有一种是男女混和双打比赛。另外，有些业余赛事，应允许女性球员参加男子比赛，但男性却不能参加女子比赛。

(8) 比赛办法。

① 比赛的形式主要有单项和团体赛。单项比赛有男女单打、男女双打、混和双打等。团体比赛有循环联赛和相互淘汰赛。

② 比赛的赛制有淘汰制，单循环制，混和制三种。

③ 每场比赛取胜的规定，主要有三盘两胜制、五盘三胜制和八局先胜制。一般业余赛事都采用八局先胜制。

(9) 竞赛规则以国际网联的通用规则为准。

(10) 奖励办法。包括录取名次、个人积分、奖杯、证书、奖金等形式。

二、比赛方法的确定

网球比赛属于个人项目，所以国际上除了戴维斯杯、联合会杯等几个团体赛事外，基本上都是以个人形式参加的单项赛。国内也是以个人参加的巡回赛居多。所以根据实际情况，网球赛大多采用单淘汰制，个别的比赛，组委会也会根据实际情况安排其他的比赛方式。比赛方法的选用要依据比赛的目的、场地、参加的队数（人数）等条件而定。具体分为单淘汰赛、单循环赛、混合制。

三、网球比赛规则

网球比赛规则：一局比赛由一名运动员发球，俗称发球局，每胜一球得 1 分，先胜 4 分为胜一局，记分方式为 15，30，40，40 平为平分，平分后净胜两分为胜一局，平分后得分的一方为发球占先或接球占先，记分牌显示为 A。

一方运动员先胜 6 局为胜一盘，双方各胜 5 局时，一方净胜两局为胜一盘，双方局数为 6 平时，一般比赛采取短盘制，即抢 7 局，一方先得 7 分为胜该局及该盘。四大公开赛的决胜盘一般采用长盘制，一方净胜两局为胜该盘。

一般公开赛或巡回赛采用三盘两胜制，四大公开赛和 ATP 总决赛采用五盘三胜制。比赛中，双方运动员只在单数局比赛结束后交换场地休息，休息时间为 90 秒。

四、注意事项

（1）在确定比赛场地和时间安排时，要保证充分使用场地，不可因安 排不当而造成场地和参赛人员的闲置。

（2）比赛时间的安排还应考虑到，保证球员有一定的休息间隔，并能承受在一定时间内的比赛场次和比赛强度。

（3）一般团体赛的安排是先进行单打，后进行双打，因此应使身兼单打和双打两项比赛球员的比赛场次隔开，不要让其连续作战。

（4）在选择比赛办法时，一定要考虑到比赛总场次和比赛所需的总时间。尽量安排得紧凑，避免当日的比赛时间过长和整个比赛天数太多。一般的业余赛事，最好选择星期六、星期日进行比赛。

第十四章 游泳运动

第一节 游泳运动概述

游泳运动是指运用头部、躯干、手臂、腿的动作，使身体在水中活动或游进，主要包括竞技游泳、实用游泳等，是男女老幼都喜欢的体育项目之一。在古代，居住在江、河、湖、海一带的古人根据当时生活和劳动的需要，必须熟悉水性，必有其蹈水之道，在人和水的斗争中和在渔猎生活中，人们可以采取的泅水方法和驾驭水的各种形式。

现代游泳运动起源于英国。17 世纪 60 年代，英国不少地区的游泳活动就开展得相当活跃。1828 年，英国在利物浦乔治码头修造了第一个室内游泳池，这种泳池到 19 世纪 30 年代，在英国各大市城相继出现。1837 年，在英国伦敦成立了第一个游泳组织，同时举办了英国最早的游泳比赛。1869 年 1 月，在伦敦成立了大城市游泳俱乐部联合会（现英国业余游泳协会前身）并把游泳作为一个专门的运动项目正式固定下来。并随之传入各英殖民地，继而传遍全世界。

随着游泳运动的发展，游泳被分为实用游泳和竞技游泳两大类。实用游泳又分为侧泳、潜泳、反蛙泳、踩水、救护、武装泅渡；竞技游泳分为蛙泳、爬泳、仰泳、蝶泳。

第二节 游泳基本技术

一、蛙泳（图 14-1）

蛙泳是一种模仿青蛙游泳动作的一种游泳姿势，也是一种最古老的泳姿。蛙泳姿势是人体俯卧水面，两臂在胸前对称直臂侧下屈划水，两腿对称屈伸蹬夹水。因为蛙泳易学，且较省力，易持久，实用价值大，所以是游泳初学者的首选泳姿，也常用于渔猎、泅渡、救护、水上搬运等实际工作中。

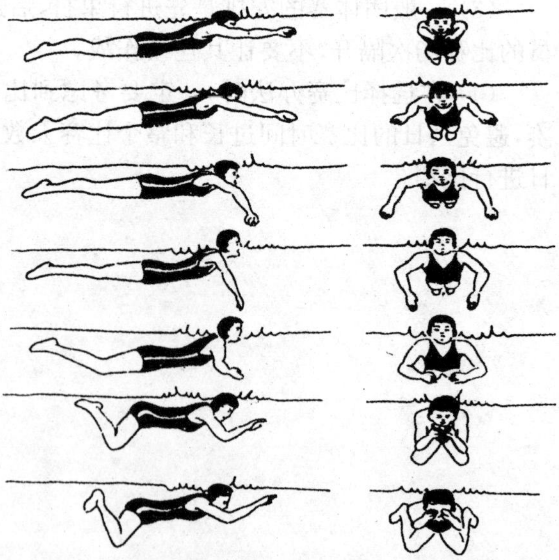

图 14-1 蛙泳

（一）基本技术

1. 身体姿势（图 14-2）

蛙泳身体俯卧于水中，在完成臂和腿的动作以后几乎成水平姿势，两臂向前伸直，两腿并拢向后伸直，脸部浸入水中，后脑始终显露水面，腰腹平直，使身体保持一定的紧张程度向前滑行。这时身体纵轴与水平面成 5°～10°左右，胸部与前进方向形成一定的仰角，有利于游进时提高身体位置，减少迎面阻力。

图 14-2　身体姿势

2. 腿部动作

腿部动作能产生很大的推进力，主要分为收腿、翻脚、蹬夹水三个部分连贯协调进行。

(1) 收腿(图 14-3)

收腿动作应自然放松，把腿收到最有利于蹬夹水的位置，开始时应利用大腿本身的重量和受水阻力的因素，使膝关节弯曲，两腿边收边分，小腿收向大腿与躯干成 130°～140°左右。两脚跟和小腿尽量靠近臀部，两膝内侧与肩同宽。

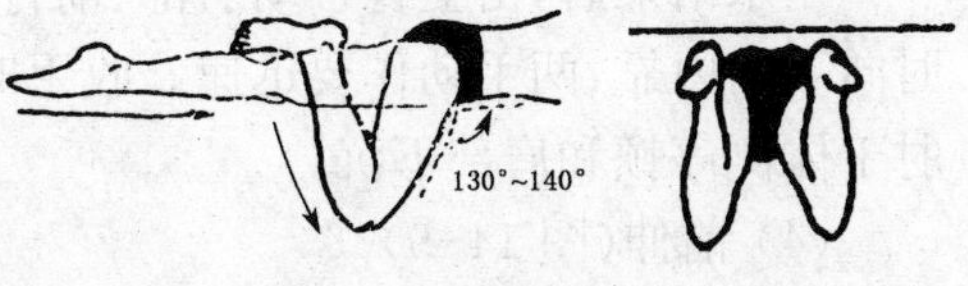

图 14-3　收腿

(2) 翻脚(图 14-4)

蛙泳蹬夹水效果的好坏，在很大程度上取决于翻脚的技术，它是在收腿将结束时开始进行的。开始时是两膝关节稍向内转，两脚向外翻，两脚尖向外分、勾脚，使脚掌和小腿内侧形成向后最有利的对水面。

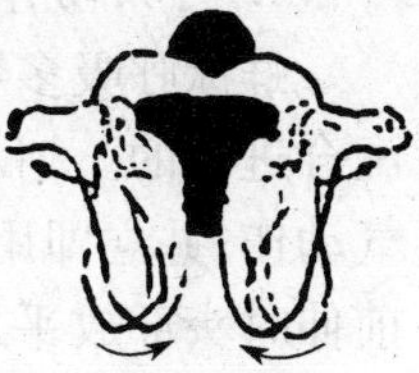
图 14-4　翻脚

(3) 蹬夹水(图 14-5)

蹬夹水是腿的动作中产生推进力的主要部分，它是通过伸髋、伸膝，以大腿、小腿内侧面和脚掌向后作加速而有力的弧形蹬夹动作来进行的。蹬夹水结束时，踝关节伸直并拢作鞭状动作。蹬夹水的方向是两腿向后内侧运动，它的基本路线是前半段稍向外作蹬的动作，后半段向里转，边蹬边夹一起进行。蹬夹水后，前进的速度较快，有一段短暂的滑行时间。滑行时，两脚并拢，自然伸直放平，以减少迎面阻力。蛙泳腿的动作要与臂的动作“划水、收手、伸臂”协调连贯配合。

3. 手臂动作

手臂动作能产生较大的牵引力和一定的浮力，使身体处于较高位置，并同时配合腿的动作，保持匀速运动。它分为“抱水、划水、收手、前伸”四个协调连贯的部分。

(1) 抱水(图 14-6)

手指自然并拢，先两臂伸直向两侧分开，然后手与前臂向斜下方划动，提肘屈臂作抱水动作，造成手掌、前臂向后方划水，这时两臂之间约成 30°～40°，手与水面距离约为 25 厘米。

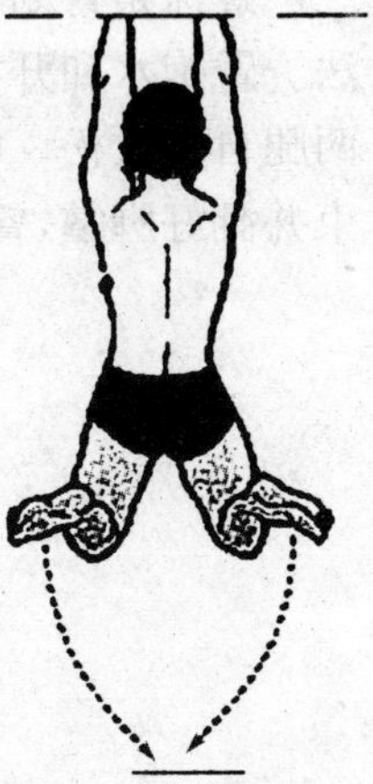
图 14-5　蹬夹水

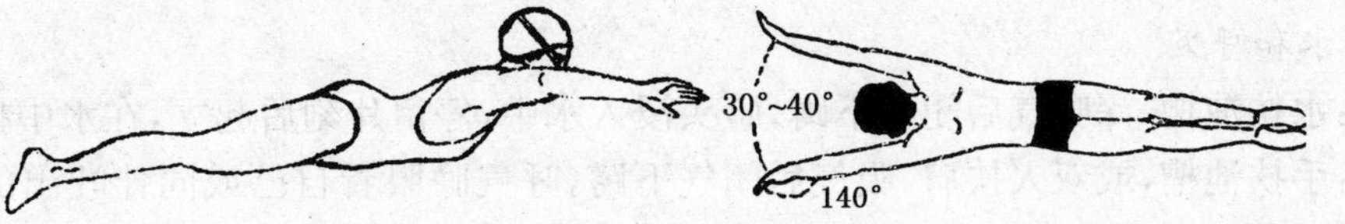

图 14-6　抱水

(2) 划分(图 14-7)

划水是整个臂部动作产生牵引力最大的阶段。在紧接抱水动作后，加速向后划水，整个划水过程保持肘部较高位置。开始划水时，以肘关节为支点，手与前臂向后方拉，肩前伸，然后以肩带肌群的力量带动手臂向后划动，于两肩垂线前结束划水。划水的动作目前有稍浅的宽划水和稍深的窄划水两种，采用屈臂宽划水的较多。两种划水动作都各有特点，可根据各种配合技术与个人的习惯，以及身体条件采用不同的姿势。

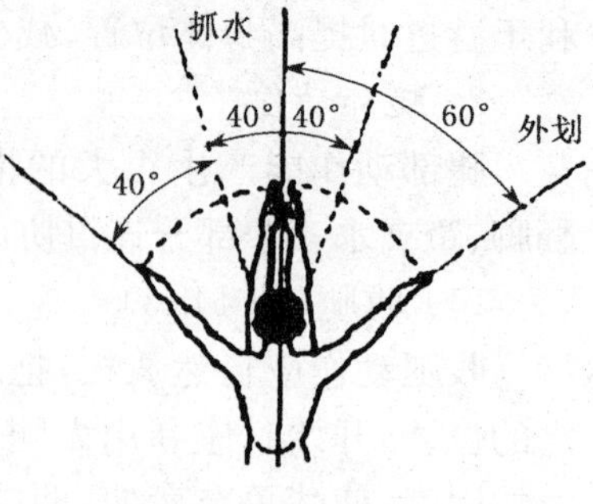

图 14-7　划水

(3) 收手(图 14-8)

划水结束后，由上臂带动肘部、前臂和手向中间收手。两肘向下向内靠，两手动作要迅速。收手时动作要圆滑，防止两肘于体侧停顿和肩部下沉。

(4) 前伸(图 14-9)

收手结束后，要迅速前伸臂。前伸臂时掌心向下，两手沿直线向前伸出，伸出时要尽量向前伸直，以减少游进时迎面的阻力。

图 14-8　收手

4. 呼吸动作

蛙泳呼吸多数采用中晚期呼吸，它的动作是与臂的动作配合进行的。划水将结束时，头稍前抬出水面，用力完成呼气动作，并立即用嘴进行强而深的快速吸气动作。收手和臂前伸时头部放平，稍闭气后，用鼻和嘴慢慢呼气，再开始第二次呼吸的循环动作。

图 14-9　前伸

5. 腿、臂、呼吸动作的配合(图 14-10)

蛙泳是臂划 1 次、腿蹬夹水 1 次、呼吸 1 次的配合方法。臂抱水和开始划水时，腿部伸直不动，划水将结束时两腿自然放松。收手时开始收腿. 手开始前伸时，收腿结束并翻好脚掌，臂向前伸将结束时用力蹬夹腿，伸臂蹬腿后，身体成一直线向前滑行。

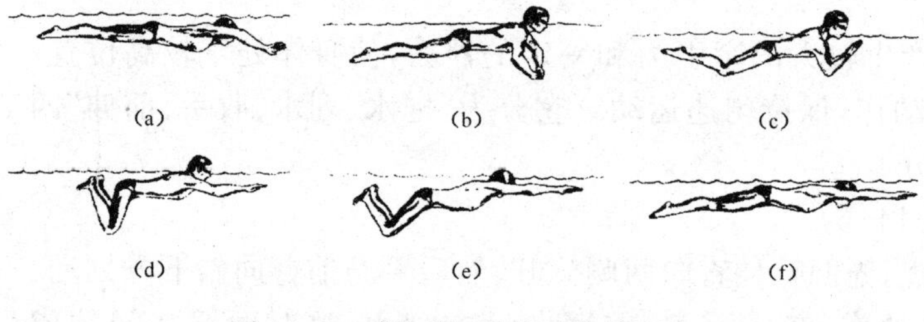

图 14-10　腿、臂、呼吸动作的配合

(二) 练习方法

1. 浸水和呼吸

浸水：水扶池槽，深吸气后闭气下蹲，脸头浸入水中，停留片刻后起立，在水中换气。

睁眼：手扶池槽，或双人扶肩，吸气后闭气下蹲，呼气睁眼看自己或同伴吐出的水泡，呼完气后起立。如此反复练习。

2. 浮体

(1) 抱膝浮体：站立深呼吸后，下蹲低头，抱膝团身，闭气放松，使身体自然漂浮起。然后松开双手，使双脚下垂，双手前伸向下轻压水，抬头起来。

(2) 漂浮展体：抱膝浮体后，臂、腿伸直成俯卧姿势，站立方法同上。

(3) 蹬边滑行：背向池壁，肩浸水中，左臂前平举，右臂拉住池臂，右脚蹬住池壁，左脚屈膝站立，深吸气低头，收左脚成两腿屈膝，臀部靠近池壁，右臂前伸。同时头浸入水中两脚蹬池壁向前滑行。

3. 陆上模仿练习

(1) 坐姿蹬水：坐在池边或凳上，上体稍后仰，两手后撑，做收腿、翻脚、蹬夹、停的动作。

(2) 卧姿蹬水：俯卧在凳上做同上练习。

(3) 站姿划臂：站立姿势，上体低头前倾，两臂前伸，做抓水、划水、收手伸臂动作。划水时抬头吸气，伸臂时低头呼气，体会臂部动作与呼吸的配合。

(4) 原地站立，两臂上举并拢伸直，按口令做：两臂收水分向两侧，两臂划水时收手，与此同时以单腿站立，另一腿做收腿动作，收腿结束时立即翻脚；臂向上将伸直时，翻脚的一腿向下做弧形蹬夹动作，还原成预备姿势。熟练后，配合抬头呼吸动作。

4. 水中练习

(1) 手扶池槽仰卧和俯卧做腿部动作。

(2) 手扶池槽仰卧和俯卧姿势，由同伴抓其脚，帮助体会翻脚、蹬腿动作。

(3) 蹬池壁滑行做腿部动作。

(4) 手扶打水板做腿部动作。

(5) 两脚开立站在齐胸深的水里，上体前倾，两臂前伸，做臂部动作。划水时不要用力，主要体会划水路线和收手的动作。

(6) 同上练习，配合呼吸，臂划下时抬头吸气，收手时低头闭气，臂前伸时吐气，借助划水前进力，两脚可在水中前走动。

(7) 双人练习，练习者俯卧水面上，同伴站在练习者两腿之间，抱住练习者的腰部或大腿，做臂部动作和呼吸配合练习。

(8) 臂与腿的分解配合练习。在蹬壁滑行中，先做一次划臂动作，再做一次腿的收、翻、蹬夹动作。手臂和腿交替进行，以建立臂先腿后的技术概念。

(9) 在上述练习基础上，逐步过渡到连贯的配合练习，练习时可团气进行。

(10) 在上述练习基础上，加之抬头呼吸的动作，呼吸次数可由腿和臂配合两次，呼吸一次，过渡到腿和臂配合一次，呼吸一次的完整练习。

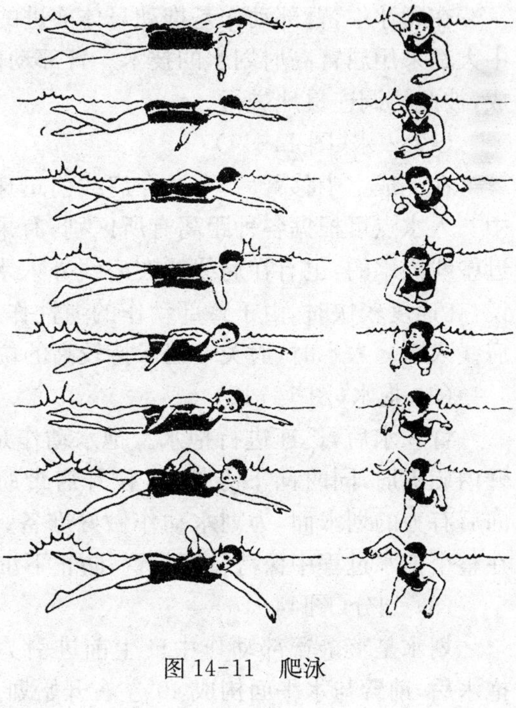

图 14-11 爬泳

二、爬泳(图 14-11)

爬泳是速度最快的一种游泳姿势，所以在自由泳项目比赛中，普遍采用爬泳泳姿，所以，爬泳又称为自由泳。

(一) 基本技术

1. 身体姿势(图 14-12)

爬泳游进时，上体较平直地俯卧在水中，使身体纵轴与水平面构成约 3°～5°，这有利于快速游进时使身体向上浮起，减少前进时正面的阻力。游进时，头的姿势要放平，两眼注视前下方，前额没于水中，后脑部分露出水面。两腿也应根据上体姿势伸延向后，保持较平直的姿势。游进时，由于两臂交替划水，为了发挥肩带肌肉群的作用，在不影响臂划水力量和腿打水动作时，躯干围绕身体纵轴有节奏的自然转动35°～45°。

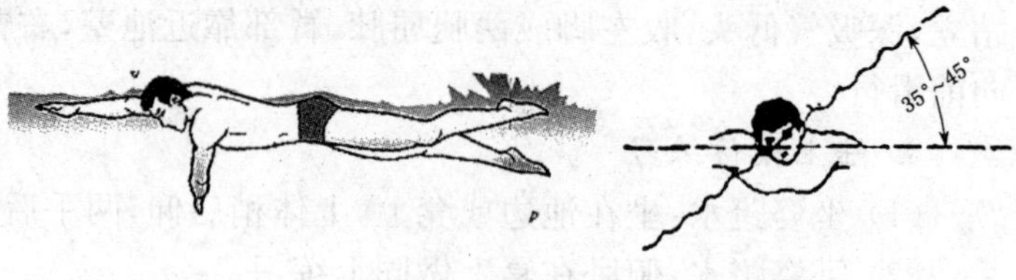

图 14-12　身体姿势

2. 腿部动作(图 14-13)

爬泳游进时，腿部动作主要是保持身体平衡和配合两臂的动作，并能起到一定的推动身体前进的作用。腿打水时，以髋关节为支点，由大腿发力带动小腿和脚，形成鞭状般上下交替向后下方打水。

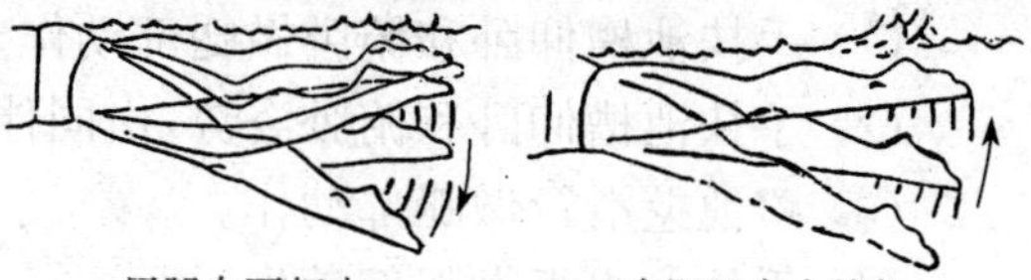

图 14-13　腿部动作

向下打水时要用力，膝关节微屈，腿稍向内转，踝关节伸展。向下打水开始时，膝关节约屈成60°左右，以便形成向后下方较大的作用力，引起向上的浮力和向前的推动力。向上打水时，膝关节伸直，踝关节要放松，脚微微向内旋，以便加大脚对水面积，产生更有效的推进力量。两腿打水动作要连贯、协调、有节律。打水时两脚跟上下最大距离约30～40厘米，幅度不宜过大。

3. 臂部动作

在爬泳中，臂部动作是推动身体前进的主要动力。两臂动作基本一样。目前在爬泳技术中大都采用屈臂高肘划水的技术。臂部动作由入水、抱水、划水、出水和空中移臂5个部分组成，彼此协调连贯地进行。

(1) 入水(图 14-14)

在完成空中移臂后，上臂在肩线前迅速自然插入水中。入水点可根据各种距离有所区别，有采用肩线内靠近中线入水的，也有在肩线或在肩线外入水的。一般来说，在速度较快时，由于臂部动作的惯性作用，大多数在肩线入水。入水时，肘关节仍保持较高的位置，臂入水顺序是手、前臂、上臂、肘。

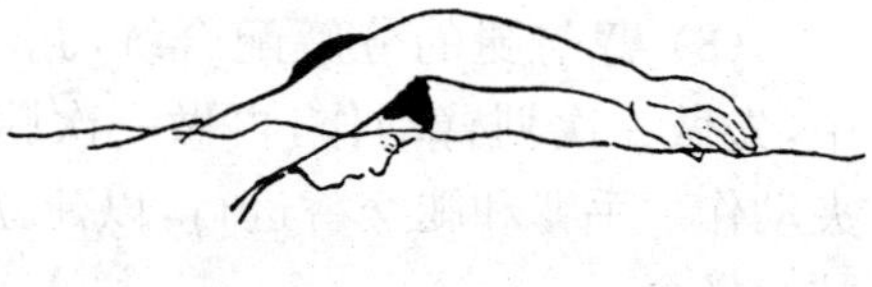

图 14-14　入水

(2) 抱水(图 14-15)

臂入水后，迅速进行抱水。抱水动作是手腕迅速微屈，前臂内旋提肘，同时向下方伸肩，拉开肩带肌群，造成整个臂部向后有力的划水面，为划水动作做好准备。在抱水时，肘部应在整个抱水过程中保持较高位置，防止下沉。

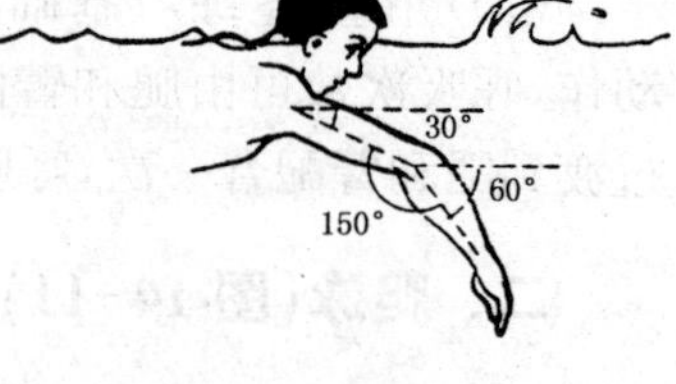

图 14-15　抱水

(3) 划分(图 14-16)

划水是整个臂部动作中产生前进引力的主要部分，它从抱水后，前臂与水平面构成40°左右开始划水。划水采用屈臂动作来完成，屈的程度应根据身体条件和臂的长短不同而有所区别。开始划水时，屈肘约成150°左右，此时前臂划动速度快于上臂，当划至肩下方时，整个臂部与水面垂直，手在体下靠近身体正中线，屈肘时约成120°，此时前臂与上臂同时向后划动，肩部后移，加长有效划水路线。当划至腹部下方时，屈肘约成100°左右，此时前臂向后划动速度快于上臂，作快速推水动作，推至大腿侧下方。在臂划水时，

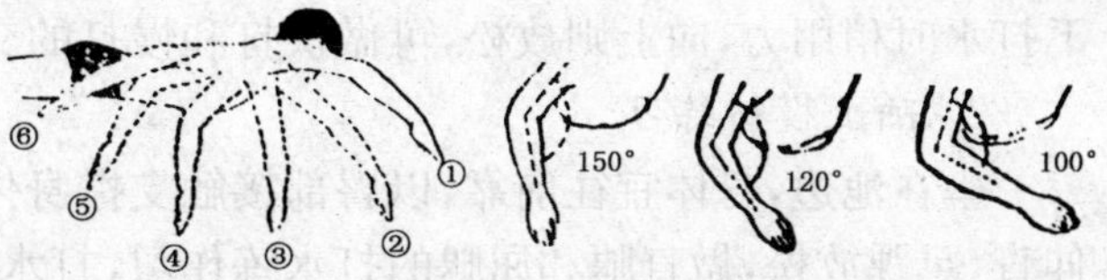

图 14-16　划水

手指应自然并拢。为了增大划水面，手指可稍微分开，各指之间空隙 3～5 毫米。在臂的划水和推水过程中，为了始终造成向后的对水面，手腕应随臂的移动位置而改变角度，划水开始时手掌与小臂几乎一直线，在推水结束时与小臂约成 200°～220°左右。划水时手的移动路线是由肩前经肩下、腹下到大腿侧下方，呈“S”形，它是屈臂划水而自然形成的。

(4) 出水(图 14-17)

划水结束后，臂借助于手推水后的惯性速度，利用肩三角肌的收缩和肩带肌肉的力量以及身体沿纵轴线的转动，将肘部向上方提起，迅速将臂提出水面，这时臂和手腕应尽量放松。

图 14-17　出水

(5) 空中移臂(图 14-18)

移臂的动作是在臂出水后，以肩带动臂，屈肘并沿水平面向前方移动。移臂时，肘部始终保持比肩高的位置。爬泳时两臂的正确配合是前进速度均匀性的重要条件之一，正确配合也有利于发挥肩带力量积极参加划水。两臂配合的形式一般称为交叉，两臂配合有前交叉、中交叉、后交叉和中后交叉 4 种配合动作。一臂入水时，另一臂处于前伸滑行，称为前交叉；当一臂完成空中移臂入水时，另一臂处于胸骨下垂直部位与水平面成 90°时，叫“中交叉”；如一臂完成空中移臂入水时，另一臂推水至腹下方与水平面成 150°左右时，称后交叉；当一臂完成空中移臂入水时，另一臂划水至胸腹下方与水平面成 120°左右时，称中后交叉。

4. 呼吸动作

爬泳的呼吸动作频率取决于游进的速度，一般是臂划水时作一次呼吸动作，以右臂动作配合为例：当右臂划水至肩下方时，开始逐渐呼气，然后边呼气边向右转头，当右臂推水结束提肘出水时，向右方转头使嘴露出水面，用力完成呼气动作，紧接着用嘴迅速吸气，吸气在空中移臂过肩时结束，然后闭气并将头转正，闭气至右臂划水至肩下方时又开始第二次呼吸的循环动作。

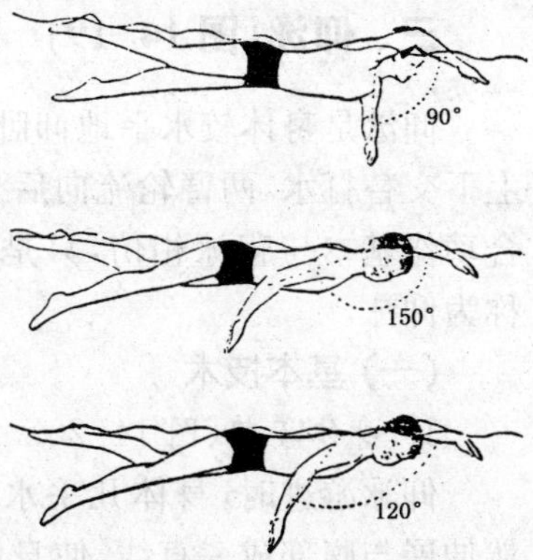

图 14-18　空中移臂

5. 腿、臂、呼吸动作的配合

爬泳时，一般是在两臂各划水一次的过程中进行一次呼吸，以向右边吸气为例：右手入水后，嘴和鼻开始慢慢呼气。右臂划水至肩下，开始向右侧转头和增大呼气量。右臂推水即将结束，则用力呼气。右臂出水时，张嘴吸气，至空中移臂的前半部为止，并开始转头还原。然后，直至臂入水结束，有一个短暂的闭气过程，脸部转向前下。头部稳定时，右臂入水，再开始下一慢慢呼气的过程。爬泳的呼吸与臂、腿配合，初学者一般者采 6∶2∶1 的方法，即呼吸一次、臂划两次、腿打 6 次，这种配合方法易保持平衡和协调掌握爬泳技术。

(二) 练习方法

1. 水中扶边打水练习

双手扶池边，将肩浸入水中，身体平直，髋关节伸展，练习时可要求大腿带动小腿打水，向下打水时稍用力，向上则放松，可做快打和慢打的交替练习。

2. 陆上模仿练习

坐在池边，身体宜往前靠，以臀部接触支撑身体，以免影响大腿的打水，上体稍后仰，脚面伸直，足踝放松，做直腿和屈腿的打水练作习，打水幅度约 30～40 米。打水最易犯的错误：打水两脚膝盖太弯，两大腿有如踩脚踏车向后踩动；双腿分开太宽，打水不能发挥作用；两脚成钩状向下打水，俗称“锄头脚”；打水时，两脚掌露出水面太高。陆上练习练熟之后再下水练习。

3. 划臂练习

两腿前后并立或左右并立，上体前倾，肩部浸入水，划水时要用力，移臂时放松。开始时可先单臂练习，一开始划水可分为：入水、抱水、划水、空中移臂四段练习，然后缩短为两段练习，即抱水划水、移臂入水。移臂时宜强调肘高于手，并由单臂逐渐过渡到双臂连贯练习，也可做臂和呼吸的配合练习。

4. 水中滑行打水练习

吸气后蹬边，缩小腹，身体尽量伸展，腰背保持适当张力，头夹于两臂之间成流线型，滑行后开始打水。

5. 单臂配合打水练习

蹬壁滑行后，在打水的基础上做单臂的划水练习，当一臂划水结束并完成臂前移入水的动作后，另一臂才开始做划水动作，熟悉后并配合换气练习。自行悬空飘浮之下须特别强调上身的肌肉放松尤其是没有运作的那一只手，务必掌心向地的伸直放松，在推水转头之时，尤其须格外地加把力劲，方便把嘴转出水面吸气。

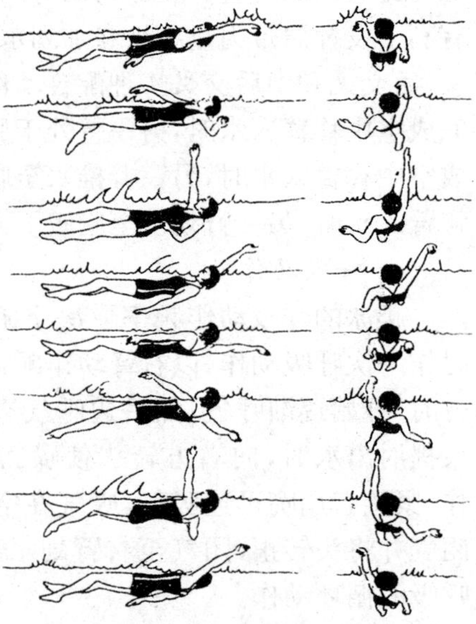

图 14-19　仰泳

三、仰泳(图 14-19)

仰泳是身体较水平地仰卧于水中，依靠两腿不停地上下交替打水，两臂轮流向后划水而游进的。仰泳的配合动作基本与爬泳相仿，只是卧水姿势恰恰相反，因而称为仰泳。

(一) 基本技术

1. 身体姿势(图 14-20)

仰泳游进时，身体几乎水平地仰卧在水中，胸部自然伸展与腹部成一直线，使身体纵轴与水面构成较小的角度，髋关节、两腿较平地伸延在后面，处于有利的踢水位置。仰泳时，头部后脑浸入水中，下颌微收，脸露出水面，眼睛视向斜后上方，颈部自然放松，头部在游进时应始终保持正直姿势，防止左右摇摆，以免影响游进的直线性。

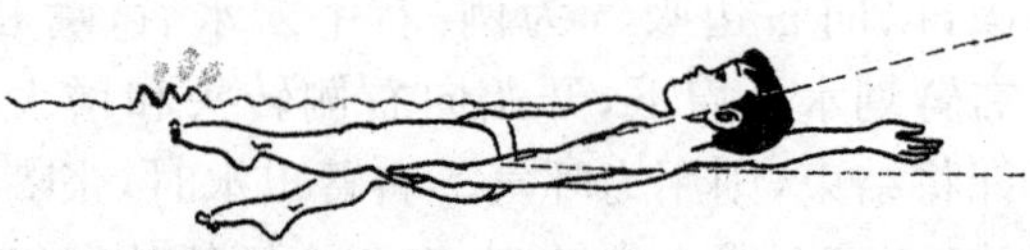

图 14-20　身体姿势

2. 腿部动作(图 14-21)

仰泳腿的动作可使身体姿势保持较高位置，保持身体平衡并能产生一定的推进力，仰泳的两腿打水幅度比自由泳(爬泳)大，打水时以髋关节为支点，由大腿发力带动小腿和脚向上后方作鞭状踢水。向上踢水时，膝关节微屈约成 135°～140°，踝关节伸展，脚向内转，动作要加速有力。向下打水时，膝关节自然伸直，打水时两脚跟上下最大角度约为 40°～45°。

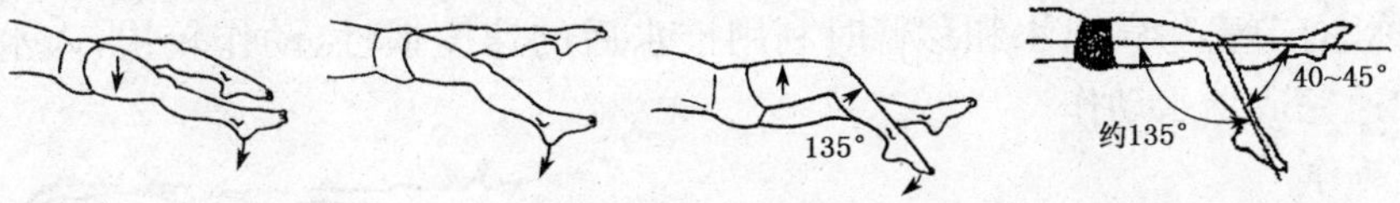

图 14-21　腿部动作

3. 臂部动作

仰泳臂部动作是产生前进力量的主要因素，两臂的动作基本相同，一般采用屈臂划水技术，臂部动作分为入水、抱水、划水、出水和移臂 5 个部分，整个动作协调连贯地进行。

(1) 入水(图 14-22)

臂自然伸直入水。入水时小指朝下，大拇指向上，掌心向斜后方。在肩的延长线前方，臂擦耳切入水中。目前仰泳技术臂的入水点是在肩线上，或在肩线内与身体中线之间的地方入水。在肩线和肩线内入水能更好地拉开背阔肌和胸大肌。

图 14-22　入水

(2) 抱水(图 14-23)

当手切入水中后，稍向外侧下滑，然后手掌向上向后方勾手，同时肩臂内旋，肘关节向前方下引，手继续向上提，开始屈臂尽量向前伸肩，拉开背阔肌、胸大肌，使手掌、前臂、上臂向后形成正对水面，这时手完成抱水动作，距离水面约 25～30 厘米。

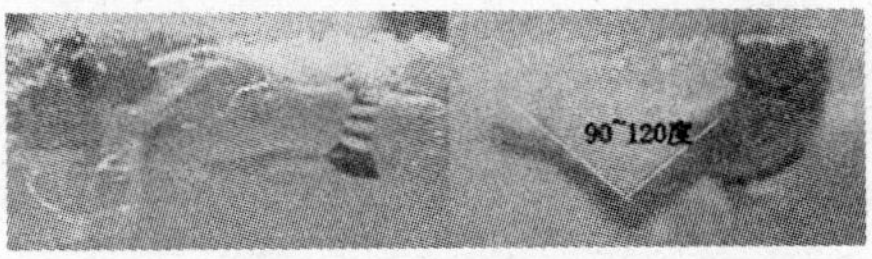

图 14-23　抱水

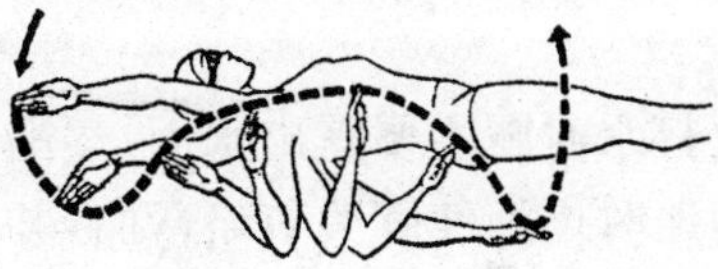
图 14-24　划水

(3) 划水(图 14-24)

划水是整个臂部动作产生推进力量的主要部分，从臂抱水与身体纵轴成 40°～50°开始，划至大腿侧下方。开始划水时屈臂约 140°，手离水面 25 厘米左右。这时手划水速度比肘的移动速度快，划至肩膀时屈臂 20°左右，手距离水面 15 厘米左右。这时整个手前臂、上臂几乎完全向后形成对水面，然后利用划水速度的惯性，手掌、前臂和上臂同时向后下方作推压动作，划至腹部时，手的速度加快，快于肘的速度，同时肩关节向上转动、内旋，手掌内转下压至大腿侧下方结束划水。这时手离水面 40 厘米左右。划水整个路线呈“S”形有节奏地加速进行。

图 14-25　出水

(4) 出水(图 14-25)

划水结束后，借助最后推水时手掌内转下压的反作用力和肩部内转，以提肩带动上臂、前臂和手掌，自然放松地出水。

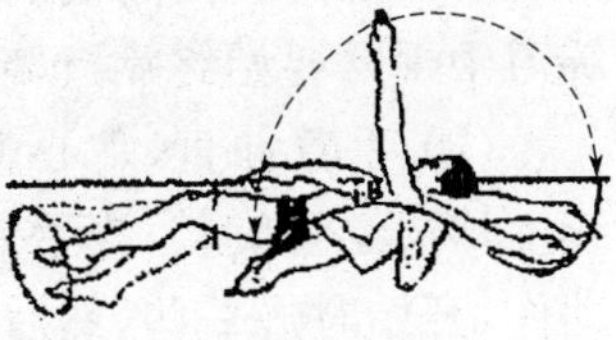
图 14-26　移臂

(5) 移臂(图 14-26)

臂出水后沿肩线上方向肩线前方移动，移臂时上臂、前臂和手都要自然伸直，尽量将三角肌、胸肌、背阔肌拉开。两臂"连贯式"地配合,即当一臂入水时,另一臂划水处于结束,动作要保持均匀对称、有节奏。臂出水和移臂时利用推水后的速度惯性,动作较快,入水动作迅速自然,并用力加速完成划水动作。

4. 呼吸动作

仰泳因脸都露出水面,呼吸比较自然,但也要有节奏地进行。以一臂配合为例:吸气在臂出水后和移臂进行,应把嘴张开深吸气,在臂入水后,作暂短的闭气,然后用嘴和鼻逐渐呼气,推水结束时迅速完成呼吸动作,接着是第二次吸气、闭气和呼气的循环。

5. 腿、臂、呼吸动作的配合(图 14-27)

仰泳一般采用腿踢水 6 次、臂划水 2 次,呼吸 1 次的配合方法,这种配合方法能有效地发挥臂和腿的作用,使身体保持平衡和处于较高的位置。

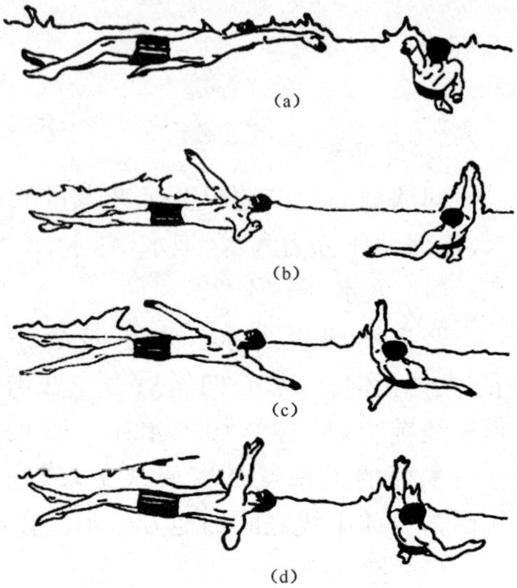

图 14-27 腿、臂、呼吸动作的配合

(二) 练习方法

1. 池边坐撑打水

(1) 坐在池边,脚背绷直,腿在水面上伸直。将双腿下移到水面下约 30 厘米处,两腿并拢。

(2) 慢慢将一条腿上移到水面上,再下移到原位,同时上移另一条腿。继续交替将两腿上下移动,在两腿交替时两脚不要分开。脚背绷直,脚尖指向对岸。

(3) 向上打水时腿不要露出水面,逐渐加快打水的速度。

(4) 在加速时逐渐使膝关节略弯曲,并使踝关节放松。

2. 仰卧蹬边漂浮

(1) 手扶水槽或池边,将双脚放在池壁上,脚的位置与臀部持平。

(2) 用双腿蹬离池边,身体伸直,在水面漂浮约 5 秒钟。

(3) 两臂放在体侧,背部略反弓,使腹部能浮于水面。如果腿略下沉,不必在意。

(4) 呼吸轻松自如,并保持上体浮于水面。

3. 仰卧打水

(1) 将手臂在头上伸直,头夹在两臂之间。两臂在两耳的后面,将两手重叠后握住浮板。

(2) 仰卧蹬离池壁,要保持流线型姿势,保持腹部浮于水面,连续打水向前行进。

4. 陆上仰泳移臂模仿

(1) 站在一面高墙的旁边,墙高要超过手上举的高度,用靠近墙壁的手臂做练习动作,在练习中手臂要始终靠近墙壁。

(2) 手臂伸直,掌心朝向大腿,直臂向上移臂,肘关节伸直,臂内旋使掌心向下,手臂边继续上移边继续旋转,当手臂在头的正上方时,手臂最大程度内旋,掌心应朝向墙壁。重复这个动作,开始时慢一些,然后逐渐加快速度。

5. 单臂划水

(1) 腿夹浮板,身体成流线型。

(2) 头部保持稳定,一臂放在体侧,另一臂做划水练习。

6. 仰泳两臂配合划水

(1) 腿夹浮板,身体成流线型,两臂同时连贯流畅地交替划水。

(2) 用肩的动作引导手臂的动作。移臂时肩的位置要高,动作不能有停顿。

(3) 重复练习。

7. 上下肢配合游进

(1) 浮板垫于腰部,手臂划水、腿部打水,放慢频率,着重体会上下肢的配合。

(2) 移除浮板,以仰泳泳姿游进。

四、蝶泳(图 14-28)

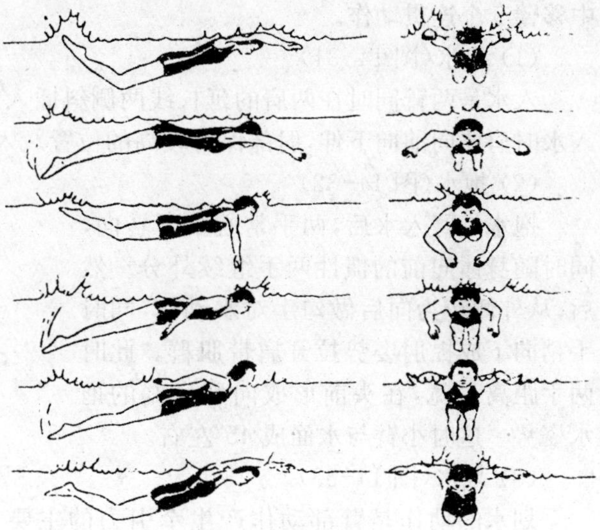

图 14-28 蝶泳

蝶泳是从蛙泳的技术动作中发展出来的一种泳姿,游进时俯卧在水面,两臂同时向后划水后在水面上向前挥臂,手臂在头前入水完成一次划水循环,同时两腿利用腰部力量做出类似海豚尾巴的上下打水动作。近年的蝶泳技术为划臂一次,打腿两次。蝶泳的划臂方式 1933 年首次出现在蛙泳赛场,后来国际泳联将这种泳姿独立出来成为蝶泳,因此它是四种标准泳姿中最年轻的。蝶泳需要很好的技巧和强健的肌肉,相比其他三种泳姿,对初学者来说最困难。蝶泳对于肱二头肌有一定的帮助,长期练习蝶泳的选手,骨架会稍宽。

(一) 基本技术

1. 身体姿势(图 14-29)

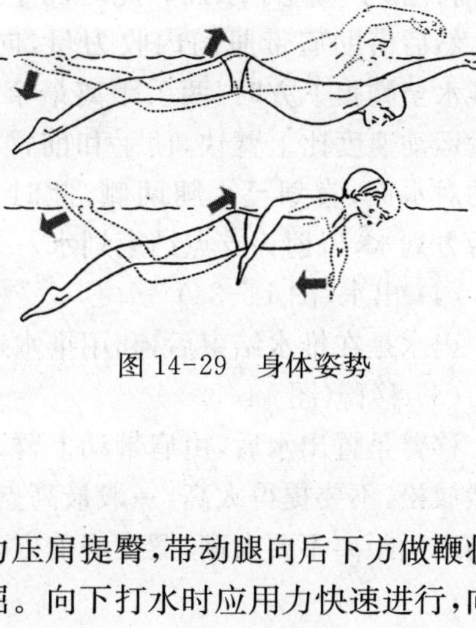

图 14-29 身体姿势

以腰部横轴为中心,躯干和腿做有节奏的摆动动作,发力点在腰部,以大腿带动小腿做上下的鞭水动作。这些动作与头和臂部动作紧密联系,形成海豚特有的波浪动作。

2. 躯干和腿部动作(图 14-30)

两腿自然并拢,两脚掌放平,脚尖稍向里,以腰部发力压肩提臀,带动腿向后下方做鞭状打水。屈膝向下打水时稍提臀收腹,打水结束时膝关节微屈。向下打水时应用力快速进行,向上打水时要自然,打水动作上下的幅度约为 40~50 厘米。

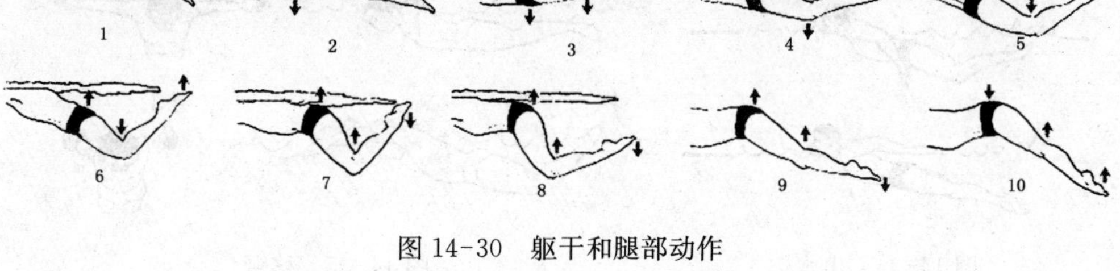

图 14-30 躯干和腿部动作

3. 臂部动作

臂划水在蝶泳中起着主要的推进作用，它是各种泳式中产生牵引力量最大的一种。划水时两臂的动作要对称地进行，与爬泳的臂动作结构基本相同，包括入水、抱水、划水、出水和空中移臂5个连贯动作。

（1）入水（图14-31）

入水是两臂同时在两肩的延长线两侧斜插入水，臂入水的顺序应是手、前臂、上臂、肘部。入水时肩要向前向下伸，肘部保持较高的位置。入水后，头、肩的位置均低于肘。

（2）抱水（图14-32）

抱水是臂入水后，两手掌心从下转向，同时随身体向前的惯性两手继续外分。然后，从外侧转为向后做勾手对水动作，同时手稍向下成提肘姿势拉开肩带肌群。此时两手距离最宽，在头前形成向后良好的抱水姿势。这时小臂与水面成45°左右。

图14-31 入水

图14-32 抱水

（3）划水（图14-33）

划水的动作是臂部动作产生牵引力的主要部分。由臂抱水成45°开始，从肩带肌开始用力带动上臂、前臂和手，向内后方划至肩下方时，上臂、前臂和手垂直于水面。此时两手距离与肩较近。然后借助肩带肌肉内收力量，向后推手，当手推水至胸腹下方时，两手距离最窄。前臂和手向后运动速度比上臂快，使手和前臂尽量保持向后的对水面，直划至大腿两侧，此时手是从内向外后方划水，以肘为支点结束划水。

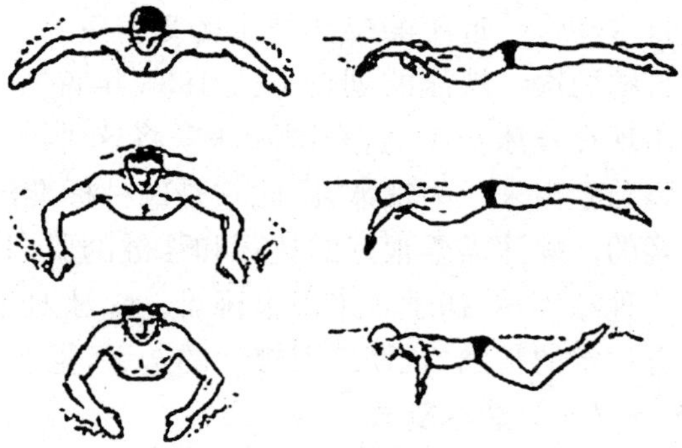

图14-33 划分

（4）出水（图14-34）

出水是在推水结束后，利用推水速度的惯性提肘，迅速将臂和手提出水面。

（5）移臂（图14-35）

移臂是臂出水后，由肩带动上臂、前臂，往身体两侧快速由空中向前摆。移臂时整个臂要自然放松，不要提得太高，一般最高点是在移臂的中间肩位置上，肘和手几乎同在一条直线上。手与水面距离不要太高，摆至肩前方时，肩处于较高的位置，同时要低头配合摆臂动作。

图14-34 出水

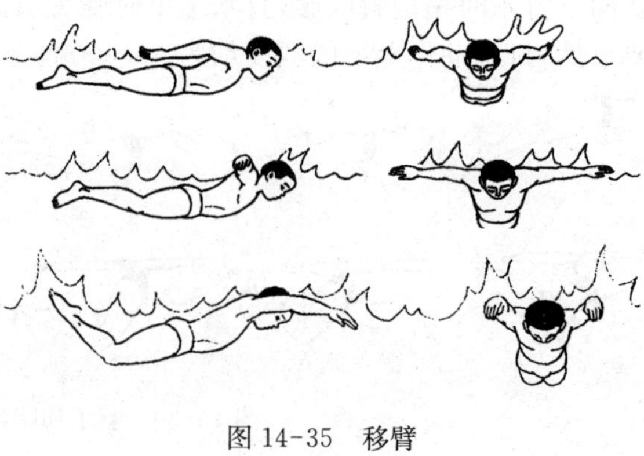

图14-35 移臂

4. 呼吸动作

蝶泳的呼吸是与臂动作配合进行的。当臂入水后开始用鼻和嘴慢呼气，两臂进入划水时，稍仰起下颌。推水至大腿两侧抬头，嘴露出水面用力完成呼气动作，并接着迅速张嘴深吸气，臂出水后从空中移臂过肩时闭气。

5. 腿、臂、呼吸动作的配合

蝶泳一般采用打腿2次、两臂划水1次、呼吸1次的配合方法，也就是2∶1∶1的配合。

(二) 练习方法

(1) 岸上手臂练习：在岸上以蝶泳手配合呼吸，双脚膝部屈伸模拟蝶泳腿的动作单元，熟练动作，增加各技术环节整体协调性。

(2) 手扶池边，身体自然伸展，低头，肩浸入水中，两腿自然并齐，两膝微屈，先做腿向后下方的打水，然后过渡到用腰力的波浪打水。

(3) 助者拉着练习者逐步后退，练习者两腿并齐，身体和腿做波浪的打水动作，向下方打水时应用力，向上时宜自然放松。

(4) 蹬边闭气做身体和腿波浪打水的练习。潜入水中练习，则更能体会腰力的应用。

(5) 模仿划水动作，体会臂划水路线和移臂动作。当掌握了划水路线和移臂动作后，可与呼吸动作结合起来练习。

(6) 可先闭气做一至二次打水动作，两臂划水一次的动作练习。在上述练习的基础，逐渐过渡到腿打水两次，臂划水一次，呼吸一次的完整配合动作练习。

第十五章 太 极 拳

第一节 简化二十四式太极拳概述

太极拳简易套路，是一种健身拳术。1956年国家体委组织部分专家，在传统杨式太极拳的基础上，按由简入繁、循序渐进、易学易记的原则，去其繁难和重复动作，选取了二十四式，编成《简化太极拳》。全套共四段，5分钟左右可练完一套。主要动作有野马分鬃、搂膝拗步、倒卷肱、棚、捋、挤、按、单鞭、云手、左右蹬脚、独立、穿梭、海底针、闪通臂、搬拦锤等。

第二节 简化二十四式太极拳技术动作要领

一、动作名称

分为：起势；左右野马分鬃；白鹤亮翅；左右搂膝拗步；手挥琵琶；左右倒卷肱；左揽雀尾；右揽雀尾；单鞭；云手；单鞭；高探马；右蹬脚；双峰贯耳；转身左蹬脚；左下势独立；右下势独立；左右穿梭；海底针；闪通臂；转身搬拦捶；如封似闭；十字手；收势。

二、图解及动作要领

1. 起势（图15-1）

（1）身体自然直立，两脚开立，与肩同宽，脚尖向前；两臂自然下垂，两手放在大腿外侧；眼平看前方。要点：头颈正直，下颏微向后收，不要故意挺胸或收腹。精神要集中（起势由立正姿势开始，然后左脚向左分开，成开立步）。

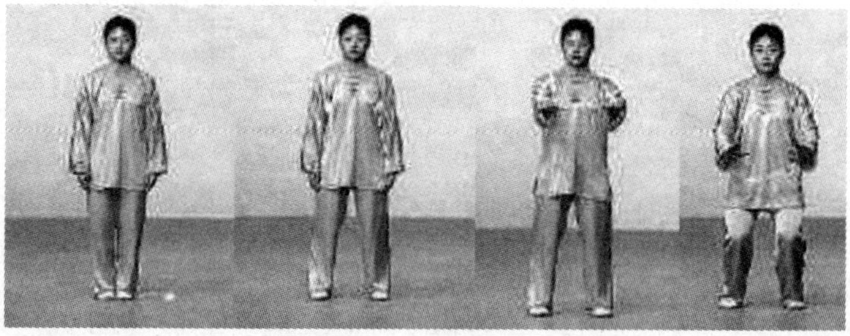

图15-1 起势

（2）两臂慢慢向前平举，两手高与肩平，与肩同宽，手心向下。

（3）上体保持正直，两腿屈膝下蹲；同时两掌轻轻下鞍，两肘下垂与两膝相对；眼平看前方。要点：两肩下沉，两肘松垂，手指自然微去。屈膝松腰，臀部不可凸出，身体重心落于两腿中间。两臂下落和身体下蹲的动作要协调一致。

2. 左右野马分鬃（图15-2）

（1）上体微向右转，身体重心移至右腿上；同时右臂收在胸前平屈，手心向下，左手经体前向右下划弧至右手下，手心向上，两手心相对成抱球状；左脚随即收到右脚内侧，脚尖点地；眼看右手（图15-3）。

图 15-2

图 15-3

(2) 上体微向左转,左脚向左前方迈出,右脚跟后蹬,右腿自然伸直,成左弓步;同时上体继续向左转,左右手随转体慢慢分别向左上、右下分开,左手高与眼平(手心斜向上),肘微屈;右手落在右胯旁,肘也微屈,手心向下,指尖向前;眼看左手(图 15-4)。

(3) 上体慢慢后坐,身体重心移至右腿,左脚尖翘起,微向外撇(大约 45°～60°),随后脚掌慢慢踏实,左腿慢慢前弓,身体左转,身体中心再移至左腿;同时左手翻转向下,左臂收在胸前平屈,右手向左上划弧至左手下,两手心相对成抱球状;右脚随即收到左脚内侧,脚尖点地;眼看左手(图 15-5)。

图 15-4

图 15-5

(4) 右腿向右前方迈出,左腿自然伸直,成右工部;同时上体右转,左右手随转体分别慢慢向左下、右上分开,右手高与眼平(手心斜向上),肘微屈;左手落在左胯旁,肘也微屈,手心向下,指尖向前;眼看右手(图 15-6)。

图 15-6

(5) 与(3)解同,只是左右相反。

(6) 与(4)解同,只是左右相反

要点:上体不可前俯后仰,胸部必须宽松舒展。两臂分开时要保持弧形。身体转动时要以腰为轴。弓步动作与分手的速度要均匀一致。做弓步时,迈出的脚先是脚跟着地,然后脚掌慢慢踏实,脚尖向前,膝盖不要超过脚尖;后腿自然伸直;前后脚夹角约成 45°～60°(需要时后脚脚跟可以后蹬调整)。野马分鬃式的弓步,前后脚的脚跟要分在中轴线两侧,它们之间的横向距离(即以动作进行的中线为纵轴,其两侧的垂直距离为横向)应该保持在 10～30 厘米。

3. 白鹤亮翅(图 15-7)

(1) 上体微向左转，左手翻掌向下，左臂平屈胸前，右手向左上划弧，手心转向上，与左手成抱球状；眼看左手(图 15-8)。

(2) 右脚跟进半步，上体后坐，身体重心移至右腿，上体先向右转，面向右前方，眼看右手；然后左脚稍向前移，脚尖点地，成左虚步，同时上体再微向左转，面向前方，两手随转体慢慢向右上、左下分开，右手上提停于右额前，手心向左后方，左手落于左胯前，手心向下，指尖向前；眼平看前方。

要点：完成姿势胸部不要挺出，两臂都要保持半圆形，左膝要委屈。身体重心后移和右手上提、左手下按要协调一致。

图 15-7

图 15-8

4. 左右搂膝拗步(图 15-9)

图 15-9

图 15-10

(1) 右手从体前下落，右下向后上方划至右肩外，手与耳同高，手心斜向上；左手由左下向上、向右划弧至右胸前，手心斜向下；同时上体先微向左再向右转；左脚收至右脚内侧，脚尖着地，眼看右手(图 15-10)。

(2) 上体左转，左脚向前(偏左)迈出成弓步；同时右手屈回由耳侧向前推出，高与鼻尖平，左手向下由左膝前搂过落于左胯旁，指尖向前；眼看右手手指(图 15-11)。

(3) 右脚慢慢屈膝，上体后坐，身体重心移至右腿，左脚尖翘起微向外撇，随后脚掌慢慢踏实，右脚前弓，身体左转，身体重心移至左腿，右脚收到左脚内侧，脚尖着地；同时左手向外翻掌由左后向上划弧至左肩外侧，肘微曲，手与耳同高，手心斜向上；右手随转体向上、向下划弧落于左胸前，手心斜向下；眼看左手(图 15-12)。

图 15-11

图 15-12

(4) 与(2)解同,只是左右相反。

(5) 与(3)解同,只是左右相反。

(6) 与(2)解同。

要点:前手推出时,身体不可前仰后俯,要松腰松胯。推掌时要沉肩垂肘,坐腕舒掌,同时松腰、弓腿上下协调一致。搂膝拗步成弓步时,两脚跟横向距离保持30厘米左右。

5. *手挥琵琶*(图15-13)

右脚跟进半步,上体后坐,身体重心转至右腿上,上体半面向右转,左脚略提起稍向前移,变成左虚步,脚跟着地,脚尖翘起,膝部微屈;同时左手由左下向上挑举,高与鼻尖平,掌心向右,臂微屈;右手收回放在左肘里侧,掌心向左;眼看左手食指。

图15-13

要点:身体要平稳自然,沉肩垂肘,胸部放松。左手上起时不要直向上挑,要由左向上、向前,微带弧形。右脚跟进时,脚掌先着地,再全脚踏实。身体重心后移和左手上起、右手收要协调一致。

6. *左右倒卷肱*(图15-14)

(1) 上体右转,右手翻掌(手心向上)经腹前由下向后上方划弧平举,臂微屈,左手随即翻掌向上;眼的视线随着向右转体先向右看,再转向前方看左手(图15-15)。

图15-14

(2) 右臂屈肘折向前,右手由耳侧向前推出,手心向前,左臂屈肘后撤,手心向上,撤至左肋外侧;同时左腿轻轻提起向后(偏左)退一步,脚掌先着地,然后全脚慢慢踏实,身体重心移到左腿上,成右虚步,右脚随转体以脚掌为轴扭正;眼看右手(图15-16)。

图15-15

图15-16

(3) 上体微向左转,同时左手随转体向后上方划弧平举,手心向上,右手随即翻掌,掌心向上;眼随转体先向左看,再转向前方看右手(图15-17)。

(4) 与(2)解同,只是左右相反。

(5) 与(3)解同,只是左右相反。

(6) 与(2)解同。

(7) 与(3)解同。

(8) 与(2)解同,只是左右相反。

(9) 上体微向右转,同时右手随转体向后上方划弧平举,手心向上,左手放松,手心向下;眼看左手。

图 15-17

要点:前推的手不要伸直,后撤拖泥带水不可直向回抽,参转体仍走弧线。前推时,要转腰松胯,两手的速度要一致,避免僵硬。退步时,脚掌先着地,再慢慢全脚踏实,现时,前脚随转体以脚掌为轴扭正。退左脚略向左后斜,退右脚略向右后斜,避免使两脚落在一条直线上。后退时,眼神随转体动作先向左或右看,然后再转看前手。最后退右脚时,脚尖外撇的角度略大些,便于接做"左揽雀尾"的动作。

7. 左揽雀尾(图 15-18)

(1) 身体继续向右转,左手自然下落逐渐翻掌经腹前划弧至左肋前,手心向上;左臂屈肘,手心转向下,收至右胸前,两手相对成抱球状;同时身体重心落在右腿上,左脚收到右脚内侧,脚尖点地;眼看右手(图 15-19)。

图 15-18

(2) 上体微向左转,左脚向左前方迈出,上体继续向左转,右腿自然蹬直,左腿屈膝,成左弓步;同时左臂向左前方掤出(即左臂平屈成弓形,用前臂外侧和手背向前方推出),高与肩平,手心向后;右手向右下落于右胯旁,手心向下,指尖向前;眼看左前臂(图15-20)。

要点:掤出时,两臂前后均保持弧形。分手、松腰、弓腿三者必须协调一致。揽雀尾弓步时,两脚跟横向距离上超过 10 厘米。

图 15-19

(3) 身体微向左转,左手随即前伸翻掌向下,右手翻掌向上,经腹前向上,向前伸至左前臂下方;然后两手下捋,即上体向右转,两手经腹前向右后上方划弧,直至右手手心向上,高与肩齐,左臂平屈于胸前,手心向后;同时身体重心移至右腿;眼看右手(图 15-21)。

图 15-20

图 15-21

要点：下捋时，上体不可前倾，臀部不要凸出。两臂下捋须随腰旋转，仍走弧线。左脚全掌着地。

(4) 上体微向左转，右臂屈肘折回，右手附于左手腕里侧（相距约 5 厘米），上体继续向左转，双手同时向前慢慢挤出，左手心向右，右手心向前，左前臂保持半圆；同时身体重心逐渐前移变成弓步；眼看左手腕部（图 15-22）。

图 15-22

图 15-23

要点：向前挤时，上体要正直。挤的动作要与松腰、弓腿相一致。

(5) 左手翻掌，手心向下，右手经左腕上方向前、向右伸出，高与左手齐，手心向下，两手左右分开，宽与肩同；然后右腿屈膝，上体慢慢后坐，身体重心移至右腿上，左脚尖翘起；同时两手屈肘回收至腹前，手心均向前下方；眼向前平看（图 15-23）。

(6) 上式不停，身体重心慢慢前移，同时两手向前、向上按出，掌心向前；左腿前弓成左弓步；眼平看前方。

要点：向前按时，两手须走曲线，腕部高与肩平，两肘微屈。

8. *右揽雀尾*（图 15-24）

(1) 上体后坐并向右转，身体重心移至右腿，左脚尖里扣；右手向右平行划弧至左肋前，手心向上；左臂平屈胸前，左手掌心向下与右手成抱球状；同时身体重心再移至左腿上，右脚收至左脚内侧，脚尖点地；眼看左手（图 15-25）。

图 15-24

图 15-25

(2) 同“左揽雀尾”(2)解。

(3) 同“左揽雀尾”(3)解，只是左右相反。

(4) 同“左揽雀尾”(4)解。

(5) 同“左揽雀尾”(5)解，只是左右相反。

(6) 同“左揽雀尾”(6)解，只是左右相反。

9. 单鞭(图 15-26)

(1) 上体后坐,身体重心逐渐移至左腿上,右脚尖里扣;同时上体左转,两手(左高右低)向左弧形运转,直至左臂平举,伸于身体左侧,手心向左,右手经腹前运至左肋前,手心向后上方;眼看左手(图 15-27)。

图 15-26

(2) 身体重心再逐渐移至右腿上,上体右转,左脚向右脚靠拢,脚尖点地;同时右手向右上方划弧(手心由里转向外),至右侧方时变勾手,臂与肩平;左手向下经腹前向下划弧停于右肩前,手心向里;眼看左手(图 15-28)。

图 15-27

(3) 上体微向左转,左脚向左前侧方迈出,右脚跟后蹬,成左弓步;在身体重心向左腿的同时,左掌随上体的继续左转慢慢翻转向前推出,手心向前,手指与眼齐平,臂微屈;眼看左手。

要点:上体保持正直,松腰。完成式时,右肘稍下垂,左肘与左膝上下相对,两肩下沉。左手向外翻掌前推时,要随转体边翻边推出,不要翻掌太快或最后突然翻掌。全部过渡动作,上下要协调一致。如面向南起势,单鞭的方向(左脚尖)应向东偏北(大约 15°)。

图 15-28

10. 云手(图 15-29)

(1) 身体重心移至右腿上,身体渐向右转,左脚尖里扣;左手经腹前向右上划弧至右肩前,手心斜向后,同时右手变掌,手心向右前;眼看左手(图15-30)。

图 15-29

图 15-30

(2) 上体慢慢左转,身体重心随之逐渐左移;左手由脸前向左侧运转,手心渐渐转向左方;右手由右下经腹前向左上划弧至左肩膀前,手心斜向后;同时左脚靠近左脚,成小开立步(两脚距离约 10 — 20 厘米);眼看右手(图 15-31)。

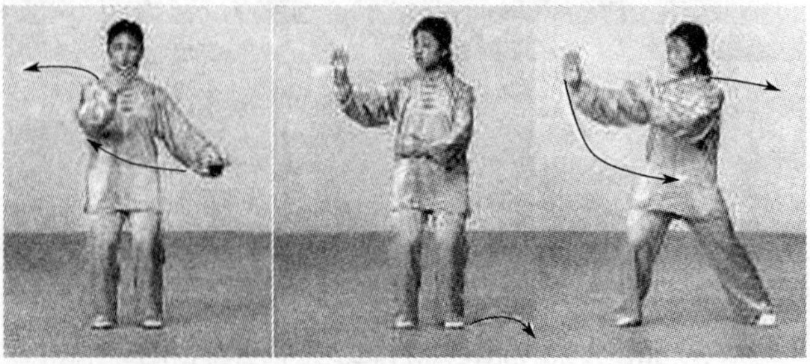
图 15-31

(3) 上体再向右转,同时左手经腹

前向大踏步划弧至右肩前，手心斜面向后；右手右侧运转，手心翻转向右；随之左腿向左横跨一步；眼看左手(图 15-32)。

(4) 同(2)解。

(5) 同(3)解。

(6) 同(2)解。

要点：身体转动要以腰脊为轴，松腰、松跨，不可忽高忽低。两臂随腰的转动而运转，要自然圆活，速度要缓慢均匀。下肢移动时，身体重心要稳定，两脚掌先着地再踏实，脚尖向前。眼的视线随左右手而移动。第三个“云手”的右脚最后跟步时，脚尖微向里扣，便于接“单鞭”动作。

图 15-32

11. 单鞭(图 15-33)

图 15-33

图 15-34

(1) 上体向右转，右手随之向右运转，至右侧方时变成勾手；左手经腹前向右上划弧至右肩前，手心向内；身体重心落在右腿上，左脚尖点地；眼看左手(图 15-34)。

(2) 上体微向左转，左脚向左前侧方迈出，右脚跟后蹬，成左弓步；在身体重心移向左腿的同时，上体继续左转，左掌慢慢翻转向前推出，成“单鞭”式。

12. 高探马(图 15-35)

(1) 右脚跟进半步，身体重心逐渐后移至右腿上；右手变掌，两手心翻转向上，两肘微屈；同时身体微向右转，左脚跟渐渐离地；眼看左前方(图 15-36)。

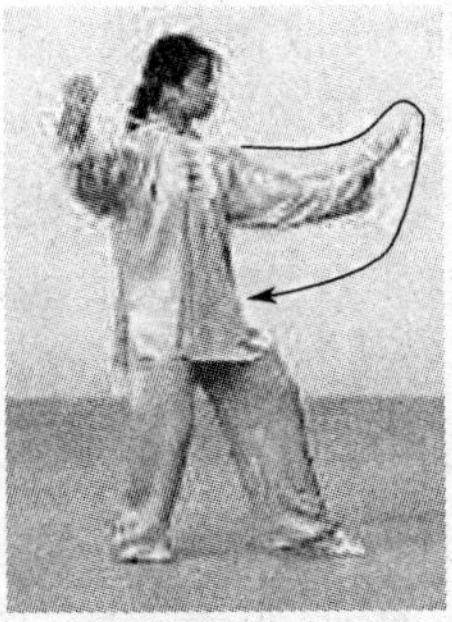
图 15-35

图 15-36

(2) 上体微向左转，面向前方；右掌经右耳旁向前推出，手心向前，手指与眼同高；左手收至左侧腰前，手心向上；同时左脚微向前移，脚尖点地，成左虚步；眼看右手 。

要点：上体自然正直，双肩要下沉，右肘微下垂。跟步移换重心时，身体不要有起伏。

13. 右蹬脚(图 15-37)

(1) 左手手心向上，前伸至右腕背面，两手相互交叉，随即向两侧分开并向下划弧，手心斜向下；同时左脚提起向左前侧方进步(脚尖略外撇)；身体重心前移，右腿自然蹬直，成左弓步；眼看前方(图 15-38)。

图 15-37

图 15-38

图 15-39

(2) 两手由外圈向里圈划弧，两手交叉合抱于胸前，右手在外，手心均向后；同时右脚向左脚向左脚靠拢，脚尖点地；眼平看右前方(图 15-39)。

(3) 两臂左右划弧分开平举，肘部微屈，手心均向外；同时右腿屈膝担起，右脚向右前方慢慢蹬出；眼看右手。

要点：身体要稳定，不可前俯后仰。两手分开时，腕部与肩齐平。蹬脚时，左腿微屈，右脚尖回勾，劲使在脚跟。分手和蹬脚须协调一致。右臂和右腿上下相对。如面向南起势，蹬脚方向应为正东偏南(约 30°)。

14. 双峰贯耳(图 15-40)

图 15-40

(1) 右腿收回，屈膝平举，左手由后向上、向前下落至体前，两手心均翻转向上，两手同时向下划弧分落于右膝两侧；眼看前方(图 15-41)。

(2) 右脚向右前方落下，身体重心渐渐前移，成右弓步，面向 右前方；同时两手下落，慢慢变拳，分别从两侧向上、向前划弧至面部前方，成钳形状，两拳相对，高与耳齐，拳眼都斜向下(两拳中间距离约 10～20 厘米)；眼看右拳。

图 15-41

要点：完成式时，头颈正直，松腰松胯，两拳松握，沉肩垂肘，两臂均保持弧形。双峰贯耳式的弓步和身体方向与右蹬脚方向相同。弓步的两脚跟横向距离同“揽雀尾”式。

15. 转身左蹬脚(图 15-42)

(1) 左腿屈膝后坐，身体重心移至左腿，上体左转，右脚尖里扣；同时两拳变掌，由上向左右划弧分开平举，手心向前；眼看左手(图 15-43)。

图 15-42

图 15-43

(2) 身体重心再移至右腿，左脚收到右脚内侧，脚尖点地；同时两手由外圈向里圈划弧合抱于胸前，左手在外，手心均向后；眼平看左方(图 15-44)。

(3) 两臂左右划弧分开平举，肘部微屈，手心均向外；同时左腿屈膝提起，左脚向左前方慢慢蹬出；眼看左手。

要点：与左蹬脚式相同，只是左右相反。左蹬脚方向与右蹬脚成 180 度)(即正西偏北，约 30°)。

图 15-44

16. 左下势独立(图 15-45)

(1) 左腿收回平屈，上体右转；右掌变成勾手，左掌向上、向右划弧下落，落于右肩前，掌心斜向后；眼看右手(图 15-46)。

图 15-45

图 15-46

图 15-47

(2) 右腿慢慢屈膝下蹲，左腿由里向左侧(偏后)伸出，成左仆步；左掌下落(掌心向外)向左下顺左腿内侧向前穿出；眼看左手(图 15-47)。

(3) 身体重心前移，左脚跟为轴，脚尖尽量向外撇，左脚前弓，右腿后蹬，右脚尖里扣，上体微向左转并向前起身；同时左臂继续向前伸出(立掌)，掌心向右，右勾手下落，勾尖向后；眼看左手(图 15-48)。

(4) 右腿慢慢提起平屈，成左独立势；同时右手变掌，并由后下方顺右腿外侧向前弧行摆出，屈臂立于右腿上方，肘与膝相对，手心向左；左手立于左胯旁，手心向下，指尖向前；眼看右手。

图 15-48

要点：上体要正直，独立的腿要微屈，由腿提起时脚尖自然下垂。

17. 右下势独立(图 15-49)

(1) 右脚下落于左脚前，脚掌着地；然后左脚前掌为轴，脚跟转动，身体随之左转同时左手向后平举变成勾手，右掌随着转体向左侧划弧，立于左肩前，掌心斜向后，眼看左手(图 15-50)。

图 15-49

(2) 同“左下势独立”(2)解，只是左右相反。

(3) 同“左下独立势”(3)解，只是左右相反。

(4) 同“左下独立势”(4)解，只是左右相反。

要点：右脚尖触地后必须稍微提起，然后再向下仆腿，其他均与“左下独立势”相同，只是左右相反。

图 15-50

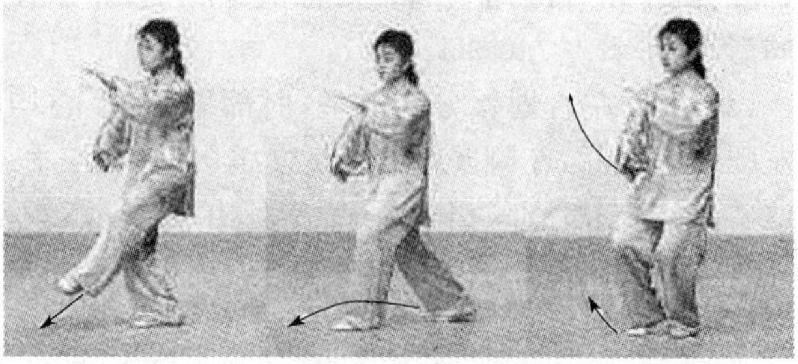

图 15-51

18. *左右穿梭*(图 15-51)

(1) 身体微向左转,左脚向前落地,脚尖外撇,右脚跟离地,两腿屈膝成半坐盘式;同时两手在左胸前成抱球状(左上右下);然后右脚收到左脚的内侧,脚尖点地;眼看左前臂(图 15-52)。

(2) 身体右转,右脚向右前方迈出,屈膝弓腿,成右弓步;同时右手由脸前向上举并翻掌停在右额前,手心斜向上;左手先向左下再经体前向前推出,高与鼻尖平,手心向前;眼看左手(图 15-53)。

(3) 身体重心略向后移,右脚尖稍向外撇,随即身体重心再移至右腿,左脚跟进,停于右脚内侧,脚尖点地;同时两手在右胸前成抱球状(右上左下);眼看左前臂(图 15-54)。

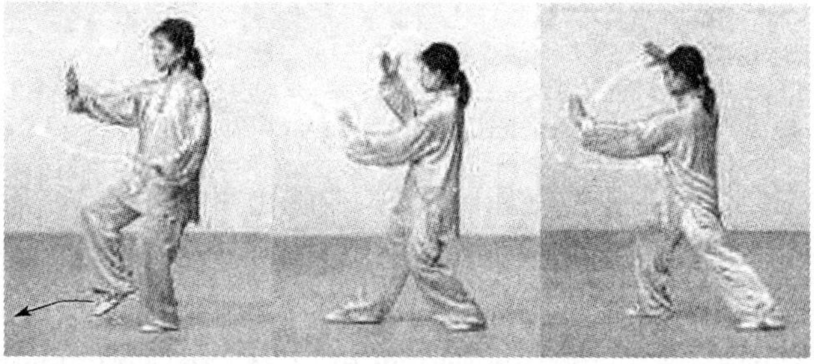

图 15-52

图 15-53

图 15-54

(4) 同(2)解,只是左右相反。

要点:完成姿势面向斜前方(如面向南起势,左右穿梭方向分别为正本偏北和正偏南,均约30°)。手推出后,上体不可前俯。手向上举时,防止引肩上耸。一手上举一手前推要与弓腿松腰上下协调一致。做弓步时,两脚跟的距离同搂膝拗步式,保持在 30 厘米左右。

19. *海底针*(图 15-55)

右脚向前跟进半步,身体重心移至右腿,左脚稍向前移,脚尖点地,成左虚步;同时身体稍向右转，右手下落经体前向后、向上提抽至肩上耳旁，再随身体左转，由右耳旁斜向前下方插出，掌心向左，指尖斜向下；与此同时，左手向前、向下划弧落于左胯旁，手心向下，指尖向前；眼看前下方。

要点：身体要先向左转，再向右转。完成姿势，面向正西。上体不可太前倾。避免低头和臀部外凸。左腿要微屈。

图 15-55

20. 闪通臂(图 15-56)

上体稍向右转，左脚向前迈出，屈膝弓腿成左弓步；同时右手由体前上提，屈臂上举，停于右额前上方，掌心翻转斜向上，拇指朝下；左手上起经胸前向前推出，高与鼻尖平，手心向前；眼看左手。

要点：完成姿势上体自然正直，松腰、松胯；左臂不要完全伸直，背部肌肉要伸展开。推掌、举掌和弓腿动作要协调一致。弓步时，两脚跟横向距离同“揽雀尾”式(不超过 10 厘米)。

图 15-56

图 15-57

21. 转身搬拦捶(图 15-57)

(1) 上体后坐，身体重心移至右腿上，左脚尖里扣，身体向后转，然后身体重心再移至左腿上；与此同时，右手随着转体和右、向下(变拳)经腹前划弧至左肋旁，拳心向下；左掌上举于头前，掌心斜向上；眼看前方(图 15-58)。

(2) 向右转体，右拳经胸前向前翻转撇出，拳心向上；左手落于胯旁，掌心向下，指尖向前；同时右脚收回后(不要停顿或脚尖点地)即向前迈出，脚尖外撇；眼看右拳(图 15-59)。

(3) 身体重心移至右腿上，左脚向前迈一步；左手上起经左侧向前上划弧拦出，掌心向前下方；同时右拳向右划弧收到右腰旁，拳心向上；眼看左手(图 15-60)。

图 15-58

图 15-59

图 15-60

(4) 左腿前弓成左弓步，同时右拳向前打出，拳眼向上，高与胸平，左手附于右前臂里侧；

眼看右拳。

要点：右拳不要握得太紧。右拳回收时，前臂要慢慢内旋划弧，然后再外旋停于右腰旁，拳心向上。向前打拳时，右肩随拳略向前引伸，沉肩垂肘，右臂要微屈。弓步时，两脚横向距离同“揽雀尾”式。

22. 如封似闭(图 15-61)

(1) 左手由右腕下向前伸出，右拳变掌，两手手心逐渐翻转向上并慢慢分开回收；同时身体后坐，左脚尖翘起，身体重心移至右腿；眼看前方(图 15-62)。

图 15-61

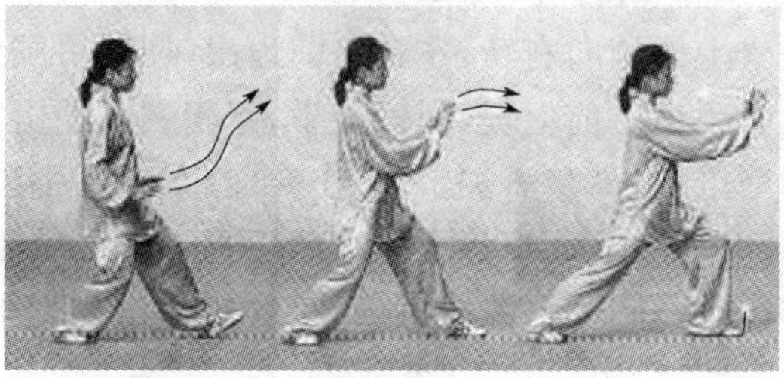

图 15-62

(2) 两手在胸前翻掌，向下经腹前再向上、向前推出，腕部与肩平，手心向前；同时左腿前弓成左弓步；眼看前方。

要点：身体后坐时，避免后仰臀部不可凸出。两臂随身体回收时，肩、肘部略向处松开，不要直着抽回。两手推出宽度不要超过两肩。

图 15-63

23. 十字手(图 15-63)

(1) 屈膝后坐，身体重心移向左腿，左脚尖里扣，向右转体；右手随着转体动作向右平摆划弧，与左手成两臂侧平举，掌心向前，肘部微屈；同时右脚尖随着转体稍向外撇，成右侧弓步；眼看右手(图 15-64)。

图 15-64

(2) 身体重心慢慢移至左腿，右脚尖里押，随即向左收回，两脚距离与肩同宽，两腿逐渐蹬直，成开立步；同时两手向下经腹前向上划弧交叉合抱于胸前，两臂撑圆，腕高与肩平，右手在外，成十字手，手心均向后；眼看前方。

要点：两手分开和合抱时，上体不要前俯。站起后，身体自然正直，头要微向上顶，下颏稍向后收。两臂环抱时须圆满舒适，沉肩垂肘。

24. 收势(图 15-65)

两手向外翻掌，手心向下，两臂慢慢下落，停于身体两侧；眼看前方。

要点：两手左右分开下落时，要注意全身放松，同时气也徐徐下沉(呼气略加长)。呼吸平稳后，把左脚收到右脚旁，再走动休息。

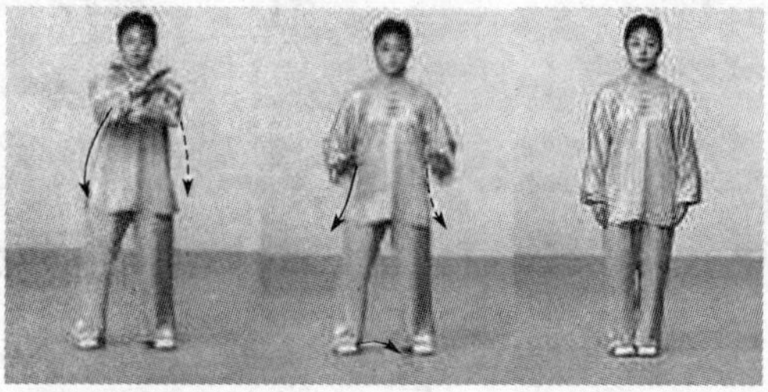

图 15-65

第十六章　定向越野运动

第一节　定向越野运动概述

定向越野是运动员借助标会有若干个比赛规定检查点和方向线的地图及指北针，独立选择行进路线，一次寻找各个地面检查点，用最短时间完成全赛程的运动。

定向越野运动起源于瑞典，最初只是一项军事体育活动，后来逐渐演变为一项户外体育运动项目。野外定向是一项高度发挥个人智慧和体能的野外运动。运动员需凭个人定向技术，地图阅读能力，指南针运用及自己思考判断，在陌生野外环境中，寻找赛会预先放置的各控制点。定向运动通常设在森林，郊外和城市公园里进行，也可在大学校园里进行。

在中国最早开展定向运动的地区是香港。1979 年 3 月，香港的定向运动爱好者在各界人士的支持下成立了“香港野外定向会”(HKOC)。在中国内地，按照国际标准将定向运动正式作为一项体育活动和比赛项目开展是在 1983 年 3 月，解放军体育学院首次在广州白云山组织了第一次定向越野实验比赛。1994 年 9 月，院国家体委、原国家教委、总参军训部、国家测绘局共同主办了首届全国定向运动锦标赛，这是该项目的真正意义上的第一次全国性正式比赛。

定向越野运动按运动工具的不同可分为徒步定向和工具定向两类。徒步定向分为传统定向越野、接力定向、记分定向、夜间定向、五日定向、公园定向等；工具走向分为滑雪定向、山地车定向、骑马定向、划船定向等。

第二节　定向运动的主要设备

一、定向运动地图

(一) 定向运动地图概述

1. 定向运动地图的定义(图 16-1)

定向运动地图是地形图的一种，是根据国际定向联合会制定的《国际定向运动图制图规范》绘制成的地图。定向运动地图与其他地图比，是一种更为清晰、易读，更适合在野外行进中使用的专用地图。

2. 定向运动地图的特点

(1) 地图内容和具体运动本身匹配：用一条连贯的线路连接起点、各检查点、终点，根据实际比赛的需要限定地图范围，地图本身符合方便携带的特点。

(2) 地图符号国际通用：采用国际定联制定的《国际定向运动图制图规范规定的地图符号》，图的内容不含地名名称，并有各检查点的说明。

(3) 多种地图颜色：根据通行状况区分为不同的地图颜色，一般为 4 种，多的可达 7 种。

(4) 较大比例尺和特定磁北线：标准定向越野地图采用 1∶15 000 和 1∶10 000 地图比例尺，地图上标有由南向北的磁北线，磁北线间隔所代表的的距离通常为 250 米或 500 米。

(5) 有一定特色图廓注记，包括图名、比例尺、等高距、赛会名称、会标等。

图 16-1　定向运动地图

(二) 定向地图的内容

1. 图例内容

图例内容一般有地貌符号、植被符号、人工地物符号、岩石与石块符号、水系符号、比赛线路与技术符号。

(1) 地貌符号(图 16-2)

地貌符号用来表示地表面的状态。

图 16-2　地貌符号

(2) 植被符号(图 16-3)

植被符号能反映通行区域内通行难易程度。

图 16-3　植被符号

(3) 人工地物符号(图 16-4)

建筑物、道路都是人工地物,有的能够穿越,有的不能穿越,通过人工地物符号可以让穿行者了解通行状况,以便选择合适的行进路线。

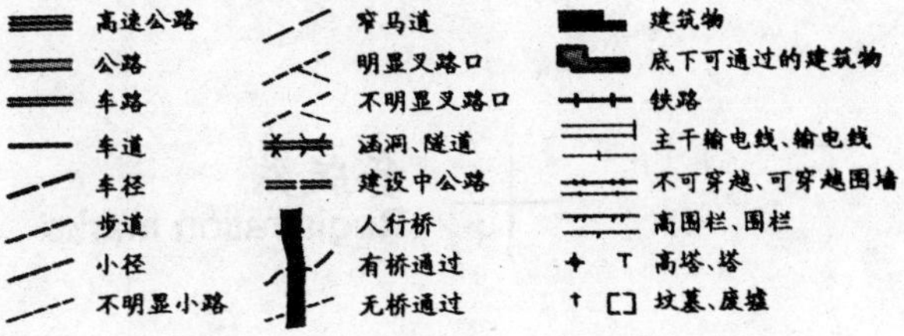

图 16-4　人工地物符号

(4) 岩石与石块符号(图 16-5)

岩石和石块一般在实地是比较大的标志,有的可以越过有的不能,有的具有一定的危险性。常常检查点也比较爱设置在这些地方。通过岩石和石块符号的说明,使穿越者可以确定方位,决定线路。

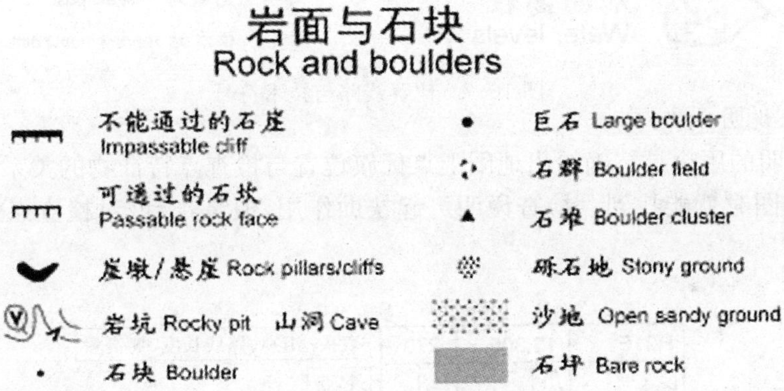

图 16-5　岩面与石块符号

(5) 水系符号(图 16-6)

水系符号详细说明了通行区域内和水有关的情况,告诉通行者哪些可以通行,哪些不能通行,帮助穿行者决定路线。

图 16-6　水系符号

(6) 比赛线路与技术符号(图 16-7)

说明该项比赛的线路、规则规定能穿越区和非穿越区，表明由南到北的方向，以及医疗站、饮水站等信息。

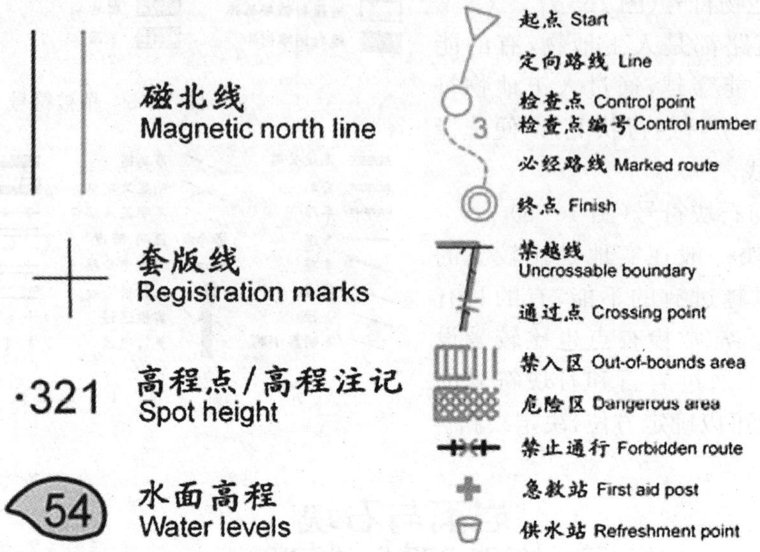

图 16-7 比赛线路与技术符号

2. 检查点说明

检查点说明的用途是精确给出地图上点标旗位置与检查点特征物的关系。一个好的检查点在起初读地图时就能找到。检查说明可起扶助作用，但是，应该对检查点位置只作精简的说明。

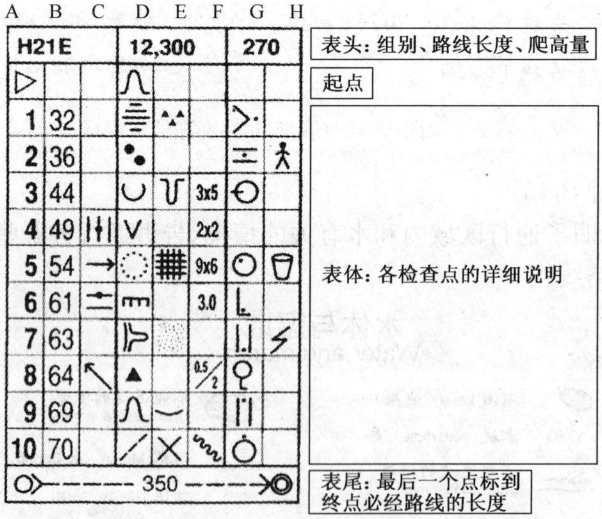

图 16-8 检查点说明

具体说明如下：

A 为检查点序号。

B 为检查点点标代号。

C 为检查点所在地物、地貌方位(图 16-9)。

索引	符号	名称	详细说明
0.1		北面的	两个或两个以上的相似地形特征物,中北面的那个
0.2		东南面的	两个或两个以上的相似地形特征物,东南方的那个
0.3		上面的	在竖直方向上是上面的那个相似地形特征物
0.4		下面的	在竖直方向上是下面的那个相似地形特征物
0.5		中间的	实地有多个相似地形特征物,中间的那个

图 16-9　C 检查点

D 为检查点所在地物、地貌名称(图 16-10)。

索引	符号	名称	详细说明
1.1		台地	在山地上高于附近邻域地表面的平缓地区
1.2	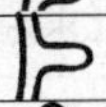	山凸	比周围的地面高,有点像鼻子
1.3	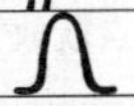	谷地	山谷,与山凸相反
1.4		陡坡	较陡的坡地
1.5		采石场	开采石头的地方
1.6		土垣	用泥堆成的墙。有些表面会砌有石头,通常是人为的,与符号 8.11 一起使用,表示倒塌的土垣
1.7		冲沟	水流冲蚀而成的小峡谷,通常是没有水的

图 16-10　D 检查点

E 为检查点所在地物、地貌特征(图 16-11)。

索引	符号	名称	详细说明
8.1		低的	特指低或平地地形特征物,在地图上没有显示出来。例如:低的小山
8.2		浅的	特指浅的地形特征物,在地图上没有显示出来。例如:浅的山谷
8.3		深的	特指深的地形特征物,在地图上没有显示出来。例如:深的坑
8.4		丛生的	特指被灌木丛覆盖。但是没有在地图上指示出来。例如:杂草丛生的废墟
8.5		空旷的	指那些长着的树木比周围少的地方。但是,没有在地图上指示出来。例如:空旷的沼泽地
8.6		岩石的	指地形特征物是一个岩石的区域,并没有在地图上指示出来。如:岩石坑
8.7		沙化的	指地形特征物是一个沼泽化的区域,并没有在地图上指示出来。如:沼泽化的山谷
8.8		沙漠化的	指地形特征物是在一个沙漠的区域,并且没有在地图上指出来。如:沙漠化的山凸

图 16-11　E 检查点

F 为检查点所在地物、地貌大小。

G 为点标与地物、地貌的相对位置(图 16-12)。

索引	符号	名称	详细说明
11.1		东北侧	凸出地面的地形特征物。如:石块的东北侧:废墟的西侧
11.2		东南边缘	① 陷入地面的地形特征物,检查点就放在其边缘。如:洼地的东南边缘。 ② 用在有明显界线的地形特征物,检查点就放置在这些地形特征物的边界。如:沼泽地的西边缘;空旷地的西北边缘
11.3		西部	有明显界线的地形特征物,检查点就放置在这些物的中心与边缘之间。如:沼泽地的西部;洼地的东南部
11.4		东拐角内	1) 地形特征物的边界转弯的内部角度为 45°~135°。如:开阔地的东拐角内 2) 线伏地形特征物的转弯拐角;如:围栏的南拐角内
11.5		南拐角外	符号指出方位是拐角的顶端。如:墙的西拐角外
11.6		西南角	地形特征物的边缘拐角的角度小于 45 度。如:沼泽地的西南角
11.7		拐弯	用表示线状地形特征物平滑地改变方向。如:小路的拐弯;河流拐弯
11.8		西北端	表示线状地形特征物的头(尾)墙。如:林道的东北末端;石墙的南尾端
11.9		上部	表示的地形特征物有两条以上的等高线,而检查点就放在接近该地形特征物顶端的地方。如:冲沟的上部
11.10		下部	检查点被置于有两条以上等高线的地形特征物,接近于底部的地方。如:山谷的下部
11.11		顶部	检查点放在地形特征物的最高点的特殊位置。如:陡崖的顶部
11.12		在底下	检查点地形特征物的下面。如:管道的下面
11.13		在脚下	检查点放置于斜坡与地面的交汇处。如:土垣的脚下
11.14		东北脚下	同上面所说,但是所表示的地形特征物一般是比较大,在其周围放置了多个点。如:山丘的东北脚下
11.15		两者之间	检查点被放置于两个地形特征物之间。如:两个灌木丛之间。石块与小山丘之间

图 16-12　G 检查点

注:11.5"两者之间"在 G 栏使用,表示在 D 和 E 栏两个地形特征物之间。因此 D 和 E 栏这时必须给出。

H 为其他情况(图 16-13)。

索引	符号	名称	详细说明
12.1		医疗站	该位置上可以找到医护人员
12.2		饮料站	该位置上可以找到饮料
12.3		电话	该位置上有通信设备
12.4		工作人员	该位置上有赛会的工作人员

图 16-13　H 检查点

3. 地图比例尺(图 16-14)

地图比例尺是指地图上某线段的长度与相应实地水平距离之比。

比例尺=图上线段距离/实地水平距离

比例尺特点：分子分母的单位要相同。比例尺越大，图上测量的精确度越高，反之，精确度越低。

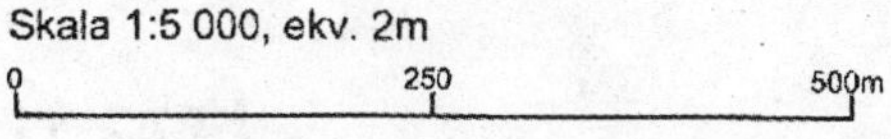

图 16-14 地图比例尺

4. 磁北线

磁北线是贯穿整个地图的，在地图上排列距离相等、平行，向北端画了小箭头指向。在实际运用时非常重要，运动员可以利用磁北线确定地图方位、标定地图、估算距离。

5. 地图内的颜色

(1) 棕色表示地貌符号，包括等高线、高山、峡谷、凹地、小丘等。

(2) 绿色表示浓密植被、难以通过。

(3) 黄色表示开阔地。

(4) 蓝色是水系符号的颜色，包括湖泊、河流、小溪、沼泽等。

(5) 黑色表示坚硬的岩石、路、人造地物、不可穿越地。

(6) 红色表示指北线。

(7) 紫红色表示比赛线路。

二、指北针(图 16-15)

指北针是一种用于指示方向的工具，广泛应用于各种方向判读，譬如航海、野外探险、城市道路地图阅读等领域。它也是登山探险不可或缺的工具，基本功能是利用地球磁场作用，指示北方方位，它必须配合地图寻求相对位置才能明了自己身处的位置。它的基本功能是利用地球磁场作用，指示北方方位，它必须配合地图寻求相对位置才能明了自己身处的位置。但是在世界一些地方，指南针也叫做指北针。

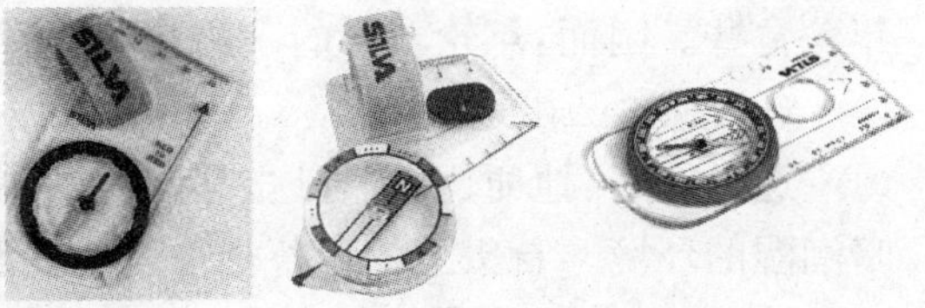

图 16-15 指北针

在定向越野中，通常使用拇指型指北针，这一类型的指北针具有更强的快速定位、稳定和精确的功能。指针色彩鲜艳、清晰易辨，透明的针盘使读图更容易，针盘上的记号简单易懂，可调动式松紧拇指带与橡胶护垫使指北针在掌中更安全易拿。也有挂绳指北针，用绳索代替了指圈。

三、检查点点标旗

散布在各地的检查点要用统一制式的点标旗在实地进行标定。运动员利用地图和指北针寻找到点标旗，点标旗摆放点应该和地图所述高度一致。点标旗必须摆放在运动员能触及的位置，一般离地面 1 米左右。点标旗由三面正方形标志旗连接组成，每面点标旗的尺寸为 30 厘米×30 厘米，该正方形的对角线分开，左上部为白色，右下部为橙黄色。标志旗通常要编上代号，以便于选手在比赛时根据旗上的代号来判断他是否找到了正确的检查点。

图 16-16 检查点点标旗

四、打卡器

打卡器是与检查点配合而起作用的，它提供给运动员一个到达位置的凭据。有针孔打卡器和电子打卡计时系统。

第三节　定向越野基本技能

一、定向越野的基本技能学习

定向越野的技能包括四个方面:识别方向、使用地图、利用地图行进、越野跑技术。

(一) 野外确定方向

1. 利用地物特征

(1) 建筑物方向

房子朝向:在我国农村,正屋或上房大多面向南方,住宅的大门大多面向南方。应当注意的是,在地球的北极点,向地面的任何方向都是向南;在地球的南极点,向地面的任何方向都是向北。

庙宇:庙宇通常也南向设门,尤其是庙宇群中的主要殿堂。

(2) 观察树木

树木通常朝南的一侧枝叶茂盛,色泽鲜艳,树皮光滑,向北的一侧则相反。同时,朝北一侧的树干上可能生有青苔。

观察残留树桩上的年轮判定方向。树木的南面阳光照射比较充足,木质生长较快,形成的年轮宽些。因而,年轮较稀的一边是南方,年轮较紧密的一边是北方。

(3) 观察凸出地物

通常在墙、地埂、石块等地,其向北一侧的基部较潮湿,并可能生长苔类植物。青苔喜欢阴暗潮湿的环境。石头上的青苔往往生长在北面。

(4) 观察凹入地物

河流、水塘、坑等地,其向北一侧的边缘(岸、边)的情况与凸出地物相同。

(5) 观察积雪融化情况

丘陵上的积雪,南坡比北坡融化得快些。沟里的积雪,朝南的一面比朝北的一面融化得快些。

2. 利用太阳与时表判定

(1) 利用太阳判断方向(图 16-17)

我国大部分地区在北回归线以北,正午太阳位于天顶偏向南方,对着太阳,前面是南,背面是北,左面是东,右面是西。太阳东升西落,早晨起来,面向太阳,前面是东,后面是西,左面是北,右面是南;傍晚对着太阳,前面是西,背后是东,左面是南,右面是北。

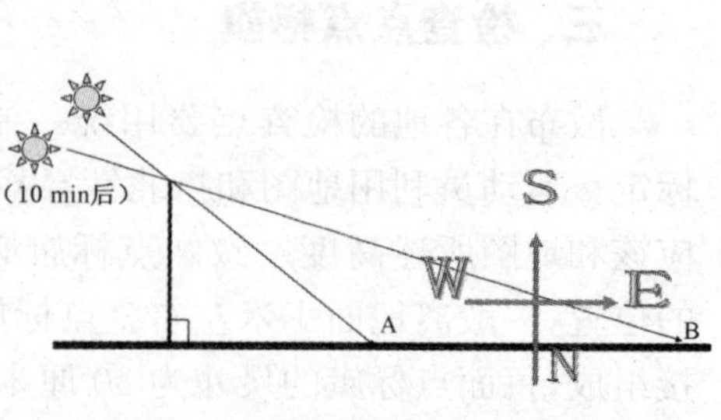

图 16-17　利用太阳判断方向

(2) 利用手表和太阳判断方向(图 16-18)

根据口诀"时数折半对太阳,十二指向正北方"进行判定。如果是上午 10 点,把手表刻度盘上的 5 对准太阳,下午 2 点则把手表刻度盘上的 7 对准太阳,这时,手表刻度盘上的 12 指的就是北方。上午 9 时至下午 4 时之间适用此法。需要注意的情况:"时数"是按一日 24 小时而言的,例如下午 1时,就是 13 时。在判定方向时,表应平置(表面向上)。此方法在南、北纬度 20°30″之间地区的中午前后不宜使用。

除此之外，还要注意时差的问题，即要采用“以标准时的经线为准，每向东 15°加 1 小时，每向西 15°减 1 小时的方法将标准时间换算为当地时间。

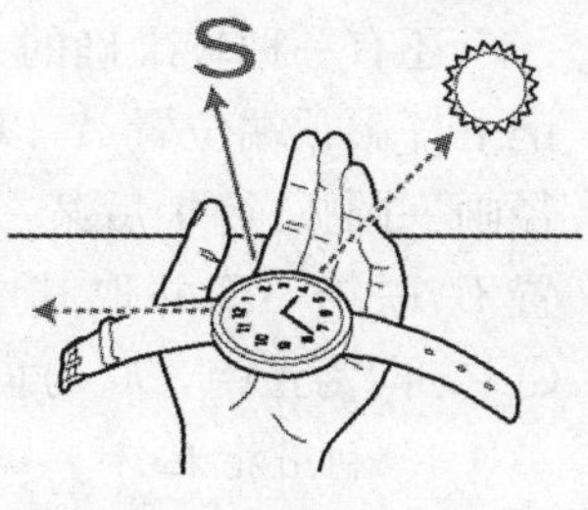

图 16-18　利用手表和太阳判断方向

3. 利用星体

(1) 利用北极星(图 16-19)

北极星位于正北天空，观察时，其距离地平面的高度约相当于当地的纬度。寻找时，通常要根据北斗七星(即大熊星座)或 W 星(即仙后星座)确定。北斗七星是七个比较亮的星，形状象一把勺子，将勺头甲乙两星连一直线向勺口方向延长，约为甲乙两星间隔的五倍处，有一颗略暗的星，即北极星。当地球自转，看不到北斗七星时，则可利用 W 星寻找。W 星由五颗较亮的星组成，形状象个“W”字母，向 W 字缺口方向延伸约为缺口宽度的两倍处，就是北极星。

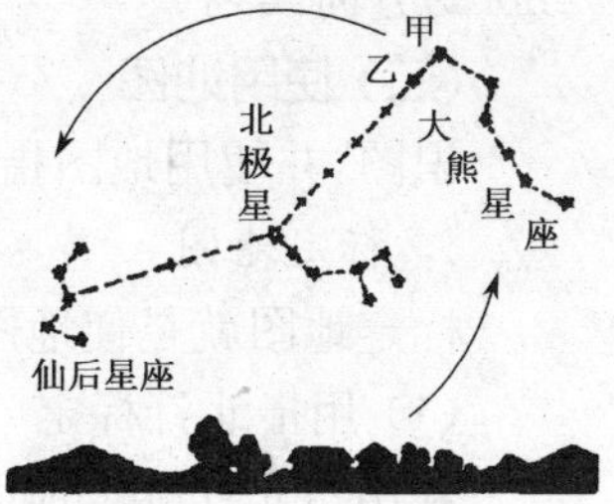

图 16-19　利用北极星

(2) 利用北斗七星

北斗七星除可帮助寻找北极星以定向外，它本身也可用来指示方向。我国古代劳动人民很早以前就懂得这一点。战国时代的《鹖冠子》中说：“斗柄东指，天下皆春；斗柄南指，天下皆夏；斗柄西指，天下皆秋；斗柄北指，天下皆冬。”这个法则是说，在黄昏时分通过观察北斗七星斗柄三星的指向，就可确定季节。反之，人们也可在不同季节利用斗柄的指向判定方位。一般情况下，晚上约八九点钟，春季时斗柄指向东方；夏季时，指向南方；秋季时，指向西方；冬季时，指向北方。

(3) 利用南十字星(图 16-20)

在北纬 23°30″以南的地区，夜间有时可以看到南十字星，它也可以用于辨别方向。南十字星由四颗较亮的星组成，形同“十”字。在南十字星的右下方，沿甲乙两星的连线向下延长约该两星的四倍半处(无可见的星)，就是正南方。

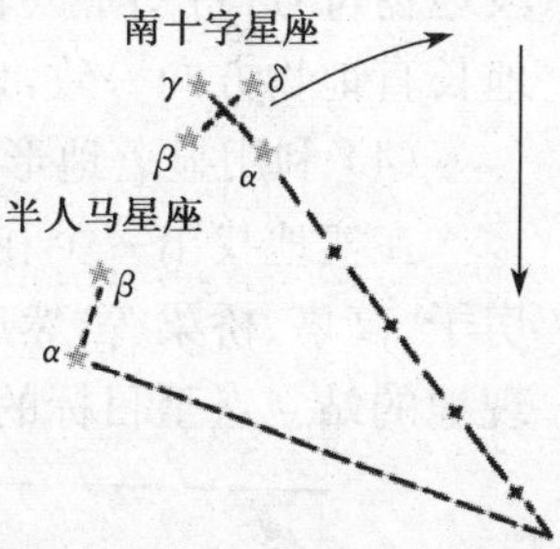

图 16-20　夜间利用南十字星辨别方向

(4) 利用金星

金星是全天最亮的行星，呈白色，我国民间称其为“太白星”或“太白金星”等，它最亮时比最亮的恒星(太阳除外)天狼星还要亮约 14 倍，在星空中格外引人注目。由于它和太阳的角距离最多只有约 48°，因此，只能出现在黎明时的东方或黄昏时的西方。金星作为晨星出现在东方时，我国称其为启明星，当作为昏星出现在西方时，称为长庚星，《诗经》中就有“东有启明、西有长庚”的说法。由于金星特亮，又只能出现在黎明时的东方或黄昏时的西方，所以极易辨认，常用来指示方向。

(5) 利用杆影

晴朗的白天，高出地面的物体在阳光的照射下总会产生阴影。随着太阳在天空位置的变化，物体影子的朝向、长度也不断发生变化。在一块平坦的地面上，竖立一根直杆，在某一时刻记下直杆影子顶端的位置 A，过 10～20 分钟，再标出影子顶端的位置 B，连接 AB，则 AB 就是此地近似的东西方向线。首先标出的一点为西方，面向西方，则北后为东方、左方为南方、右方为北。

还有一种较准确的方法。如图 16-21 所示。在午前某一时刻记下杆影顶端位置 A,以直杆和地面的交点 O 为圆心,以 OA 为半径画一圆弧,待午后某一时刻,杆影顶端恰好落在弧上时再记下位置 B,联结 AB 并取其中点 C,则 OC 即通过该地的南北方向线。CO 方向为正南,OC 方向为正北,CA 方向为正西,CB 方向为正东。

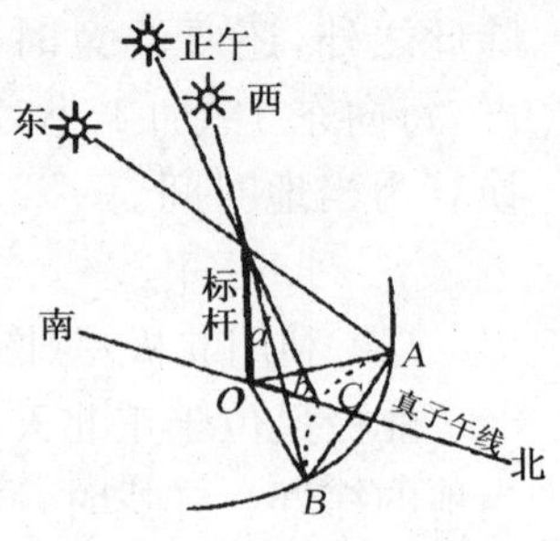

图 16-21 利用标影

4. 利用指北针

当指北针的磁针静止后,其 N 端(通常都有标志)所指的方向即为北方。使用指北针时,尽量保持指北针水平;不要距离铁、磁性物质太近;看清楚指针标识,不要错将磁针的 S 端当做北方,造成 180°的方向误判。

(二) 使用地图

识图,并使用地图指导行进是定向越野最基本的能力。

1. 标定地图

标定地图就是使地图的的方位和现地方位一致,地图的方位是上北下南左西右东。

(1) 用指北针标定

利用指北针标定地图时,把指北针的长边平行于地图磁北线,通过转动地图使指北针的红指针和地图上的磁北线重合,地图就标定好了,这个方法也是俗称的“北对北”。

(2) 概略标定

在已知实地方向的情况下,把地图的北对准实地的北,地图就标定好了。

(3) 利用长直地物标定(图 16-23)

当站在长直地物附近时,如公路、河渠等地,可先在图上找到这段地物符号,将图平放转动,并对照两侧的地形,使图上的图示和现地长直地物方向一致,地图即标定好了。

(4) 利用显著地形标定(图 16-24)

在实地找出一个和地图上地物符号相应的明显地物,如大栋的房子、高塔、桥梁等,然后转动地图使图上的站立点至目标的连线与现地的站立点至目标的连线相重合。

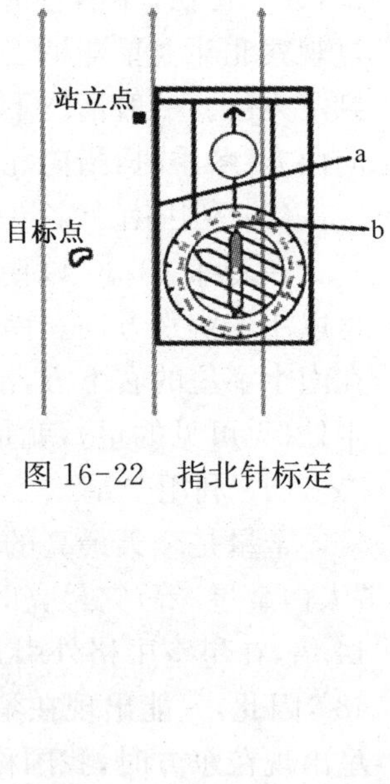

图 16-22 指北针标定

图 16-23 利用长直地物标定

图 16-24 利用显著地形标定

2. 确定站立点

图 16-25 目估法

确定站立点是使用地图的关键，主要方法有目估法和交会法。

（1）目估法（图 16-25）

如果站在明显地形点上时，从地图中找到该地形的符号，即可确定站立点。

如果站在明显地形点附近时，先标定地图，再根据周围地形的明显点与站立点关系相应位置确定自己的站立点。

（2）交会法

当站立点附近无明显的地形点时，可用交会法确定。按不同的情况，可以分为截线法、连线法、后方交会法、磁方位角法。

① 截线法（图 16-26）

又称 90°法。现地位于线状地形时，在与运动方向垂直的方位如果能够找到明显的标志物，找到地图上该标志物的延长线和线状地形符号的交会点就是站立点。

图 16-26 截线法

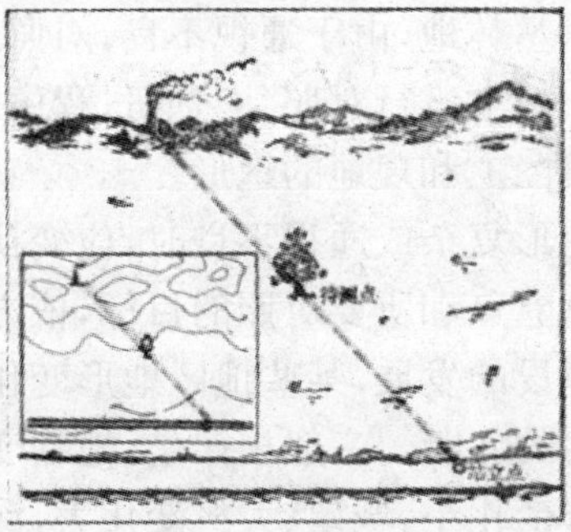

图 16-27 连线法

② 连线法（图 16-27）

如现地有两个明显地形点和站立点正好在一直线上时，不用标定地图，在地图上，通过两个相应的地形符号绘一方向线与线状地物相交，其交点即为站立点在图上的位置。

③ 后方交会法（图 16-28）

当站立点附近无明显地形点，而在远方能看到现地与图上都有的两个明显地形点时，可采用后方交会法确立站立点的图上位置。先标定地图，选择图上和现地都有的两个明显地形点，分别各自做一条连线，两条连线的交会处就是站立点。

④ 磁方位角法（图 16-29）

图 16-28 后方交会法

图 16-29 磁方位角法

在丛林地区使用地图，四周不能通视，可利用附近的大树等，采用磁方位角交会法确定。

首先，先攀登到便于向远方通视的大树上，选定图上和现地都有的远方两个明显地形点，用指北针分别测出至该两个地形点的磁方位角。

然后在树下近旁标定地图，将指北针的直尺边分别切于图上被照准的两个地形点上，转动指北针，使磁针北端指向所测相应的磁方位角分划，并描画方向线，两方向线的交点，就是站立点的图上位置。

3. 现地与地图重合

标定地图和确定站立点后，就可将地图与现地地形进行对照。通常采用目测法，先对照特殊明显的地形，后对照一般的地形，再由近及远，由点到线，或逐段分片地进行对照。

对照平原的地形时，可先对照主要的道路、河流、居民地和高大突出的建筑物，再根据地物分布规律和关系位置，逐点分片地进行对照。

对照山地和丘陵地的地形时，可根据地貌形态、山脊走向，先对照明显的山顶、山脊，然后顺着山脊、山背、山脚和山谷的方向进行对照。此外，还可以根据远近山岭的颜色、植被、道路、地物分布等特征和地形间的关系位置进行对照。

在山岳丛林地，由于通视不良，对照地形时，应尽量选择在地势较高的地形点或攀登到便于通视的大树上进行对照。对照过程中还应勤走动，多查附近的地形特征，并根据关系位置，准确地判明图上和现地的地形。

如果地形复杂或通视不良时，应变换对照位置。某些目标不易判定时，可用指北针的直尺切于图上站立点和所要对照的目标，依方向和距离判定该目标的具体位置。

由于建设的发展，某些地区地形变化很快，而地形图的测制是跟不上时时变化的，同现地地形有一定的差距。一般规律是：地物变化大，地貌变化小：交通枢纽和工矿区地形变化大，偏僻地区地形变化小：城镇、大村变化大，深山小村变化小；公路、桥梁、水库、水渠增多，庙宇、坟地减少等等。在现地对照地形，还应根据现地地形的变化规律，仔细分析，找出那些是变化的地形，那些是面变的地形，从而得出正确的结论。

(三) 利用地图行进

1. 按地图行进

按地图行进是定向越野的基本运动形式，也是一项最基本的技能。在奔跑途中，应首先了解前方要通过的方位物，边跑边对照地形。在经过每个岔路口、转弯点、居民地进出口时，应快捷准确地对照地形，随时了解自己在图上的位置。

(1) 拇指辅行法(图 16-30)

在运动过程中，不断转动地图，使地图与现地方向一致，并且，手指压在站立点上。做到“人在地上走，指在图上移”。具体有以下步骤：

① 明确站立点、比赛路线、目标点；

② 转动地图，使地图与现地方向一致，并将左手拇指压于站立点一侧上，先上大路；

③ 到大路后转动地图，移动拇指(沿大路跑，看到路旁小屋后向右转)；

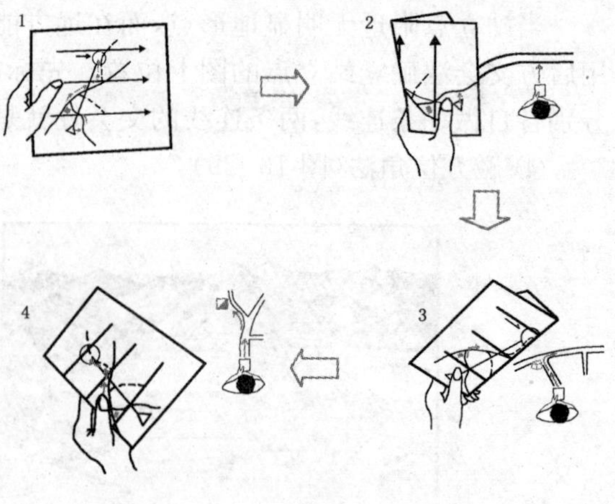

图 16-30 拇指辅行法

④ 再转动地图，移动拇指(沿大路跑，经过右侧路口后在下一路口左转弯，可直达目标点)。

(2) 沿地形地貌行进

线形地貌如河流、栅栏、小路、围墙等；明显地物如房屋、独立树、石碑等以及等高线等等都是很好的参照物，可以提供安全、快捷的路线。其方法是按所跑路线的顺序，分段、连续或一次性地记住前进方向上经过的地形点、两侧的特征物等等内容。使现地的情景能够不断地与记忆内容"迭影"、印证，做到"人在地上跑，心在图上移"。

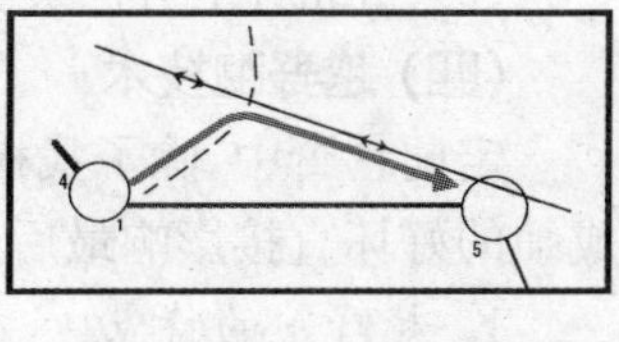

图 16-31　借线法行进

① 借线法行进(图 16-31)

利用线状地形，如道路、围栏、高压线等做为行进的"导引"。由于沿着线状地形行走犹如扶着楼梯的栏杆行走，因此，有人称此方法为"扶手法。先某线状地形到另一线状地形下，再沿那个地形找点。

② 借点法行进(图 16-32)

就是利用明显的地物地貌点来控制运动方向。当检查点附近有高大、明显的参照物时，可采用此方法。

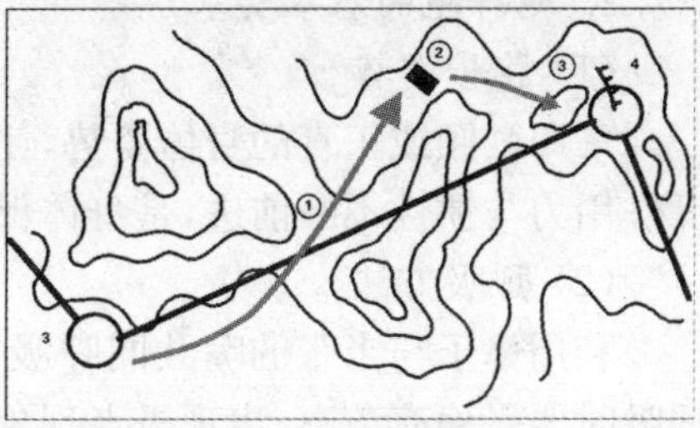

图 16-32　借点法行进

③ 水平位移法行进(图 16-33)

当站立点与检查点在同一高度上时，可沿等高线行进，但要确定站立点与检查点之间是否可通行。

④ 提前绕行法行进(图 16-34)

在检查点之间有较大的障碍时，可提前选择最佳路线。例如在检查点间有山时，如果按照直线穿行会增加爬高量，所以需要绕行。

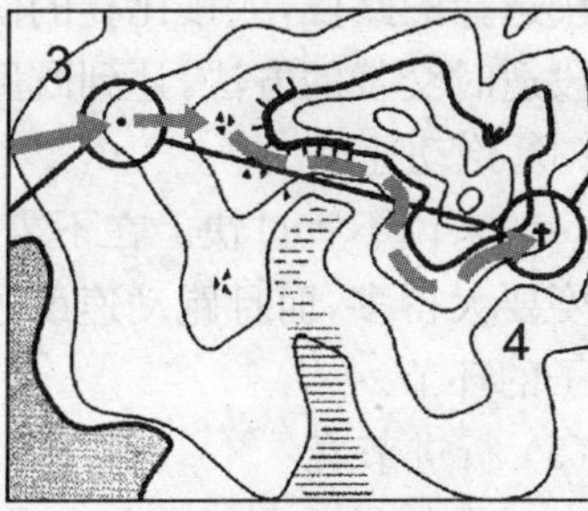

图 16-33　水平位移法行进

(3) 行进时注意事项

① 在经过岔路口、道路转弯点、居民地进出口时，应对照地形。

② 在遇到现地地形变化与地图不一致时，应仔细对照全貌，分析地形的变化和位置关系，然后准确地判定站立点的位置和行进方向。做到有疑不走、有矛盾不走、方向不明不走。

③ 当发现走错了路时，应立即对照地形。回忆所走过的路，判明从什么地方走错的，偏离原定路线有多远，再根据情况另选迂回路线或返回继续前进。

图 16-34　提前绕行法行进

2. *按磁方位角行进*

磁方位角是指从某点的磁北方向线起，依顺时针方向到目标方向线间的水平夹角。使用指北针，依图上量得的磁方位角和距离而行进的方法，叫做按磁方位角行进。它是按图行进的一种辅助方法，常用于缺少方位物的地形上，或不良天候条件下的行进中。

(1) 将指北针直尺边切于目标方向线，指北针上的方向尖头指向你所要到达的位置。

(2) 把指北针和地图作为一个整体，水平放置在你面前，转动你的身体，使指北针上的红色指针的指向与地图所示的磁北线方向一致。

(3) 指北针上方向尖头所指的方向即为你所要前进的方向。

(四) 越野跑技术

定向越野中，除了找检查点，其余的时间都是在为到达下一个检查点而奔跑，所以越野跑成绩的好坏直接影响最后成绩。定向越野中的跑动和田径竞赛中的跑动又有不同。

1. 越野跑的特点

定向越野的越野跑实际上是一种长距离的间歇式跑。因为要识图和找点并且运动环境是野外，在跑动环境不平坦不规则的情况下会出现走跑结合甚至停止再跑的情况。这种在野外环境中的跑动可以使肌肉的紧张与放松，身体的负荷与精神的专注不断地交替进行。在这种情况下，奔跑者的呼吸与心血管系统都得到较大的锻炼。

2. 越野跑的基本要求

(1) 跑步姿势

采用微倾或正直的身体姿势，使身体各部分动作协调配合，并且善于利用跑中产生的支撑反作用力与惯性不断前进，是身体保持平稳，提高跑的效果。

(2) 呼吸方法

利用鼻子与半张的嘴共同呼吸。野外风大且有尘土，要学会用舌尖舔上颚的呼吸方式。呼吸时要平稳有节奏，出现极点现象时，注意及时调整呼吸的频率和深度。

(3) 体力分配

按选择的路段，或按比赛的阶段，或自己的身体状况来分配体力。通过肌肉工作阶段和休息阶段适时交替的方法，达到既跑得快又省力。

(4) 跑动速度

一般来说不宜过快。在不需要变速的情况下，尽可能地用匀速，因为变速跑比匀速跑的运动强度要大得多，而且跑动速度过快影响读图、处理检查点相关信息和选择最佳的路线等需要动脑子的环节。

(5) 行进节奏

人感受的最适宜行进节奏是每分钟 70 至 90 步。过快的节奏不易感受，太慢则会起抑制作用。有节奏的动作不仅能减少体能的消耗，而且能达到最适当的动作协调。

(6) 距离感

在越野跑中保持一定的距离感能帮助提高找点的速度，也有利于体力的分配。

(7) 间歇方式

在必要情况需要减速的时候，最好采取放松性慢跑，特殊情况下，例如迷路，可以行走或是停住。

3. 不同地形越野跑技术

(1) 沿道路跑时

采用基本与中长跑相同的技术，尽量选择路面平坦的地方跑。

(2) 在草地上跑时

用全脚掌着地，同时注意地面是否有坑洼或石头。

(3) 上坡跑

上坡跑时，身体上身要向前倾，大腿高抬，用前脚掌着地，小步跑上去。如果坡度很陡，不要直线上，采用 z 字形跑动路线上坡。

（4）下坡跑

下坡时，身体上身要向后倾，以脚跟部过度全脚掌着地的方法跑动。如果坡度很陡，身体转成侧对前方，用侧脚掌着地的方式跑。快到坡底和平坦路面交汇处时，要学会借助身体惯性，及时加速，避免摔跤，待踏上平路时立即减速成匀速跑的状态。

（5）从高处往下

从稍微高的地方往下时可以采用跨步跳的动作，踏在高处的腿必须弯曲，另一条腿则向前下方伸出，跳下时两脚着地并以深屈膝来缓冲下降的冲击力，同时，在落地瞬间，两脚应稍微前后分开，以便顺利衔接跑动姿势。

从很高的地方往下时，应该设法降低下跳的高差，根据情况采用坐地双手撑跳下或者侧身单手撑跳下的方法，落地时要注意缓冲。

（6）在林间跑

要注意不要被树枝、带刺的藤蔓等物刮伤，如果和前面通行的人距离较近时，要防止树枝回弹伤到自己，此时可用手护住脸部，眼睛向下看。

（7）遇可穿过沟渠、壕坑、矮灌木时

增加跑动速度，借用惯性大步跨跳或跳远的方式而过，在落地的同时上体微前倾，以便保护腰部，也方便衔接接下来的跑动。

（8）通过狭窄悬空障碍物时

为了增加稳定性，采取外八字脚跑法。如果障碍物较长，应该减速，平稳过去。

二、定向越野的基本练习方法

（一）体能训练

1. 越野跑能力训练

（1）匀速长跑：12 分钟跑。

（2）变速跑：3 000 米变速，在操场上直到快、弯道慢。

（3）综合跳跃、翻滚等的障碍长跑。

2. 野外跑练习

（1）山地上下坡跑，锻炼爬坡、下坡的能力。

（2）杂草带跑，锻炼穿越植被地面的能力。

（3）空旷野地、泥地跑，锻炼穿越野地的能力。

（4）浅水地跑，锻炼越过壕沟、穿越水荡子的能力。

（二）技能训练

1. 识图练习

（1）对定向越野地图第五地貌识别训练。

（2）检查点说明符号识别训练。

（3）沙盘模拟训练。

2. 用图练习

（1）运动中的方向训练

（2）运动中的站立点和目标点确认训练及现地对照训练，有标图练习、记图练习、描绘地形练习。

3. 完整图模拟比赛练习

第四节　定向越野基本战术

定向越野的基本战术是指运动员在定向越野比赛中根据比赛规则、特点以及定向运动的规律采取得策略和行动。使自己的技能、体能、智力、心理在比赛时达到最佳状态。

一、开始路段

开始路段的战术主要指比赛路线中由起点开始第 1、2 个路段运用的战术。

(一) 出发前

拿到地图后快速阅读，了解比赛路线情况，判断第一点的方向。通常出发和终点位置一致或相近，因此在比赛出发前可以留意同组中出发较早的队员奔跑方向。如果前几位跑的方向相同，拿图后可以按照相同的的方向跑，边跑边读图。如果方向不同，代表第一个检查点有几种路线可以行进，这时不应太快出发，要认真读图选择最佳路线。

在寻找一个点标前，应该先查看检查点的代码和地物，找到检查点后查看该点的说明，以确认是否正确。当检查点设置在点状或面状特征旁时，一般只需要了解检查点代码和检查点特征，不需要看其他内容。

(二) 起点到第 1、2 个检查点

控制跑动速度，顺利找到 1 号点标，建立信心。开始路段的发挥直接影响比赛情绪，这段不需太快，保证顺利找准检查点即可。

二、中间路段

中间路段的战术主要指从比赛路线上第二个路段后开始到最后一两个路段前所应用的战术。

(一) 寻找检查点战术

检查点圆圈中心是什么，应该找什么。攻击点选择的安全性问题。从攻击点到检查点的过程，特别是由攻击点到检查点的距离较远时要特别小心。当自己在途中发现有更好的攻击点时，不必再去找原计划的攻击点。在偏离前进方向，可找到一个较好的攻击点时，就应该改变计划。对于从攻击点到检查点需要穿越复杂地带的情况下，可首先标定前进方向，判定距离，然后通过慢跑或使用步测技术小心接近点标。如果距离较远，可通过分段步测方法前进。找到每个细小特征，减小误差。

(二) 控制奔跑速度的技术

“红绿灯”战术，即利用概略定向和精确定向战术对比赛的过程中的体能和智力进行合理分配。把一个路段分为三段，就像在街口遇到红绿灯一样，首先是绿灯赛段，主要使用概略定向技术发挥体能，尽量快地接近攻击点。其次是黄灯赛段，当快接近攻击点时，适当降低奔跑速度，提高注意力，以保证顺利找到攻击点。最后是红灯赛段，应仔细分辨检查点附近的地形细节，以保证顺利找到该点，速度也应该是此路段最慢的。此外，如果中间路段有坡，在下坡时应注意速度，避免跑过检查点。

(三) 绿色地带穿越技术

在绕路过远，选择穿越浓密林地的初衷是节省比赛时间时，如果出现错误反而会浪费比赛时间。因此穿越此类地带必须是在非常有把握的情况下才能选择。做出穿越决定时不但要通

过地图仔细分析实地情况，还要考虑地图质量。通常绿色区域在地图上的精确性和准确性相对较低。穿越绿色地带时，要注意观察等高线，原则上只有在坡度不大的下坡路段才可以应用穿越战术，上坡路段不适用。

三、结束路段

结束路段的战术主要指在整个比赛路线中，靠近终点的一两个路段所应用的战术。由于比赛将完成，当参赛队员到达最后1、2个点时，往往能听见终点的声音，这种声音对体力脑力严重消耗并迫切想要完成比赛的运动员来说，很容易导致其注意力的下降而出错导致严重后果。因此，在最后阶段，应该把注意力集中到找点技术上，并且要提醒自己小心谨慎。

第十七章 体 育 舞 蹈

第一节 体育舞蹈运动概述

一、体育舞蹈起源与发展

体育舞蹈是融体育与舞蹈为一体的新型体育运动项目。是体育与舞蹈的叠加,是舞蹈的运动化,又是运动化的舞蹈。体育舞蹈的前身是交际舞,起源于欧洲、拉丁美洲,经历圈舞、对舞、集体舞等民间舞蹈演变过程,成为流传广泛的社交舞蹈。

国际标准交谊舞于20世纪30年代传入中国,自1986年正式引进后,发展迅速。1991年5月,中国体育舞蹈运动协会成立。中国现在是世界舞蹈及体育舞蹈理事会(WDDSC)的准会员,国际体育舞蹈联合会(IDSF)的正式会员。协会至今举办了一系列的国内国际体育舞蹈大赛。

近年来,"国际标准交谊舞"已统一称为"体育舞蹈"。虽然交谊舞历尽沧桑改名换姓,舞姿舞步日趋规范严谨,与传统的交谊舞比较已发生了根本变化,但是万变不离其宗,其源头仍然是交谊舞。

二、体育舞蹈的分类和特点

体育舞蹈按舞蹈的风格和技术结构,分为摩登舞和拉丁舞两大类。按竞赛项目可分为:摩登舞、拉丁舞和团体舞。其中摩登舞包括华尔兹、维也纳华尔兹、探戈、狐步和快步。拉丁舞包括伦巴、恰恰恰、桑巴、牛仔和斗牛舞。体育舞蹈是由属于文艺范畴的舞蹈演变而来的体育项目,因此,它是兼有文艺和体育特点的边缘项目,是以竞赛为目的,具有自娱性和表演观赏性的竞技舞蹈。它具有严格的规范性、表演观赏性、体育性的特点。

体育舞蹈运动是一项新兴的体育项目,是体育与舞蹈的结合,具有运动与艺术的双重性。因此体育舞蹈极赋时代气息,具有健身价值、欣赏价值和社会价值。

第二节 体育舞蹈基本技术

一、基本知识

(一) 场地

舞者在15米×23米、平坦、光滑的场地上按照舞程线进行比赛。舞程线是指舞者沿着共同的逆时针方向移动的路线。

(二) 竞赛形式

体育舞蹈分摩登舞和拉丁舞两种比赛。两个舞种又各分甲组、乙组、丙组和长青组等多种比赛形式。

(三) 简要规则

(1) 基本技术正确。

(2) 对音乐的表现力。

(3) 对体育舞蹈风格的表现。

(4) 体育舞蹈的编排既要体现出舞种的基本风韵，又要含有一定的技术难度。体育舞蹈的临场表现和赛场效果。

(四) 角度与方位

在每个舞步开始、结束时所站立的方向，旋转过程中的方位、角度，都有一定的规定。旋转角度的认定：旋转时以每转360°为一周，旋转90°为1/4周，旋转135°为3/8周，旋转180°为1/2周，旋转225°为5/8周。在做旋转动作时，均标明旋转的方向，即左转或右转，然后标明旋转角度。跳舞时，为了便于辨别方位和检查旋转的角度，根据国际上记录各种舞蹈的惯例，在舞场上要规定一定的方位：一般多以乐队演奏台的一面规定为基点，定为“1点”，然后男伴每右转45°所向的点依次定为2点、3点、4点、5点、6点、7点和8点(图17-1)。

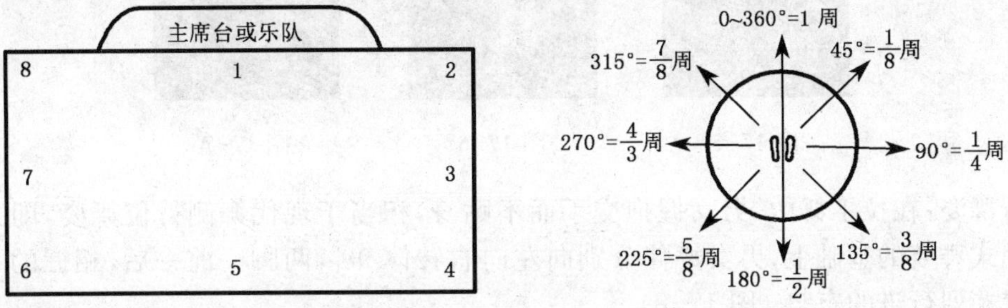

图17-1　角度与方位

(五) 握姿与舞姿

1. *摩登舞的握抱姿势*

闭式舞姿：男女舞伴的身体相互错开三分之一，在腹部横膈膜处，微微相贴。女伴上身打开，侧面看成V字型。双方的头均向左偏，透过双方的肩部，形成一个“了望台”。男伴右大臂平伸，右小臂下斜，右手掌轻轻托住女伴后背的左肩胛骨下方，不超过中线处。女伴左臂平抬，肘部自然向里弯曲，左手虎口张开，轻放在男伴右大臂三头肌处，大拇指放在男伴上臂内侧，其他4指均放在上臂外侧，腕部不可突起，同时，右臂的肘部适当弯曲，右小臂向上抬起，右手大拇指握于男伴左手大拇指外缘，其余4指并拢弯曲轻置于男伴左手大拇指与食指间的“虎口”处(图17-2)。

敞式舞姿：敞式舞姿是在闭式舞姿的基础上，男伴身体的右侧与女伴身体的左侧互相接触，另一侧的身体向外打开成V字形，即男伴的上身及头部略向左打开，女伴的上身及头部向右打开(图17-3)。

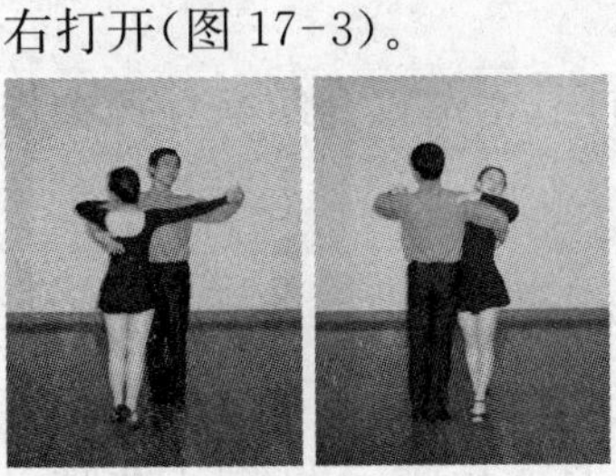

图17-2

图17-3

图17-4

③ 外侧舞姿：亦称右外侧舞姿。指男伴在女伴身体的右边外侧前进的姿态。此外，还有

左外侧舞姿、后退外侧舞姿等(图 17-4)。

2. 拉丁舞的握抱姿势

闭式舞姿：舞伴相对而立，站立时，男女舞伴上体稍前倾，头正直，两眼平视前方。

男伴左臂与女伴右臂，小臂相靠呈 90°。男伴右手扶在女伴左肩胛处。女伴左手搭在男伴右肩膀处。双方重心向前顷，侧看成 A 字型。男伴左手虎口张开，握住女伴右手外缘。女伴右手四指并拢，搭在男伴左手食指的上方(图 17-5)。

开式舞姿：男女相对而立，不交手握持，分离较远。或单手相拉，或双手相拉，或不拉手(图 17-6、图 17-7)。

图 17-5

图 17-6

图 17-7

并行舞姿：在拉丁舞中，男女握抱交手而不贴身，相当于现代舞侧行位舞姿，即并行位舞姿。在闭式舞姿的基础上，男女舞伴分别向左向右转体 90°，两脚一前一后，相握的手向前平伸。形成并列行进的态势（图 17-8)。

并肩舞姿：以男伴为基准，男伴左肩与女伴右肩相并的叫"左并肩位"，男伴右肩与女伴左肩相并的叫"右并肩位"(图 17-9、图 17-10)。

影位舞姿：女伴在男伴的前方偏右或偏左位置，并靠近男伴，就像男伴为女伴的影子一样，女伴居前偏右的是右影位，居前偏左的是左影位(图 17-11、图 17-12)。

图 17-8

图 17-9

图 17-10

图 17-11

图 17-12

二、体育舞蹈基本动作

体育舞蹈有十个舞种，它们的基本动作各不相同，由于篇幅有限，本节仅介绍摩登舞中华尔兹和拉丁舞中伦巴的基本动作。

(一) 华尔兹的基本动作

华尔兹属旋转型舞步，其特点是舞姿华丽高雅，秀美潇洒，动作流畅，旋转性强，热烈兴奋。它以此起彼伏，连续不断的潇洒转体，至今保持"舞蹈之王"的美称。

华尔兹的舞曲是 3/4 拍，每分钟约 30～32 小节。其基本舞步是一拍跳一步，每小节跳三步，但也有每小节跳两步或四步的特定步法。

第一拍一般用大步，第二拍与第三拍一般用小步，舞步的升降一般为"降、次升、升"。

1. 左脚并换步（图 17-13）

准备姿势:闭式舞姿。

第一拍　男:左脚前进;女:右脚后退。

第二拍　男:右脚向侧并稍向前;女:左脚向侧并稍后退。

第三拍　男:左脚并右脚;女:右脚并左脚。

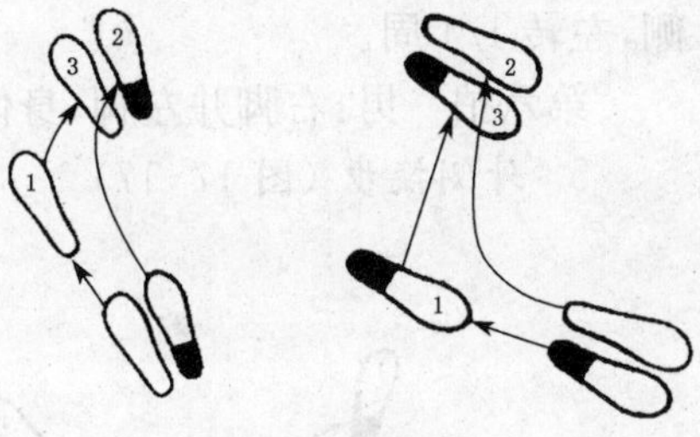

图 17-13

2. 右脚并换步（图 17-14）

准备姿势:闭式舞姿。

第一拍　男:右脚前进;女:左脚后退。

第二拍　男:左脚向侧并稍向前;女:右脚向侧并稍向后。

第三拍　男:右脚并左脚;女:左脚并右脚。

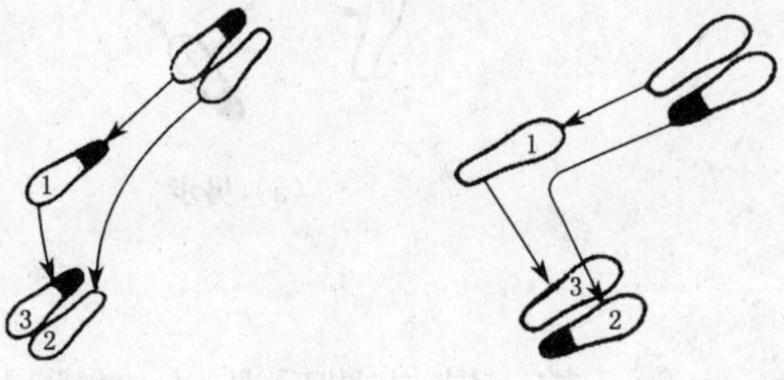

图 17-14

3. 右转步（图 17-15）

该步法由六小节构成,每小节向左转 3/8(135°)周,共 3/4(270°)周。

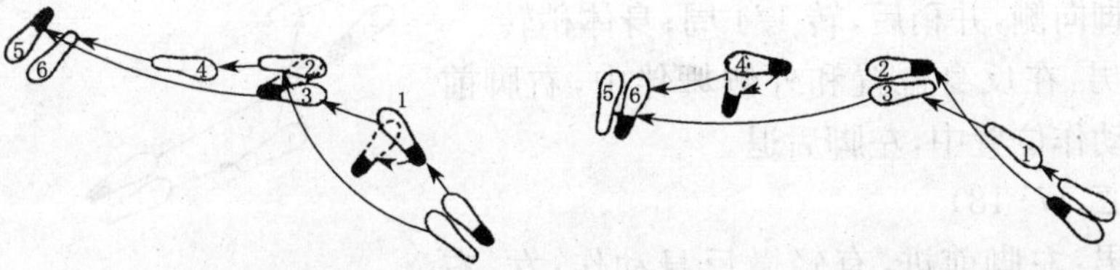

(a) 男步　(b) 女步

图 17-15

第一拍　男:右脚前进,开始右转;女:左脚后退,开始右转。

第二拍　男:左脚向前,右转 1/4 周;女:右脚向侧,右转 3/8 周。

第三拍　男:右脚并左脚同时右转 1/8 周;女:左脚并右脚,身体完成转动。

第四拍　男:左脚右腿,继续右转;女:右脚前进,继续右转。

第五拍　男:右脚向侧,右转 3/8 周;女:背左脚向侧,右转 1/4 周。

第六拍　男:左脚并右脚,身体完成转动;女:右脚并左脚,右转 1/8 周。

4. 左转步（图 17-16）

第一拍　男:左脚前进,开始左转;女:右脚后退,开始左转。

第二拍　男:右脚向侧,左转 1/4 周;女:左脚向侧,左转 3/8 周。

第三拍　男;左脚并右脚,左转 1/8 周;女:右脚并左脚,身体完成转动。

第四拍　男;右脚后退,继续左转;女:左脚前进,继续左转。

第五拍　男:左脚向侧,左转 3/8 周;女:右脚向

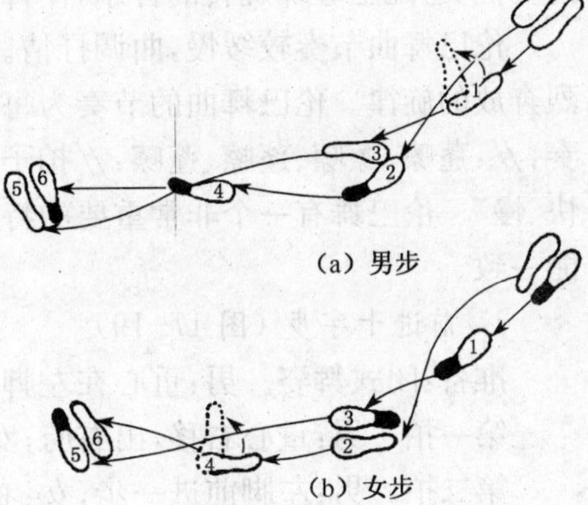

(a) 男步　(b) 女步

图 17-16

侧，左转 1/4 周。

第六拍　男：右脚并左脚，身体完成转动；女：左脚并右脚，左转 3/8 周。

5. 外侧换步（图 17-17）

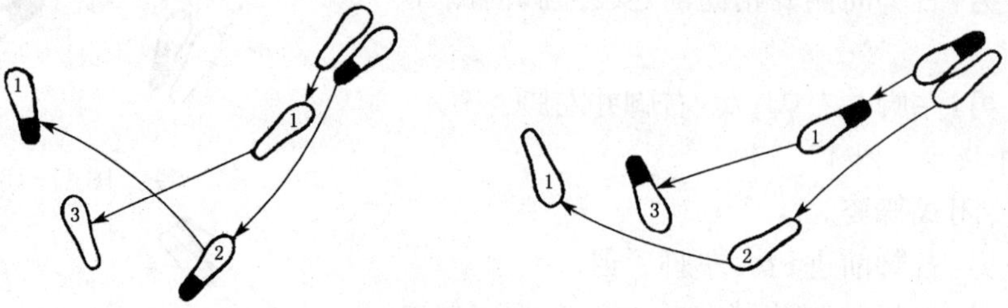

(a) 男步　　(b) 女步

图 17-17

第一拍　男：左脚后退；女：右脚前进。

第二拍　男：右脚后退，开始左转；女：左脚前进，开始左转。

第三拍　男：左脚向侧，并稍向前，转 1/4 周，身体稍转；女：右脚向侧，并稍后，转 1/4 周；身体稍转。

第四拍　男：在反身位置和外侧舞伴中，右脚前进；女：在反身动作位置中，左脚后退。

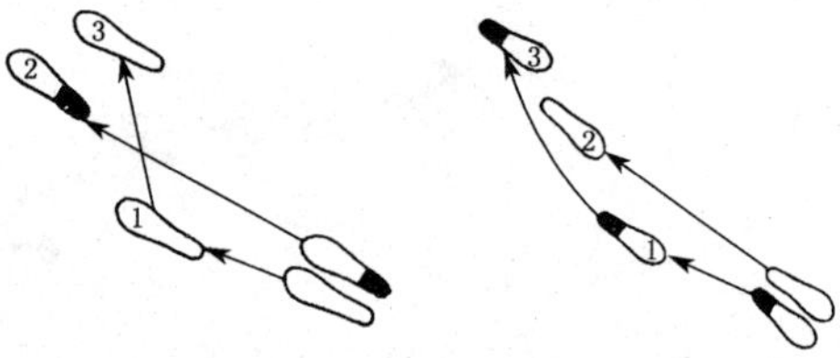

图 17-18

6. 扫步（图 17-18）

第一拍　男：左脚前进，有轻微反身动作；女：右脚后退。

第二拍　男：右脚向侧，并稍前进；女：左脚斜退，右转 1/4，身体少转。

第三拍　男：左脚在侧行位置交叉于右脚后；女：右脚在侧行位置交叉于左脚后，身体完成转动。

(二) 伦巴的基本技术

在拉丁舞系列中，伦巴的历史最悠久，舞型最成熟，被称为“拉丁舞之王”。伦巴动作舒展，舞姿优美，配上缠绵婉转的音乐，使舞蹈充满浪漫情调，令人陶醉。

伦巴舞曲节奏较缓慢，曲调抒情。近年来，随着伦巴舞的广泛流传，舞曲也出现了较为热烈奔放的旋律。伦巴舞曲的节奏为每分钟 28～31 小节，节奏型 4/4 拍，重音在第一拍上。节奏：//：蓬嚓、嚓嚓、蓬嚓、蓬嚓：//拍子：1 2 3 4 拍音乐走 3 步胯部摆动 5 次。基本韵律是：“快、快、慢”。伦巴舞有一个非常重要的特点：“先出胯，后出步”。这样，舞步的节拍和音乐节奏才能一致。

1. 前进十字步（图 17-19）

准备：闭式舞姿。男：重心在左脚，右脚旁点地；女：重心在右脚，左脚旁点地。

第一拍　男：重心右移，出右胯；女：重心左移，出左胯。

第二拍　男：左脚前进一步；女：右脚后退一步。

第三拍　男：右脚后回步；女：左脚前回步。

第四拍　男：左脚左横一步；女：右脚右横一步。

图 17-19

2. 后退十字步(图 17-20)

第一拍　男:重心左移,出左胯;女:重心右移,出右胯。

第二拍　男:左脚后退一步;女:左脚前进一步。

第三拍　男:左脚前进一步;女:右脚后退一步。

第四拍　男:右脚右横一步;女:左脚左横一步。

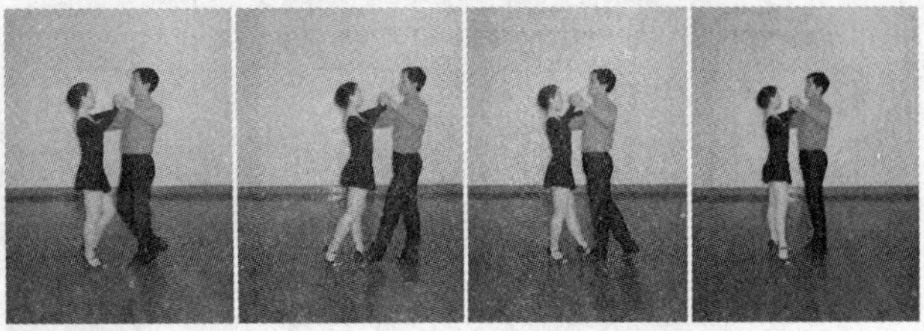

图 17-20

3. 前进十字步(图 17-21)

第一拍　男:重心右移,出右胯;女:重心左移,出左胯。

第二拍　男:左脚前进一步;女:右脚后退一步。

第三拍　男:右脚后回一步,左手放到腰际处;女:左脚前回步。

第四拍　男:左脚左横一步;女:右脚前进一步,右脚尖在男伴双脚中线,准备做扇形步。

图 17-21

4. 扇形步(图 17-22)

第一拍　男;出左胯,右脚收向左脚;女:出右胯,右转身 90°。

第二拍　男:右脚退一步;女:左脚向斜前方进一步。

第三拍　男:左脚向左前方进一步;女:右脚向右后方退一步。

第四拍　男:右脚右横一步,身体展开成扇形位置;女:左脚向左后方横步,重心左移,身体展开成扇形位置。

图 17-22

5. 开式扭胯(图 17-23)

第一拍　男:出右胯重心在右脚,后半拍左脚并向右脚;女:出左胯重心在左脚,后半拍右脚擦地向左脚靠拢。

第二拍　男:左脚前进一步;女:右脚掌向右转 45°,同时左脚跟离地,双膝并拢,左胯扭向左前方。

第三拍　男;右脚后回步。左手带领女伴前进;女:左脚前进一步。

第四拍　男:左脚左横步,左手上举;女:右脚进一步,右转身 90°,右脚尖对男伴双脚中线,左脚旁点地。

图 17-23

6. 阿里曼娜(图 17-24)

第一拍　男:出左胯,重心左移;女:出右胯,重心右移。

第二拍　男:右脚后退,左手带领女伴右转;女:左脚前进,右转身 90°。

第三拍　男:左脚前回步,继续带领女伴右转;女:右脚收向左脚,同时右转身。

第四拍　男:右脚右横步,与女伴成双拉手势;女:左脚左横步,右转 90°与男伴相对。

图 17-24

7. 扫步(图 17-25)

图 17-25

第一拍　男:出右胯,重心右移,左反身;女:出左胯,重心左移,右反身。

第二拍　男:左脚后退一步,左转身 90°,右手向前单拉手势;女:右脚后退一步,右转身 90°,左手向前单拉手势。

第三拍　男:右脚前进一步,右肩与女伴左肩相靠;女:左脚前回步,左肩与男伴右肩相靠。

第四拍　男:左脚左横步,右转 90°,成双拉手势;女:右脚右横步,左转身 90°,成双拉手势。

第五拍　男:出左胯,重心左移,右反身;女:出右胯,重心右移,左反身。

第六拍　男：右脚后退一步，右转身 90°，成单拉手势。左手向前伸出；女：左脚后退一步，左转身 90°，成单拉手势，右手向前伸出。

第七拍　男：左脚前回步，左肩与女伴右肩相靠；女：右脚前回步，右肩与男伴左肩相靠。

第八拍　男：右脚右横步，左转身 90°，成双拉手势；女：左脚左横步，右转身 90°，成双拉手势。

第九拍　男：出右胯，重心右移，左反身；女：出左胯，重心左移，右反身。

第十拍　男：左脚后退一步，左转身 90°，右手向前，单拉手势；女：右脚后退一步，右转身 90°，左手向前，单拉手势。

第十一拍　男：右脚前回步，右肩与女伴左肩相靠；女：左脚前回步，左肩与男伴右肩相靠。

第十二拍　男：左脚左横步，左转身 90°，成双拉手势；女：右脚右横步，左转身 90°，成双拉手势。

8. 点步转（图 17-26）

图 17-26

第一拍　男：重心左移，出左胯；女：重心右移，出右胯；男：右脚向前点步，向左反身；女：左脚向前点步，向右反身。

第二拍　男：左转 90°；女：右转 90°。

第三拍　男：左转，重心移向左脚；女：右转，重心移向右脚。

第四拍　男：左转身 180°，成双拉手势；女：左转身 180°，成双拉手势。

9. 组合

(1) 十字步第 1～2 小节；(2)扇形步接开式扭胯第 3～4 小节；(3)阿里曼娜第五小节；(4)扫步第 6～8 小节；(5)点步转身第 9 小节。

第三节　体育舞蹈比赛的欣赏

体育舞蹈融艺术、体育、音乐、舞蹈于一体，被人们称为“健”与“美”相结合的典范。作为一种艺术形式，它有独特的观赏性，强烈的艺术感染力使它在众多的体育项目中鹤立鸡群。而作为一项体育运动，它又有极强的竞技性，使它有别于崇尚表演的舞蹈艺术。同时，体育舞蹈还是一项老少皆宜的健身和娱乐方式。正因为如此，体育舞蹈自问世之日起，就很受大众喜爱并很快风靡世界。我们可以从以下几个方面来观赏：

一、观赏形体美

在比赛中，几乎所以的选手不仅技艺超群，而且都以其优美的形体外貌使裁判和观众为之倾倒，优美的身体造型与音乐的协调配合能够极大地满足人类的审美心理要求。因此，在这样一个较量美的运动项目中，优美的身体形态也就成为夺取好成绩的必要条件。

二、欣赏音乐美

音乐是体育舞蹈的重要组成部分，体育舞蹈一定要在音乐的伴奏下进行。音乐是一种表现艺术；它以声音来表达创造者和表演者的内心世界。因此，我们在观赏时，可以随着音乐的旋律产生联想与想象，进而在自己头脑形成富有一定情感的臆想，在情绪中受到感染和陶冶。我们观看体育舞蹈比赛，要欣赏音乐与动作的有机结合，动作必须符合音乐的特点，巧妙地把技术动作、乐曲的旋律、节奏以及个人的风格和谐地组织起来。

三、观赏动作美

根据体育竞赛的竞技性特点，由动作、技术和战术综合表现的动作美，是观赏体育竞赛的核心内容。当代体育舞蹈的发展，要求运动员在不同的舞种表演中，寻求和表现不同的风格。体育舞蹈比赛中，运动员利用自己的身体条件和表演风格，把具有各自特色的动作表演得那样娴熟、完成足够数量的精彩的难度动作组合，做到动中有静，静中有动，舒展流畅，连绵不断，使外表的动作与内在的情感融为一体，加上优美动听的音乐，令您陶醉于美的艺术，充分得到美的享受。

第四节 体育舞蹈的竞赛组织

一、体育舞蹈的竞赛知识

（一）体育舞蹈竞赛特点

体育舞蹈是从文艺转变而来的项目，因此它既有文艺的痕迹又有体育的特点。

1. 主持人制

体育舞蹈比赛自始至终在主持人的指挥和控制下运行，主持人既是司仪、广播员、又是宣传鼓动员、观众代言人，是场上的中心人物。

2. 比赛和表演结合

体育舞蹈比赛之前、中间或结尾，经常穿插国内外优秀选手的表演，既可使比赛更加在丰富多彩，气氛热烈，也可使裁判、参赛选手和记分组等竞赛人员得以休息和重新准备。

3. “淘汰”与“顺位”结合的比赛方法

体育舞蹈比赛从预赛到半决赛采用淘汰制比赛方法，即根据竞赛编排从参赛人数中按规定录取定量选手进入下一轮比赛，淘汰其余选手。按国际惯例，最后通常取 6 对选手进入决赛。在决赛比赛中采用顺位法决定单项和全能的名次。

4. 评分特点

体育舞蹈评议时每个评委在 1 分 30 秒～2 分 30 秒的时间内，要从 6～20 对选手中确定入选名单或名次顺序，这要求评委精力集中，业务熟练，眼光敏锐，反应迅速，判断正确。

（二）体育舞蹈比赛种类

世界级：专业组（职业）、业余组。

比赛规模：世界级、洲际杯、国与国、全国。

比赛名称：锦标赛、公开赛、邀请赛、友谊赛、精英赛。

国际大赛：世界舞蹈和体育舞蹈总会（职业）、国际体育舞蹈联盟（业余）。

(三) 体育舞蹈组别、舞系、舞种

体育舞蹈的比赛级别分为专业组和业余组。每组分为公开组和新人组。舞系分为摩登舞和拉丁舞,舞种有五项。

二、体育舞蹈竞赛组织

(一) 制订竞赛规程

竞赛规程和裁判规则是进行比赛的法规性文件,具有权威性和指导性。制订竞赛规程要依据竞赛的目的、任务、经济实力和竞赛的诸多条件确定各项具体内容,规程应内容严谨,概念清楚,文字表达准确、精练,并发至有关单位。

规程内容:主办单位、承办单位、比赛日期地点、比赛项目、参赛办法、竞赛办法、录取名次及奖励、费用、报名与报到、其他。

(二) 组织机构(图 17-27)

(三) 编排记录

(1) 编排原则:符合规程和规则,符合国际惯例,简便实用;有利于公平竞争;有利于选手发挥技术,有利于裁判和记分的正确实施;便于观众欣赏。

(2) 竞赛方案:核实报名单,确定选手背号;制定竞赛编排;制定竞赛顺序;制定抽签和公布成绩方法;编制秩序册。

(3) 制定竞赛顺序。

(4) 制订抽签和公布成绩方法。

(5) 编排秩序册。

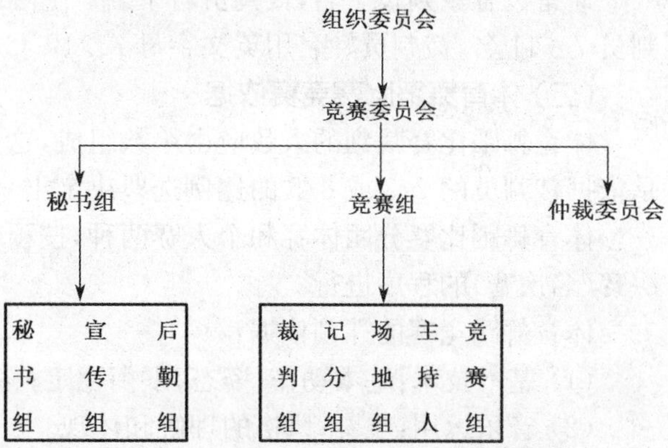

图 17-27 体育舞蹈大型比赛组织机构

三、场地、灯光、音响、服装

场地:体育舞蹈场地为 23 米×15 米,一般采用塑料地板拼接而成,应不反光,防滑,平整,四 周有界线。

灯光:各类灯光齐备,大小、色彩、图案追光等及时变化,适于比赛表演等各种用途。

音响:采用专业音响,配备专业人员工作,保持与主持人、选手的密切配合。决赛时每曲 2′30″,其他赛时每曲不少于 1′30″。

服装(图 17-28):比赛服装规定:摩登舞男子穿燕尾服。女子穿不过脚踝的长裙;拉丁舞服装应拉美风格,男女选手服装必须协调。专业选手背号为黑底白字,业余选手背号为白底黑字。

舞种	衣服		鞋	
	男子	女子	男子	女子
摩登舞	男子穿燕尾服	女子穿长裙	黑舞鞋	5~8 cm 高厚跟鞋
拉丁舞	拉丁风格 宽松长袖衣 紧身裤	穿露背、腿的短裙	黑舞鞋	高跟有襻凉鞋
	男女选手服装必须协调		男女鞋应与服装颜色一致	

图 17-28 服装要求

四、体育舞蹈竞赛的裁判及评判依据

(一) 体育舞蹈裁判

规则:是裁判评分的主要依据,既是法规又是方法论。主要功能:制约体育舞蹈的发展方向,促进技术的提高。使比赛有客观统一的评分标准,保证公平竞争。增进裁判员的知识,规范裁判员的工作,提高裁判能力。

1. 裁判资格

学士资格:掌握5种舞蹈,50个以上的动作组合。

会士资格:掌握5种舞蹈,100个以上的动作组合。

范士资格:掌握10种舞蹈,100个以上的动作组合。

2. 裁判的组成

通常设有裁判长1名,裁判员若干名。上场裁判员必须是单数。全国比赛、国际大赛设裁判员7~11名,裁判员姓名用英文字母A、B、C、D……代表,在裁判评分表上表示。

(二) 体育舞蹈比赛竞赛依据

体育舞蹈比赛裁判的人数应由单数组成,这是由于在比赛时,选手能否进入下一轮比赛,是依据裁判员的2/3或3/5的比例选票决定出来的。

体育舞蹈比赛分团体赛和个人赛两种,按预赛(淘汰赛)、复赛(选拔赛)、半决赛(资格赛)、决赛(名次赛)的程序进行。

体育舞蹈竞赛的评判依据:

(1) 基本技术:基本动作;姿态;平衡稳定;移动。

(2) 音乐运用:节奏;风格的理解和体现。

(3) 舞蹈风格:区别各种不同舞种之间的风格上的差别;个人风格的展现。

(4) 动作编排:动作流畅新颖,运用自如;体现舞种的基本风韵并有一定的技术难度;动作与音乐密切配合,发挥音乐效果;编排有章法,充分利用场地。

(5) 临场表现:赛场上的应变能力;良好的竞技状态。

(6) 赛场效果:舞者的风度、气质、仪表等总体形象。

在以上六要素中,前三项主要指选手的技艺品质,后三项是选手的艺术魅力。在预赛时裁判着重于前三条要素的评判,在半决赛后着重于后三条要素的评判。在决赛中应全面评价选手各项要素的完成情况。

(四) 计分方法

快速、准确、及时反馈是记分的最基本要求。分赛前准备、赛中和赛后三个阶段。采用的方法主要有淘汰法和顺位法。

(五) 计分规则

(1) 单项舞顺位规则

在各位次上领先获得过半数裁判判定的选手便获得该顺位的名次。

在同位次上有两对以上选手获得过半数,则按数值多少决定名次,多者名次列前。

在同一顺位上出现相等数时,则将顺位数相加,用括号表示,积分少名次列前。

(2) 全能顺位规则

将总分顺位表的单项名次数相加,按合计数的大小,排列选手名次,数小的名次列前。

如果名次合计数相等,则看获得顺位次数多少,多的名次列前。

第十八章 健 美 操

第一节 健美操运动概述

一、健美操的兴起与发展

健美操是一项以有氧运动为基础，以健、力、美为特征，融体操、舞蹈、音乐为一体的身体练习。健美操的起源应追溯到两千多年前古希腊人对人体美的崇尚。19 世纪末，20 世纪初，欧洲出现了许多体操流派。20 世纪 60 年代初，则是健美操的萌芽时期。它最早是由美国太空总署的医生库帕博士为太空人设计的体能训练内容。而 20 世纪 80 年代初，随着遍及全球的健身热和娱乐体育的发展，健美操以其强大的生命力风靡世界。

世界性的健美操热传到中国，是在 1983 年至 1984 年。1984 年，北京体育学院成立了健美操研究组。1987 年我国第一家健美操健身中心"利生健康城"面向社会开放，首次将健美操这项新的体育运动介绍给广大人民群众。尤其是在北京、广州、上海等大中型城市。人们的观念更加开放，追求健康、追求美成为时尚，并且随着生活水平的不断提高，为健康投资逐渐深入人心，因此千千万万的人热衷于健身，热衷于健美操。另外，电视媒体的健美操节目的大量出现也对社会健美操热的持续升温起到了推波助澜的作用。

二、健美操的概念与分类

(一) 健美操的概念

健美操是一项融合体操、舞蹈、音乐为一体，以有氧练习为基础，以健、力、美为特征的体育运动。它既是健身美体、陶冶情操的大众健身方式，又是竞技运动的一个项目；同时它也是一种新兴娱乐、观赏性体育项目。

(二) 健美操的分类

健美操的内容丰富，形式多样。近十几年来，健美操已在国内外普遍开展。根据健美操活动的目的和所要解决的主要任务标准来划分，归纳起来可分为健身健美操、竞技健美操、表演健美操三大类。

三、健美操的特点及功能

(一) 健美操运动的特点

健美操与其他体育项目相比较，其主要特点在于高度的艺术性、强烈的节奏性、广泛的适应性和不断的创新性。

(二) 健美操运动的功能

健美操运动具有增进健美、塑造形体美、缓解精神压力、娱乐身心、医疗保健等功能。

第二节　健美操基本技术

一、健美操基本技术动作分类

健身健美操的基本动作根据身体的各部位而确定的，它包括头颈动作、肩部动作、上肢动作、胸部动作、腰部动作、髋部动作和下肢动作。

头颈动作：由屈、转、绕、绕环等动作组成(图 18-1)。

图 18-1

肩部动作：由提肩、沉肩、绕肩、肩绕环等动作组成(图 18-2)。

图 18-2

上肢动作：由举、屈、伸、摆、绕、绕环、振、旋等动作组成。常用手型：掌(分、并指及屈指掌)、拳(握拳和半握拳)(图 18-3)。

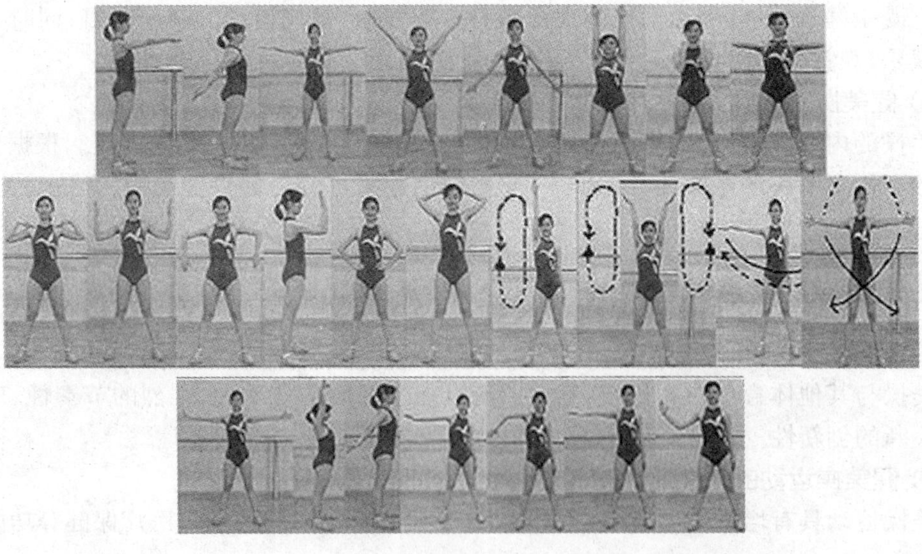

图 18-3

胸部动作：由含胸、挺胸、移胸、屈胸组成（图 18-4）。

图 18-4

腰部动作：由屈、转、绕和绕环动作组成（图 18-5）。

图 18-5

髋部动作：由顶髋、提髋、摆髋、绕髋和髋绕环、三角髋动作组成（图 18-6）。

图 18-6

下肢动作：由弹踢、踢、蹲、屈伸、内旋和外旋等动作组成（图 18-7）。

图 18-7

二、健美操基本步法及训练

（一）无冲击力步伐及其组合训练

1. 无冲击力步伐概念及其分类

无冲击力步伐动作是指两腿始终接触地面的动作。主要包括并腿和分腿两大类。

（1）并腿类（Feet together）

动作描述：这类动作两腿始终接触地面，并且两脚始终并拢，脚尖朝前。

技术要点：膝关节要有弹性的屈伸，把握好弹动的技术。

① 膝弹动(Knee spring)

动作描述：两腿并拢，膝关节有弹性的屈伸。

技术要点：膝关节由弯曲到还原，还原时膝关节应处于微屈状态。

② 踝弹动(Ankle spring)

动作描述：两腿伸直或屈膝，踝关节有弹性的屈伸。

技术要点：脚尖或脚跟抬起时，保持身体的稳定性和踝关节的弹性。

(2) 分腿类(Feet apart)

动作描述：这类动作是指两腿分开，膝关节由弹性的屈伸。

技术要点：膝关节屈伸要有较好的弹性，重心移动要平稳自如。

① 半蹲(Squat)

动作描述：两腿有控制的屈和伸。可分为并腿半蹲和分腿半蹲。

技术要点：分腿半蹲时，两腿左右分开稍大于肩，脚尖稍外开，膝关节角度不小于 90°，方向与脚尖方向一致，臀部向后 45°方向下蹲，上体保持直立。

动作变化：并腿半蹲、迈步半蹲、迈步转体半蹲。

② 弓步(Lunge)

动作描述：两脚前后分开，平行站立，下蹲。

技术要点：半蹲时，后腿膝关节向下，大腿垂直于地面；重心在两脚之间，前腿膝关节弯曲不能超过 90°，膝关节不能超过脚尖。

动作变化：原地前后弓步、原地左右弓步、转体弓步。

③ 移动重心(Move balance)

动作描述：由两腿开立为初始动作，两腿屈膝下蹲之后，身体向右侧移动重心，然后两腿伸直，右脚全脚掌着地，右腿脚尖点地。

技术要点：身体重心的移动要保持平稳。

动作变化：左右移重心、前后移重心。

2. 无冲击力步伐组合训练

无冲击力步伐组合是由一些简单无冲击力步伐组编而成的，其中包括膝关节弹动、踝关节弹动、半蹲、弓步、迈步移重心等步伐。整个组合由 8 个 8 拍组成，分为左右两个方向完成动作，右边完成 4 个 8 拍之后，再完成左边 4 个 8 拍，动作左右对称，方向相反。这个组合简单易学，是在无冲击力步伐的基础上，加上手臂的多种形式变化以及身体不同方向的变化组合而成的。能够使上下肢得到基本的锻炼，提高关节的灵活性和上下肢的协调性，反复练习还能够达到基本的热身效果。这个组合适合于刚刚参加健美操锻炼的人群，是进入基本步伐组合的一个基础练习。

(二) 低冲击力步伐及其组合训练

1. 低冲击力步伐概念及其分类

低冲击力步伐动作是指在做动作时一脚着地，另一脚离地的动作。低冲击力步伐动作是目前健身健美操编排运用最多的动作类型。主要有踏步类、点地类、迈步类和抬腿类四种类型。

(1) 踏步类(March)

动作描述：此类动作两脚依次抬起，在下落时膝、踝关节有弹性的缓冲。

技术要点：注意两腿的相对位置以及脚尖膝盖的朝向，做动作时注意膝关节、踝关节有弹性的缓冲，另外，根据动作的需要，躯干部分要有适当的起伏变化，与基本步伐协调

① 踏步(March)

动作描述：两腿原地依次抬起，依次落地。

技术要点：下落时，踝、膝、髋关节依次有弹性地缓冲。

动作变化：踏步转体、踏步分腿、踏步并腿、弹动踏步。

② 走步(Walk)

动作描述：迈步向前走时，脚跟先落地，过渡到全脚掌；向后走时则相反。

技术要点：落地时，踝、膝关节有弹性地缓冲。

动作变化：向前向后走步、向侧前和侧后走步、向左右转体或弧线走步。

③ 一字步(Easy walk)

动作描述：一脚向前一步，另一脚并于前脚，然后依次还原。

技术要点：向前迈步时，脚跟先着地，过渡到全脚掌；前后均要有并腿过程；每一拍动作膝关节始终有弹性地缓冲。

动作变化：向前向后的一字步、转体的一字步。

④ V字步(V-step)

动作描述：一脚向前侧方迈一步，另一脚随之向另一方迈一步，成两脚开立，屈膝，然后依次退回原位。

技术要点：两腿膝、踝关节始终保持弹动状态，分开后成分腿半蹲，重心在两腿之间。

动作变化：倒V字步、转体V字步、跳的V字步。

⑤ 漫步(Mambo)

动作描述：一脚向前迈出，屈膝，重心随之前移，另一脚稍抬起，然后原地落下；或向后撤一步，重心后移，另一脚稍抬起，然后原地落下。

技术要点：两脚始终保持交替落地，身体重心随动作前后移动，但始终在两脚之间。

动作变化：转体的漫步，跳的漫步。

(2) 点地类(Step Touch or tap together)

动作描述：此类动作两腿有弹性的屈伸，点地时，一腿屈膝，另一腿伸直。

技术要点：整个动作过程中，膝盖要有弹性的屈伸，包括动作完毕时，两腿膝盖也应处于微屈状态，而不应过分伸直，从而破坏健美操特有的弹性。

动作变化：前点地、侧点地、后点地。

① 脚尖点地(Tap)

动作描述：一腿稍屈膝站立，另一腿伸出，脚尖点地，然后还原到并腿姿势。

技术要点：支撑腿始终保持屈膝站立，并且随动作有弹性的屈伸。

动作变化：脚尖前点地、脚尖侧点地、脚尖后点地。

② 脚跟点地(Heel)

动作描述：一腿稍屈膝站立，另一腿伸出，脚跟点地，然后还原到并腿姿势。只可做向前和向侧的脚跟点地。

技术要点：支撑腿始终保持屈膝站立，并且随动作有弹性的屈伸。动作始终保持高度的弹性和节奏感。

动作变化：脚跟前点地、脚跟侧点地。

(3) 迈步类(Step or step together)

动作描述:一条腿迈出一步,重心移到这条腿上,另一条腿用脚跟、脚尖点地或吸腿、屈腿、踢腿等,然后向另一个方向迈步的动作。

技术要点:注意重心之间的转换和跟进。

① 并步(Step touch)

动作描述:一脚迈出,另一脚随之并拢屈膝点地;再向反方向迈步。

技术要点:两膝保持弹动,动作幅度和力度以动作风格而定。

动作变化:左右并步、前后并步、向两侧并步、转体并步。

② 迈步点地(Step tap)

动作描述:一脚向侧迈一步,两脚经屈膝移重心,另一腿在前、侧或后用脚尖或脚跟点地。

技术要点:两腿有弹性地屈伸,重心移动轨迹呈弧形;上体不要扭转。

动作变化:左右迈步点地、前后迈步点地、迈步转体点地。

③ 迈步后屈腿(Step curl)

动作描述:一脚迈出一步,另一腿后屈,然后向相反方向迈步。

技术要点:经过屈膝半蹲,支撑腿稍屈膝,后屈腿的脚跟靠近臀部。

动作变化:侧迈步后屈腿、前后移动后屈腿、转体后屈腿。

④ 迈步吸腿(Step knee)

动作描述:一脚迈出一步,另一腿屈膝抬起,然后向反方向迈步。

技术要点:经过屈膝半蹲,还原时支撑腿稍屈膝。

动作变化:向前迈步吸腿、向侧迈步吸腿、向侧前迈步吸腿、转体的吸腿。

⑤ 侧交叉步(Grapevine)

动作描述:一脚向侧迈一步,另一脚在其后交叉,随之再向侧迈一步,另一脚并拢,屈膝点地。

技术要点:第一步脚跟先落地,身体重心快速随着脚步而移动,保持膝、踝关节的弹动。

动作变化:左右的交叉步、转体的交叉步。

(4) 抬腿类(Lift step or lift together)

动作描述:一腿站立,另一腿抬起的动作。

技术要点:这一类动作要求支撑腿有控制的屈膝弹动,另一腿以各种形式抬起,同时收腹、立腰。

① 吸腿(Knee lift)

动作描述:一腿屈膝抬起,落下还原。

技术要点:支撑腿保持屈膝弹动,大腿上抬至水平,小腿自然下垂,绷脚尖,上体保持正直。

动作变化:向前吸腿、向侧吸腿、向侧前吸腿、转体的吸腿。

② 踢腿(Kick)

动作描述:一腿稍屈膝站立,另一腿抬起,然后还原。

技术要点:抬起腿要有控制,保持上体正直。主力脚脚跟不能离地,膝关节微屈缓冲。踢腿的幅度因人而易,避免受伤。

动作变化:前踢、侧踢

③ 摆腿(Leg lift)

动作描述:一腿稍屈膝站立,另一腿做摆动。然后还原成并步。

技术要点：摆腿时上体顺势前倾、后倒或侧倾。主力腿屈膝缓冲，摆动腿抬起时幅度不要过大且要有控制。

动作变化：向前摆腿、向侧摆腿

④ 弹踢(skip)

动作描述：一腿站立(跳起)，另一腿先向后屈，再向前下方弹踢，还原。

技术要点：腿弹出时要有控制，两膝盖紧靠，弹踢腿，脚尖伸直保持上体正直。

动作变化：向前弹踢、向侧弹踢、转体的弹踢、移动弹踢。

2. 低冲击力步伐组合训练

低冲击力步伐组合是在低冲击力步伐的基础上，配以上肢动作的变化和身体姿态的变化组编而成的。低冲击力步伐是健美操基本步伐中内容很丰富的一种，在此我们创编了两个低冲击力步伐组合作为动作素材以供学生参考。第一个组合主要由踏步类和点地类组成，第二个组合主要由迈步类和单脚抬起类组成。同样每个组合都是由 8 个 8 拍组成，分为左右两个方向完成动作，右边完成 4 个 8 拍之后，再完成左边 4 个 8 拍，动作左右对称，方向相反。低冲击力步伐组合相对无冲击力步伐组合而言，动作对地面的冲击力加大，动作强度和动作复杂程度也进一步加强。通过低冲击力步伐组合的练习，能够进一步熟悉和巩固健美操的基本步伐，同时也能够激发练习者的锻炼兴趣，提高身体的协调性和节奏感。

(三) 高冲击力步伐及其组合训练

1. 高冲击力步伐概念及其分类

高冲击力步伐动作是指在做动作时，两脚都离地的动作。即为平常所说的跳类动作。主要包括单脚起跳、两脚起跳、迈步起跳和跑步四大类。

(1) 单脚起跳类(Lift jump or leap)

此类动作是指先抬起一腿，另一腿跳起的动作。

① 吸腿跳(Knee lift jump)

动作描述：一腿屈膝抬起，落下还原，另一脚离开地面，向上跳起。

技术要点：支撑腿保持屈膝弹动，大腿上抬至水平，上体保持正直，注意身体的稳定性。

动作变化：向前吸腿跳、向侧吸腿跳、向前侧吸腿跳、转体吸腿跳。

② 屈腿跳(Leg curl jump)

动作描述：一腿站立(跳起)，另一腿向后屈膝，放下腿还原。

技术要点：支撑腿保持弹性，两膝并拢，脚跟靠近臀部。屈膝腿的膝关节不宜超过支撑腿的膝关节，落地时注意缓冲。

动作变化：左右依次后屈腿跳、转体后屈腿跳。

③ 弹踢腿跳(skip jump)

动作描述：两腿起跳，单腿落地，另一腿小腿后屈，然后小腿前踢伸直。

技术要点：两脚落地的过程，弹踢腿脚尖伸直，上体保持正直。

动作变化：向前弹踢腿跳、向侧弹踢腿跳、转体的弹踢腿跳、移动弹踢腿跳。

④ 摆腿跳(Leg lift jump)

动作描述：一腿自然摆动，另一腿向上跳起，落地时两腿屈膝缓冲。

技术要点：保持上体正直。主力腿屈膝缓冲，摆动腿抬起时幅度不要过大且要有控制。

动作变化：向前摆腿、向侧摆腿。

(2) 两脚起跳类(Jumping or jumping jack)

动作描述：这类动作是指两脚起跳、两脚落地的动作。两腿的动作基本一致，两脚需要腾起一定高度，落地时注意屈膝缓冲。

① 并腿跳(Jump)

动作描述：两腿并拢同时跳起，屈膝，然后落地缓冲；

技术要点：起跳时，两脚同时用力，落地缓冲有控制；

动作变化：向前并腿跳、向后并腿跳、向侧并腿跳。

② 开合跳(Jumping jack)

动作描述：由并腿跳起，分腿落地，再由分腿跳起，并腿落地。

技术要点：分腿屈膝蹲时，两脚自然外开，膝关节沿脚尖方向屈，夹角不小于90度，膝关节有弹性的缓冲，脚跟落地。

动作变化：原地开合跳，转体开合跳。

③ 弓步跳(Lunge jump)

动作描述：并腿向上跳起，前后成分腿姿势落地，接着再向上跳起，并腿落地。

技术要点：落地时，膝关节有弹性的缓冲，分腿落地时双脚的脚尖都朝前方，并且基本在一条直线上。

动作变化：左右弓步跳、前后弓步跳、侧弓步跳

(3) 迈步起跳类(Step jump Hop or Scoop)

① 并步跳(Step jump)

动作描述：以右脚起步为例。右脚迈出，随之蹬地跳起，左脚并右脚，并腿落地。

技术要点：身体重心随身体迅速移动，落地时注意缓冲。

动作变化：向前并步跳、向后并步跳、向侧并步跳。

② 迈步吸腿跳(Step knee up)

动作描述：右脚向前迈出一步，之后身体重心跟进，同时左腿抬起，抬起至90度时，两脚起跳。

技术要点：跳起时，上体保持正直，收腹立腰。

动作变化：向前迈步吸腿、向侧迈步吸腿

③ 迈步后屈腿跳(Step curl jump)

动作描述：一腿侧迈一步，另一腿向后屈膝，同时两腿起跳，缓冲落地。

技术要点：两腿跳起时，屈膝腿脚尖绷直，落地时，两腿膝关节微屈，不宜伸直。

动作变化：向前迈步后吸腿、向侧迈步后吸腿。

(4) 跑步类(Jogging)

动作描述：两腿腾空，依次落地缓冲，两臂屈肘摆臂。落地屈膝缓冲，脚跟尽量落地。

① 后踢腿跑(Jogging)

动作描述：两脚依次经过腾空后，一脚落地缓冲，另一腿小腿后屈，两臂配合下肢前后摆动。

技术要点：膝、踝关节有弹动的缓冲，落地时由前脚掌着地。

动作变化：原地跑、向前跑、向后跑、弧线跑、转体跑。

② 小马跳(Pony)

动作描述：以右脚起步为例。左脚蹬地跳起，同时右脚向侧迈步落地，随之左脚并右脚点地，随后反方向做一次，动作相同，方向相反。

技术要点：两脚轻松蹬地，身体重心随之平稳移动，注意膝踝的弹动。

动作变化：原地小马跳、向前小马跳、向侧小马跳、向后小马跳、转体小马跳。

第三节 健美操竞赛要求与动作编排

一、健美操竞赛要求

(一) 竞赛资格

健身健美操：所有符合具体竞赛要求的人员都可以参赛。如老年人健身操、幼儿健身操等。

竞技健美操：运动员所属组织、年龄有严格规定。例如：参加世界健美操锦标赛的运动员其所属组织必须为国际体联的会员协会，参加成人赛事的运动员年龄必须是参赛当年为18周岁等。

(二) 运动员要求

健身健美操：参赛运动员年龄、性别、人数由具体赛事决定，自由度非常大。特殊情况需更换运动员时，持有效证明，经组委会批准即可。

竞技健美操：运动员年龄、性别、人数必须严格符合项目特征和规定，不允许自由搭配。因严重伤病问题要更换运动员，需在比赛24小时前以书面形式提出申请，且出具详细的医学诊断报告。

(三) 着装要求

健身健美操：穿适合运动的健美操服和运动鞋，要求整洁、美观、大方，允许化淡妆。

竞技健美操：必须穿纯白色健美操鞋和袜，着装不含任何透明材料且不得露出内衣。男女着装设计如：头发必须固定在头上，禁止用松散或附加的饰物、禁止佩带首饰；禁止穿有描绘战争、暴力、宗教信仰为主题的服装等。

(四) 场地要求

健身健美操：比赛场地宽泛，根据比赛具体规定，如：某些比赛为10米×10米的地板或地毯，标记带为5厘米的红色或黑色带，标记带是场地的一部分。

竞技健美操：单人、混双、三人：7米×7米；集体六人：10米×10米；标记带为5厘米宽的黑色带，标记带是场地的一部分。裁判席有严格规定。

二、健美操的分类

健美操是体育中的一个综合性的边缘学科。随着健美操运动的不断发展，出现了种类繁多的类型。为了便于区分和运用，有必要对这些健美操进行合理的分类。目前常用的健美操分类依据重要包括目的、性别、年龄、练习方式、人体解剖结构、参加人数等。参照这些依据，本文对健美操才采用如下分类：

(1) 依据目的，分为健身性健美操和竞技性健美操；健身性健美操包括：徒手健美操（传统有氧健美操、形体健美操、爵士健美操、搏击有氧健美操、拉丁有氧健身操、瑜伽健美操）；轻器械健美操（操踏板操、哑铃操、花球操、皮筋操、健身球操）特殊场地健美操（水中健美操、功律自行车、联合器械操、垫上）健美操竞赛项目包括：男子单人、女子单人、混合双人、三人（男三、女三、混合三人）、混合六人（男三、女三）。

（2）依据性别，分为女子健美操和男子健美操；

（3）依据年龄，分为老年健美操，中年健美操，青年健美操，幼儿健美操；

（4）依据练习方式，分为徒手健美操和持轻器械或专门器械的健美操，例如健美球操；

（5）依据人体解剖结构，分为颈部健美操、腹部健美操、腿部健美操等；

（6）依据参加人数，分为个人健美操和集体健美操。

在创编某种健美操的过程中，应根据上述主要特征确定其分类位置并予以命名。对于一些采用某人命或某事物名称命名的健美操，如简·方达健美操，迪斯科健美操、健身操等，应按照上述依据进行分类。

三、健美操成套动作的编排

（一）健美操音乐的选编

音乐作为健美操的另一组成部分，在创编中是不容忽视，健美操的音乐首先应是符合健美操的特点，健美操音乐应当是节奏鲜明、热烈具有蓬勃的精神。其次根据创编的目标，选择音乐的风格。它可以突出个性与对锻炼者起到带动作用。接下来可以根据成套的结构或是具体要求确定音乐的长短起伏，或反之根据音乐的长短、起伏来确定成套的结构与动作。

在使用已出版的音乐作品时，往往我们要根据我们的需要进行剪辑。在进行音乐剪辑时我们应尊重原有的音乐完整性，也就是说当我们决定取舍音乐的某一部分时，不能破坏音乐的基本结构形式，而是利用这些目的为我们服务。如歌曲往往有这样的结构 A＋B、A＋B＋A、(A ＋B)×3、A＋A＋B，在剪辑时，可剪去某一整段或保留某一段如果确定需要破坏乐段，应当注意音乐前后的连接自然完整。

音乐选配的方法：一种是先选音乐，后设计设计动作动作；另一种是先设计动作，后选音乐。

（二）健美操动作的创编

1. 创编健美操的原则

（1）确保健身健美操的有氧及有益健康。

（2）全面发展身体的原则。

（3）合理的成套结构，鲜明的针对性。

（4）动作的有序性及规律性。

（5）合理的运动负荷。

2. 注意事项

创编者要想很好地运用舞蹈动作，应注意以下几个方面。

（1）应注意在一套操中舞蹈风格尽可能的统一，以便形成独特的鲜明的风格。

（2）采用舞蹈动作应与健美操的特点相结合。

（3）音乐的风格与动作风格应该统一。

第四节　健美操欣赏

健美操做为群众性的健身手段和方法，在进行迪斯科操、形体健美操、舞蹈健美操、有氧健美操等练习时，不要刻意追求其形式或模式。操的难易程度、动作幅度、运动量大小和运动强度要因人而宜。操的编排要合理，达到健身、健心，全面锻炼身体的目的。

健美操的比赛不同于群众性的健身活动，是根据规则的要求编排而成。虽然已有普及性健美操的比赛规则，但各地区、各单位可根据自身的比赛性质和特点，提出要求，制定规程。无论是中、老年或青年健美操比赛，还是竞技健美操比赛，我们要看成套操是否具有全面锻炼身体 的价值，动作设计是否符合年龄的特点和本人所完成动作的能力。在观赏健美操比赛时，应从两方面去欣赏：成套动作的艺术性和完成情况。

艺术性：动作编排设计要新颖、舒展、美观、大方，动作之间的连接要合理、巧妙，动作素材要新颖、多样化，一套动作要有好的开始和成功的结尾。动作的开始应和后面的动作很好的融合，结束动作要和前面动作相呼应。动作类型、表现应和音乐的风格相一致，协调统一。集体项目，运动员配合要默契，相互间要有交流。队形变换要自然、流畅、清晰并且要充分利用场地。选择的音乐要动听、优美、健康。

完成情况：身体姿势要正确，技术规范，动作准确到位。力度是健美操特点之一，做动作时不能松懈、无力。集体动作要整齐，包括动作幅度的大小都要一致，整齐划一。完成动作时的表现力也是很重要的，运动员通过自己的表演和表情去感染观众，同时激发自己的情绪。设计新颖、合体统一的健美服装、鞋子和整洁的发式，展现了运动员的精神面貌，使运动员的形体更加优美，为比赛或表演增添了魅力。一套好的健美操，集健身、艺术表现为一体，使人赏心说目，振奋精神，给人以美的享受。

附录一

××学院××年秋季田径运动会竞赛规程

一、竞赛日期

××年××月×日至×日

二、竞赛地点

××学院运动场

三、竞赛项目及分组

1. 学生男子组:(12 项)

100 米、200 米、400 米、800 米、1 500 米、3 000 米、4×100 米接力、4×400 米接力、跳高、跳远、三级跳远、铅球(5 公斤)。

2. 学生女子组:(11 项)

100 米、200 米、400 米、800 米、1 500 米、3 000 米、4×100 米接力、4×400 米接力、跳高、跳远、铅球(4 公斤)。

3. 趣味团体项目:(男女分别组队参加)

(1) 15 人 16 足(15 人×50 米)。

(2) 单腿火车跑(10 人×50 米)。

(3) 袋鼠跳接力(10 人×20 米)。

(4) 2 人 3 足百米定向(12 人×100 米)。

(5) 同舟共济(12 人×50 米)。

4. 教工项目:(8 项)

(1) 男子组:100 米、铅球、跳远、1 分钟个人踢毽球、1 分钟个人跳绳。

(2) 女子组:100 米、铅球、跳远、1 分钟个人踢毽球、1 分钟个人跳绳。

(3) 男女混合组:4×100 米接力(2 男 2 女)、2 人 3 足(1 男 1 女)、消防器材接力(2 男 2 女)。

四、参赛办法

1. 参赛单位

在籍本、专科学生,以学部为单位组队;教职工以工会为单位组队。

2. 报名条件

凡身体健康的我院在籍本、专科学生、教职工均可报名参加。

3. 报名办法

(1) 各单位可报领队 1 名,教练员 2 名。

(2) 每项限报 8 人,每人限报 2 项(接力项目、趣味项目除外)。

(3) 教工组以工会为单位进行报名,报名人数不限。

4. 报到截止时间

各单位可登录××学院网站下载报名单及运动员号码起止表等 4 个附件,将报名单(签字、盖章)送××办公室并提交 3 个附件(报名单、代表队名单、项目统计表)的电子版。报名工作于××年××月××日截止,过期不予补报,不接受更改。

5. 竞赛办法

(1) 采用国家体育总局审定的最新田径竞赛规则。

(2) 男子 100 米、200 米和女子 100 米、200 米设预赛和决赛，按成绩取前 8 名参加决赛，如遇第 8 名成绩相同者，则举行附加赛，按名次选出运动员决赛。400 米及以上项目预决赛均一次进行，按成绩决定名次。

(3) 凡参赛运动员必须佩带号码布，否则不准参加比赛。如发现冒名顶替者，除取消其成绩、名次及其得分外，并从该单位团体总分中扣除 10 分，如多人冒名顶替时，则按每人扣除 10 分加以累计，并对其单位领队通报批评。

五、录取名次及奖励办法

1. 学生组

(1) 名次取前 8 名，按 9、7、6、5、4、3、2、1 计分。集体项目及破纪录者加倍计分。若名次并列，舍去下面名次，得分平分。参赛队员不足 8 人时，则按 7 取 5、6 取 4、5 取 3、4 取 2、3 取 1，计分办法不变。

(2) 男、女各取团体总分前 3 名。

(3) 团体总分按各单位得分累计，得分多者，名次列前，若得分相同，则按破记录多者名次列前，以此类推。

(4) 对获奖名次的单位和个人给予奖励。

(5) 大会设体育道德风尚奖 2 个；按学部评选 2 个单位。

2. 教工组

(1) 名次取前 8 名，按 9、7、6、5、4、3、2、1 计分，集体项目加倍积分。

(2) 团体总分取前 2 名。

(4) 团体总分按各单位得分累计，得分多者，名次列前。

(5) 对获奖名次的单位和个人给予奖励。

六、其他

1. 田赛、径赛、趣味项目提前 30 分钟在检录处检录，集中后由检录裁判带队进入比赛场地，检录未到者不允许进入比赛场地，视为弃权取消该项目比赛资格。

2. 运动员必须佩带号码布于胸前。学生运动员一律带学生证或者校园信息卡到检录处报到。

3. 跳高起跳高度：

学生男子：1.30 米起，每 5 厘米递升，
1.60 米后，每 3 厘米递升。

学生女子：1.00 米起，每 5 厘米递升，
1.20 米后，每 3 厘米递升。

4. 建议各学部选拔运动员时注意运动员身体状况，并能为运动员购买人身意外伤害险。

5. 本规程未尽事宜，另行通知。

6. 本规程解释权属××学院××年秋季田径运动会组委会。

××年××月××日

附录二

篮球比赛成绩记录表、比赛日程表、比赛记录表

表 9-1　　比赛成绩记录表

比赛成果 队员 / 队名					积分	得失分率		名次
						相互间	全部比赛	

表 9-2　　比赛日程表

轮次	日期	时间	组别	比赛队(运动员)	场地	备注

记录表

A队________________ B队________________

竞赛名称________ 日期______ 时间______ 主裁判员________

比赛序号 No.________ 地点________ 副裁判员 1________ 副裁判员 2________

A队________________

暂停　　　　全队犯规

□□　　节　① 1 2 3 4　② 1 2 3 4

□□□　节　① 1 2 3 4　② 1 2 3 4

□□□　决胜期

证件号码	队员	号	上场队员	犯规 1	2	3	4	5
		4						
		5						
		6						
		7						
		8						
		9						
		10						
		11						
		12						
		13						
		14						
		15						
教练员								
助理教练员								

B队________________

暂停　　　　全队犯规

□□　　节　① 1 2 3 4　② 1 2 3 4

□□□　节　① 1 2 3 4　② 1 2 3 4

□□□　决胜期

证件号码	队员	号	上场队员	犯规 1	2	3	4	5
		4						
		5						
		6						
		7						
		8						
		9						
		10						
		11						
		12						
		13						
		14						
		15						
教练员								
助理教练员								

累积分

A	B	A	B	A	B	A	B
1	1	41	41	81	81	121	121
2	2	42	42	82	82	122	122
3	3	43	43	83	83	123	123
4	4	44	44	84	84	124	124
5	5	45	45	85	85	125	125
6	6	46	46	86	86	126	126
7	7	47	47	87	87	127	127
8	8	48	48	88	88	128	128
9	9	49	49	89	89	129	129
10	10	50	50	90	90	130	130
11	11	51	51	91	91	131	131
12	12	52	52	92	92	132	132
13	13	53	53	93	93	133	133
14	14	54	54	94	94	134	134
15	15	55	55	95	95	135	135
16	16	56	56	96	96	136	136
17	17	57	57	97	97	137	137
18	18	58	58	98	98	138	138
19	19	59	59	99	99	139	139
20	20	60	60	100	100	140	140
21	21	61	61	101	101	141	141
22	22	62	62	102	102	142	142
23	23	63	63	103	103	143	143
24	24	64	64	104	104	144	144
25	25	65	65	105	105	145	145
26	26	66	66	106	106	146	146
27	27	67	67	107	107	147	147
28	28	68	68	108	108	148	148
29	29	69	69	109	109	149	149
30	30	70	70	110	110	150	150
31	31	71	71	111	111	151	151
32	32	72	72	112	112	152	152
33	33	73	73	113	113	153	153
34	34	74	74	114	114	154	154
35	35	75	75	115	115	155	155
36	36	76	76	116	116	156	156
37	37	77	77	117	117	157	157
38	38	78	78	118	118	158	158
39	39	79	79	119	119	159	159
40	40	80	80	120	120	160	160

记录员________________

助理记录员________________

计时员________________

24 秒钟计时员________________

主裁判员________________

得分

节①　A______　B______

节②　A______　B______

节③　A______　B______

节④　A______　B______

决胜期　A______　B______

最后比分　A队______　B队______

附录三

乒乓球比赛用表

团体赛积分表

比赛成果 队员 / 队名					积分	名次

乒乓球比赛记分表

竞赛地点＿＿＿＿＿＿　竞赛日期＿＿＿＿＿＿

组别		台号	

＿＿＿队对＿＿＿＿＿

局数	姓名	
1		
2		
3		
4		
5		

结果　＿＿＿比胜＿＿＿＿＿　＿＿＿＿＿胜

运动员签　名＿＿＿＿＿＿＿＿

裁判员签　名＿＿＿＿＿＿＿＿

团体赛成绩表

＿＿＿＿＿＿＿

对

＿＿＿＿＿＿＿

日期

阶段	组别	时间	台号

顺序	A/B/C		X/Y/Z		每局比分 1	2	3	4	5	每场结果	裁判员签名
1	A		X								
2	B		Y								
3	C		Z								
4	A		Y								
5	B		X								

比赛　结果＿＿＿＿＿＿＿　获胜队＿＿＿＿＿＿＿

胜方　队长签名＿＿＿＿＿＿＿　负方队长　签名＿＿＿＿＿＿＿

竞赛　地点＿＿＿＿＿＿＿

团体赛排名表

队名 ____________

A	
B	
C	

队长签名 ____________

队名 ____________

X	
Y	
Z	

队长签名 ____________

附录四

羽毛球比赛用表

1. 羽毛球团体赛出场名单表

（　　）子团体出场名单

级别________ 日期________ 时间________ 场地号________

顺序	运动员姓名
第一单打	
第二单打	
第一双打	
第二双打	
第三单打	

队员________ 教练员签名________

2. 羽毛球团体赛记分表

（　　）子团体出场名单

__________队

对

__________队

阶段	组别（位置号）	日期	时间	场地号

项目 \ 姓名 \ 单位		队	队	每局比分			每场结果	裁判员签名
				1	2	3		
1	第一单打							
2	第二单打							
3	第一双打							
4	第二双打							
5	第三单打							

比赛结果________获胜________队

负方队长签名________

第一裁判组组长签名________竞赛地点________

3. 羽毛球单项比赛记分表

项目________阶段________组别（或位置）________

日期________时间________场地号________

场序________竞赛地点________________

局次	运动员姓名	单位	得　　分		再赛得分	比赛结果
第一局			0 1 2 3 4 5 6 7 8 9 10 11	12 13 14 15	0 1 2 3 4 5	
			0 1 2 3 4 5 6 7 8 9 10 11	12 13 14 15	0 1 2 3 4 5	
第二局			0 1 2 3 4 5 6 7 8 9 10 11	12 13 14 15	0 1 2 3 4 5	
			0 1 2 3 4 5 6 7 8 9 10 11	12 13 14 15	0 1 2 3 4 5	
第三局			0 1 2 3 4 5 6 7 8 9 10 11	12 13 14 15	0 1 2 3 4 5	
			0 1 2 3 4 5 6 7 8 9 10 11	12 13 14 15	0 1 2 3 4 5	

比赛结果________获胜者________负方签名________

裁判员签名________第____裁判组组长签名________